우리나라 외환관리

서문식

박영사

머 리 말

코로나19 바이러스가 창궐하여 이런저런 모임이 취소되고, 할 일도 뜸해진 2020년 7월의 어느 날, 평소 생각만 해 오고 실행에 옮기지 못하였던 책 쓰기를 시작하여야 하겠다는 결심을 하게 되었다. 그날 비 오는 밤에 집 앞 문구점에 가서 노트 한 권을 사왔고, 거기에 책의 제목을 적어 넣었다.

이렇게 시작된 책 쓰기에 거의 1년을 매달렸다. 자나 깨나 머릿속을 다음에 풀어나갈 내용들이 꽉 채우고 있었다. 그러나 아무리 애를 써도 생각만큼 속도가 나가지 않아 과연 이 책을 마무리 지을 수나 있을 것인가 하는 불안감은 늘 함께하였다. 그런데 티끌 모아 태산이라고 했던가. 어느 덧 두툼해져가는 원고를 보면서 흐뭇한 미소가 저절로 배어 나왔고, 이제 이렇게 완성된 원고를 출간하게 되니 그야말로 감개무량하다.

필자는 한국은행에서 10년, 금융감독원에서 10년을 근무하면서 외환부서에 상당기간 근무하였고, 김·장법률사무소로 이직한 다음부터는 10년 넘는 기간을 줄곧 외환법규를 해석·적용하는 일에 종사하여 왔다. 이렇게나 오랫동안 한 분야에 종사할 수 있었던 덕분에 필자는 남들보다 조금 더 외환법규에 대하여 고민하고 생각할 기회를 갖게 되었다.

사실 1996년에 한국은행 외환심사과에서 외환법규 문의 자동응답(ARS) 대표전화를 받으면서부터 수많은 외환관련 질문을 화두로 안고 살아왔다. 질문을 받았으니 답변은 해야겠는데, 무엇을 찾아봐도 누구에게 문의해 봐도 속 시원한 답을 들을 수 없었다. 이에 스스로 답을 찾아 나섰고 이렇게 나름대로 찾은 답을 정리한 것이 이 책이다. 보잘것없으나마, 이 책을 정리해 놓지 않으면 후학들이 필자와 똑같은 고민을 되풀이 할 것으로 생각되니 약간의 책임감도 느끼게 되었고 이것이 집필의 동기가 되었다.

　　너무 자극적인 것 같아 그렇게 하지 않았지만 당초 제4장의 제목을 "오해와 실수"로 하려고 하였다. 우리가 만든 법도 아닌 것을 지난 60년간 운용해 오면서 얼마나 많은 오해와 실수가 있었는지를 돌아보자는 취지이다. 이 책이 우리나라의 지난 외환관리를 돌아보고 앞으로 나아갈 길을 정하는 데 있어서 조금이라도 도움이 된다면 더 이상의 영광은 없을 것이다.

　　이 책은 한국은행, 금융감독원, 김·장법률사무소에서 함께 하였던 여러 훌륭하신 분들의 가르침과 배려가 없었다면 결코 나올 수 없었다. 이 모든 분들께 감사드린다. 특히 필자를 오랫동안 거두어 주신 김·장법률사무소의 김영무 박사님, 정계성 변호사님, 이상환 변호사님께 깊은 감사의 말씀을 올립니다. 그리고 사랑하는 아내, 아들, 딸과 함께 책 발간의 기쁨을 함께하고 싶다.

2021년 8월
서 문 식 씀

차   례

제 1 장 서 론

1. 우리나라 외환법 이해의 어려움 ························· 3
2. 우리나라 외환관리의 중요성 ························· 14
3. 우리나라 외환관리의 유용성 ························· 16
4. 우리나라 외환관리가 적정한 것인지 ················· 19
5. 무엇을 쓰려고 하는지 ····························· 23

제 2 장 외환관리의 세계사

1. 개 관 ··· 29
2. 금본위제(Gold – Standard) 시대 ···················· 30
3. 금본위제로부터 이탈 ······························ 34
4. 독일, 외환통제 시대 개막 ·························· 37
5. 일본의 외환통제 ································· 48
6. 영국의 외환통제 ································· 53
7. 금본위제의 마지막 수호자 – 프랑스 ·················· 54
8. 전간기(interwar)의 특징 ·························· 56
9. 제2차 세계대전과 전후 국제사회의 노력 ·············· 57
10. 개도국의 외환통제 ······························ 67

제 3 장   우리나라의 외환규제

제 1 절   개   관 ·· 75

제 2 절   우리나라 외환규제의 法源 ··· 79
    1. IMF 협정 ·· 80
    2. OECD 규약 ·· 82

제 3 절   우리나라 외환규제의 歷史 ··· 85
    1. 1945년 이전 ··· 85
    3. 1945년~1961년 ··· 92
    4. 1962년~1991년 ··· 104
    5. 1992년~1999년 ··· 132
    6. 2000년~현재 ··· 147

제 4 절   외환법규 해독을 위한 Know-how ······························ 158
    1. 규범의 틀 ·· 161
    2. 외환법규 3대 규율원리 ··· 167
    3. 소   결 ·· 188

제 4 장   주제별 검토

제 1 절   거주성 판정기준 ··· 191
    1. 서   론 ·· 191
    2. 현행 기준 ·· 193
    3. 세법상 거주성 판정기준과의 비교 ·· 196
    4. 구 거주성 판정기준과 비교 ··· 198
    5. 지점/출장소/사무소의 거주성 ·· 205
    6. 도전과 과제 ·· 208

제 2 절   신고와 신고수리 ··· 210
    1. 서   론 ·· 210
    2. 단순신고제 도입의 배경 ··· 212
    3. 단순신고제의 필요성 ·· 212

제 3 절   일정한 기간을 초과하는 수출입결제방법 규제 ·················· 215

   1. 서 론 ··· 215

   2. 규제 내용 ··· 217

   3. 규제의 이유 ··· 220

   4. 일본의 규제 이유 ·· 223

   5. 결 론 ··· 225

제 4 절   제3자지급 규제 ·· 227

   1. 서 론 ··· 227

   2. 규제의 현황 ··· 230

   3. 제3자지급 등 규제의 연혁 ·· 233

   4. 1992년 입법이 가져온 문제 ·· 244

   5. 오해와 실수 ··· 246

제 5 절   직접투자의 개념 ·· 248

   1. 서 론 ··· 248

   2. OECD Benchmark Definition에 따른 정의 ························· 252

   3. 일본의 직접투자 정의 ·· 258

   4. 우리나라의 직접투자 정의 ··· 261

   5. 우리나라 해외직접투자 정의와 관련한 문제 ························· 263

   6. 결 론 ··· 267

제 6 절   현지금융 ·· 268

   1. 서 론 ··· 268

   2. 현지금융의 개념과 신고의무 ··· 269

   3. 문제점 ··· 271

   4. 결 론 ··· 274

제 7 절   역외금융회사 ·· 276

   1. 서 론 ··· 276

   2. 규제의 배경 ··· 277

   3. 문제점 ··· 279

   4. 결 론 ··· 283

제 8 절   역외계정 ·· 284

   1. 서 론 ··· 284

   2. 일본에서의 찬반 논의 ·· 286

    3. 우리나라의 역외계정 제도 ·· 287
    4. 결 론 ··· 288

제 9 절 외국인거주자에 대한 취급 ···································· 290

    1. 서 론 ··· 290
    2. 2005년 재정경제부 유권해석 ···································· 291
    3. 결 론 ··· 293

제 10 절 대한민국과 외국간의 지급·추심 및 수령 ·········· 295

    1. 서 론 ··· 295
    2. 은행망을 통한 국제자금결제시스템 ···················· 298
    3. 비은행송금사업자의 진입과 변화 ························· 309
    4. 결 론 ··· 314

제 11 절 원화 국제화 ·· 317

    1. 서 론 ··· 317
    2. 경상거래 원화결제 ·· 319
    3. 비거주자간 원화거래 ·· 322
    4. 일본에서의 엔화 국제화 논의 ································· 324
    5. 결 론 ··· 325

제 12 절 형식주의 vs. 실질주의 ·· 327

    1. 서 론 ··· 327
    2. 거래의 실질을 중시한 판례 ····································· 328
    3. 거래의 실질에 따른 판단의 문제점 ······················ 331
    4. 결 론 ··· 333

제 5 장 결 론

    1. 무엇에 대하여 썼는지 ·· 337
    2. 제4장에서 어떤 주제들을 다루었는지 ················· 339
    3. 우리나라 외환관리의 폐지 ·· 345

• 부 록 ·· 349
    1. OECD 자본이동자유화규약 Annex B(대한민국 유보리스트),
      2020년 ·· 349
    2. OECD 경상무역외거래자유화규약 Annex B(대한민국 유보리스트),
      2020년 ·· 353
    3. 일본 1933년 외국환관리법의 조선에서의 시행 법률 ·············· 355
    4. 일본 1949년법과 우리나라 1962년법의 대비표 ························· 360
    5. 일본 1980년법과 우리나라 1992년법의 대비표 ························· 382

• 참고문헌 ·· 423

• 표 차례
    <표 1-1> 총수요정책 ·· 17
    <표 1-2> 외환정책수단 ·· 17
    <표 3-1> 국내 외환법규 체계(2020.10. 현재) ·· 79
    <표 3-2> 1997년 외국인 주식투자자금 유출입 추이 ································· 134
    <표 3-3> 금융기관이 아닌 개인과 법인의 사후보고 종류 ··················· 144
    <표 3-4> 외국환거래규정 제2장~제3장 ··· 176
    <표 3-5> 외환수급표 ·· 186
    <표 4-1> 外爲法上 居住性の判定基準 ··· 199
    <표 4-2> 외환법상 거주성 판정기준(1962.1.21.(?)~1992.8.30.) ················· 200
    <표 4-3> 외환법상 거주성 판정기준(1992.9.1.~1999.3.31.) ······················ 201
    <표 4-4> 외환법상 거주성 판정기준(1999.4.1.~2009.2.3.) ························· 202
    <표 4-5> 외환법상 거주성 판정기준(2009.2.4.~) ······································· 203
    <표 4-6> 수출입결제방법 규제 ·· 217
    <표 4-7> 수출입결제방법 규제 ·· 218
    <표 4-8> 수출입결제방법 ·· 220
    <표 4-9> 현지금융 신고의무 ·· 271

• 그림 차례
    <그림 1-1> 일본법과 우리법 비교 ·· 6
    <그림 1-2> 일본법과 우리법 비교 ·· 10
    <그림 1-3> 내외금리차 추이 ··· 18
    <그림 3-1> 외 환 ·· 77

<그림 3-2> 외환관리 ··· 78
<그림 3-3> 거래·행위의 단계 ··· 162
<그림 3-4> 다자간 지급·영수 ··· 182
<그림 3-5> 상계센터를 통한 다자간 상계 ··· 182
<그림 4-1> 우리나라의 제3자 지급·영수 ··· 233
<그림 4-2> 일본의 제3자 지급·영수 ··· 242
<그림 4-3> FDIR 모델 ··· 254
<그림 4-4> FDIR 모델 ··· 255
<그림 4-5> 일본법상 해외직접투자 개념도 ··· 259
<그림 4-6> 우리나라 해외직접투자 개념도 ··· 262
<그림 4-7> 코레스 결제망 ·· 300
<그림 4-8> 한국-이란간 원화결제 시스템 ··· 304
<그림 4-9> Unilateral Network ·· 305
<그림 4-10> Franchised Network ··· 306
<그림 4-11> Front-end provider ·· 310
<그림 4-12> Back-end provider ··· 311
<그림 4-13> Operator of payment infrastructure ·································· 312
<그림 4-14> End-to-end provider ·· 313

제1장 서 론

제 1 장 서 론

1. 우리나라 외환법[1] 이해의 어려움

우리나라 외환법을 이해하기 어려운 것은 필자만의 문제는 아닐 것이다. 이 법을 조금이라도 접해 본 경험이 있는 사람이라면 모두 공감할 것으로 생각한다. 필자는 한국은행과 금융감독원에서 외환법규를 해석하고 집행하는 직무를 맡은 적이 있고, 로펌으로 이직한 후에는 10년이 넘는 기간 동안 주로 외환법규와 관련된 이슈를 검토하고 조언하는 일을 해왔다. 이렇게나 장기간 이 분야에 종사하면서 많은 외환 전문가들과 알고 지내는 사이이고 궁금한 것에 대하여 때때로 토론을 하기도 하였지만 외환법과 관련하여 제기되는 질문들에 대하여 누구도 명쾌한 답을 제시하지 못하는 경우가 많았다.

외환법규의 문언을 글자 그대로 해석하고 집행하는 일은 누구나 할 수 있는 일이고 필자의 경우에도 그 일은 어렵지 않았다. 필자는 법학을 전공하여 법 해석의 일반 원칙들에 대하여 익숙하였고, 더구나 한국은행에서 외환업무를 맡았을 당시 외환법의 해석에 관한 몇 가지 핵심 노하우(know-how)를 전수받은 덕분에 남들에 비하여 비교적 쉽게 외환법에 접근할 수 있었다. 그러나 이 법규의 문구가 왜 그렇게 되었는지, 그러한 아이디어는 언제, 어디에서, 무엇 때문에, 누구로부터 왔는지에 대한 궁금증은 어디에서도 풀리지 않았다.

시중에 출간된 외환법규 해설서는 대부분 총론에 대한 설명없이 바로 각론으로 들어가 이러한 것은 외국환 신고의무가 있고, 이러 이러한 것은 외국환 신고의무가 없다는 식으로 서술되어 있다. 총론에 대한 설명이 있다고 하더라

---

1) 우리나라 외국환관리법은 1962년에 최초로 제정되었다가, 1998년에 법의 명칭이 외국환거래법으로 바뀌었다. 이 글에서 '외환법'이라 함은 외국환관리법 또는 외국환거래법을 통칭하여 약칭으로 표기하는 것이다. 양자를 구분할 필요가 있을 때에는 전체 이름으로 쓰겠다. 또 '외환법규'라고 할 때에는 외국환관리(거래)법, 동법 시행령, 외국환관리(거래)규정을 포괄하는 의미로 쓰려고 한다.

도 아주 간략한 것에 불과하여 제도의 배경이나 이유를 깊이 이해할 수 있기에 는 턱없이 부족하였다. 그저 '국제수지의 균형'이나 '통화가치의 안정' 등을 위 하여 '이러 이러한 제도가 원래부터 있었다' 하는 식의 설명이었다. 또한 구체 적인 근거를 제시함이 없이 집필자의 생각이나 추측에 의한 설명이 많아 비록 그 설명이 틀림없을 것으로 생각은 되지만 검증이 필요하다는 생각은 항상 들 었다.

우리나라 초창기 외환법 해설서는 1973년에 발간된 임홍근님의 '외국환관 리법'이 최초인 것으로 보인다. 이후 1976년에 한국은행에 봉직하신 김영생 저 '외국환관리법'2)이 나왔고, 이후에도 1980년에 김규창 저 '외국환관리법', 1982 년에 주인기 저 '외국환관리', 그리고 1984년에 한국은행에 봉직하신 이재웅 저 '외국환관리론'이 출간되었다. 이후 1992년에 외국환관리법이 전면 개정되면서 당시 재무부 사무관으로 법 개정 실무를 담당하시던 황건일님에 의하여 '외국 환관리법 해설'3)이라는 책자가 발간되었다.4) 아마도 이 책들이 초창기 외환법 해설서의 전부일 것이다. 이후 1998년 외국환거래법 제정 이후에는 제법 많은 책이 출간되었다. 필자 역시 이 책들로 공부를 하였고 많은 지식을 얻을 수 있 었지만 필자의 궁금증을 다 해결할 수는 없었다.

어떤 사람들은 우리나라 법 중에서 읽기에 제일 짜증나는 법으로 세법과 외국환거래법을 들기도 한다. 복잡하고 이해하기 어렵다는 것이다. 그러나 필 자가 생각하기로 세법은 외국환거래법에 비하여 훨씬 형편이 나은 편이다. 세 법 분야에는 훌륭한 교과서들이 많이 있고, 대학에서 강의가 이루어지고 있으 며, 또한 우리나라만의 문제가 아니라 각국에 공통된 문제이므로 각국의 논의 를 참고할 수도 있고, 국제기구에서의 논의도 활발하다. 세법 교과서에는 어떠 한 조세 정책이 언제 어떻게 왜 누구에 의하여 어떤 논의를 거쳐 만들어졌는지 서술되어 있다. 세법 각론에 들어가 그 세부적인 내용을 이해하는 데에는 워낙

---

2) 김영생, 외국환관리법, 무역경영사, 1976.2.20. 초판 발행, 이후 2차(1979.3.15.)~6차 (1989.2.25.)개정판까지 발행

3) 황건일, 외국환관리법 해설, 범신사(1993. 4월)

4) 강만수 전 재정경제부 차관은 회고록에서 황건일 사무관이 쓴 외국환관리법해설은 당시 까지 발행된 외환관리에 대한 해설서 중 가장 완벽한 것이었다고 회고하고 있다. 강만 수, 현장에서 본 한국경제 30년, 삼성경제연구소(2005). 345p

복잡함으로 인하여 어려움이 있을 수 있어도 총론 측면에서 그러한 규제가 왜 만들어졌는지를 이해하는데 어려움은 없다.

그러나 놀랍게도 외환법에서는 각론은 고사하고 총론의 이해부터 어려움이 있다. 어떠한 외환 규제가 언제 어떻게 왜 누구에 의하여 어떤 논의를 거쳐 만들어졌는지 전혀 알려져 있지 않다. 마치 '태초에 말씀이 있었다'하는 식으로 하늘에서 뚝 떨어진 제도로 불변 진리인 것처럼 설명되고 있다. 이러다 보니 세법 분야와 다르게 학계에서도, 연구기관에서도, 정부에서도, 국회에서도 외환법과 관련된 논의는 전혀 이루어지지 않는다. 조금 과장해서 이야기 하자면, 우리나라에 외국환관리법이 제정된 이래 이 법규의 제정과 운용은 현재로 말하면 기획재정부 외환제도과 담당 사무관이 혼자서 맡아왔다고 할 수 있다. 그 이상 전문성이 있는 다른 기관이 없었으므로 입법, 행정기능을 홀로 담당하여 왔고 국회와 국민들은 그저 따를 뿐이어서 한번도 제대로 된 논의는 없었다고 생각한다.

필자의 경험상 외환 법규를 해석함에 있어서 그 규정의 문구 자체로 충분하여 더 이상의 추론이나 해석이 필요 없는 경우는 거의 없었다. 언제나 불완전한 문구를 보완할 해석이 필요하였고, 규정 상호간의 내용이 충돌하는 경우도 많아 조화로운 해석이 필요하였다. 바로 이런 때에 입법자의 의도를 돌아보아야 한다. 그런데 앞서 말한 바와 같이 입법자의 의도를 알 수 없으니 어떻게 되겠는가? 사람마다 해석이 달랐고, 이에 따라 최고의 유권해석 기관인 기획재정부의 담당자가 바뀔 때마다 해석이 달라지는 일이 비일비재 하였다. 필자는 푸념처럼 하는 말이지만, 이 법이 제정되어 지금까지 집행되어 온 것이 기적적인 일이라고 보고 있다.

가. 일본법을 차용

왜 이렇게 되었을까? 다시 말하면 왜 외환 규제의 이유나 배경은 잘 알려지지 않았을까? 그 이유는 이 외환 규제에 관한 법규가 우리가 만든 것이 아니기 때문이다. 일본의 법을 그대로 수입하였다. 우리가 어떤 규제를 스스로 고민하여 만들었다면 그 규제의 이유와 배경을 어떻게 모를 수 있겠는가? 그러나 애석하게도 일본 외환법을 자세히 알지 못한 채 모방하였으므로 알 수가 없는 것이다. 여기서 '모방'이라 하였지만, '입법의 모델로 참고하였다'는 정도가 아니라 '베꼈다'고 하는 것이 정확한 표현일 것이다.

우리나라가 1962년에 제정한 '외국환관리법'은 일본의 1949년 '외국환 및 외국무역관리법'을 모방한 것이고, 우리나라가 1992년에 외국환관리법을 전면 개정한 것은 일본이 1980년에 전면 개정한 것을 그대로 따른 것이다. 우연히도 두 건 모두 12년의 시차를 두고 일본 외환법을 모방해 왔다. 나중에 다시 설명하겠지만 일본이 '금융빅뱅'이라고 천명하면서 실질적으로 외환통제를 폐기한 1998년의 입법은 우리가 아직 모방하지 못하고 있다. 다만 일본법의 명칭에서 '관리'라는 문구를 삭제한 것을 본떠서 우리 법의 명칭에서도 '관리'를 '거래'로 바꾸어 1999년에 외국환거래법을 제정하였다.

〈그림 1-1〉 일본법과 우리법 비교

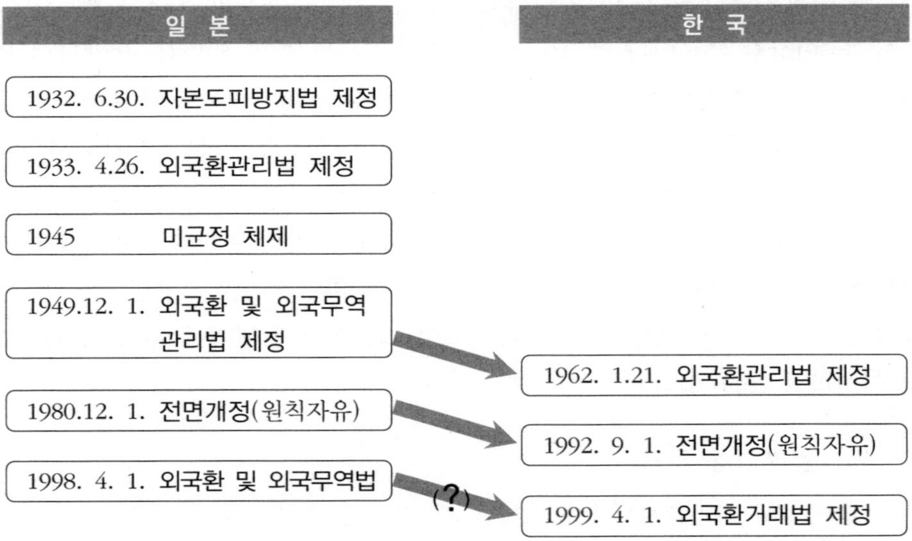

일 본	한 국
1932. 6.30. 자본도피방지법 제정	
1933. 4.26. 외국환관리법 제정	
1945 미군정 체제	
1949.12. 1. 외국환 및 외국무역 관리법 제정	1962. 1.21. 외국환관리법 제정
1980.12. 1. 전면개정(원칙자유)	1992. 9. 1. 전면개정(원칙자유)
1998. 4. 1. 외국환 및 외국무역법 (?)	1999. 4. 1. 외국환거래법 제정

필자가 이렇게 이야기하면, 혹자들은 우리나라가 일본 법을 모델로 하여 입법을 한 것이 외국환거래법 하나가 아닌데 왜 유독 외환법에 있어서만 그 규제의 이유와 배경이 알려지지 않은 이유가 될 수 있느냐 하며 의문을 제기할 수 있을 것이다. 그 말은 맞는 말이다. 해방 후 민법, 상법, 형법 등 기본법을 비롯하여 각 금융업법, 세법, 공정거래법 등 거의 모든 분야에 있어서 일본 법을 모델로 하지 않은 것이 무엇이 있는가? 다른 법 분야에서는 그럭저럭 문제가 없는데 오직 외환법에서만 문제가 생긴다고 하는 것은 이상하게 느껴지기도 한다.

그러나 외환법과 다른 법 사이에 중대한 차이가 있다. 민법, 상법, 형법 등 기타 법은 일본도 서구의 법을 모방한 것이다. 따라서 우리가 모델로 한 일본 법의 아이디어의 원천은 서구에 있고 우리로서는 서구에서 직접 그 입법배경이나 이유에 대한 지식을 습득할 수 있다. 그러나 외환법의 경우에는 그 아이디어의 원천이 일본 자신에게 있었다. 일본이 서구의 법을 모방한 것이 아니라 스스로 만든 법이라는 것이다. 따라서 우리로서는 일본 이외 어디에서도 우리 외환법 규제의 이유와 배경을 알 수 없었다.

사실 선진국의 법을 모방하는 것은 잘못된 것이 아니다. 후발국은 누구나 그렇게 하는 것이고 만약 그렇게 하지 않는다면 더 큰 문제일 것이다. 1945년 해방 후 신생 독립국으로 출범한 대한민국은 선진제국의 입법과 제도를 본 따 우리의 것을 만들었고 이 과정에서 일본의 영향을 가장 많이 받았다는 것은 누구나 알고 있는 사실이다. 식민지배에서 막 벗어난 신생국으로서 지적 기반이 취약한 상태에서 순식간에 선진국 수준을 따라 잡을 수는 없었을 것이므로 일본 외환법을 그대로 모방한 것은 불가피한 것이었는지도 모르겠다.

그러나 그렇다고 하더라도 1949년 대한민국 정부 수립 이후 1962년 외국환관리법 제정 까지는 12년이라는 시간이 있었고, 또한 법 제정 이후에 지금까지 무려 60여년의 시간이 있었으므로 이 기간 동안 우리 법의 원전인 일본의 외환법에 대하여 보다 철저한 연구가 가능하였을 것이다. 그런데 그렇게 하지 못했던 것 같다. 만약 그랬다면 필자가 이런 글을 쓰고 있을 이유가 없을 것이고, '대한민국에 전문가가 없다'는 이야기도 없을 것이고, 수 십년간 이 일을 하고도 여전히 미로 속을 헤매고 있지도 않을 것이다.

나. 일본 외환법에 대한 이해 부족

필자는 직업상 외환 법규를 해석하는 일과 씨름하면서 언제나 이 법의 입법취지를 궁금하게 생각해 왔는데, 이 직업에 꽤 오랫동안 종사해 온 덕분에 필자의 개인적인 궁금증을 풀기 위하여 우리나라 외환 법규에 대한 과거 자료들을 광범위하게 수집하여 왔다.

한국은행, 기획재정부 등 당국에서 발간한 자료는 물론이고, 우리나라 국립중앙도서관, 국회도서관에서 외환 규제와 관련이 있을 것 같은 자료는 상당수 복사하여 수집하였다. 이에 그치지 않고 우리 법의 원천이 일본임을 이미 들어서 알고 있었으므로, 인터넷을 통하여 일본 자료를 조사하고, 필요한 자료는 일본에 재직중인 지인에게 부탁하여 수집하기도 하고, 일본 아마존 사이트를 통하여 직접 구입하기도 하였다. 그리고 급기야 일본에 직접 가서 동경대학 앞의 고서점들을 뒤지고 다니기도 하였다.

이렇게 수집한 자료를 읽어가는 중에, 우리나라 입법자들이 일본 법을 오해한 사례를 상당수 발견할 수 있었다. 그 한가지 예로 우리나라 외국환거래법의 효시에 대한 설명부터 잘못되었다는 것을 알게 되었다.

한국은행에서 출간한 우리나라 외환제도에 대한 설명 책자[5]와 이 책을 인용하여 설명한 모든 외환법 해설서에는 우리나라 외국환거래법의 효시를 1946년에 미군정이 발한 '대외무역규칙(군정법령 제39호, 1946.1.12. 발효)'으로 말하고 있다.

그런데 미군정 법령이라는 것이 무엇인가? 일본을 패망시킨 미국이 일본 점령지에 진주하여 일본 통치시스템을 정지시키고 향후 미군의 통치하에 둔다는 것을 선언한 것이 아니겠는가. 지금 와서 생각해 보면 여기에 무슨 외환 관리의 아이디어 같은 것이 담겨있을 리 없었다. 그러나 필자도 이러한 한국은행의 설명에 의심을 가져본 적은 없었다. 그렇다고 하니 그런가 보다 하고 생각하고 있었다.

---

5) 한국은행, 한국의 외환제도와 외환시장, (2016), 6p; 한국은행, 우리나라의 외환제도와 외환시장, (2010), 8p; 한국은행 국제국, 우리나라의 외환거래제도, (2002.10), 3p; 한국은행 국제국, 우리나라의 외환거래제도, (2000.6), 3p

　　그러나 일본 자료를 읽어가던 중 일본이 처음으로 만든 1933년 외국환관리법이 조선에도 시행되었다는 것을 알게 되었다. 일본은 1933년 3월 법률 제28호로 '외국환관리법(外国爲替管理法)'을 제정하여 1933.5.1.부터 일본 본토에 시행하였고, 1933년 4월에는 칙령 제66호로 '외국환관리법을 조선, 대만 및 사할린에 시행하는 건'을 통과시켜 같은 날짜인 1933.5.1.부터 조선에서도 시행시킨 것이다.

　　그래서 일제시대 조선법령집람(朝鮮法令輯覽: 1936년, 조선총독부 편)을 보니 과연 그 안에 외환관리법령이 있었다. 당시 식민지 조선은 일본 법의 적용대상이었던 것이다. 이에 서둘러 번역하고 분석하여 논문[6]으로 냈는데, 이 법령들은 무려 85년이 지난 지금 읽어보아도 별로 어색하지 않을 정도로 현재의 우리나라 외국환거래법과 닮았다. 중앙은행을 정부의 대리인으로 지정하고, 외화집중을 원칙으로 하고, 원칙금지 및 예외허용 원칙 하에서 허용되지 않은 거래나 행위는 정부의 허가를 받도록 한 것 등이 똑같다.

　　그렇다면 이것이 우리나라 외국환거래법의 효시이지 무엇이 효시란 말인가. 미군정 법령이라는 것은 당시 시행되고 있던 외환관리 법령의 효력을 중지시키는 것이지 새로 외환 관리에 관한 규범을 만든 것이 아니므로 외환관리 법령의 효시가 될 수 없는 것이다.

　　필자는 1989년 한국은행에 입행하여 1996~1997년 동안 국제부에서 외환거래 심사, 즉 신고수리 업무를 담당한 적이 있었다. 그런데 필자가 그러한 업무를 담당하기 무려 60년 전인 일제시대에도 동일한 장소인 서울시 중구 세종대로 67번지 한국은행 건물에서 누군가에 의하여 외환거래 인허가 업무가 이루어졌다는 사실을 상상해보니 시간여행을 하는 듯한 묘한 기분이 들었다.

　　필자가 외환거래 심사업무를 담당할 당시에, 과문한 탓이겠지만, 어떠한 업무자료 또한 누구로부터도 일제하에서 이 땅에 외국환관리법이 시행되었다는 이야기를 읽거나 듣지 못했다. 당시에도 필자를 포함하여 외국환거래법의 유래에 대하여 궁금해 하는 한은 직원들은 많았으나 누구도 그 유래에 대하여 정확히 알지 못하였던 것이다.

---

6) 서문식, 우리나라 외국환거래법의 효시, 금융법연구 15권 3호, (2018), 209p~255p

그렇다면 상기 <그림 1-1>은 다음과 같이 보완되어야 한다.

〈그림 1-2〉 일본법과 우리법 비교

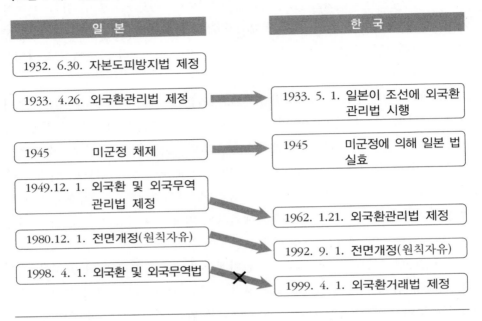

우리나라 외환법의 효시에 대하여도 이렇게 잘못 알려질 정도이니 그 동안 이 분야에 대한 연구가 일천하였음은 말할 것도 없다.

혹자는 외환법의 효시가 무엇이든 무엇이 그리 중요하느냐고 생각할 수도 있겠다. 필자가 우연히 알아낸 사실 하나 가지고 과장하며 호들갑을 떨고 있다고 생각할 수도 있겠다. 그러나 필자에게 있어서는 우리나라 외환법의 시초를 1949년 일본 외환법에서 1933년 일본외환법으로 끌어 올림으로써 그 동안 필자를 괴롭혔던 수수께끼의 퍼즐이 맞춰진다는 느낌을 받았다.

독자 여러분께서는 1933년 일본 외환법의 제정이유가 무엇이라고 생각하시는가? 흔히 말하는 국제수지의 균형 또는 통화가치의 안정일 것이라고 생각하시는가? 아니었다. 환시세의 안정이었다. 법을 제대로 해석하려면 입법자의 의도를 알아야 하고, 입법자의 의도를 알려면 당시의 시대적 상황을 알아야 한다. 그런데 우리나라에서는 입법자의 의도를 알지도 못한 채 일본 법을 차용하여 사용하면서 그 입법의 목적이 국제수지 균형일 것이라거나, 통화가치 안정일 것이라거나, 자금세탁과 탈세방지를 위한 것이라거나, 더 기가 막히게는 대외거래를 원활하게 하기 위한 것이라는 등등의 이야기를 하고 있다. 대외거래를 원활하게 하기 위한 것이라면 외환법을 폐지하는 것이 가장 좋은 방법일 것이다.

1933년 일본 외환법은 1941.4월에 가서 크게 바뀌게 된다. 이 시점은 일본이 미국과의 태평양전쟁 개시를 몇 달 앞둔 시점으로 미국과의 일전을 위하여 완전한 전시동원체제를 갖추고자 한 개정이었다. 외환도 군수물자처럼 취급이 되어 모든 방면의 철저한 통제가 기본이 되었다.

이후 1945년에 패망한 일본에 미군이 진주하였고 미군정법령에 의하여 일본의 모든 대외거래는 금지되었다. 이후 1949년에 이르러 연합군최고사령부(GHQ: General Headquarters)의 지시에 따라 폐허가 된 일본경제의 부흥을 목적으로 한정된 외화 자원을 최대한 효율적으로 사용하고자 눈물로 만든 법이 1949년 외국환 및 외국무역관리법이다.

그러나 일본의 부흥은 예상보다 빨랐다. 1964년 올림픽 개최로 일본의 부활을 화려하게 알리면서 세상을 다시 깜짝 놀라게 하였다. 이 해에 일본은 IMF 8조국으로의 이행을 수락하고, OECD에도 가입하였다. 고도의 경제성장을 구가하면서 외화자금 면에서의 우려가 없어진 일본은 1972년에 외환집중제와 같은 것은 이미 폐지하였고, 1980년에는 원칙자유 체제로 나아가는 외환법 전면 개정을 하게 된다.

일본 외환법의 변천사에 대하여는 후속 장에서 자세히 다루려고 한다. 다만 여기서 간략히 언급한 이유는 일본 외환법이 만들어진 시대적 배경을 잘 이해하여야만 우리 법도 이해할 수 있고, 계속 바뀌고 있는 현실에 과거의 특정 시점에 수입한 법이 어울리는 것인지 아닌지를 판단할 수 있다는 것을 말하고 싶어서이다. 이런 점에서 우리 외환 법을 이야기함에 있어 계속 일본 법을 이야기 할 수밖에 없다.

다. 선진제국의 외환통제규범의 폐기

우리 외환법을 이해하기 어려운 또 하나의 중요한 이유가 있다. 그것은 선진 제국이 1980년 말까지 거의 모든 외환통제 규범을 폐기하였다는 것이다. 외환통제는 1930년대에 선진국들이 먼저 시작하고 후발국들이 따라 한 것이지만, 이제는 선진국들은 모두 폐기하였고 후발국들만 규제가 있는 형국이다.

지금도 선진국에 '국경간 송금제한' 등 외환통제 규범과 같은 것이 남아있는 것처럼 보이기도 하는데, 이것은 사실 전통적인 의미의 외환 통제는 아니고 자금세탁방지(Anti Money Laundering)나 조세회피 방지를 목적으로 만들어진 규제들이다. 다만 규제 수단이 같다 보니 외환통제 규범처럼 보이는 것이다. 우리나라의 경우에는 외환통제 목적의 규제와 자금세탁 방지 또는 조세회피 방지를 목적으로 하는 같은 규제들이 중첩(overlap)되어 있지만 선진국들의 경우는 그렇지 않다.

외환통제의 폐기는 1979년 10월 영국의 대처 수상에 의하여 the Exchange Control Act가 폐기됨으로써 본격화되었다고 할 수 있다. 영국의 외환통제는 제2차 세계대전이 발발한 1939년부터 전쟁수행 목적으로 시행되었는데 이런 저런 조치들이 1947년 the Exchange Control Act로 종합되어 종전 후에도 외환통제의 근거 규범으로 남아 있었다. 이후 40여년이 지난 1979년에 이르러 보수당 정부에 의하여 더 이상 외환통제는 불요하다는 판단에 따라 폐기되었다.

이어 일본이 1980년에 '외환거래의 원칙자유'를 선언하면서 외환법을 전면 개정하여 시행하였다. 일본의 외환통제는 법 자체보다는 하부 규정인 정령(政令) 또는 성령(省令)을 통하여 이루어지고 있었으므로 1980년 법 개정 이전에 이미 상당수준의 자유화가 정령 또는 성령의 개정에 의하여 이루어졌지만, 외환법상의 문언이 그대로 남아있어 미국 및 구주와의 통상마찰의 구실이 되었으므로 차제에 법 자체에서 원칙자유를 선언하는 것으로 법을 개정한 것이다.

이후 1980년대 후반에 들어 구주 각국이 EU 통합 준비의 일환으로 대외거래의 자유화를 급속히 진전시켜 외환통제 규범이 거의 폐지되었다.

한편, 미국의 경우에는 처음부터 '외환통제'라는 개념이 없었다. 미 달러화는 제1차 세계대전이 발발한 1914년에 이미 기축통화[7]의 지위를 차지하였으므

---

7) key Currency로 국제 결제의 중심이 되는 통화로 국제금융시장에서 가장 활발히 거래되는 통화를 말한다. 영국의 파운드화가 19세기 중반 이후 영국이 가진 강력한 세력을 배경으로 국제금융의 중심지로서 기축통화의 역할을 담당 하였다가, 1914년 제1차 세계대전 발발로 미국의 달러화에 그 지위를 넘겨주었다고 한다.

로 세계에서 외환 통제가 필요 없는 유일한 나라가 되었고 따라서 1930년대 시작된 외환 통제와 무관하였다.

이와 같이 선진제국이 외환통제에 대한 규범을 폐기함에 따라 국제사회에서 외환통제와 관련된 논의는 소멸되다시피 되었다. 더 이상 선진제국의 관심 사항이 아니기 때문이다. 외환통제가 국제적인 이슈로 남아 있었더라면 국제회의에서 논의가 된다든지, 국제기구에서 표준모델을 만든다든지 하는 식으로 어떻게든 국제적인 논의에서 외환통제 개선방향에 대한 아이디어를 얻을 기회가 있을 텐데 그 기회가 사라졌다.

현재는 오직 IMF와 OECD에서 가맹국들을 대상으로 외환 자유화로의 이행을 촉구하고, 자유화 유보리스트를 제출하게끔 하여 정기적으로 심사하여 유보를 폐지할 것을 권고하는 수준의 논의가 되고 있을 뿐이다.

이렇게 선진국들이 외환통제를 폐기하다 보니 우리나라가 더 이상 참조할 해외 입법 사례가 없게 되었다. 선진국을 따라 하려면 외환규제를 폐지하여야 하고, 폐지할 수 없다면 변화된 현실에 맞추어 적절히 규제를 개선해 나가야 하는데, 그 개선해 나가는 일이 오로지 우리의 몫이 되었다. 더 이상 선진국의 입법사례를 참조하여 취사선택할 수 있는 상황이 아니게 된 것이다.

지금까지는 일본의 법을 따라서 입법을 해 왔다. 일본의 1949년법을 모델로 우리의 1962년법을 만들었고, 일본의 1980년 원칙자유 전면개정을 본받아서 우리도 1992년 전면개정을 하였다. 그러나 일본이 1998년에 외환통제를 폐기하는 입법을 한 이후에는 우리는 어떻게 해야 할지를 모르고 당황하여 이러지도 저러지도 못하고 그대로 굳어있는 듯한 형국이다. 교착상태에 빠졌다고 할 수 있다.

이렇다 보니 현실은 변화하고 있는데, 외환 규범은 현실을 따라오지 못하고 있다. 2020년 현재 우리나라 교역규모는 세계 10위 수준이고, 외환보유액은 2018년말에 이미 4천억 달러를 넘어 세계 9위 수준이라고 한다. 그럼에도 우리나라 외환 규범은 만성적인 외화부족에 시달리던 경제개발 초기의 규범을 그대로 유지하고 있다. 그러다 보니, 누구든 외환 법을 읽어보면 이 규제가 왜 필요한 것인지 이해가 안 될 수밖에 없다.

2. 우리나라 외환관리의 중요성

우리나라는 1997년에 외환위기를 경험한 적이 있다. 이때 단 돈 몇 백억 달러가 없어 국가가 부도위기에 몰렸었다. 당시 우리나라 외환보유액[8]은 불과 몇 십억 달러로 당장 대외 결제에 필요한 외화가 부족한 실정이었다. 결국 IMF에 구제금융을 신청하였고, 그 여파가 얼마나 고통스러웠는지는 지금 40대 이상의 국민들은 생생하게 기억하고 있을 것이다.

필자는 TV 프로그램 중에 '나는 자연인이다'라는 프로그램을 자주 보는데, 거기에서 보면 산으로 들어가 자연인이 된 10명 중 7~8명은 IMF 때 부도를 맞거나 직장에서 해고된 사람들이었다. 그 분들은 한결같이 IMF가 오기 전에 자신이 얼마나 멋진 삶을 살고 있었는지와 IMF로 인하여 얼마나 인생이 파탄 났는지 증언하고 있다. 물론 그분들은 산에서 새로운 행복을 찾아 만족하며 살고 있노라고 말하고 있지만 IMF가 평범한 사람들의 인생을 얼마나 바꾸어 놓았는지 보여주는 생생한 사례라고 생각한다.

'외화가 부족'하면 '국가가 망한다'라는 것을 그저 책에서 읽고 이론적으로 이해하는 것과 우리나라처럼 직접 뼈아프게 경험하여 아는 것과는 그 체감지수가 다를 것이다. 더구나 금융역사상 우리나라보다 더 드라마틱하게 국가부도위기를 경험한 나라가 또 있을까? 다른 나라의 경우에는 모라토리움(지불유예)을 선언하는 등 배짱으로 버티던지, 그래서 채무를 탕감 받던지, 또는 채무 재협상을 하는 과정에 흐지부지 되던지 하였지만, 우리의 경우에는 허리띠를 졸라매고 외화를 벌어서 그 빚을 다 갚다 보니 고생이 말할 수 없었다. 더욱이 IMF가 제시한 가혹한 금융기관 및 기업 정리 요구에 따르다 보니, 거리마다 실업자가 넘쳐나는 상황을 경험하게 되었다.

우리가 국가부도 위기에 처한 이유가 무엇인가? 돈이 없어서인가? 아니다. 돈은 많았다. 다만 달러가 부족하였을 뿐이다. 우리나라가 가진 자산은 달러만 있는 것이 아니다. 원화도 있고 산업시설, 기술, 인력, 노하우, 천연자원, 문화, 문명, 역사, 더 나아가면 아름다운 강산까지 우리나라가 가진 부는 어마어마하

---

8) 정부와 중앙은행이 보유한 외화자금을 말한다.

여 값을 매길 수도 없는 것이다. 그런데 겨우 고작 미 달러화 몇 백억불에 나라가 넘어가다니 이게 말이나 되는 것인가.

그런데 이것이 현실이다. 국제거래에서는 달러가 결제통화로 통용되므로 그 달러가 있어야만 되고 다른 것은 아무리 많아도 필요 없다. 그 달러가 부족하면 당장 부도위기로 몰리게 된다.

우리나라가 외환위기로 빠져 들어가는 시점에 필자는 한국은행 국제부 외환분석과, 외환시장과, 외환심사과 등에 근무하고 있었다. 따라서 일반인들에 비하여 우리나라가 외환위기로 가는 과정을 가까이서 지켜볼 수 있었다. 필자는 업무상 우리나라 외환보유액과 외국환은행의 외화 대차대조표를 종합한 표를 매일 보고 있었는데, 1997년 10월경까지 언론보도에도 불구하고 크게 변화가 없던 지표가 어느 날부터인가 급락하는 것을 보고 '소위 공황 상태(panic)에 빠진다는 것이 이런 것인가' 하고 생각했던 기억이 난다.

필자도 외환위기의 원인과 당시의 인물들과 벌어진 사건들에 대하여는 조금은 할 말이 있다. 그러나 여기에서 그 말을 하려는 것은 아니고, 다만 우리나라가 IMF에 구제금융을 신청한 이후에 매일매일 출퇴근길에 서울시 중구 회현동 지하차도에 늘어가는 노숙자를 보면서 도대체 무엇이 잘못되어 나라가 이지경이 되었는지 혼자 자문해 보곤 하였던 기억이 생생하다.

2020년에는 전대미문의 코로나 바이러스가 세계를 뒤덮는 일이 생겼다. 이로 인해 인력과 물자의 국경간 이동에 제한이 생기게 되고 글로벌 경제에 위축이 오자, 미국에서는 혹시나 있을 각국의 달러부족 사태에 선제적으로 대응한다는 차원에서 우리나라에 원/달러 통화스왑을 먼저 제안해 왔다고 한다.

참 아이러니한 일이 아닐 수 없다. 1997년말 당시 미국에서 단 몇 십억 달러만 융통해 줬어도 우리가 외환위기를 벗어날 수 있었을 텐데, 간절히 청하였을 때는 냉정히 거절하고, 이제 우리가 외환보유액이 4천억 달러가 한참 넘어 당장 필요가 없을 때는 미국에서 먼저 돈을 융통해 주겠다고 제안을 해 온 것이다. 날이 맑을 때는 우산을 팔고, 비 올 때는 우산을 뺏는다는 금융의 섭리와 어떻게 이렇게 딱 맞는지 놀랄 일이다.

1997년에 이어서 2008년에 우리나라는 또 한번의 위기를 겪게 된다. 미국의 sub-prime mortgage loan 부실로 촉발된 이 사태는 우리나라의 외환시장을 크게 출렁거리게 하였다. 이때에 필자는 금융감독원 외환실에 근무하고 있었는데, 2008년 10월 어느 날 원/달러 환율이 장중에 1,500원을 뚫고 올라가는 것을 동료들과 함께 로이터 화면으로 망연자실하게 쳐다보고 있었던 기억이 선명하다.

이번에는 우리나라에 외환이 부족하지는 않아 1997년 같은 심각한 상황으로 진행되지는 않았지만 우리나라 외환시장이 대외의 조그만 변화에도 매우 취약하다는 것을 보여주었다. 이렇게 위기가 반복해서 찾아오고 있으므로 우리나라에 있어서 외환 관리라는 것은 가벼운 문제가 아니다. 생존의 문제이다.

3. 우리나라 외환관리의 유용성

흔히 우리나라 경제를 일컬어 '소규모 개방경제'라고 한다. 소규모인지 대규모인지는 상대적인 개념이므로 논란이 있을 수 있지만, 개방경제라고 하는 것은 어느 정도 이유가 있는 말이라고 생각한다. 우리나라는 국민소득 중에서 수출입이 차지하는 비중이 높다. 국민소득 방정식으로 말하면 $Y=C+I+G+(X-M)$[9] 에서 X와 M이 차지하는 비중이 높다는 것으로 국내생산품을 자국 내에서 소화하지 못하고 해외에 수출하여 소비시켜야만 한다. 따라서 대외의 조그만 변수에도 크게 영향을 받는 체질이라고 한다. 바꾸어 말하면, 무역의존도가 높은 대외 의존적 경제이고 그래서 '개방경제'라는 것이다.

이러한 경제 체질일수록 외환 정책이 갖는 의미가 크다. 필자가 경제학에 문외한이기는 하지만 한 나라의 거시경제정책(소위 총수요정책)을 다음과 같이 세 개로 분류를 해 본다면 이 중에서 대외적인 변수를 통제하는 외환정책이 우리나라의 경우에 있어서는 다른 두 정책에 비하여 훨씬 중요하다. 재정정책과 통화정책이 사용하는 정책수단이 기본적으로 대내적인 것이라면, 외환정책은 대외적인 것이다.

---

9) Y(국민소득) = C(소비) + I(투자) + G(정부지출) + {X(수출)−M(수입)}인데, 이것을 국민소득 방정식이라고 한다.

〈표 1-1〉 총수요정책

정책지표	재정정책	통화정책	외환정책
	예산 조세	이자율 통화량	국제수지 환율

또한, 재정정책과 통화정책의 정책수단이 주로 간접적인 것이라면, 외환정책은 아래에서 보는 바와 같이 직접 또는 간접적인 수단을 모두 가지고 있다. 따라서 외환정책의 효과가 더 직접적이고 강력하다.

〈표 1-2〉 외환정책수단

외환정책수단	직접수단	간접수단
	지급 · 영수 제한 지급방법 규제 지급수단수출입 규제 원인행위(자본거래) 규제	외환시장개입 외환건전성부담금 외환포지션규제 비거주자채권투자 과세

대외의존도가 높은 우리경제 체질하에서는 외부 변수가 크게 작용하여 우리 경제를 일순간에 위태롭게 할 수 있다. 또한 그 반대 측면에서 우리정부가 외화유출입 통제, 외환시장개입 등 외환정책을 적절히 수행하기만 한다면 외생변수를 효과적으로 관리할 수도 있다.

즉, 병에 걸리기도 쉽지만 처방할 약도 있다는 점에서 우리에게 외환정책은 각별한 의미가 있다. 그 원인과 결과가 다소 복합적이고 파급경로가 애매한 재정정책이나 통화정책에 비하여 훨씬 효과적일 수 있다는 의미이다.

또한 외환정책이라는 것은 우리나라가 이른바 경제주권을 마음껏 행사할 수 있는 수단이기도 하다. 미국은 세계 경제를 앞장서 끌고 가는 입장에서 자국의 이해대로 경제정책을 마음대로 행사하는데 여러 가지 제약이 있고 일본, EU, 중국 등도 다른 경쟁국들로부터 견제가 많다. 유럽연합(EU) 소속 국가의 경우에는 EU 정책에 따라야 하므로 경제 주권을 상당부분 포기한 상태이다. 그런데 우리는 어떠한가? 적당한 소규모의 경제로 외환정책을 운용하는데 상대적으로 자유로운 상태가 아닌가. 이런 점에서도 우리에게 외환정책은 유용하다.

우리나라 경제개발 초기년대에는 만성적인 투자자금 부족 상태에 있어 원화금리는 대략 10%대 이상이었다. 그만큼 투자수익률이 높았다는 이야기이기도 하다. 그리고 당시 미 달러 금리 즉 Libor 금리는 4~6%의 한 자리 수로 원화금리와는 약 10% point 정도의 큰 차이가 있었다. 실제로 필자가 한국은행에 입행할 1989년 당시 우리나라 원화 대출금리는 10% 중 후반, Libor금리는 6%대 이었던 것으로 기억한다.

이와 같이 내외금리차가 큰 상황에서는 외화를 들여와 원화로 환전하여 운용하려는 수요가 크기 마련이다. 원화 이자율이 훨씬 높기 때문이다. 요즘 말로 하면 carry trade라고 할 수 있는 이러한 거래수요가 큰 상황이 우리나라로서는 부족한 외화자금을 손쉽게 조달할 수 있는 기회이기도 하였다.

우리나라는 외화가 부족한 경제개발 초기 시점에 외국은행 국내지점 신규설립을 인가해 준다거나, 연지급수입 기간을 조금씩 연장해 준다거나, 1992년 외국인에게 국내 주식시장을 개방한 이후에는 주식투자 한도를 조금씩 늘리는 방식으로 필요한 외화자금을 조달해 왔다. 내외금리차가 큰 상황에서는 외환당국에서 한도를 조금씩 열어줄 때마다 신기하리만큼 외화가 어김없이 국내로 유입되는 것을 필자는 목격할 수 있었다. 이러한 것이 우리나라의 외환정책이 얼마나 유용한 것인지를 보여주는 사례라고 생각한다.

〈그림 1-3〉 내외금리차 추이

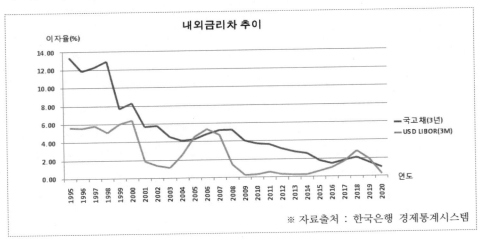

※ 자료출처 : 한국은행 경제통계시스템

4. 우리나라 외환관리가 적정한 것인지

우리나라의 외환관리 정책이 항상 성공적이지는 않았다. 단적인 예로 우리가 외환위기를 겪은 1997년에도 지금보다 더 엄격한 외환관리가 시행되고 있었다. 그럼에도 불구하고 외환위기를 막지 못하였다. 그렇다면 외환관리라는 것이 결국 소용없는 것이 아닌가? 정작 위기가 오면 무력한 것이 아닌가 하는 의문도 있다.

이러한 의문에 답을 찾기 위해서라도 우리는 먼저 우리의 외환관리가 어떤 것인지 알아야 한다. 즉, 우리나라의 외환관리가 어떻게 설계된 것인지 알아야 한다. 우리의 외환관리가 국제수지 방어와 외환보유액 확충을 목적으로 설계되었고, 일관되게 집행되었음에도 1997년의 외환위기를 맞은 것이라면 외환관리는 그 자체로 한계가 있는 것일지도 모른다. 그러나 만약 그렇지 않고 우리의 외환관리가 다소 애매하거나 모순되게 설계되었다면 전혀 다른 차원의 문제일 것이다.

필자는 십 수년간 이 일에 종사하였음에도 불구하고 우리나라 외환관리가 지향하는 목적이 무엇인지를 여전히 알지 못한다. 여러 가지 규제가 섞여 있어서 일관된 목표를 찾아볼 수가 없다. 외환법의 목표가 오로지 한 가지여야 하는 것은 아니지만 어쨌든 설명은 되어야 하지 않겠는가. 더욱 문제인 것은 서로 효과가 상충하는 규제들도 혼재되어 있다는 것이다.

예를 들어 보자. 우리나라 외환법에서는 비거주자간 원화거래에 대하여도 규제하고 있다. 원화거래라 함은 결제통화 또는 표시통화 또는 지급금액의 결정통화가 원화인 경우를 모두 포함한다.

우선 원화가 결제통화로 쓰이는 경우를 보자. 사실 비거주자들이 원화로 결제하는 일은 거의 발생하지 않는다. 한국 원화가 얼마나 대단한 것이길래 비거주자간 거래에서 결제통화로 쓰인단 말인가? 만약 혹시 그렇게 된다면 그것은 그야말로 자랑스러운 일이고 대한민국의 국력 신장에 우리 모두 자부심을 느껴야 될 일이다. 그런데도 우리 외환법에서는 이를 규제하고 있다. 떡 줄 사람 생각도 안하는데 김칫국부터 마시는 격이다.

또한 설사 비거주자간 원화로 결제를 하였다고 하자. 그런데 그 거래가 외국에서 일어났다고 한다면 그것을 우리나라에서 어떻게 단속하겠다는 것인가? 법에서 비거주자에게 외환당국에 신고의무를 부과하였지만 신고를 하지 않고 거래를 한다면 어떻게 하겠는가? 비거주자간 외국에서 발생한 원화거래에 대하여 우리나라 행정, 사법당국이 관할권을 가지기나 하는 것일까? 이런 문제에 대하여 조금의 생각이나 고려도 없이 그냥 규제를 한다고 하고 있다.

다음으로 원화가 '표시통화'가 되거나, '지급금액의 결정통화'로 쓰인다는 것은 결국 원화로 결제가 일어나는 것이 아니고 외화로 결제된다는 의미이다. 예를 들어 '1억원 상당 미 달러화' 같이 표시되는 것으로 최종 결제는 외화로 일어나지만 그 외화금액을 결정하는 변수로 원화가 개입된다는 것 정도이다. 현재 이렇게 표시된 증권을 '원화연계외화증권'이라고 하고 이러한 것을 비거주자가 외국에서 발행하고자 하는 경우 규제대상이 된다.

비거주자가 외국에서 '원화표시'된 외화증권을 발행한다고 하면 우리나라 외환유출입이나 국제수지나, 환율에 어떤 영향을 미치게 될까? 아무 영향도 미치지 않는다. 이러한 거래를 규제하는 이유를 알 수가 없다. 또한 비거주자간 외국에서 발생하는 거래에는 우리의 행정력이 미치지 못하여 설사 법위반이 있다고 하더라도 단속이 불가능하다. 더욱이 비거주자간 외국에서 발생한 거래에 우리나라 행정, 사법당국이 관할권이 있는지도 불분명하다. 이런데도 그냥 별다른 이유나 설명 없이 규제를 한다고 하고 있다.

보통 사람들은 외환관리라고 하면 외화를 단속하는 것으로 생각할 것이다. 그런데 우리 외환법에서는 원화도 단속하고 있다. 원화를 단속하는 것과 관련하여 외환관리의 목적에 정면으로 반하는 것으로 보이는 규제도 있다.

필자는 중국에 수차례 여행을 간 적이 있는데, 한 번은 놀라운 광경을 목격하였다. 중국에서 우리 돈 원화가 결제통화로 쓰이는 것이다. 기념품 가게 같은 곳에서 '천원' '천원'이라고 외치며 호객행위를 하고 있었다. 필자도 몇 천 원을 주고 밀집 모자 같은 것을 사서 쓰고 다니기도 하였다. 이렇게 한국 관광객들로부터 받은 원화는 어떻게 될까? 아마 중국인들 사이의 거래에서 다시 유통될 것 같지는 않고 결국 조선족이나 한국인을 통하여 국내로 유입될 것으로 생각된다.

그런데 원화가 국내로 유입되는 데 제한이 있다는 것을 아는가? 우리 외환법에 따르면 미화 1만불 상당을 초과하는 원화를 국내로 유입하고자 하는 자는 관할 세관의 장에게 신고하여야 한다. 외화도 아니고 대한민국이 발행한 법정 화폐를 대한민국 내로 들여오는데 왜 제한을 하는 것일까? 외환관리 목적상 어떤 필요가 있는 것일까?

우리나라 화폐가 대외거래의 결제통화로 쓰이는 것은 좋은 일이다. 무조건 쌍수를 들어 대대적으로 환영하고 적극 장려해야 할 일이지, 제한하거나 시비를 걸거나 절차를 어렵게 해야 할 일이 아니다. 사실 우리나라 통화가 대외거래의 결제통화로 쓰인다면 외환관리 따위는 필요 없는 것이다. 대외거래의 결제에 필요한 외화를 확보하기 위하여 외환관리를 하는 것인데, 대외거래의 결제가 원화로 이루어진다면, 원화는 우리나라에 얼마든지 있는 것이므로 외환관리는 필요 없게 된다. 이렇게 우리의 고민을 한 방에 해결해 주는 것이 소위 '원화의 국제화'이다. 그러함에도 불구하고 원화를 수입하는 데에 허들을 설치해 놓고 원화가 대외결제에 쓰이는 데 지장을 주는 것은 무엇 때문일까?

어떠한 이유로든 거주자와 비거주자간 거래에서 원화로 결제를 하겠다고 한다면 이를 막을 이유가 없다. 장려하여야 한다. 그런데도 우리나라 외환법에서는 이를 규제하고 있다. 거주자와 비거주자간 경상거래에 따른 원화결제는 오로지 비거주자가 개설한 '비거주자자유원계정'을 통하여 수령하거나 지급하여야 한다고 되어 있다. 원화결제를 감시대상으로 보고 있는 것이다.

그러면서도 아니러니 하게 정부에서는 원화 국제화를 추진하여야 한다고 하며 이런 저런 대책들을 내놓고 있다. 원화 국제화는 우리가 어떤 대책을 추진한다고 하여 되는 것이 아니다. 우리의 국력 신장에 따라오는 것으로 세계 사람들이 원화를 사용하고 싶어 해야 가능한 것이다. 원화 국제화를 추진하기 위하여는 이런 저런 대책을 내놓기 전에, 먼저 우리 외환법상 대외거래시 원화결제를 막고 있는 규정부터 제거하고 볼 일이다.

또 그 반대 측면에서 재미있는 현상도 보인다. 우리나라에서는 거주자와 거주자 사이에 거래에 있어서, 그것이 경상거래이든 용역거래이든 자본거래이든, 외화로 결제하는 데 아무런 제한이 없다. 우리나라 사람들은 마음만 먹으면 국내에서 거주자간 거래를 함에 있어서도 원화를 배제하고 얼마든지 외화로 거래를 할 수 있다.

　실제로 국내거래를 원화 대신 외화로 결제하는 일은 거의 발생하지 않으므로 필자도 우리 규정이 어떻게 되어 있든 신경 쓴 적은 없다. 하지만, 필자가 중국의 외환법을 보고는 우리와의 차이를 선명히 느낄 수 있었다. 현재 중국 외환법의 최고 규범은 국무원 상무회의에서 1996.1.29. 발령한 '중화인민공화국 외환관리조례(국무원령 제193호)'인데, 그 제8조에는 "중화인민공화국 경내에서의 외화유통은 금지하며"라고 되어 있다. 동 조문 후단에 예외적으로 허용할 수 있다고는 되어 있지만 원칙적으로는 금지한다는 것이다.

　중국과 우리는 왜 다른 것일까? 신생국으로서 자국의 통화질서를 견고하게 세우고자 하는 경우라면 자국통화를 기본으로 사용하게 하고 외화가 국내에서 함부로 유통되는 것을 금지하는 중국의 태도가 오히려 자연스럽지 않은가. 우리는 왜 자국 내에서 외화의 유통에 대하여 이렇게 관대한 것일까? 우리의 자신감은 어디에서 나오는 것일까 하는 의문이 있다.

　우리 외환법이 원화에 대하여 엄격하고 외화에 대하여 관대한 이유가 무엇인가? 필자는 이 의문에 대하여도 어느 정도 해답의 실마리를 가지고 있다. 그런 것들은 후속 장에서 언급할 기회가 있을 것이다.

　지금까지 하나의 예를 들어 우리나라 외환 규제가 의도하는 것이 무엇인지 알아내기가 쉽지 않다는 것을 이야기 하였는데, 사실 이런 것이 한두 가지가 아니다. 그 동안 필자를 괴롭혀 왔던 문제들은 대략 다음과 같은 것들이다. 이런 문제에 대하여도 후속 장에서 한 번 다루어 보려고 한다.

- 거주성 판정기준의 문제
- 외환법상 신고의 의미
- 일정기간을 초과하는 지급·영수의 문제
- 제3자지급·영수의 문제
- 직접투자의 개념과 관련된 문제
- 현지금융과 관련한 문제

- 역외펀드와 관련한 문제
- 역외계정과 관련한 문제
- 외국인거주자 취급에 관한 문제
- 외국환업무취급기관과 관련된 문제
- 원화국제화의 문제
- 거래의 실질과 형식에 관한 문제

5. 무엇을 쓰려고 하는지

필자는 이 책에서 우리나라의 외환관리가 어떻게 해서 여기까지 와 있는 지에 대하여 쓰려고 한다. 외환관리의 현재 모습이 어떻게 생겼는지 보다는 현재 모습이 되기까지 어떠한 일이 있어 왔는지에 대하여 필자가 연구한 범위 내에서 한번 써보려고 하는 것이다. 그렇게 해야만 현재의 우리 모습을 알 수 있기 때문이다.

과거를 알지 못하면 현재도 알 수 없다. 그래서 모든 학문은 역사학이다. 어떠한 제도도 어느 날 갑자기 하늘에서 뚝 떨어진 것은 없다. 그 제도의 배경이 되는 사건이 있기 마련이다. 그 사건들을 돌아보는 것이 현재의 제도를 이해하는 가장 빠른 길일 것이다.

일단 현재의 제도를 제대로 이해하였다면, 그 다음부터는 일사천리 아니겠는가. 현행 규제가 어떻게 생긴 것이고, 무엇이 문제이고, 무엇이 문제가 아닌지를 알게 되었다면 그 대책은 자동으로 따라 나오는 것이다. 그럴 때 비로소 우리가 미래를 열어 나갈 수 있다.

현재 우리의 제도가 어떻게 생겼는지 조차 알지 못한다면 우리는 한 발짝도 앞으로 나갈 수가 없다. 어디가 지뢰밭인지 모르기 때문이다. 현재 우리나라의 외환규제가 딱 이러한 상황에 처해 있다. 그 동안 일본의 외환법을 그때그때 모방하여 따라왔지만, 일본이 외환통제를 사실상 폐기한 1998년 이후에는 어떻게 할지를 몰라 이러지도 저러지도 못하고 있는 상태이다. 일본처럼 규제를 폐지했을 경우 어떤 일이 벌어질지 알 수 없어 주저하고 있는 것이다. 그러면서 외환자유화를 계속 추진한다고 외환거래 신고 면제 기준금액만 1천불에서 3천불로, 3천불에서 5천불로 조금씩 올리고 있을 뿐이다. 규제 내용의 근본적인 변화에는 손도 대지 못하고 있는 실정이다.

따라서 먼저 우리 외환규제의 모습이 어떻게 생겼는지에 대한 이해가 선행되어야 하겠다. 그렇게 된 후에는 이제 어디로 나아가야 할 지, 어디에 발을 디뎌야 할지 감을 잡을 수 있을 것이다.

온고이지신(溫故而知新)이라고 하지 않았던가? 과거를 알아야 미래를 열어갈 수 있다. 필자는 이 책에서 우리나라 외환관리의 과거를 연구하여 미래를 열어가는 방향을 제시해 볼 생각이다. 건방지고 주제넘은 얘기지만, 독자 여러분들도 크게 불쾌하게 생각하지 않으셨으면 좋겠다.

필자는 우리나라 외환법을 세법과 비교한 적이 있는데, 외환법은 정말로 세법만큼이나 복잡하게 되어있다. 법 조문만 읽어 보아서는 도저히 알 수 없게 되어 있으므로 당장 우리나라 외환법을 준수하여야 하는 업무를 맡으신 금융기관이나 기업의 외환담당자들께서는 이 책보다는 현행 제도를 잘 요령 있게 설명해 놓은 기존 외환법 안내서가 더 적절할 수 있다. 참고로 기존에 출간된 외환법해설서는 다음과 같은 것들이 있다.

- 이유춘, 외환관리실무, 한국금융연수원(2005.8.23. 초판발행)
- 이종덕, 외환제도론, 법문사(2007.7. 초판발행)
- 조규원, 외국환거래 법규와 해설, 무역외환거래연구소(2009 초판, 2013 전면 개정판 발행)
- 법무법인(유) 율촌 조정철/정운상/서창희, 외국환거래법 실무, 세경사 (2014.2.15. 초판발행)
- 로앤비 온라인주석서, 외국환거래법, 로앤비(2015)
- 김용일, 외국환거래법 사례와 해설, 다비앤존(2014.12.1. 초판발행)
- 곽민규/이병학, 외국환거래법 해설 및 수사실무, 세인북스(2018.9.10. 초판발행)
- 임희진 등, 외국환거래실무, 한국금융연수원(8판, 2019)
- 김철수/윤희만, 외국환거래법 실무해설집, 율곡출판사(2020.6.9. 초판발행)

상기 책들은 집필 당시의 우리나라 외환 규범을 그림과 표를 이용하여 눈에 잘 들어올 수 있도록 요령 있게 설명해 놓은 책들이다. 이러한 책들이 없었더라면 외환법을 이해하기가 훨씬 더 어려웠을 것이다. 필자도 로앤비 온라인 주석서 외국환거래법에는 공동집필자로 참여한 적이 있다.

상기 책들이 특정 시점의 우리나라 외환관리의 모습, 즉, 횡단면을 묘사한 것이라면 필자는 이 책에서 우리나라 외환관리의 종단면을 묘사해 보려고 한다. 어떠한 규제가 어떻게 생겨나고, 어떻게 변화해 와서 현재에 이르렀는지 또는 소멸 되었는지에 대한 역사를 써보려고 한다.

제 2 장

외환관리의 세계사

제 2 장 외환관리의 세계사

1. 개 관

외환관리(exchange control)라는 것은 언제, 어떻게, 누구에 의하여, 왜 생겨난 것일까? 이것을 이야기하기 위하여는 금본위제 시대부터 시작하는 것이 좋을 듯하다. 왜냐하면 인류가 금본위제로부터 이탈하면서부터 '외환통제' 또는 '외환관리'라는 개념이 처음으로 생겼기 때문이다.

금본위제하에서는 금(gold), 금화(gold coin), 또는 금과 태환이 가능한 지폐(gold-convertible paper)가 지급수단으로 사용되었다. 따라서 각국은 화폐의 발행 근거가 되는 준비자산(reserve)인 금(gold)을 조금이라도 더 확보하기 위하여 치열하게 경쟁하였다. 이러한 노력을 오늘날의 시각에서 보면 '외환관리'라고 불러도 크게 이상할 것 같지 않지만, 어쨌든 당시에는 '외환관리'라는 용어 자체가 없었고, 금을 비축하는 것은 화폐발행을 위한 준비자산 확보로 이해되었다.

그럭저럭 잘 굴러가던 금본위제도도 1914년 제1차 세계대전으로 파국을 맞는다. 영국이 제일 먼저 금태환 정지를 선언한 이후에 각국이 뒤따랐다. 1919년 종전 협정 이후에 금본위제로 복귀하려는 노력들이 각국에서 시도되었지만 금본위제로 복귀한지 얼마 되지 않아 다시 포기하는 등 결국 성공하지 못하였다.

제1차 세계대전에 패전한 독일은 1919년 베르사이유 조약으로 막대한 전쟁배상금을 물게 되었다. 이에 따라 초인플레이션을 경험하게 되었다. 초인플레이션을 겨우 수습하자마자 이번에는 1931년에 은행 위기가 찾아왔다. 금이나 태환 가능 화폐는 거의 고갈되었고 마르크화 가치 폭락은 피할 수 없는 것이었다. 이러한 상황하에서 1931. 7월부터 해외로의 자본 도피를 막고, 마르크화의 가치를 지키기 위하여 천재적이고 기발한 아이디어들이 실현되었는데, 이

것이 외환관리의 시초이다.

비슷한 시기에 일본은 1930.1월에 금본위제로 복귀하였다가 이듬해인 1931.12월에 다시 이탈하였다. 일본이 금본위제를 이탈한 시점에 미국은 금본위제를 유지하고 있었으므로 엔화의 대미달러 가치는 폭락하였고, 미 달러화 표시 자산으로 자본 도피가 일어났다. 이를 막고자 일본에서도 1932. 6월부터 외환관리가 시행되었다. 그러나 일본은 독일보다는 사정이 나은 편이었으므로 독일과 같은 전방위적인 규제는 아니었다.

유럽 다른 나라에서도 독일, 일본과 유사한 외환 통제가 곧 유행이 되었다. 금(gold)이라는 신뢰할 만한 가치 기준을 잃어버린 각국은 때로는 자국 화폐가치를 높이기 위하여 때로는 떨어뜨리기 위하여 외환관리를 시도하였고 이러한 평가 조작은 1930년대에 일반화되었다

이렇게 국제적으로 신뢰할 만한 지급시스템이 붕괴되자 각국은 영향력과 친소관계에 따라 블록을 이루어 교역을 시도하였다. 이러한 블록 경제(bloc economy)는 제한된 범위 내에서 성공을 가져왔지만 전체적으로는 세계 교역의 침체를 야기하였다.

이러한 인근궁핍화(beggar thy neighbor)정책[1], 특히 연합국에 의한 독일에 대한 과도한 배상금 청구는 결국 제2차 세계대전으로 폭발하게 되어 인류는 다시 한번 값비싼 대가를 치르게 된다.

제2차 세계대전 종전 후에 인류는 모처럼 인간의 위대한 이성과 지성의 힘으로 국제협력의 장을 열어 나간다. 그 결과 Bretton Woods 국제통화체제와 IMF, IBRD 같은 국제기구가 탄생하게 된다.

2. 금본위제(Gold-Standard) 시대

가. 화폐사

금본위제에 대하여 좀 더 잘 이해하기 위하여는 그 이전의 화폐금융사에

---

1) '이웃나라를 거지로 만들어라' 라는 뜻으로 타국의 희생 위에 자국의 번영이나 경기회복을 도모하려는 국제경제정책을 말한다.

대한 어느 정도의 언급이 필요하다.

인류가 왜 금, 은, 동과 같은 금속을 화폐로 사용하기 시작하였을까? 그것에 대하여는 보관이 용이하고(부패하지 않고), 분할이 가능하고, 운반이 용이하고, 생산량이 제한되어 희소가치가 있다는 등의 특성에 기인한다는 설명은 익히 들어서 알고 있는 것일 것이다.

이러한 금속은 사실 누군가의 조치에 의해서가 아니라 자연발생적으로 통화의 기능을 수행하여 왔다. 특정 시대에 특정 집권자에 의하여 금화, 은화, 동화 등이 만들어져 유통되었다고 하여도, 그것은 이미 세상에 유통되며 화폐의 기능을 하고 있는 것들을 인정하고 제도화하는 것에 불과하였다.

금(gold)과 함께 화폐로 널리 쓰인 것은 은(silver)이었다. 식민지 개척시대 초기인 16세기에는 금화보다도 은화가 더 널리 유통되었는데 그 이유는 금화보다도 유통량이 많고 가치가 적당하여 국제교역 결제에 더 적절하였기 때문이었다. 당시 최대의 은 보유국은 중국이었는데 명·청 시대에 차(茶)와 도자기에 반한 유럽국가들이 다투어 은을 대가로 중국으로부터 차와 도자기를 수입하였기 때문이라고 한다.

이렇게 금과 은은 국가간 교역을 가능하게 한 물건이었다. 대항해의 시대, 그리고 식민지 개척시대인 16세기에 금과 은이 있어 세계 교역이 가능하였다. 만약 금과 은이 없었다면 세계는 여전히 자국내 자급자족 상태로 머물러 있을지도 모를 일이다.

그러나 금과 은을 직접 운반하는 것은 무겁고, 번거롭고, 위험한 일이었으므로 종이 화폐가 고안되었다. 종이 화폐가 가능하였던 것은 이 종이가 금, 은과 같은 금속과의 교환이 보장되었기 때문이었다. 이를 본위제라고 하는데 대표적으로 금본위제, 은본위제, 금은복본위제가 있다.

이러한 본위제도 하에서 어떤 나라가 발행한 지폐의 가치는 곧 그 지폐와 교환 가능한 금, 은의 가치와 같았다. 금, 은의 가치는 쉽게 변동되지 않는 것이었으므로 안정적이고 믿을 수 있는 지급수단으로서 기능하였고 그래서 국제교역을 가능하게 하였다.

나. 영국의 금본위제

18세기 후반부터 산업혁명으로 부를 쌓은 영국에서는 은보다 가치가 높은 금이 선택되어 금을 본위로 한 화폐제도가 자리 잡게 되었다. 면직물 수출의 대가로 세계의 금이 영국으로 몰려 들었기 때문이었다. 또한 런던이 금지금(金地金) 거래의 중심이 되고 국제적인 금융센터로서 번영한 것도 이유가 되었다.

그런데 1790년대 후반 들어 프랑스의 나폴레옹이 유럽대륙을 점령해 나가면서 프랑스와의 일전이 불가피하게 되었다. 나폴레옹과의 전쟁을 앞둔 1797년 영국의 영란은행은 금태환 정지를 선언한다.

영란은행이 금태환 정지를 선언한 직후부터 영국이 다시 금태환을 재개하여야 하느냐, 말아야 하느냐를 놓고 역사적으로 유명한 지금논쟁(bullionist controversy)이 영국에서 벌어진다.

데이비드 리카도(David Ricardo), 존 휘틀리(John Wheatley) 등 지금론자들은 당장 금태환을 재개하고 영란은행이 정도를 걸어야 한다고 주장했다. 반면, 제임스 밀(James Mill), 존 스튜어트 밀(John Stuart Mill), 존 풀라톤(John Fullarton) 같은 사람들은 금태환이 재개되면 심각한 불경기가 찾아올 것이라고 걱정했다. 이 논쟁에서는 당대의 유명한 경제학자이자 성공한 기업인이었던 리카도의 활약에 힘입어 결국 지금론자들이 승리하였다.

1815년 나폴레옹과의 워털루 전투에서 영국이 승리하였다. 이에 지금론자들의 주장대로 영국은 1819년 금태환법(the Resumption Act)을 제정하였고, 1821년 영란은행권의 금태환이 재개되었다. 이로써 세계 최초로 영국에 의하여 금본위제가 법적으로 도입되었다.

세계의 부와 무력을 움켜쥔 패권국가 영국이 금본위제를 채택하자 다른 나라들도 이에 따라하지 않을 수 없었다. 영국이 세운 국제질서에 편입되지 않으면 고립 되어야 했고, 그것은 국제교역에서 배제되는 것을 의미하였으므로 각국은 영국을 따라 금본위제를 천명하기 시작하였다.

1867년 유럽통화회의에서는 20개국이 참여하여 전 세계가 금본위제로 통일할 것을 결의하였다. 이어 독일이 1872년, 프랑스가 1878년, 미국이 1879년에 금본위제를 채택하였고, 일본도 1897년에 청일전쟁의 승리로 인하여 얻은 배상금으로 금을 대량으로 구입함으로써 금본위제로 나아갔다.

당시 여전히 농업 국가에 머물고 있던 미국은 금본위제를 채택할 형편이 되지 못했다. 이에 미국에서는 금본위제의 채택여부가 20여년간 뜨거운 정치적 쟁점이 되었다가 결국 1879년에 가서 금본위제를 받아들였다.

각국이 금본위제로 나아갈 수 있었던 데에는 때마침 세계 각지에서 금광이 발견된 것도 크게 기여를 하였다. 1848년 캘리포니아, 1851년 호주, 1887년 남아연방 등지에서 금광이 연속 발견되었다.

당시에 금본위제를 채택한다는 것은 부국강병의 상징이었고, 선진국 클럽에 가입하는 것과 같은 것이었다. 식민지 수탈이나 무역수지 흑자로 금을 가진 국가만이 금본위제를 실시할 수 있었다. 금본위제를 채택할 수 없는 나라들은 2류국가로 분류되었는데 금보다는 은을 많이 보유하고 있던 중국은 영국이 금본위제를 채택하면서 졸지에 2류국가가 되었다.

영국이 금본위제를 도입한 이후 여러 나라들이 금본위제에 동참하면서 19세기 이후 금본위제는 글로벌 스탠다드로 자리 잡았다. 이 금본위제는 1870년부터 1914년까지 세계의 통화질서를 지배하였는데 이 시기에 금본위제의 메커니즘이 비교적 잘 작동하였으므로 금본위제의 황금시대(golden age of Gold Standard)라고 불리운다.

다. 금본위제 작동원리

금본위제도 하에서 어떤 나라가 발행한 지폐의 가치는 곧 그 지폐와 교환 가능한 금의 가치와 같았다. 금의 가치는 쉽게 변동되지 않는 것이었으므로 안정적이고 믿을 수 있는 지급수단으로서 기능하였고 그래서 국제교역을 가능하게 하였다.

그런데 금본위제에는 도저히 치유할 수 없는 문제점이 하나 있었다. 금의 생산량이 제한되어 있다는 것이다. 각국의 경제성장 규모만큼 태환 지폐에 대한 수요도 커지기 마련인데, 이 수요에 상응하는 만큼의 금이 적절한 시점에 적절한 양으로 공급되어 준다면 좋은 일이겠지만, 그것이 어떻게 가능한 일이겠는가.

금 부족 사태에 직면한 나라들은 추가로 화폐를 발행하지 못하고 대신 정부지출을 위하여 세금을 더 거둬들이는 등 디플레이션(deflation) 정책을 취하여야만 한다. 이는 필연적으로 경기 불황을 초래한다. 즉, 금본위제하에서는 각국은 화폐의 공급부족이 초래하는 경기불황을 각오해야만 한다.

그런데 이와 같이 각국이 화폐 발행량을 금 보유량에 고정시키는 경우 자국내의 인플레이션이 방지되고, 불경기와 호경기가 자동으로 조절되며, 국제교역 수지가 균형상태로 수렴되는 긍정적인 측면이 있다.

어떤 나라가 무역수지 적자로 금이 해외로 유출되어 금 부족 사태가 초래되었다고 하자. 그 나라는 추가로 화폐를 발행하지 못하고 정부지출 재원으로 세금을 더 거둬들이는 등 디플레이션(deflation) 정책을 취하여야만 한다. 이는 필연적으로 경기 불황을 초래한다. 경기 불황은 임금, 물가의 하락을 가져오고 그것이 수출단가의 하락을 가져온다. 이렇게 되면 무역수지 흑자를 이루고 해외로부터 금이 다시 국내로 유입된다. 반대의 경우도 마찬가지다. 무역수지 흑자로 금이 풍부해진 국가는 화폐 발행량을 늘리게 되고, 이는 호황을 가져와 물가와 임금이 상승하고, 그 여파로 수출단가의 상승을 가져온다. 이렇게 되면 무역수지 적자로 돌아서게 되고 금이 다시 해외로 빠져나가게 된다.

이러한 금본위제의 경기자동조절 메커니즘이 역사적으로 잘 작동되었는지를 증명하는 것은 쉽지 않지만, 1870년부터 1914년까지 세계의 교역량이 증가하고 부가 증가한 사실로 미루어 보면 이 시기에 금본위제의 메커니즘이 비교적 잘 작동되었다고 평가된다.

3. 금본위제로부터 이탈

가. 제1차 세계대전과 금본위제로부터 이탈

1914.6.28. 사라예보의 한 젊은이 가브릴로 프린치프가 오스트리아-헝가리 제국의 황태자 프란츠페르디난트 대공을 향하여 발사한 한 발의 총성이 제1차 세계대전의 시작을 알리는 신호탄이 되었다.

아이들 싸움이 어른 싸움으로 번지는 것처럼, 이 사라예보 사건은 독일/오스트리아와 러시아/프랑스/영국 간의 싸움으로 확대되었다. 식민지 건설을 놓고 경쟁하던 유럽 제국주의 강국들 사이에 갈등이 고도화된 상태에서 어쨌든 전쟁은 불가피한 것이었는지도 모른다. 황태자 암살 사건이 없었더라도 전쟁은 일어날 판이었다.

영국은 독일과의 전쟁에 소요될 전비 조달을 위하여 금 보유량과 관계없이 화폐를 발행하여야 했으므로 1914년 말에 다시 금태환 정지를 선언하였다. 영국은 걸핏하면 금태환을 정지하였는데, 금태환을 강제할 국제적 규범이 없는 상태에서 국가들간의 자발적인 참여에 의한 금본위제가 얼마나 취약한 것인지를 보여주는 것이라고 하겠다.

영국에 뒤이어 유럽 각국과 일본까지 모두 금태환 정지를 선언하고 전시체제에 진입하였다. 다만, 미국의 경우에는 1차세계대전 기간 중에 두 차례에 걸쳐 금태환 정지 조치를 취한 바 있지만, 세계에서 유일하게 대체로 금본위제를 유지하였다. 이때 사실 세계의 패권은 영국에서 미국으로 이동하고 있었다.

동부와 서부 양 전선에서 러시아, 프랑스, 영국과 싸우던 독일은 미국이 연합국 측으로 참전하면서 전세가 기울어 1918. 11월에 항복하기에 이른다. 독일 황제 빌헬름 2세는 퇴위하고 1919. 1월 독일 최초의 민주공화체제인 바이마르 공화국이 출범하였다. 제1차 세계대전은 1919년 파리강화회의를 통하여 종결되었다.

나. 금본위제로의 복귀

제1차 세계대전이 종료되자 각국은 금본위제로 복귀하여야 할 것인가를 두고 고민을 하였다. 전쟁이 종결 되었으므로 전전 체제로 돌아가는 것이 자연스러운 것이겠지만, 전쟁 동안 피폐해진 경제 체력을 회복하기 위하여는 돈을 쏟아 부어야 할 마당에, 화폐 발행이 제한되는 금본위제로의 복귀 결정은 어느 나라도 쉽지 않은 것이었다.

당시 영국의 처칠(Winston Churchill) 수상은 고민 끝에 몬터규 노먼(Montague Norman) 영란은행 총재의 조언에 따라 금본위제 복귀를 결심하고 1925.4.28.

금태환 재개를 선언하였다. 1927년 까지 다른 나라들도 금태환 재개에 가세하여 국제 금본위체제는 부활되는 것으로 보였다.

일본의 경우에 금태환 재개는 더욱 쉽지 않는 결정이었다. 1923년에 관동대지진이 일어났기 때문에 국가 재정지출을 늘려야 할 형편에 디플레정책을 감수하여야 하는 금본위제 복귀는 힘든 결정이었다. 일본은 1926년부터 금본위제도 복귀를 목표로 준비를 계속하다가 1930.1.11. 자로 금해금(金解禁)을 실시하였다. 금해금이라 함은 금의 수출금지를 해제하는 것으로 금본위제로의 복귀를 의미하는 것이었다.

다. 다시 금본위제 이탈

그러나 이렇게 어렵게 복원한 금본위 체제는 얼마 가지 않아 다시 붕괴하고 말았다. 이번에는 1929년 미국의 경제대공황이 직격탄이었다. 당시 가장 많은 금을 보유하고 있던 금본위제의 후원자 미국이 곤경에 빠지자 금본위제는 구심점을 잃고 표류하였다.

사실 미국은 제1차 세계대전 기간 중 먼로독트린으로 상당기간 중립을 유지하면서 동맹국과 연합국 양쪽에 무기와 군수물자를 팔아 유럽의 금을 빨아들였다. 이로써 전쟁이 끝난 후 금본위제도의 존속 여부는 영국이 아니라 미국의 손에 달려 있는 형편이었다. 영국은 그저 명목상의 금본위제 종주국일 뿐이었다.

영국이 1931. 9월에 또 다시 금태환 중단을 선언했고, 독일은 1931.7월 및 8월의 외환통제 조치로 사실상 금태환을 중단했으며, 일본은 1931. 12월에 금본위제를 탈퇴하였고, 미국의 경우에는 1933. 3월까지 버티다가 금본위제를 이탈하였다. 이후 오늘날까지 인류는 금본위제로의 복귀를 시도하지 않고 있다.

영국의 금본위제 복귀를 결정한 처칠 수상은 경제학자 존 메이너드 케인즈(John Maynard Keynes)와 영화배우 찰리 채플린(Charles Chaplin)으로 부터 바보 같은 짓을 하여 실업을 심화시켰다며 맹비난과 조롱을 받았다.

그러나 이 정도는 일본에 비하면 약과였다. 일본의 금본위제 복귀를 주도한 대장대신 이노우에 준노스케(井上準之助)는 금해금을 실시하여 경제공황을 심화시켰다는 이유로 일본 극우파에 의하여 1932.2.9. 암살되었다.

각국의 경제정책 담당자들이 자국민들에게 인기 없는 디플레이션을 무릅쓰고 금본위제로의 복귀를 결정한 이유는 무엇일까?

당시에 금본위제라는 것은 도덕성과 정직성이라는 정당성에 의하여 뒷받침되는 지배적인 이데올로기였다고 한다.[2] 금이나 은과 같이 뭔가 가치 있는 것에 의하여 담보되지 않는 불태환 지폐, 즉 종이 조각에 불과한 지폐는 도덕적으로 용납할 수 없는 것이었고, 사기적인 것이라는 것이다. 또한 역사적으로도 불태환 지폐는 언제나 남발되기 마련이어서 결국은 재앙으로 끝날 것이라는 인식이 강하였다.

오늘날 우리는 '종이조각에 불과한 지폐'의 시대에 살고 있다. 그러면서도 유례가 없는 미증유의 경제번영을 누리고 있다. 만약 1920년대 세계의 지도자들이 오늘날의 세계를 보았다면 금본위제 복귀 여부를 두고 고민하지 않았을 것이다. 과감하게 버렸을 것이다. 그러나 그 시절에는 인간의 이성과 지성의 힘이 통화의 남발을 억제할 수 있다는 사실을 믿지 않았던 것으로 보인다.

4. 독일, 외환통제 시대 개막

가. 전쟁배상금 문제

외환 통제가 왜 독일에서 시작되었는지에 대한 이유를 알기 위해서는 전쟁 배상금 문제부터 들여다보아야 한다.

제1차 대전이 끝나고 승전국들은 1919.6.28. 베르사이유 조약을 통해 독일 본토의 일부와 식민지를 나누어 갖는 영토에 관한 결정을 한다. 그리고 베르사이유 조약 제231조에 배상금의 법적 근거를 마련하였다.

이어 1921.5.1. 파리 배상금위원회는 독일에 1,320억 마르크의 배상금을 금(gold)으로 갚을 것을 결정하였다. 여기에는 유럽의 재건을 위해 필요한 비용뿐만 아니라, 전쟁을 수행하기 위하여 연합국이 미국으로부터 빌린 채무를 상환하기 위한 자금이 모두 포함되어 있었다. 즉 연합국은 독일로부터 배상금을

---

2) 양동휴/박봉영/김영완, 대공황 전후 유럽경제, 동서문화사(2000), 17p

받아 미국에 진 빚을 갚을 생각이었다.

　　그러나 이 액수는 독일이 아무리 노력하여도 도저히 갚을 수 없는 금액이었다. 케인즈의 표현에 따르면 이 배상금 액수는 '보복적인' 것이며, '미친' 짓이며, 결국에는 '실현될 수 없는' 것이었다.[3]

　　존 메이너드 케인즈(John Maynard Keynes)는 36세에 영국 재무성 대표단의 일원으로 1919년 베르사이유 협상에 참여하였다.

존 메이너드 케인즈
(John Maynard Keynes)

　　그리고 거기에서 협상의 주역인 미국의 우드로 윌슨(Woodrow Wilson) 대통령, 프랑스의 조르주 클레망소(George Clemenceau) 수상, 영국의 데이비드 로이드 조지(David Lloyd George)수상, 이탈리아의 비토리오 에마뉴엘 오르랜도(Vittorio Emanuele Orlando) 수상 등에 실망하여 협상 중에 영국 대표단를 사직하고 1919. 5월 영국으로 돌아온다.

　　그리고 1919. 11월 '평화의 경제적 귀결(The Economic Consequences of the Peace)'이라는 책을 써서 베르사이유에서 제시된 배상금 규모가 경제적으로 비합리적이며 정치적으로 어리석은 것이라고 비난하였다. 케인즈의 분석에 따르면 독일이 감내할 수 있는 배상금 규모는 향후 30년간 최대 20억 마르크이었다.

　　그는 이 책에서 1914년 이전에 유럽의 번영은 대부분 독일의 경제성장에 의존하였으므로 독일을 경제적 장애자로 만드는 것은 현명한 처사가 아니며, 궁극적으로 승전국의 이익에도 반하는 것이라고 보았다. 독일을 우려먹으려면 일단 죽여서는 안된다는 것이었다.

　　이 책은 단숨에 베스트셀러가 되었고 6개월 만에 12개국의 언어로 번역되어 출간되었다. 이 책으로 케인즈는 경제학자로서 세계적인 명성을 얻게 되었다.

　　케인즈가 지적한 과도한 배상금 문제는 이후 정확히 맞아 떨어지게 된다. 독일은 배상금을 갚을 능력이 없었다. 독일 국민은 분노하였고 바이마르

---

3) 양동휴/박봉영/김영완, 전게서, 60p

공화국 정부는 배상금 지불을 지연하면서 의도적으로 재정파탄 상태임을 과시하였다.

이렇게 독일의 배상금 지불이 지지부진하자 프랑스와 벨기에는 1923년에 다시 독일 영토로 들어가 루르 탄광지역을 점령하였다. 현물로 배상금을 받아내자는 시도였으나 다른 나라의 반감만 샀을 뿐 성공하지 못하였다.

유럽의 상황 악화에 놀란 미국이 중재에 나섰다. 1924년 미국의 재무장관이었던 도즈(Charles G. Dawes)가 배상금 지급 스케줄을 조정하여 1924년에는 금화 10억 마르크를 지불하고, 이후 1928년까지 매년 배상금 규모를 증액하되 최고 년 25억 마르크를 넘지 않는 것으로 안을 낸 것이다. 이 안은 연합국과 바이마르 공화국에 의하여 승인되었다. 그리고 첫해 10억 마르크를 지불 받기 위하여 미국이 독일에 8억 마르크의 차관을 제공하기로 하였다.

1924.12월 히틀러(Adolf Hitler)가 출옥하면서 감옥에서 쓴 책 '나의 투쟁(Mein Kampf)'을 출판하였다. 그리고 독일은 베르사이유 조약을 파기하고 재무장으로 나아가야 한다고 선동하였다.

이와 같이 1918년과 1924년 사이의 전반적인 문제 처리방식은 국제경제에 또 하나의 커다란 불안정 요인을 더하는 것이었다.

1929년에 가서 도즈 안(Dawes Plan)은 미국의 사업가 오웬 영(Owen D. Young)이 이끄는 배상금위원회의 영 안(Young Plan)으로 보완되었다. 이 안은 1930. 1월에 헤이그 회의에서 정식으로 채택되어 독일 배상금은 추가로 감액되었고, 독일 배상금을 집행하기 위한 기관으로 국제결제은행(Bank of International Settlement)이 1930.1월 네덜란드 헤이그에 설립되었다.

나. 초 인플레이션 경험

독일은 패전 직후부터 1923년까지 초 인플레이션(hyper-inflation)을 경험하게 된다. 독일의 초 인플레이션의 원인이 전쟁 배상금 충격으로 인한 국가 신뢰도 하락에 있는 것인지 아니면 전쟁기간 중 또는 전쟁 후에 과도하게 발행된 마르크화 때문인지는 학자들 사이에서 이견이 있는 듯하다. 그러나 어찌 되었든 독일은 물가가 1조 배나 오르는 미증유의 초 인플레이션을 경험하게 된다.

필자가 어렸을 때부터 들었던 에피소드가 있다. 독일에 어떤 형제가 있었는데, 동생은 성실하게 일해서 번 돈을 꼬박꼬박 저축해 두었고, 형은 집에서 술이나 마시며 빈둥빈둥 놀고 있었다. 그런데 1차대전이 끝나고 초인플레이션이 터졌고, 동생이 번 돈은 휴지조각이 되었다. 그런데 형은 게을러서 멀리 치우지 못하고 그냥 뒷마당에 버려둔 술병이 값어치가 나가게 되어 부자가 되었다는 것이다. 진위는 알 수 없는 이야기지만 이 시절 독일의 상황을 묘사하는 이야기이다.

1923년 1월에 프랑스와 벨기에 군대에 의한 루르(Ruhr) 지방 점령은 독일 마르크화에 대한 신뢰를 더욱 떨어뜨렸다. 1923년 상반기에 마르크화의 환율은 더 폭락하였다. 독일 정부는 우선 국채를 발행하여 정부지출에 충당하였다.

바이마르 공화국은 인플레이션 진압에 나섰다. 독일 중앙은행인 라이히스방크(Reichsbank)는 1923. 11월에 화폐개혁을 단행하여, 제1차 세계대전 개시와 함께 발행되었던 파피에르마르크(Papiermark)를 폐기하고 새로운 화폐 렌텐마르크(Rentenmark)로 교환해 주었는데 그 교환비율은 무려 1조 Papiermark : 1 Rentenmark이었다.

렌텐마르크를 발행할 당시의 독일 중앙은행 총재는 루돌프 하펜슈타인(Rudolf Havenstein)이었다. 그리고 그 뒤를 이은 사람이 중앙은행 이사로서 렌텐마르크 발행에 관여했던 '금융의 마법사'라 불리우는 얄마르 샤흐트(Hjalmar H. Schaht)였다. 그는 해외에 깔아놓은 자신의 인맥을 이용하여 금을 빌릴 수 있었고 초인플레이션을 빠르게 진정시킬 수 있었다. 그는 1924. 8월에 다시 새로운 화폐 라이히스마르크(Reichsmark)를 발행하여 1 : 1의 교환 비율로 렌텐마르크(Rentenmark)를 회수하였다.

이후 1924년부터 독일 경제는 빠르게 회복하였다. 마침 도즈 차관(Dawes loan)이 성사되어 8억 마르크가 독일에 들어오자 비교적 안정적인 여건이 만들어져 민간 자본도 독일로 흘러 들어올 수 있었다. 1930년에는 영 안(Young plan)에 의한 차관 18억 마르크가 들어와 그 중 2/3은 배상금으로 지급하였고 나머지는 독일의 철도 건설에 투입하였다. 이렇게 배상금도 갚아가며 독일 경제에 숨통을 틀 수 있었다.

다. 독일의 은행 및 외환위기

1929.10.29. 미국 뉴욕증권거래소에서의 주가 대폭락으로 시작된 경제 대공황(Great Depression)은 세계경제에 암울한 그림자를 기울이기 시작하였다. 미국의 주식시장 붕괴는 곧 유럽으로 전이되어 특히 독일을 강타하였는데, 그 전달 메커니즘에는 은행이 있었다.

미국의 주식과 부동산 가격이 폭락하면서 미국 은행들이 부실화 되었다. 지금 같으면 은행 위기시에 중앙은행과 정부가 나서 유동성을 공급하고 수습에 나섰겠지만, 당시 미국은 금본위제 하에 있었다. 위기시에 더욱 긴축정책을 펴는 것이 금본위제 논리이므로 미국 연준은 오히려 이자율을 올리는 조치를 취하여 사태를 악화시켰다.

이어 연쇄적으로 유럽에 있는 은행들까지 부실화되었고, 1931.5.11.에는 유럽 중남부 최대은행인 오스트리아의 Credit-Anstalt 은행을 파산시키기에 이르렀다. Credit-Anstalt 은행은 로스차일드(Rothchild) 가문이 1855년에 비엔나에 설립한 은행으로 오스트리아-헝가리 제국의 최대 은행이었다. 이 은행은 독일의 은행들과의 거래가 많았다.

2개월 후인 1931. 7월 독일 주요 은행중의 하나인 다름슈테터 운트 나치오날방크 (Darmstädter und Nationalbank)가 문을 닫으면서 독일 은행시스템도 위기에 빠져들었다. Bank Holiday가 선언되었고, 이어 주식시장도 문을 닫았다.

독일 은행들은 전후복구 또는 배상금 지불에 필요한 자금을 외국은행들로부터의 단기 차입에 주로 의존하였는데, 외국 은행들이 이 단기대여금을 회수하기 시작한 것이다.

이에 독일 중앙은행(Reichsbank)은 보유하고 있는 금(gold)과 금과 태환이 가능한 외화를 독일 은행들에 지원하는 데 소진하였고, 이로써 독일의 준비자산(reserve)은 거의 바닥이 났다. 독일은 한 번도 공식적으로 금본위제 포기를 선언하지는 않았지만 이때부터 마르크와 금과의 교환은 불가능해졌다.

금이 부족해져 금태환을 포기한 금본위제 국가는 자국 통화의 평가절하를 용인할 수밖에 없다. 많은 나라가 그렇게 하였다. 또 그렇게 함으로써 교역조건이 나아져 다시 경제가 균형으로 수렴해 갈 기회를 잡을 수 있었다.

그러나 독일의 경우에는 사정이 복잡했다. 첫째는 전쟁 배상금 때문이었다. 독일이 마르크화의 평가절하를 용인할 경우 독일이 배상하여야 할 마르크화 표시 배상금은 훨씬 늘어나게 된다.[4] 독일로서는 어떻게 해서든지 마르크화의 가치를 유지하면서 배상금을 상환하는 것이 최선이었다.

두번째로는 독일 경제에 대한 신뢰가 떨어지자 독일 국민들에 의한 금본위제 국가로의 자금 도피가 급격히 증가하였다. 이런 상황에서 마르크화 평가절하는 자본도피를 가속화 시킬 우려가 있었다.

세번째는 아마도 제일 중요한 것일 수 있는데, 초 인플레이션을 경험한 지 불과 7~8년 밖에 되지 않았는데 다시 국민들에게 인플레이션을 경험하게 한다는 것은 심리적인 측면에서 바이마르 정부로서 감당할 수 없는 것이었다.[5]

1931.7.11. 독일정부는 외환보유액 감소에 대한 특단의 조치를 준비하였다. 1931.7.15~8.1. 사이에 일련의 포고령이 발표되면서 외환통제가 최초로 도입되었다.

라. 1931년 7월의 독일의 외환통제 정책

당시 독일 내각의 수장인 하인리히 브뤼닝(Heinrich Brüning)은 1931년 7~8월 중 외환통제를 가하는 6개의 법령을 발표하였다. 이는 처음에는 어디까지나 비상조치로 발령한 것이었다.

1931년 7월 중 일련의 명령에 의하여 다음의 조치들이 시행되었다.[6]

① 독일의 중앙은행인 Reichsbank가 외환거래의 독점권을 가진다.

② 경상거래 대가로 수취한 외환은 Reichsbank나 Reichsbank가 지정한 은행(외국환은행들)에 매각되어야 한다.

③ 공식 지정 환율 이외의 다른 가격으로의 거래를 금지한다.

---

4) Howard Sylvester Ellis, Exchange Control in Germany, Reprints from the collection of the University of Michigan Liabrary, (1940), 17 p
5) Frank C. Child, the Theory and Practice of Exchange Control in Germany, Martinus Nijhoff (1958), 14p
6) Frank C. Child, 전게서, 16p

④ 선물환거래를 금지한다.

⑤ 마르크화, 외화, 금의 수출입을 금지한다.

⑥ 외환청(Devisen Offices)을 신설하고, 이 외환청이 발행한 실수확인증명서(Certificate of necessity)를 가진 자만 외화를 매입할 수 있다

1931.8.1. 명령에 의하여 다음의 사항이 추가되었다.

⑦ 2만 마르크를 초과하는 외환이나 유동자산을 해외에 보유하고 있는 독일 국민은 신고하여야 하고, 이를 Reichsbank에 매각하여야 한다.

⑧ 외환을 지급하고자 하는 자는 신고하여야 한다.

⑨ 외국과 외상으로 거래를 하려는 자는 신고하여야 한다.

⑩ 마르크화를 보유한 외국인이 이를 독일내에서 사용하고자 하는 경우에는 신고하여야 한다.

⑪ 2만 마르크를 초과하는 외화증권을 소유하고 있는 독일인은 신고하여야 한다.

이 조치들은 갑작스럽게 만들어진 것이라고는 믿을 수 없을 정도로 정교하고 훌륭하게 만들어졌다. 여기에는 오늘날 우리나라 외환관리의 기본적인 아이디어들이 모두 포함되어 있다.

우선 ① Reichsbank만이 외환거래를 독점하게 한 것은, 정부의 대리인(agent of government)을 지정하여 그 대리인으로 하여금 외환관리를 담당하게 한 것으로 오늘날 우리나라 '외국환은행주의'의 시초인 셈이다.

그리고 ②, ⑦의 수출대금이나 2만 마르크를 초과하는 외환을 보유한 독일거주자로 하여금 보유 외환을 모두 Reichsbank에게 매각하도록 한

하인리히 브뤼닝
(Heinrich Brüning)

것은 이른바 매각집중 방식을 규정한 것이다. 외환이 부족한 국가는 국민들이 보유한 외환을 모두 국가에게 매각하도록 하여 한 군데로 모으는 '집중제도'를 흔히 취한다.

다음으로 ⑥의 외환청(Devisen Offices)을 설립하여 외환청이 발급한 실수증빙(Certificate of necessity)을 가진 자만 외화를 매입할 수 있도록 한 것은 외환이 부족한 나라가 용도를 심사하여 실수요자에게만 외환을 배분하는, 이른바 '실수요 원칙'을 천명한 것이다.

이로써 외환관리의 고전적 모습은 완성되었다. 오늘날 많은 국가들이 시행하고 있는 외환관리는 여기에서 벗어나지 않는다.

③, ④는 환율대책으로 이해되고, ⑤는 지급수단 수출입규제, 그리고 ⑧, ⑨, ⑩은 지급 규제, ⑪은 외화증권 취득을 통한 자본도피를 막는 정책으로 이해된다.

독일은 자유로운 대외지급 시스템을 폐기하고, 국가지정 공식 환율과 지급 통제제도를 도입하였다. 이는 은행 및 외환위기를 맞아 출현하였지만, 오랜 기간 동안 정치적 불안정, 전쟁, 혁명, 전후 인플레이션과 베르사이유 배상금 때부터 잉태되어 온 것이었다.

그런데 독일의 외환관리 아이디어는 여기에서 그치지 않는다. 점점 더 진화해 가고, 정교해지고, 교묘해져가기 시작한다.

마. 외환청산계정(Exchange Clearing Account)

금 또는 외환 부족사태에 직면한 독일 정부가 대외채무의 불이행을 선언하지 않고 버텨 나갈 수 있는 방법이 있을까? 바이마르 정부는 지급불능을 선언하는 것 보다는 대외부채를 마르크화로 상환하는 방법을 찾기 시작하였다.

독일정부는 다음의 조치를 취하였다. 독일의 모든 대외채무자는 그 부채의 상환을 마르크화로, 국가지정 환율로, 새로 설립된 외채환전은행(Conversion Bank for Foreign Debt)에 지급함으로써 하도록 하였다. 그리고 해당 외국의 채권자에게는 상환 대금이 입금되었음과 그 금액에 대한 청구권이 있음을 고지하였다. 그러나 이 마르크화를 외환으로 환전하여 외국의 채권자에게 지급할지 여부는 Reichsbank의 임의적 판단에 맡겨 두었다. 이렇게 되자 Reichsbank가 환전을 거부한 외채 상환대금은 마르크화로 독일 내에 동결되었다. 즉, 외채의 문제가 환전의 문제로 바뀐 것이다.

또한 독일 내에 동결된 마르크화를 보유한 외국의 채권자가 동결자산을 받아 가는 방법에 대하여도 궁리가 되었다. 그 방법은 외국의 채권자가 독일로부터 수입을 할 때, 그 수입대금을 독일 내에 동결된 마르크화로 지급할 수 있도록 하는 것이었다. 이는 한편으로는 외환부족 문제를 해결하고, 다른 한편으로는 독일의 수출을 증가시키는 인센티브로 작용하는 일거양득의 전략이었다.

초창기에 개인 또는 개별 기업간 차원에서 운용되던 이 시스템은 국가 대국가 차원의 협정으로 발전하게 된다. 1932. 4월에 독일은 헝가리와 최초로 양국 간 외환청산협정을 체결한다.

이 청산협정의 메커니즘은 Reichsbank에 개설된 청산계좌(clearing account)를 통하여 작동하였다. 예를 들면, 독일의 수입업자 A는 헝가리 수출업자 B로부터 물건을 수입하고 그 대금을 마르크화로 Reichsbank에 개설된 헝가리 중앙은행(Hungarian National Bank) 명의 계좌에 입금한다. 이 사실은 헝가리 중앙은행에 통보되고, 이에 Hungarian National Bank는 B에게 수출대금에 상응하는 헝가리 화폐인 펜거(pengo)를 지불한다. 헝가리 중앙은행에도 같은 목적의 청산계좌, 즉 Reichsabnk 명의 펜거 계좌가 개설되어 헝가리의 수입업자를 위하여 같은 방식으로 운용된다.

이 시스템하에서 Reichsbank에 개설된 헝가리 중앙은행명의 계좌에 마르크화 잔액이 일정 기준금액을 초과한 경우에, 독일의 수입업자는 수입이 허용되지 않았다. 독일의 수입업자는 독일의 대헝가리 수출의 증가를 기다려야 했다. 반대로 이 계좌에 자금이 부족할 경우에는 독일의 수출업자는 수출이 허용되지 않았고, 독일의 대 헝가리 수입증가를 기다려야 했다.

이런 메커니즘으로 교역규모의 단속을 통하여 외환 없이 양국간 결제가 가능하도록 한 것이다. 어떻게 보면 물물 교환에서 진보한 형태로 보아도 좋을 듯하고, 국제교역사에 오랫동안 존재해 왔던 바터(barter)제도를 발전시킨 것으로 볼 수 있다. 이런 아이디어를 세계 최초로 고안해 냈다는 것은 독일 사람들의 천재성을 보여주는 것이 아닐까?

독일은 이러한 협정을 1932. 4월 헝가리와 최초로 맺은 후에 에스토니아, 라트리바, 불가리아, 그리이스, 유고슬라비아, 루마니아, 체코슬로바키아, 터키

등과도 맺었다.

이 양자간 외환청산협정은 국제수지 균형을 이루기 위하여 무역을 직접적으로 통제한다는 부정적인 측면이 있으나, 당시 독일의 상황에서는 불가피한 선택이었고 결국 잘 작동되어 독일이 외환위기를 성공적으로 극복하는데 기여하였다. 1938년이 되면 쌍무적 무역협정에 따른 무역이 독일 전체 무역의 50%를 차지했다고 한다.[7]

이러한 외환청산계정이 2010. 9월에 세계 교역사에 다시 출연한다. 이번에 주인공은 우리 대한민국이었다. 2010.9.18 정부는 국내은행(기업은행, 우리은행)과 이란중앙은행간 원화결제 시스템을 구축하였음을 발표하였다. 이 원화결제 시스템의 아이디어는 독일의 1932년 청산계정과 똑같은 것이었다.

다른 점이 있다면 이 시스템을 구축하게 된 이유가 외환의 부족이 아니라, 미국의 대 이란 제재조치의 일환으로 미국내 은행시스템을 통한 송금 루트가 막히면서 미 달러화 등으로의 결제가 불가능해졌기 때문이라는 것이고, 또 하나는 우리은행이나 기업은행에 개설된 이란중앙은행 명의 계좌에 원화가 넘쳐나더라도 우리나라의 원유수입이 제한 받지는 않았다는 것이다. 무역수지를 강제로 맞추려는 취지에서 만든 시스템이 아니므로 교역을 제한할 이유는 없었다.

현재 이 원화계좌에는 수 조원의 원화가 예치되어 있는데, 미국의 대 이란 규제가 지속되고 있어 지급이 동결된 상태이다.

Clearing account를 우리나라에서 통상 '청산(淸算)계정'이라고 번역하고 있어 필자도 같은 표현을 사용하고 있지만, 여기서 clearing의 의미는 상계처리를 의미하는 것이므로 '청산'이라는 번역이 적절한지는 의문이다. 청산은 영어의 liquidation을 번역한 말로도 쓰이고 있지 않은가. 필자의 생각으로는 clearing account을 '상쇄(相殺)계정'이라고 번역하는 것이 그 의미를 보다 분명히 표현하는 번역이 아닌가 싶다. 줄 돈과 받을 돈이 서로 상계되어 없어진다는 의미로 말이다.

---

7) 양동휴/박복영/김영완, 전게서, 216p

바. 얄마르 샤흐트의 'New Plan'

얄마르 샤흐트(Hjalmar Schaht)

1932년 총선에서 국가사회주의 독일노동자당(일명 나치당)이 제1당이 된다. 이어 1933. 1월에 히틀러(Adolf Hitler)가 브뤼닝(Brüning)에 이어 수상이 된다. 1933. 3월 히틀러는 독일 중앙은행 총재이자 재무장관으로 얄마르 샤흐트(Hjalmar Schaht)를 임명한다. 그는 1923년에 독일의 초 인플레이션을 진압한 그 샤흐트였다.

샤흐트는 1934. 9월에 이른바 New Plan을 발표하였다. 이 정책은 독일의 자급자족경제(autarky economy)를 추구하는 것이었다. 독일이 외국과의 교역에 덜 의존하면 할수록 독일경제가 외부의 변수에 의하여 덜 취약해지고 더 안정적이 될 것이라는 생각이었다. 1차 세계대전 기간중 교전국의 금수조치로 인하여 독일이 심각한 타격을 받은 경험에 따른 대책이었다.

이를 위하여 광범위한 수입통제가 실시되었다. 독일의 수입업자는 무역통제위원회로부터 외환사용증명서(Devisen Certificate)를 받아야만 수입이 가능하였다. 그런데 이 무역통제위원회는 증명서를 발급함에 있어 해당 물건의 수입이 바람직한 것인지, 그 양은 적절한지, 가격과 지급수단은 적절한지, 어느 나라로부터 수입할 것인지 등을 결정하였다.

반면 수출에 있어서는 수입과 같은 까다로운 절차 대신에 신고만 하면 가능하도록 하였다. 그리고 1935년에는 수출 장려를 위하여 수출보조금까지 지불되었다. 단, 가공되지 않은 원료 상태의 물건을 수출하는 것에는 제한이 있었다.

또한 New Plan은 대외교역에 따른 결제를 외환을 사용하지 않고 하는 청산협정 정책을 계속 추진하였다. 즉, 양자간 무역협정을 다른 나라까지 확장하였다. 그 성과로 아르헨티나, 브라질, 칠레, 콜롬비아, 우루구아이 등 남미국가들과 외환청산계정을 개설하는데 성공하였다.

1934년 남미국가들과 체결한 외환청산계정에는 새로운 이름, ASKI (Ausländer Sonderkonten für Inlandzahlung: 국내지불을 위한 외국인 특별계좌)라는 이름이 붙었다. 남미 국가의 수출업자들로 하여금 독일 은행에 계좌를 개설하게 하여 여기에 대금을 예치하는 것이었다. 이 ASKI잔액은 독일 상품을 구입할 때 쓰일 수 있었다.

나치당의 히틀러 정권은 이 New Plan에 의하여 바이마르 공화국의 외환통제 정책을 계승하고 더욱 발전시켜 완전한 무역통제 그리고 외환지불 억제정책으로 확대시켜 나갔다.

한편 독일의 전쟁배상금에 대하여는 1932. 6월에 연합국과 독일의 바이마르 정부가 최종적으로 30억 마르크를 지불하고, 더 이상의 전쟁배상금은 면제하기로 로잔협약을 체결하는 등 국제협력에 진전이 있었다. 그러나 새로 집권한 나치 정부는 이마저도 지불을 거부하였다.

5. 일본의 외환통제

가. 금본위제 이탈

일본은 일찍이 1894년에 청일전쟁에서 승리하여 시모노세키 조약에 따라 막대한 양의 은을 전쟁배상금으로 중국으로부터 받게 되었고, 이 은으로 금을 구입하여 1897년에 금본위제 국가에 합류하였다. 아시아에서는 유일하게 선진국 클럽에 가입한 셈이었다.

그리고 1914년 제1차 세계대전이 발발하자 일본은 금태환 정지를 선언하고 연합국 측에 가담하여 참전하였다. 일본이 연합국 측에 가담한 것은 유럽대륙에서 독일과 싸우려고 한 것은 아니고, 중국내의 독일 조차지에 관심이 있었던 것이었다. 일본은 독일에 선전포고하고 산동반도를 점령하고, 태평양의 남양군도를 점령하였다. 종전 후 일본은 전략대로 중국 산동반도를 차지하였다.

이렇게 일본의 영토가 확장되자 1919년경에 가서는 조선, 대만, 사할린, 만주까지 일본의 영역에 편입되었다.

1925년에 영국이 금본위제로 복귀하고 다른 나라들도 그 뒤를 따르자, 일본도 금본위제 복귀 시기를 놓고 고민하였다. 그러나 일본은 1923년 관동대지진의 여파로 정부의 재정지출을 늘려야 할 상황이었으므로 금본위제로 복귀할 형편이 되지 못하였다.

그럼에도 불구하고 금본위제 복귀로의 당위성이 너무나 컸으므로 대장대신 이노우에 준노스케(井上準之助)는 1926년부터 준비를 계속하다가 1930.1.11. 자로 금해금(金解禁)을 실시하였다. 금해금이라 함은 금의 수출 금지를 해제하는 것으로, 금본위제로의 복귀를 의미하는 것이었다. 다른 말로 하면 일본이 디플레이션 정책을 택한다는 메세지였다.

다카하시 코레키요(高橋是清)

그러나 금본위제로의 복귀 시점이 너무 좋지 않았다. 1929년 10월 미국 월가의 주식대폭락은 바로 일본에 영향을 미치지 않고 남미, 북미 및 동유럽, 북유럽을 돌아 1930년 7월에 생사(生絲) 가격이 대폭락하는 형태로 일본에 영향을 미치게 되었다. '쇼와 공황'이라고 불리는 이것은 그때까지 일본이 경험한 경제공황 중 가장 심각한 것이었다.

영국이 1931.3월에 금본위제를 포기하였다. 이어 다른 나라들도 그 뒤를 따르자, 금본위제 유지를 중시하던 이노우에 준노스케는 궁지에 몰렸다. 이에 1931.12.11. 내각이 총사퇴하고 새로 구성된 내각의 대장대신 다카하시 코레키요(高橋是清)는 1931.12.17. '은행권의 금태환 정지에 관한 긴급칙령'을 공포하여 일본은행권의 금태환을 정지하였다. 복귀한지 2년만에 1931.12월에 이르러 다시 금본위제를 탈퇴한 것이다. 이 다카하시 코레키요(高橋是清)는 1904년 러일전쟁 당시 일본은행 부총재로서 유대인 은행가 제이콥 시프(Jacob Schiff)를 만나 전비조달을 위한 일본 국채발행을 성공시킨 바로 그 다카하시 코레키요다.

나. 1932년 자본도피방지법의 제정

일본이 1931년 12월에 금본위제에서 이탈한 이후 대 미달러 교환가치가 계속 추락하여 금본위제 이탈직전에 100엔당 49미달러이던 환율이 1932년 9월에 이르러서는 100엔당 20달러까지 추락하였다.[8] 미국은 1933. 3월까지 금본위제를 유지하였으므로 일본이 금본위제를 이탈한 시점에서는 금과 교환이 가능한 미 달러화에 비하여 엔화의 가치가 절하되는 것은 불가피한 상황이었다.

이렇게 되자 일본에서 환투기가 성행하였고 해외로의 자금도피가 발생하였다. 특히 해외증권을 취득하는 방식의 재산도피가 성행하였다.[9]

처음에 대미달러 환율의 폭등을 시장원리에 따른 것으로 받아들였던 일본은 지속적인 환율 폭등과 환투기 및 재산 해외도피 문제가 생기자 적극적인 환율 안정화 정책으로 방향을 바꾸었다.

이에 1932년 6월에 외화증권투자 방식에 의한 자본의 도피를 방지할 목적으로 자본도피방지법(1932년 6월30일 법률 제17호) 및 자본도피방지법에 기초한 명령의 건(7월1일 대장성령 12호)을 발령하였다. 이것이 일본에 있어서 최초의 외환통제이다.

다. 1933년 외국환관리법 제정과 개정

이와 같이 자본도피방지법의 제정 목적은 일본 국민들에 의한 당시 안전 자산이라고 평가되는 미 달러화 표시 증권 취득 러시를 제한하려는 것에 그쳤었다.

그런데 이후 환투기를 금지하는 규범을 제정할 필요가 생겼고, 무환수출(無換輸出) 즉, 대가를 수령하지 않고 물건의 형태로 자본을 도피하는 것을 단속할 필요가 있었고, 또한 1931년말 금수출금지령(1931.12.13. 대장성령 36호)에서 정한 벌칙을 무겁게 할 필요가 있었다.

이에 자본도피방지법 및 금 수출금지에 관한 대장성령을 폐지하고 그 대신에 외국환관리법(1933.3.29. 법률 28호)을 제정하여 1933.5.1. 부터 시행하기에 이르렀다.

1933년 법은 위의 4대 목적, ① 외화증권취득 허가제, ② 환투기 금지, ③ 무환수출 허가제, ④ 금수출 허가제를 겨냥하여 만들어졌다. 그렇지만 정작 입법과정에서는 대외거래를 포괄적으로 규제하는 식으로 입법이 되었다.

---

8) Mariko Hatase, Devaluation and Exports in Inerwar Japan: The Effects of Sharp Depreciation of the Yen in the Early 1930s, 145p

9) 石卷良夫, 外国爲替管理法講話, 東京 文雅堂藏版(1937), 9~10p

> **일본의 1933.5.1. 제정 외국환관리법의 주요내용**
>
> ① 금 수출 제한
> ② 대외지급수단의 매매 제한
> ③ 선물환거래 금지
> ④ 외국과의 송금, 영수 제한
> ⑤ 외화표시 증권, 채권의 취득·처분 제한
> ⑥ 외국환을 개재시키지 않은 화물 수출의 제한
> ⑦ 증권의 수출입 제한
> ⑧ 거주자의 외환거래 상대방을 지정할 수 있는 권한을 정부에 부여
> ⑨ 거주자가 보유하는 외국환에 대한 매각명령권을 정부에 부여

일본의 1933년 외국환관리법의 주요 내용을 독일의 1931.7~8월의 외환포
고령에 비교하여 보면 상당한 차이가 있음을 알 수 있다. 우선 외환의 집중과
배분에 대한 언급이 없다. ⑧과 ⑨에서 정부에 외환을 집중시킬 수 있는 권한
을 부여하고는 있지만, 이 권한에 따라 외환 집중이 실시된 적은 없다. 그리고
외환의 배분에 대하여는 일절 언급이 없다.

왜 이렇게 다른 것일까? 그 이유는 일본의 외환 통제가 독일과 달리, 외환
부족사태에서 초래된 것이 아니기 때문이다. 일본의 경우에 금과 외환은 충분
하였다. 다만 금본위제 이탈로 인하여 엔화의 대미달러 환율이 급격히 하락하
자 환시세의 안정을 위한 조치가 필요하였고, 아울러 국외로의 재산 도피를 막
는 조치가 필요하였을 뿐이다.

그러므로 외환집중이나 외환배분 또는 대외결제를 엔화로 유도하려는 등
의 규제와는 거리가 있었다. 따라서 일본의 규제는 독일의 규제보다 덜 복잡하
고 덜 제한적인 것이었다.

일본의 1933년 외국환관리법은 금본위제 이탈에 따른 엔화환율 급등과 이
에 편승한 재산도피를 막고자 하는 것이 직접적인 계기가 되어 응급조치로 만
들어진 것이다. 그러나 이렇게 갑작스럽게 만든 짧은 법은 이후 점점 규제 대
상을 넓혀가며 엔화 통화 질서를 규율 하는 주요한 법률로 성장한다.

1933년 제정 외국환관리법은 미 군정에 의하여 폐기될 때까지 총 5차례

개정되게 된다. 1937.8.28. 1차 개정시에는 수입에 대한 통제가 추가되었고, 1937.9.10. 2차 개정시에는 거주자의 외국소재 재산에 대한 단속이 포함되었으며, 1939.4.10. 3차 및 1940.3.27. 4차에 사소한 개정이 이루어졌다가 1941. 4.12. 5차 개정시에 대폭 개정된다.

일본은 1931.9.18. 만주사변을 일으켜 만주를 점령하고 괴뢰국가 만주국을 세운다. 그리고 1937.7.7. 에는 지나사변(또는 노구교사건)을 일으켜 중국 깊숙이 침략하기 시작한다. 이에 따라 외국환관리법의 1차~4차 개정에는 중일전쟁을 수행하기 위하여 필요한 사항들이 반영되었다.

그리고 1941년에 이르러 일본은 미국과의 태평양전쟁을 계획한다. 이에 따라 일본의 제5차 개정 외국환관리법은 전시(戰時)법 성격을 더욱 분명히 한다.

일본의 1941.4.12. 5차 개정 외국환관리법의 주요내용

① 대외결제방법에 대한 통제 강화
② 외국에 있는 일본인 재산에 대한 보전적 조치 가능
③ 외국인의 국내에서의 재산취득 및 처분에 대한 단속
④ 외국환은행을 통하지 않은 거래 통제 강화(즉, 환치기 단속)
⑤ 신속하게 처리해야하는 환거래에 대하여는 일본은행 등을 지정하여 거래 하도록 함

5차 개정에서는 전시상태에서 정상적인 국제간 지급결제가 어려워진 점을 감안하여, 대외결제방법에 대한 통제를 강화하고, 교전국에 소재한 일본 국민의 재산, 또는 일본내에 있는 교전국 국민의 재산에 대하여 압류, 몰수할 수 있는 법적 근거를 마련하였고, 당시에 증가하고 있는 외국환은행을 통하지 아니한 지급(즉, 환치기)을 단속하고자 하였다.

이와 같이 일본의 외환통제는 1933년에 환시세의 안정을 위한 목적으로 시작되었지만, 이후 중일전쟁과 태평양전쟁을 치르면서 점점 전시적 색채를 농후하게 띠게 되었다.[10] 즉 외화자산이 군수물자 취급을 받게 되었다고 할 수 있다. 군부가 외화 자산을 통제할 수 있고, 그 흐름을 파악할 수 있도록 하는

---

10) 石卷良夫, 전게서, 16 p

것이 외환 관리의 주요 목적이었다. 이런 점에서 초창기 일본의 외환 통제는 금과 외환의 부족사태를 맞아 그 대책으로 나온 독일의 그것과 매우 달랐다.

6. 영국의 외환통제

가. 제2차 세계대전의 발발과 외환통제의 시작

영국은 1931. 3월에 금본위제를 이탈한 후 파운드화의 절하를 용인하면서 영연방을 이루는 식민지 국가 및 스칸디나비아 3국(스페인, 노르웨이, 핀란드)과 블록을 형성하여 파운드화를 블록내 기축통화로 하는 교역시스템을 유지하여 갔다.

이러던 중, 1939. 9월에 독일이 폴란드를 침공하면서 제2차 세계대전이 시작되었다. 영국은 즉각 독일에 선전포고를 하고 전쟁준비에 돌입하였다.

이때부터 영국은 the Emergency Powers Act에 근거하여 행정명령을 발하여 금과 외환 등 준비 자산을 지키기 위한 외환통제를 시작하였다. 이때 시행된 외환통제의 내용은 독일에 의하여 시작된 것들과 비슷한 것이었다.

2차세계대전(1939~1945) **기간 중 영국의 외환통제**[11]

① 파운드화 블록 이외의 국가로의 지급 제한(환전 허가제 도입)
② 파운드화 블록 국가내에서는 파운드화 지급 약정(bilateral payment agreement) 체결
③ 파운드화 블록 이외 지역으로부터 수입제한 (허가제)
④ 수출대금 회수 확인 강화
⑤ 영화수입대금 등 일부 무역외지급에 대하여 지급 한도 설정
⑥ 영국거주자가 보유하는 금 및 금화를 정부에 강제 매각하도록 함(매각 집중)
⑦ 외국인 보유 파운드화 표시 증권의 매각 금지
⑧ 외국인 보유 파운드화 예금 동결
⑨ 비거주자에 대한 파운드화 대여 제한(허가제)

---

11) Arthur K. Salomon, The U.K exchange control: a short history, lectured in 1966

나. 1947 the Exchange Control Act와 규제완화

종전 후 영국은 그때까지의 외환통제들을 별도 입법화하여 1947년에 the Exchange Control Act를 제정하였다. 이 법은 1979년에 폐지될 때까지 영국 외환통제의 기본법으로 기능하였다.

이후 1960년까지 전 분야의 외환통제를 지속적으로 완화해 갔다. 우선 ① 경상거래에 따른 대가의 지급 제한이 폐지되었고, ② 해외여행경비에 대하여는 한도제로 완화되었다가 1959년에 이르러 완전히 폐지되었고, ③ 비거주자 보유 파운드화에 대한 환전 제한은 계속 완화하다가 1958년에 가서야 폐지되었다.

그러나 1960년 이후에도 ① 파운드화 블록 이외 지역에 대한 해외직접투자는 제한되었고, ② 영국 기업을 소유한 비거주자에 대한 파운드화 대출 금지는 계속되었다.

다. 1979 the Exchange Control Act 폐기

1979. 10월 대처 수상이 이끄는 보수당 정부에 의하여 the Exchange Control Act 가 폐기됨으로써 영국은 외환 통제의 시대를 마감하였다. 이를 추진한 재무장관 Geoffrey Howe는 "외환통제는 더 이상 소용이 없어서 폐기하고 대신 올바른 통화 및 재정정책을 수행하여 파운드화에 대한 신뢰를 지켜나가겠다"고 밝혔다.[12]

7. 금본위제의 마지막 수호자 - 프랑스

가. 프랑스의 노력

1931. 3월 영국을 필두로 하여 1933.4월 미국까지 금본위제 이탈 러쉬가 일어나던 시점에 유럽대국에서 유일하게 강건한 금융적 지위를 유지하고 있었던 것은 프랑스였다. 이 시점에 어느 때 보다도 많은 양의 금과 외환이 프랑스로 유입되었다.[13]

---

12) Wikipedia, "Exchange control in the United Kingdom"으로 검색
13) 양동휴/박복영/김영완, 전게서, 222p

미국이 금본위제를 이탈한 시점에 유럽대륙에서 금본위제를 유지하고 있는 국가는 프랑스를 비롯하여 벨기에, 네덜란드, 룩셈부르크, 이태리, 폴란드, 스위스의 7개국이었다. 그리고 이들 중 앞의 4나라 만이 외환통제를 실시하지 않은 채 상대적으로 자유로운 금의 이동을 허용하면서 비교적 금본위제 정신에 충실했다.

그런데 이들 나라도 곧 새로운 문제에 직면하였다. 영국, 미국과 같은 교역 경쟁 상대국들의 통화가 평가절하되면서 교역조건이 불리해져 갔다. 이들 국가들도 무역수지 개선을 위하여는 자국통화를 평가절하 하여야 했고 그렇게 되면 경쟁적인 평가절하가 이루어질 참이었다.

이 문제, 즉 세계 교역을 침체시키는 각국의 경쟁적인 자국통화 평가절하를 저지하기 위한 국제적 협의가 진행되었다. 1933.6월~7월에 66개국의 대표가 런던에 모여 소위 London Economic Conference를 개최하였다.

여기에서 프랑스는 영국과 미국에 대하여 파운드화와 미 달러화를 평가절하 하지 말 것을 요구하였다. 그리고 상기 7개국 사이에서는 금본위제를 지켜나갈 것을 결의하였다. 그러나 프랑스의 요구는 미국의 루즈벨트(Franklin D. Roosevelt) 대통령에 의하여 거부되었고 London Conference는 성과없이 끝났다.

나. 1936년 삼국협정(Tripartite Agreement)

금블록 국가들도 마침내 평가절하하지 않을 수 없었다. 벨기에와 룩셈부르크가 1935년에 금본위제를 이탈하였다.

프랑스의 금 상실은 1936년 봄에 절정에 이르렀다. 프랑스는 금본위제를 이탈하기 전에 먼저 안전장치를 마련해 놓을 필요가 있었다.

1936.9.26. 프랑스, 영국, 미국 정부는 삼국협정(Tripartite Agreement)을 발표했다. 여기에서 영국과 미국은 프랑스의 평가절하에 대하여 보복하지 않는다는데 동의하였다. 이 협정으로 경쟁적 평가절하는 피할 수 있게 되었다. 1936. 9월에 프랑스, 네덜란드가 금본위제를 포기함으로써 금본위제 시대는 종언을 고하게 되었다.

8. 전간기(interwar)의 특징

가. 블록(bloc) 경제

금본위제의 해체와 이에 따른 국제통화 질서의 붕괴로 세계는 여러 개의 적대적인 경제권역으로 나뉘어 국가군 사이의 정치적, 경제적 경쟁으로 치달았다.

이 시기에 외환통제의 도입, 다양한 형태의 무역장벽 설치라는 특징이 두드러지게 나타났는데 이는 주요국의 경제정책이 자유방임, 자유무역, 통화안정이라는 전통적 이상에서 멀어져 가고 있음을 의미하였다.

(1) 영국 – 파운드 블록

영국과 스칸디나비아 3국(노르웨이, 스웨덴, 핀란드) 및 영연방 소속 국가들은 소위 파운드 블록을 형성하였다. 이들 국가사이에서는 파운드화를 결제통화로 하는 양자간 지급약정이 체결되었다.

(2) 독일 – 양자간무역협정 블록

독일은 마르크화 결제 시스템을 구축하기 위한 양자간 무역협정을 1932. 4월 헝가리와 최초로 맺은 후에 에스토니아, 라트리바, 불가리아, 그리이스, 유고슬라비아, 루마니아, 체코슬로바키아, 터키 등과도 맺었다. 그리고 1934년에는 이 협정을 아르헨티나, 브라질, 칠레, 콜롬비아, 우루과이 등 남미 국가들까지 확장하였다. 즉, 독일은 중부유럽국가들 그리고 남미국가들과 무역협정 블록(bloc)을 형성하였다.

(3) 일본 – 엔 블록

일본은 1895년에 중국으로부터 대만을 할양 받고, 1905년에 러시아로부터 중국 관동주 (요동반도)에 대한 조차권을 양도받고, 남 만주 철도권을 양도받고, 남 사할린을 빼앗았다. 그리고 1910년에 조선을 합병하였다. 그리고 1931년에는 만주사변을 일으켜 만주국이라는 괴뢰국가를 세우고, 1937년에는 지나사변을 일으켜 중국을 턱 밑에서 위협하였다.

이렇게 일본의 영토가 확장되면서 일본, 조선, 대만, 사할린, 만주를 포함하는 소위 "엔 블록"이라는 통화권이 형성되었다. 이들 엔 블록 국가에서의 통화 단위는 圓 또는 円으로 표시되고 모두 "엔"으로 호칭되었다.

(4) 프랑스 - 금 블록

마지막까지 금본위제를 유지하려고 했던 프랑스를 비롯하여 벨기에, 네덜란드, 룩셈부르크, 이태리, 폴란드, 스위스 등의 나라들 사이에서는 프랑화를 주요 결제통화로 하는 금 블록이 형성되었다.

나. 국제적 리더쉽의 부재

1차 대전과 2차 대전 사이, 즉 전간기(interwar period)에 금본위제 존속 여부는 시험대에 오른다. 영국을 중심으로 하여 금본위제 복귀를 시도하였지만 1929년 경제대공황의 여파로 결국은 실패하고 만다.

금본위제 통화 질서가 붕괴된 세계는 방향을 잃고 표류하게 된다. 이때 애석하게도 새로운 국제 통화질서를 열어갈 패권국가가 없었다. 영국은 과거와 같은 패권국가가 더 이상 아니었고, 미국은 과거 영국의 지위를 옮겨 받는 중이었지만 아직 충분하지 않았다. 새로운 통화질서를 찾지 못한 각국은 각자도생의 길을 찾아 식민지 또는 인접국과 연대를 이루어 블록(bloc)을 이루어 위기를 헤쳐 나가려고 하였다.

독일에 대한 전쟁배상금 문제에 대하여도 승전국의 이기적인 탐욕을 억제할 국제적 리더쉽을 발휘할 나라가 없었다. 이는 새로운 전쟁의 씨앗을 잉태하였고 결국 다시 세계는 미증유의 참혹한 전쟁을 경험하게 된다.

9. 제2차 세계대전과 전후 국제사회의 노력

가. 제2차 세계대전

1939.9.1. 독일의 폴란드 침공으로 제2차 세계대전의 서막이 올랐다. 곧 이어 영국, 프랑스, 러시아가 참전하여 유럽대륙은 전화에 휩싸였다. 한편 지구 반대편에서는 일본이 1941년에 미국 하와이의 진주만 해군기지를 공습하고 동아시아와 태평양에 소재한 미국과 유럽국가들의 식민지를 점령하기 시작하였다.

결국 독일 베를린은 러시아에 의해 점령되고, 히틀러(Adolf Hitler)는 자살하고, 독일은 1945.5.8. 무조건 항복을 선언한다. 일본은 미국에 의하여 히로시

마와 나가사키에 원자폭탄을 맞고 1945.8.15. 항복을 하게 된다.

나. 전후 세계질서 논의

2차 세계대전 후 각국이 전후 세계 질서를 논의하면서 인류는 모처럼 인간의 이성과 지성의 힘을 발휘한다. 이번에는 가혹한 전쟁배상금을 패전국에 부과하지 않았고, 금본위제의 한계를 극복할 새로운 국제통화체제의 틀을 만들기 위하여 각국이 머리를 맞대었다. 그리고 미국의 유럽부흥프로그램(Marshall Plan)에 의하여 유럽국가들에 대한 자금 원조가 이루어지기도 하였다.

왜 이렇게 되었을까? 왜 1차대전 후와 달랐을까? 그것은 각국의 지도자들이 베르사이유의 교훈을 잊지 않고 있었기 때문이었다. 그리고 1930년대의 쓰라린 경험을 기억하고 있었기 때문이었다.

전후 세계질서 논의에 참여한 사람들은 다음과 같은 문제점을 인식하고 있었다. 1930년대부터 각국은 자국우선, 자급자족(즉, 고립주의)이라는 이데올로기 하에 관세장벽, 무역장벽, 자국통화 평가절하 정책으로 나아갔고, 이러한 이웃나라를 가난하게 만드는(beggar thy neighbor) 정책은 결국 세계 교역의 축소와 국제 지급시스템의 파괴를 가져왔고, 이는 각국의 소득과 수요를 위축시켜 대량실업과 인플레이션의 악순환을 초래하였다는 것이다.

그리고 두 번째로는 양차 대전을 거치면서 논란의 여지없이 세계의 리더로 부상한 미국이 이번에는 세계 패권국가로서 그 책임을 맡는데 주저하지 않았다는 데에 있다. 미국은 현명하게도 베르사이유 이후 자신들이 견지했던 고립주의 태도에서 벗어나 번영에 이를 다리 역할을 할 책임을 스스로 인식하였다.

1933년부터 1944년까지 미국 국무장관이었던 Cordell Hull은 양차 대전의 원인이 각국간 경제적 차별과 무역전쟁에 기인하였다고 생각하였다. 특히 나치 독일의 무역 및 외환통제 그리고 대영제국의 파운드화 블록이 문제였다고 생각하였다. "고 관세, 무역 장벽, 그리고 불공정한 경쟁 대신에 자유무역으로 나아가, 한 나라가 다른 나라를 죽도록 미워하지 않아도 다 같이 생활수준의 향상을 가져올 수 있을 것으로 기대할 수 있었다면 전쟁을 피할 수 있었을 것이다"라고 하였다.[14)]

다. 브레튼 우즈 체제(Bretton Woods system)

아직 전쟁이 한창이던, 1944년 7월 1~22일 동안에 미국 뉴햄프셔주 브레튼 우즈에 있는 Mount Washington Hotel에 44개국의 대표자 730명이 집결하였다. 여기에서 전후 통화질서에 대한 논의가 있었고 그 결과 브레튼 우즈 협정이 마지막 날 체결되었다.

이 협정에 의하여 새로 도입된 국제통화체제는 고정환율제였다. 그런데 과거 금본위제 시대와 같이 각국의 화폐가치를 금에 직접 연결시키는 것이 아니고 두 단계로 구성되어 있다. 먼저 미 달러화는 금본위제를 유지한다. 그리하여 금 1온스에 미 달러 35를 연동시키고 이 비율로 다른 나라의 중앙은행에 금태환을 약속한다. 당시 세계 금의 2/3 이상을 미국이 보유하고 있었으므로 금태환이 가능하였다.

다음으로 각국의 화폐가치는 미 달러화에 연동시켜 고정시킨다. 이 연동비율은 당시 각국 화폐의 구매력을 평가하여 결정한다. 각국의 중앙은행은 이렇게 정해진 교환비율을 외환시장에 개입하는 방식에 의하여 지켜나가야 한다. 다만 시장개입 실무상 편의를 위하여 지정 교환비율의 ±1% 범위 내에서 범퍼가 허용되었다.

보완 장치도 마련되었는데, 무역수지 적자로 인하여 각국이 교환비율을 지키기 어려운 사정이 생겼을 때에는 새로 만들 국제기구에서 긴급자금을 지원한다는 것이다. 이렇게 하여 생긴 기구가 IMF이었다. IMF(International Monetary Fund)는 브레튼 우즈 협정에 따라 1944.7.22. 발족하였다.

이것이 새로운 국제통화체제의 골자이다. 다시 말하면, 각국의 경쟁적인 자국통화 평가절하를 막기 위하여는 고정환율제가 필요하였다. 그러나 과거 경험상 금본위제의 부활은 불가능하다. 무엇보다 금이 부족하였다. 이에 금을 보완할 물건으로 미 달러화가 선정되었다. 미 달러화는 당시 금태환이 가능한 유일한 통화였기 때문이다. 그리고 미 달러화를 세계에 풀어 유동성을 충분히 공급하여 세계가 경기침체에 빠지지 않게 한다. 그리고 각국은 당시 자국통화의

---

14) Wikipedia, "Bretton Woods system"으로 검색

가치와 미 달러화와의 교환비율을 향후에도 계속 지켜나가기로 약속한다. 각국이 전쟁 중에 증발한 통화량은 이 교환비율 속에 녹아 들어갔다. 각국이 교환비율을 지켜나가기 어려운 사정이 생긴 때에는 국제적으로 조성한 기금에서 자금을 지원한다는 것이다.

이러한 통화체제를 금본위제(Gold Standard)와 구분하여 금환본위제(Gold-Exchange Standard)라고 부르기도 한다. 미국을 제외한 다른 나라의 입장에서 볼 때 이 금환본위제는 금본위제와 많이 닮아있다. 다만 준비자산으로 금(Gold)외에 미 달러화(USD)가 추가된 것으로 보아도 크게 이상하지 않다.

미국이 이러한 금환본위제를 밀어붙인 이유는 무엇일까? 미국은 양차 대전을 거치면서 생산량이 크게 증가하였다. 이 생산품을 세계에 팔지 않고는 자국내 수요만으로는 충당할 수 없다. 그렇게 하기 위하여는 안정된 교역질서, 안정된 통화질서가 필요하였다. 환율이 언제 어떻게 바뀌게 될지 모르는 나라를 상대로 교역을 하기는 어려운 일이 아니겠는가.

그런데 이런 금환본위제(Gold-Exchange Standard)가 이때 세계사에 처음 등장한 것은 아니다. 일제강점 시대의 조선도 금환본위제 체제하에 있었다.

일본은 1910년에 조선을 합병한 후에 조선 내에 일본은행권을 직접 유통시키는 대신 조선은행에서 발행한 조선은행권이 유통되도록 하였다. 그리고 조선은행권의 발행 준비자산으로는 일본은행권을 보유하도록 하였다. 그리고 조선은행권의 일본은행권과의 등가교환(1:1 교환)을 보장하였다.

당시 일본은 금본위제를 택하고 있었고 일본은행권의 금태환을 보장하고 있었으므로 조선은행권도 일본은행권과의 한 차례 교환을 거쳐 간접적인 금본위제 하에 있었던 셈이다. 조선이 주권국가가 아니었으므로 브레튼 우즈 체제와 같다고 할 수는 없지만 기본적인 아이디어는 다르지 않은 것이었다.

라. White v. Keynes

브레튼 우즈 통화회의에서는 미국 재무부를 대표하는 Harry Dexter White의 안과 영국 대표 John Maynard Keynes의 안이 대립하였다.

Keynes는 1919년의 '평화의 경제적 귀결(The Economic Consequence of the

Peace)'라는 저서로 세계적인 명성을 얻은 후, 1924년 'A tract on Monetary Reform'이라는 책에서 금본위제를 '야만의 유산'이라고 칭하면서 영국의 디플레이션 정책을 비판하고, 영국은 파운드화를 평가절하하여 수출을 진흥시키고 공공사업을 일으켜 일자리를 창출하여야 한다고 주장하였다.

1929년 경제대공황 이후에 그의 이러한 주장은 더욱 힘을 얻게 되었고, 세계의 지도자들이 다투어 자문을 구하는 세계에서 가장 영향력 있는 경제학자가 되었다. 이런 Keynes의 세계통화질서에 대한 구상은 당시 패권국가로서 브레튼 우즈 협상을 주도하고 있는 미국으로서도 무시할 수 없는 것이었다.

Keynes의 구상은 세계의 중앙은행을 설립하는 것이었다. 그리고 그 중앙은행이 세계의 통화 "banco"를 발행하여 유동성 부족에 직면한 나라에 공급한다는 것이었다. 그리고 국제청산조직(International Clearing Union) 같은 것을 세워 그 기구가 각국의 무역수지가 지나치게 흑자나 적자로 치우치지 않도록 적극적으로 개입한다는 것이었다.

그러나 미국 주도의 세계 경제질서를 구상하고 있는 White 로서는 이러한 모험적이고 이상적인 안은 받아들이기 어려운 것이었다. 따라서 발권력을 가지는 국제기구를 만들기 보다는 특별인출권(Special Drawing Right)이라는 가상의 통화로 부분적으로 통화위기 수습을 지원하는 다소 완화된 형태의 시스템을 제안했다.

결국 White 안이 채택되어 IMF와 IBRD(International Bank for Reconstruction and Development, 후에 "World Bank"라 칭함)가 창설되었다. 이에 대하여 케인즈는 크게 반발하지 않았다고 한다. 이 만큼으로도 인류로서의 큰 진전이라고 생각한 것으로 보인다.

브레튼 우즈 회의 및 그 후 미국과의 차관 협상에 진력하다가 건강이 나빠진 케인즈는 2년 뒤인 1946년 62세의 나이로 사망하였다.

마. IMF (International Monetary Fund)

1945.12.27. 29개국이 IMF 협정(Agreement of IMF)에 서명함으로써 IMF가 공식 출범하였다. IMF 협정은 총 31개 조(Article)로 구성되어 있는데, 이 중 외

환통제와 관련하여 회원국의 의무를 규정한 제8조가 가장 중요하다. 이것에 의하여 세계 최초의 국제 외환 규범이 탄생하였다.

Article VIII of Agreement of the International Monetary Fund

Section 2. Avoidance of restrictions on current payments
- ··· no member shall ··· impose restrictions on the making of payments and transfers for current international transactions.

Section 3. Avoidance of discriminatory currency practices
- No member shall engage in ··· any discriminatory currency arrangements or multiple currency practices ···

Section 4. Convertibility of foreign-held balances
- Each member shall buy balances of its currency held by another member if the latter ··· represents (i) that the balances to be bought have been recently acquired as a result of current transactions; or (ii) that their conversion is needed for making payments for current transactions.

위에서 보듯이 협정 제8조 2항에서는 '경상거래 대가 지급제한 철폐'를 명령하고 있다. IMF는 1930년대 각국의 대외지급 제한이 세계 경기침체를 일으켰다는 반성에 기초하여 설립된 기관인 만큼 '경상거래에 대한 지급 제한'이야말로 척결하여야 할 최고의 악이었던 것이다.

협정 제8조 3항에서는 통화간 차별금지를 선언하고 있다. 특정 통화를 다른 통화에 비하여 우대하는 조치를 취하는 것을 금지하는 것이다. 그리고 복수환율제 또는 이중환율제를 금지하고 있다. 즉, 거래의 내용에 따라 서로 다른 환율을 운용하는 것을 말한다. 수출대금을 영수하여 환전할 때는 수출자에게 유리한 환율을 적용하고, 수입대금 지급을 위하여 환전할 때에는 수입자에게 불리한 환율을 적용하는 것이 그 예이다.

협정 제8조 4항에서는 외국인 보유 자국통화에 대한 환전 제한을 금지하고 있다. 외국인이 경상거래의 결과 취득하여 보유하고 있는 자국통화에 대하여는 반드시 외국인이 원하는 통화로 환전을 해 주어야 한다는 것이다.

IMF가 악으로 규정한 위의 3가지 외환통제는 모두 독일이 시행하였던 것이다. IMF 협정의 작성에 참여하였던 사람들이 독일의 외환통제를 염두에 두고 있었음을 짐작할 수 있는 대목이다.

또 하나 주목하여야 할 것은 IMF가 악으로 지목한 것은 '경상거래'에 대한 외환통제였다는 것이다. '자본거래'에 대한 외환통제는 악이 아니었다. 당시에는 국가간 투기적 자본이동은 환율을 교란시키는, 즉 고정환율제를 위협하는 행위로 마땅히 통제되어야 하는 것으로 인식되었다.

우리나라는 1955.8.26. IMF에 가입하였는데 당시에는 상기 협정 제8조의 적용을 유보하는 조건으로 가입하였다. IMF 협정 제14조 1항에서는 임시적으로 제8조의 의무이행을 유보하는 조건으로 IMF에 가입하는 것을 허용하고 있었는데 이를 이용한 것이다. 그 이후 1988.11.1. 소위 단군이래 최대의 호황이라는 '3저시대'를 맞이하여 IMF 제8조국으로의 이행을 수락하였다.

한편 생각해 보면, 우리나라는 IMF에 가입한 1955년 시점부터 지금까지 적어도 IMF 협정 제8조에서 금지하고 있는 '경상거래 대가 지급제한', '통화 차별', '복수환율제', '외국인에 대한 환전 제한'을 실시한 적이 없다.

실제로 대외 송금을 함에 있어서는 관련 증빙을 이것저것 제출하여야 한다거나, 외환당국의 승인, 허가를 받아야 하는 등의 제한이 있었지만 이것이 곧 IMF 협정 제8조의 위반으로 바로 해석되는 것은 아니었다.

그럼에도 불구하고 우리나라는 1955년 당시에는 제8조의 적용을 유보하는 조건으로 가입하였고, 이후 외환 통제가 많이 완화된 1988년 시점에 비로소 제8조국으로의 이행을 수락하여 국제적 의무를 준수할 것을 공표하였다.

바. OECD(Organization for Economic Co-operation and Development) 탄생

제2차 세계대전이 끝난 뒤, 미국은 서유럽 16개국에 대한 대외원조계획을 발표하였다. 정식 명칭은 유럽부흥계획(European Recovery Program, ERP)이지만, 당시 미국의 국무장관이었던 조지 마셜(George Catlett Marshall)의 이름을 따서 '마셜 플랜'이라고 한다.

이에 대하여 소련은 미국이 세계적으로 자본주의 지배를 강화하고자 하는 술책을 꾀하고 있다고 비난했지만, 어쨌든 1947.7.12. 파리에서 오스트리아, 벨기에, 덴마크, 프랑스, 그리스, 아일랜드, 아이슬란드, 이탈리아, 룩셈부르크, 네덜란드, 노르웨이, 포르투갈, 스웨덴, 스위스, 터키, 영국 등 16개국이 참가하여 유럽부흥계획 회의가 열렸다.

이들 국가들은 부흥계획을 세우기 위해 유럽경제협력위원회(Committee of European Economic Cooperation, CEEC)를 결성하였다. 1948. 4월 마셜 원조가 본격화하자 서유럽 국가들은 CEEC를 유럽경제협력기구(Organization for European Economic Cooperation, OEEC)로 개편하였고, 이 기구는 1961. 9월에 다시 가맹 19개 국가(기존 16개 국가에 독일, 미국, 캐나다가 추가로 참여함)로 경제협력개발기구(Organization for Economic Cooperation and Development, OECD)로 확대 개편되었다.

이후 일본이 1964년에 가입하였고, 우리나라가 1996년에 가입하는 등 2020년 현재에는 총 37개국이 가입되어 있다.[15] 주요국 중 아직 OECD에 가입하지 않은 나라로는 중국, 인도, 러시아, 브라질이 있다.

OECD는 그 설립목적을 세계 경제의 번영으로 규정하고 (OECD Convention 1조 (a)), 그 실행방안으로 각국이 '교역에 대한 장애물 제거', '경상거래에 대한 지급제한 철폐', 그리고 '자본이동의 자유화 확대'를 추진하도록 의무화 하였다 (OECD Convention 2조 (d)).

이를 위하여 OECD는 전신인 OEEC가 1950년에 제정한 '무역 자유화규약', 1951년에 제정한 '용역 및 무역외거래 자유화규약' 및 1959년에 제정한 '자본거래 자유화규약'을 이어 받았다. 그리고 1961. 12월에 이상의 제 규약을 개정하여 경상무역외거래 자유화규약(Code of Liberalization of Current Invisible Operations)과 자본이동 자유화규약(Code of Liberalization of Capital Movements) 두 개로 개편하였다.

---

15) 37개 OECD 가맹국 현황: 오스트리아(1961), 벨기에(1961), 캐나다(1961), 덴마크(1961), 프랑스(1961), 독일(1961), 그리스(1961), 아이슬란드(1961), 아일랜드(1961), 룩셈부르크(1961), 네덜란드(1961), 노르웨이(1961), 포르투갈(1961), 스페인(1961), 스웨덴(1961), 스위스(1961), 터키(1961), 영국(1961), 미국(1961), 이탈리아(1962), 일본(1964), 핀란드(1969), 호주(1971), 뉴질랜드(1973), 멕시코(1994), 체코(1995), 헝가리(1996), 한국(1996), 폴란드(1996), 슬로바키아(2000), 칠레(2010), 에스토니아(2010), 이스라엘(2010), 슬로베니아(2010), 라트비아(2016), 리투아니아(2018), 콜롬비아(2020)

우리나라는 1996.12.12. OECD에 가입함으로써 두 규약의 적용을 받게 되었다. 이는 우리나라가 준수하여야 하는 중요한 국제적 규범이 되었다.

이 규약들의 궁극적인 목적은 경상거래에 대한 모든 제한을 제거하고, 국제적 자본이동을 자유화하여 OECD 국가들이 마치 한 나라의 거주자들인 것처럼 거래를 할 수 있도록 하자는 것이다. 이를 위한 방법으로 OECD는 각 가맹국에 자유화로 이행하여야 할 항목을 제시하고(Annex A) 그 이행을 감시하고 있으며, 또한 사정에 따라서는 각국이 자유화를 당분간 유보할 수 있도록 하였다(Annex B).

사. 닉슨 쇼크와 스미소니언 체제

고정환율제를 유지하기로 결의한 브레튼 우즈 체제의 입안자들이 우려한 것은 미국 이외의 나라들의 경상적자 문제였다. 어떤 나라가 경상적자가 지속되면 그 나라 통화의 대미달러 환율을 고정시키기가 어려울 것이라는 걱정이었다. 경상흑자의 경우에는 자국통화를 발행하여 미 달러화를 흡수하면 될 일이었지만 경상적자의 경우에는 방법이 없었다. 이 문제를 다스리기 위하여 경상적자 국가에 대한 긴급자금지원을 위하여 IMF를 설립하기도 하였다.

그러나 문제는 그 반대 방향에서 발생하였다. 미국 이외의 나라의 경상적자가 아니라 미국의 경상적자가 문제였다. 1960년대와 1970년대 초반에 걸쳐 미국의 재정적자와 경상적자는 크게 확대되었다. 이는 존슨 대통령의 '위대한 사회' 프로그램의 실행과 베트남 전쟁을 치르기 위한 정부지출에 기인하였다.

이 기간 중 미국 이외의 나라는 고정환율제를 유지하기 위하여 대량공급되는 미 달러화를 시장에서 사들일 수밖에 없었다. 결국 미국 외의 나라가 보유하게 된 미 달러화 규모가 미국이 보유하고 있는 금 보유량을 초과하게 되었다. 1971년이 되자 미국이 보유하는 금은 150억 달러 어치인 반면, 각국의 중앙은행이 보유한 미 달러화는 500억 달러에 달하였다.

미국의 어느 정도의 경상적자, 재정적자를 유지하는 것은 세계 경제에 도움이 되었다. 왜냐하면 미국의 적자는 세계에 충분한 유동성을 공급하는 것을 의미하기 때문이었다. 그러나 미국의 쌍둥이 적자가 계속되자 점점 미 달러화

가치에 대한 의문이 생기기 시작하였고, 이러한 미 달러화 가치에 대한 신뢰 저하는 미 달러화 투매, 금 매입으로 이어졌다. 한 때 세계 금의 67% 이상을 보유하고 있던 미국의 금 보유고는 1970년에 이르러 16%까지 떨어졌다.[16]

미 달러화가 준비자산인 브레튼 우즈 체제를 유지하기 위하여는 미국에서 적자를 내 주는 것이 필요하다. 그래야만 세계에 적절한 유동성을 공급할 수 있기 때문이다. 그런데 미국에서 적자가 지속되면 미 달러화 가치에 대한 신뢰가 무너지게 되어 준비자산으로서의 역할을 하지 못하게 된다. 일찍이 1959년에 예일대 교수인 Robert Baron Triffin이 지적한 이 브레튼 우즈 시스템의 모순은 1970년이 되자 현실이 되어 나타났다. 그의 이론은 나중에 Triffin's dilemma 로 불리게 된다.

1971.8.15. 미국의 닉슨 대통령은 더 이상 미 달러화의 금태환이 불가능하다고 판단하고 금태환 정지를 선언한다. 이로써 브레튼 우즈 체제는 공식적으로 사망하였다.

1971. 8월 미국의 일방적인 금태환 정지 선언으로 혼란에 빠진 국제통화 질서를 수습하기 위하여 그해 12월 선진 10개국 대표들이 워싱턴에 있는 스미소니언 빌딩에 모였다. 이 들은 이미 사망한 브레튼 우즈 체제를 어떻게든 살려보려고 미 달러화의 금과의 교환비율을 절하($35→$38)하고 각국에 허용한 환율변동폭을 확대(±1%→±2.25%)하는 데 합의하였다. 이를 스미소니언 체제라고 한다.

그러나 이미 시장가격과의 괴리가 생긴 각국 통화의 가치를 그 이행을 담보할 강제적 수단이 없는 스미소니언 체제가 지탱할 수는 없었다. 시장에서의 금 가격은 $38을 훨씬 상회하였고, 독일, 영국, 일본 등 주요국 통화도 절상압력을 버텨낼 수 없어지자 1973. 3월에 이르러 주요국은 결국 변동환율제로 나아갔다.

아. 킹스턴 체제

1973년 브레튼 우즈 체제가 붕괴된 이후, 주요 선진국들은 변동환율제로 나아갔고, 일부 개발도상국가들은 고정환율제를 유지하거나 특정 통화나 통화

---

16) 인터넷 자료, https://saylordotorg.github.io/text_international−economics−theory−and−policy/s26−07−case−study−the−breakup−of−the−.html 참조.

바스켓에 고정시키는 시스템을 선택하기도 하였다.

이에 IMF는 1976.1월 자메이카의 킹스턴에서 열린 회의에서 주요 국가들이 변동환율제로 이행한 현실을 인정하여 모든 IMF 회원국들에게 자국 여건에 맞는 환율체제를 자유롭게 선택할 수 있도록 하였다.[17]

우리나라는 1980년까지 사실상 고정환율제를 유지하다가, 1980년~1990년 중에는 복수통화바스켓제도를 택하여 주요 교역국인 미국, 일본, 서독, 영국, 프랑스 통화의 가치 변동에 원화환율을 연동시키는 변동환율제로 나아갔다. 이후 우리나라 은행간 외환시장의 규모가 커지면서 1990년부터 시장평균환율제도로 이행하였고, 1997년 외환위기 시에 환율변동제한폭 마저 제거함으로써 자유변동환율제로 이행하였다.

10. 개도국의 외환통제

가. 종전 후 개도국의 상황

제2차 대전 후 우리나라를 포함한 신생 독립국 및 개발도상에 있는 국가들은 경제 개발이 최우선과제가 되었다. 선진국들을 따라 잡기 위하여 자국 산업을 육성하여야 했고, 이를 위하여 적절한 외환 통제가 필요하였다. 외환 통제 없이 선진국들과 대등한 지위에서 경쟁할 수는 없었으므로 개발도상국들은 거의 모두 크고 작은 외환통제 정책을 취하고 있다.

국제사회는 기본적으로 통상과 자본이동에 대한 장벽을 제거함으로써 국제 교역의 확대 및 자본의 생산성과 효율성을 향상시켜 세계경제의 공동 발전을 추구하고 있다. 그러나 국제사회가 이러한 이념을 각국에 무차별적으로 강요하는 것은 아니며 각국이 자국의 경제발전 단계와 외환수급 상황에 맞는 외환통제를 실시하는 것은 허용하고 있다.

IMF나 OECD에서도 개발도상국들의 외환 통제는 필요한 것으로 보고 있다. 따라서 가입국들에게 곧바로 외환 통제의 폐기를 요구하고 있지는 않으며 경제성장에 상응한 점진적인 규제의 폐기를 권고하고 있다. 사실 IMF나 OECD

---

17) Encyclopedia wikipedia, "Gold Standard"으로 검색

는 경상거래에 대한 지급제한 철폐를 목적으로 하였을 뿐이고, 자본이동에 대한 규제 철폐까지 목적으로 하는 것은 아니며, 자본이동 규제는 어느 정도 필요한 것으로 보고 있다.

현재 각국의 외환통제 현황은 대략적으로 다음 3그룹으로 나누어 볼 수 있다.

(1) 선진국과 EC 소속 국가

미국, 캐나다, 일본 등 선진국과 유럽공동체(European Community) 소속 국가들은 대체적으로 외환 통제를 폐기한 그룹으로 분류할 수 있다. EC 소속 국가는 EC 규범의 통제를 받으므로 개별적인 외환통제를 설정하는 데 제한이 있는바, 이것이 외환통제 폐기의 원인이 되었다. 이에는 영국, 독일, 프랑스, 스페인, 이탈리아, 스칸디나비아 제국, 베네룩스 3국 등이 포함된다.

(2) Tax Haven 국가

조세 회피 지역으로 분류되는 국가들은 당초부터 외환 통제나 과세로부터 자유로운 지역을 추구하는 곳이므로 당연히 외환 통제가 없다. 홍콩, 파나마, UAE 및 도시국가 들이 이 그룹에 포함된다. 이 그룹 국가들은 국가의 형태를 갖추고 있기는 하지만, 하나의 국가라기보다는 도시에 가까운 곳으로 이들에게 있어서 외한통제의 의미나 중요성이 일정 규모 이상 국가의 그것과 같을 수는 없다.

(3) 개발도상국

우리나라를 비롯하여 대만, 말레이시아, 인도네시아, 베트남, 인도, 중국, 태국, 필리핀 등 아시아 국가, 브라질, 아르헨티나, 콜롬비아 등 남미 국가, 사우디아라비아, 이집트, 쿠웨이트 등 중동 국가들은 모두 크고 작은 외환통제를 하고 있다.

경제규모로 세계 15위 안에 드는 나라 중에서 외환통제를 유지하고 있는 나라는 중국, 인도, 러시아, 브라질, 한국, 멕시코, 터키를 들 수 있다. 중국과 러시아는 강대국임에도 불구하고 제2차 대전 후 공산주의 계획경제 체제에서 뒤늦게 시장경제 체제로 전환하고 있어 아직 외환통제 체제가 유지되고 있다.

이들 중에서 우리나라와 경제적으로 가장 밀접한 관계를 맺고 있는 교역상대 1위국 중국의 외환 통제 역사에 대하여 아래에서 살펴보자.

나. 중국의 외환통제

(1) 개 관

1949년 중화인민공화국이 설립되기 전에는 대내외 전쟁으로 중국 대륙이 혼란스러운 시절이었고 통일된 중앙정부도 없었으므로 체계적이고 독립적인 외환통제 시스템이 없었다.

1949년 중화인민국공화국 설립 후 한국전쟁 참전, 문화혁명과 뒤 이은 '죽의 장막'이라는 폐쇄경제시대를 지나는 30년 동안에는 공산주의 계획경제시스템의 일환으로 외환 통제가 행하여졌다.

1979년에 이르러 중국이 대외개방과 개혁을 시작하였고 계획경제에서 시장경제로 전환하기 시작하였다. 이때부터 중국은 IMF기준과 용어에 따라 현재의 외환통제 시스템을 설계하였다.

1944년에 설립된 IMF는 가맹 국가들 사이의 환율을 고정화시키기 위하여 각국의 국제수지통계(Balance of Payment)를 수집하기 시작하였는데, 이 통계 기준을 일치시키기 위하여 국제수지통계 지도 기준을 제시하고 있다. 그 첫번째 기준은 1948년에 발간되었고 이후 1950년, 1961년, 1977년, 1993년, 2009년에 개정되어 현재 제6판의 IMF Balance of Payment Handbook이 발간되어 적용되고 있는 중이다. 이 기준에서 IMF는 국제수지(Balance of payment), 국민계정(system of national account), 경상계정(current account), 자본계정(capital account) 등의 용어를 정의하고 있다.

중국은 1979년부터 계획경제로부터 시장경제로의 전환을 시도하였고, 그 일환으로 1980년에 IMF에 가입하였다. 이때부터 국제기준에 맞는 외환통제시스템의 도입을 고려하였는데, 이때 이미 글로벌 스탠다드로 자리잡은 IMF 협정과 IMF가 정한 국제수지 관련 용어에 따라 외환통제 시스템을 설계하였다. 이렇게 하는 것은 자연스러운 일이었다.

중국은 정치적인 이유로 일본, 한국에 비하여 뒤늦게 외환통제시스템을 도입하다 보니 중국의 외환 통제는 일본, 한국의 그 것과 많이 다르게 설계되었다.

(2) 중국 외환통제의 시대구분

중국의 외환통제 역사는 다음 세 단계로 구분할 수 있다.[18]

- 1단계   1949년~1978년   (문화혁명 시대)
- 2단계   1979년~1993년   (개혁개방 – IMF가입 시대)
- 3단계   1993년~ 현재   (사회주의 시장경제 시대)

(ㄱ) 1단계 1949~1978

"輸入은 輸出범위 내에서, 支出은 收入범위 내에서"라는 정책에 따라 국가 계획위원회는 수출·수입계획, 외환수입·지출 계획을 세우고 국가차원에서 외환이 필요한 자에게 외환을 할당하였다. 이러한 환경하에서는 국제수지는 항상 균형을 이루는 것이 가능하였다.

위안화(CNY)의 미 달러화(USD)에 대한 환율은 브레튼 우즈 시스템이 붕괴되는 1973년까지는 2.4618 CNY/USD로 고정되었다. 이후 대부분의 나라가 변동환율제를 채택함에 따라 중국도 몇 가지 종류의 통화 바스켓을 기초로 하는 변동성 환율시스템을 도입하였다.

한편 자본거래에 대하여는 극히 보수적인 정책을 취하여 소비에트 연방 공화국으로부터의 단기차입 외에는 외국인직접투자나 외국으로부터의 차입은 허용되지 않았다.

또한 모든 외환 업무는 중국의 중앙은행인 중국인민은행(People's Bank of China: PBC)의 한 사업부인 Bank of China에 의하여 독점적으로 수행되었다.

(ㄴ) 2단계 1979~1993

중국은 1980년에 IMF 와 World Bank에 가입하였다. 이 자리는 원래 대만이 차지하고 있던 것이었다. 이 시기의 중국은 계획경제와 시장경제를 혼합하는 방식을 택하였고, 이때부터 IMF기준과 용어에 따라 현재의 외환통제 시스템을 설계하였다.

중국의 국가외환관리국(State Administration of Exchange Control: SAEC)이 1979년에 정식으로 출범되었다. 이 영문 명칭은 후에 SAFE (State Administration

---

18) Tu Hong, 「Foreign Exchange Control in China」, Kluwer Law International, (2004), 6p

of Foreign Exchange)로 바뀌었다. 이때부터 SAFE의 승인 하에 기업과 개인이 경상거래에 필요한 외환을 일정부분 보유하는 것이 허용되었다. 또한 이때부터 국가의 모든 대외부채는 SAFE의 승인을 받도록 하였다.

　1980년에는 외환스왑시장이 개설되었다. 이 시장을 통하여 기업은 CNY를 대가로 외화를 매매할 수 있었다. 이렇게 됨으로써 은행으로부터 외환을 살 때 적용되는 공식환율과 스왑시장에서 외환을 살 때 적용되는 스왑환율이 다르게 되는 이중환율제가 생겨났다.

　1979년부터 BOC 외에 다른 금융기관들도 외환업무를 하는 것이 허용되어 1986년까지 모든 상업은행은 중국에서 외환업무를 하는 것이 허용되었다.

　(ㄷ) 3단계 1993～현재

　1993년 11월에 중국 정부는 "사회주의 시장경제시스템 도입에 관한 결정"을 발표하였다. 이는 중국이 계획경제를 포기하고 국제적 시장경제 질서 속으로 들어가는 것을 의미하였다. 이에 따라 국제표준에 맞는 외환 정책을 갖추도록 개혁하는 것이 피할 수 없는 과제가 되었다.

　이에 따라 다음의 조치들이 시행되었다; ① 1994년 1월 "시장에서의 수요와 공급에 따른 단일의 관리 가능한 변동 환율시스템"이 채택되었다. 이로써 이중환율제는 단일환율제로 바뀌었다. 스왑시장 에서의 환율과 맞추기 위해 은행창구에서 적용하는 CNY의 대미달러 환율을 5.7에서 8.1로 인상하였다.　이때부터 오직 하나의 환율이 중국에 존재하고 있다. ② 1994.4.1. 중국외환거래시스템(CFETS)이 상하이에서 작동되기 시작하였다. 이는 중국에 은행간 외환시장이 창설되었음을 의미하는 것이다.

　1996.1.29. 중화인민공화국 국무원령 제193호로 '중화인민공화국 외환관리조례'가 공포되었다. 이는 현재 중국의 외환에 관한 최고 상위규범이다. 아직 최고 입법기관인 인민회의(National People's Congress)에 의해 제정된 외환통제규범은 없다.

　1996.11.27. 중국인민은행 총재는 IMF에 편지를 써서 1996.12.1. 자로 중국이 IMF 8조의 이행을 수락한다고 하였다. 이에 따라 경상거래로 취득한 것인 한 CNY의 외화로의 환전은 보장되었고 외국으로의 송금도 보장되었다.

(3) 중국 외환관리체계의 특징

중국은 1979년에 이르러서야 시장경제체제로의 전환을 시도하고, 당시 이미 글로벌 기준으로 자리잡은 IMF협정을 교범으로 삼아 외환통제를 설계하였다. 이에 따라 IMF 국제수지 편제기준상의 용어를 그대로 차용하고 IMF 협정 제8조의 준수, 특히 경상거래 대가의 자유환전(free convertibility) 보장을 목표로 하였다.

이렇게 하다 보니, 기업과 개인이 은행에 계좌를 개설할 단계에서부터 경상계정과 자본계정을 구분하고 있다. 이 둘의 엄격한 구분, 경상계정 자금의 환전 보장(fee convertibility), 자본계정 자금의 엄격한 통제가 중국 외환규제의 특징이 되었다.

경상계정 자금의 환전단계에서의 통제는 과거 일본이나 우리나라의 규제체제와는 많이 다른 점이다. 우리나라에 있어서는 환전 단계보다는 대외지급·영수 단계에서 주요한 통제가 가해지고 있다.

자본계정 자금은 엄격히 통제되는데, ① 모든 자본계정 거래는 SAFE에 의한 등록(registration), 조사(examination), 승인(approval)의 절차를 밟아야 하고, ② 중국 기업의 장단기 대외부채는 모두 SAFE에 등록하도록 하고 있고, ③ 외국인의 중국증권 투자에 대하여는 QFII제도(Qualified Foreign Institutional Investor)로 관리하고 있으며, ④ 중국인의 외국증권 투자에 대하여는 QDII제도(Qualified Domestic Institutional Investor)로 관리하고 있으며, ⑤ 해외직접투자 및 외국인직접투자에 대하여는 SAFE가 그 타당성 및 진정성을 심사하여 승인하고 있다. 자본계정 거래에 따른 외환의 유출입은 철저히 통제, 모니터되고 있는 것이다.

제 **3** 장 우리나라의 외환규제

제 3 장 우리나라의 외환규제

제 1 절 개 관

이 장에서는 우리나라의 외환규제에 대하여 설명하려고 한다. 사실 이 주제가 이 책의 핵심 부분이다. 이 부분을 설명하기 위하여 앞 장에서 사전 배경지식으로 16세기 대항해 시대 이후 인류가 통화제도 측면에서 어떠한 사건들을 겪어 왔는지 살펴본 것이다.

앞장에서 외환관리라는 것이 언제 어떻게 왜 세계 무대에 등장하게 되었는지 알게 되었을 것으로 생각한다. 지금부터는 우리나라에 외환관리라는 것이 언제 어떻게 왜 들어오게 되었는지 설명하려고 한다.

그런데 본격적으로 설명에 들어가기 전에, 이 책에서 사용하는 용어와 개념들에 대하여 조금 정리를 할 필요가 있다. 그렇게 해야만 혼란을 방지할 수 있겠다는 생각에서이다. 필자는 이 책에서 외환, 외환관리, 외환규제, 외환통제, 외환시장, 외환통계 등의 용어를 섞어서 사용하고 있다. 이 용어들은 비슷비슷한 것들이고 사실 구분이 쉽지 않은 것이지만 필자는 여기에서 그 용례에 대하여 나름의 정리를 하고자 한다.

일반적으로 '외환'(영어로는 Foreign Exchange)이라고 할 때는 크게 보아 '외환규제'(FX Regulation)에 관한 것과 '외환시장'(FX market)에 관한 것, 두 가지로 나누어진다.

'외환규제'에는 직접규제와 간접규제가 있는데, 필자가 이 책에서 다루려고 하는 분야는 직접규제 분야이다. 간접규제 분야는 시장메카니즘을 통해서 영향을 미치려고 하거나, 또는 과세를 수단으로 하는 것으로 쟁점이 많지 않다. 그러나 직접규제 분야는 기업과 개인의 특정 대외활동을 타겟으로 하는 것이니만큼 효과가 직접적이고 강력하며 또한 무엇보다도 이 직접규제 분야에 논란거리가 많기 때문이다.

필자는 '외환통제'(Exchange Control)라는 용어도 자주 사용하는데, 이것을 외환규제와 동의어로 사용하고 있다. 우리나라에서는 주로 외환규제라고 하는데, 서구에서는 이를 Exchange Control이라고 표현하기 때문이다.

'외환시장'이라 함은 외환의 교환이 일어나는 장소를 말한다. 여기서 '장소'는 물리적인 장소를 말하는 것이 아니고 주로 컴퓨터로 이어진 거래 네트워크를 말한다. 외환시장은 그 거래 장소에 따라 해외시장(뉴욕, 런던, 동경, 홍콩, 싱가폴)과 국내시장(서울)으로 나눌 수 있고, 그 결제 기간에 따라 spot, forward, swap, option 등으로 나눌 수 있고, 그 시장 참가자에 따라 대고객시장과 은행간외환시장(interbank FX market)으로 나눌 수 있다.

외환시장에서의 가격(즉, 환율)에 관한 이론이나 실무, 또는 거래상품에 대한 설명이나 투자전략 등에 대하여는 주로 '외환론', '국제금융론'이라는 표제의 책에서 다루고 있다. 그 만큼 간단한 내용이 아니다.

이 책에서는 외환시장에 대하여는 다루지 않지만, 외환규제를 설명하기 위하여 필요한 경우에는 관련 부분에서 조금 언급하려고 한다.

이 내용을 도식화 해보면 다음과 같다.

〈그림 3-1〉 외 환

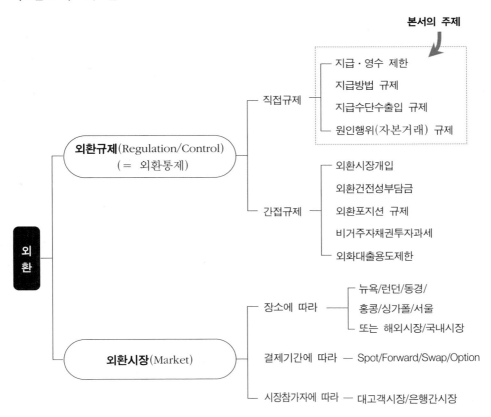

또한 필자가 '외환관리'라고 할 때는 외환규제를 집행하는 정부의 기능, 즉 외환통계의 작성, 외환대책의 수립 및 외환법규에 반영까지를 포괄하는 개념으로 사용하는 것이다.

'외환통계'라 함은 국제수지(Balance of Payment)통계, 외환수급통계, 외채통계, 외환보유액 통계 등을 지칭하는 것이다.

정부는 외환통계를 산출하고, 이 통계를 참고하여 외환부문에 문제가 있다고 판단하는 경우에는 대책을 수립하고 이 대책을 외환법규에 반영하는 과정을 거치게 된다. 이러한 메카니즘을 외환관리라고 이해해도 좋을 것 같다.

외환통계를 작성하기 위하여는 기초 자료를 수집하는 것이 필요하고, 이는 간단한 일이 아니다. 나중에 다시 설명하겠지만 '외국환은행주의' 체제하에서만 가능한 일이라고 할 수 있다. 우리나라는 우수한 은행 인력과 세계 최고수준의 컴퓨터 망을 가지고 있는 덕분에 모든 대외거래를 전수조사하는 시스템을 갖추고 있다. 이 전수조사 시스템은 어느 나라도 가지고 있지 못한 세계에 자랑할 만한 우리의 자산이다. 이 시스템이 '한국은행 외환전산망'이다.

〈 그림 3-2〉 외환관리

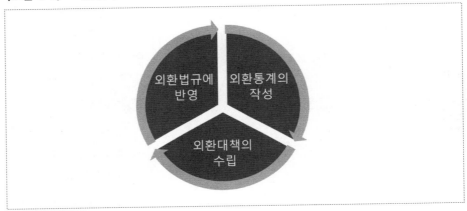

필자는 이 책에서 우리나라 외환규제의 총론을 역사적 변천과정을 따라해설하는 것을 목표로 하고 있다. 사실 지금까지 누구도 시도해 본 적이 없는것이어서 쉬운 과제가 아닐 것이지만, 그렇게 해야만 우리 외환규제의 실상을이해할 수 있을 것이므로 피할 수 없는 일이라고 생각한다.

따라서 아래에서는 고금의 규제가 같이 섞여 언급될 것이고, 이미 폐기되어 없어진 규제들도 언급될 것이다. 독자여러분들께서는 왜 이미 없어진 규제를 언급하는지 의아스럽게 생각하지 않으셨으면 한다.

제 2 절   우리나라 외환규제의 法源

　　우리나라의 외환규범으로는 우선 국제 규범인 (1) IMF협정과, (2) OECD 규약이 있다. 이에 대하여는 아래에서 별도 항목으로 분류하여 설명하려고 한다.

　　그리고 국내 규범으로는 (1) 기본법규인 외국환거래법령과 이와 관련된 대외무역법령, 외국인투자촉진법령이 있고, 그 하위규범으로 (2) 기획재정부장관의 명령인 외국환거래규정 및 제 통첩, 그리고 다시 그 하위규범인 (3) 기획재정부장관의 위임을 받아 각 외환당국(한국은행, 금융위원회, 금융감독원, 관세청, 은행연합회내 외국환전문위원회)에서 정한 규범들이 있다. 이것들이 전체로서 하나의 외환관리 법체계를 이루고 있다.

〈표 3-1〉 국내 외환법규 체계(2020.10. 현재)

구 분	법/시행령	부령/고시	유관기관
기본 법규	외국환거래법/ 시행령	외국환거래규정 국제평화 및 안전유지 등의 의무이행을 위한 지급 및 영수허가지침 외국환업무전문인력교육에 관한 규정	[한국은행] 외국환거래업무취급세칙/취급절차 [금융위원회] 금융기관의 해외진출에 관한 규정 외국환거래당사자에 대한 제재규정 [금융감독원] 외국환감독업무시행세칙 [관세청] 외국환거래의 검사업무 운영에 관한 훈령 [은행연합회내 외국환전문위원회] 외국환거래업무취급지침
관련 법규	대외무역법/ 시행령	대외무역관리규정	
	외국인투자촉진법/ 시행령	외국인투자촉진법시행규칙 외국인투자 및 기술도입에 관한 규정	

우리나라에서는 외환에 관한 법이 3개의 법(외국환거래법, 대외무역법, 외국인투자촉진법)으로 나뉘어져 있지만, 일본에서는 '외국환 및 외국무역법'(外国為替及び外国貿易法)이 모두를 포함하고 있다.

우리나라 외환법규 중에서 주가 되는 것은 역시 '외국환거래규정'이다. 우리나라와 일본 모두 법과 시행령에서는 대강의 원칙만 정하고, 그 하위법인 외국환거래규정에서 실질적 규제 내용을 모두 기술하는 형태를 취하고 있다.

외환 법규와 흔히 혼동되는 것에 자금세탁방지(Anti-Money Laundering) 목적의 법규들이 있다. 이 법규들도 주로 대외 송금 및 대외로부터의 영수를 규제하고 있으므로 그 내용만 보아서는 외환 규제와 잘 구분이 되지 않는 것이 사실이다. 그러나 규제의 목적이 다르다는 점에서 외환규제와는 구분되어야 한다.

우리나라에는 외환 법규와 자금세탁방지 법규가 공존하므로 규제가 중첩(overlap)되어 있다. 반면, 선진국의 경우에는 외환규제는 폐지되었다고 하더라도 자금세탁방지 법규가 시행되고 있어, 종종 선진국의 경우에도 외환규제가 있는 것처럼 보이는 이유가 된다.

우리나라의 자금세탁 방지 법령에는 다음과 같은 것들이 있다.

- 특정금융거래정보의 보고 및 이용에 관한 법률/시행령
- 공중협박목적을 위한 자금조달 행위의 금지에 관한 법률/시행령
- 범죄수익은닉의 규제 및 처벌 등에 관한 법률/시행령

1. IMF 협정

우리나라는 1955.8.26. IMF에 가입하였는데 당시 협정 제14조에 근거하여 협정 제8조의 적용을 유보하는 조건으로 가입하여 외환규제 체제를 유지할 수 있었다. 그러다 1980년대 후반 들어 3저호황 시절을 맞아 역사상 처음으로 경상수지 흑자행진을 기록하면서 1988.11.1. 제8조국으로의 이행을 수락하였다.

이에 따라 우리나라는 다음의 의무를 지게 되었다. (Article VIII, Section 2~4)

① 경상거래 대가 지급제한 철폐

② 통화간 차별 금지

③ 복수환율제 금지

④ 외국인 보유 자국통화에 대한 환전 보장(Free Convertibility)

현재 우리나라는 경상거래 대가를 지급하는데 제한이 없으며, 어떠한 차
별적 통화 조치도 취하고 있지 않고, 복수환율제도 없고, 환전단계에서의 제한
도 없다. IMF 8조를 잘 이행하고 있는 것이다.

한편, IMF 협정은 자본이동의 제한에 대하여는 유연한 입장을 취하여 각
국의 자본이동 통제를 용인하고 있다. (Article VI, Section3)

그리고 어떤 나라가 IMF 협정에 어긋나지 않게 또는 IMF의 승인을 얻어
외환관리를 시행하고 있는 경우 다른 가맹국은 이를 존중하여야 할 의무를 부
과하고 있다.

Agreement of the International Monetary Fund

Article VIII
Section 2. Avoidance of restrictions on current payments

- ··· no member shall ··· impose restrictions on the making of payments and transfers for current international transactions.

Section 3. Avoidance of discriminatory currency practices

- No member shall engage in ··· any discriminatory currency arrangements or multiple currency practices ···

Section 4. Convertibility of foreign-held balances

- Each member shall buy balances of its currency held by another member if the latter ··· represents (i) that the balances to be bought have been recently acquired as a result of current transactions; or (ii) that their conversion is needed for making payments for current transactions.

Article VI
Section 3. Controls of capital transfers

- Members may exercise such controls as are necessary to regulate inter-national capital movements, but no member may exercise these controls in a manner which will restrict payments for current transactions or which will unduly delay transfers of funds in settlement of commitments ···

2. OECD 규약

우리나라는 1996.12.12. OECD에 가입하여 OECD의 두 규약, 즉 경상무역 외거래 자유화규약(Code of Liberalization of Current Invisible Operations)과 자본이동 자유화규약(Code of Liberalization of Capital Movements)의 적용을 받게 되었다.

이 규약들은 무역외거래와 자본거래에 대한 제한 철폐를 요구하고 있다(각 규약Article 1). 이를 위한 방법으로 규약 Annex A에서 각국이 자유화를 이행하여야 할 거래의 목록을 제시하고 있고, 가맹국이 사정상 자유화로 나아갈 수 없는 경우에는 그 자유화 유보 목록을 OECD에 제출하도록 하여 Annex B에 수록해 놓고 있다. 현재 37개 가맹국 모두 자유화 유보 목록을 OECD에 제출하고 있다.

이렇게 유보를 허용한 것은 각국의 개별적 상황을 존중하는 가운데 압박과 협상 보다는 이해와 설득에 의해서 개방을 추진하는 것이 장기적으로 사회의 복리를 증진시킬 것이라는 믿음에 기초하고 있다고 한다.[1]

무역외거래/자본이동 자유화 규약의 구조

- 본문
  - Article 1 ~ Article 22

- Annex A → 자유화로 이행하여야 할 거래의 목록
  - List A
  - List B

- Annex B → 각국의 자유화 유보 목록

두 규약의 본문 내용은 몇 단어를 제외하고는 동일하다. 본문에서는 ① 각국은 제한 철폐를 위하여 나아가야 한다는 점, ② 한 번 자유화로 나아갔으면 되돌려서는 안된다는 원칙 (Standstill principle), ③ ②원칙에 대한 예외로 safe-guard와 derogation이 있다는 점, ④ 각국은 다른 가맹국들을 차별적으로 조치

---

1) OECD, User's Guide of OECD Codes of Liberalization of Capital Movement and of Current Invisible Operations., 2003, 7p

하여서는 안된다는 점(즉, WTO체제와 같은 상호주의 원칙은 적용되지 않는다), ⑤ 각
국의 규제는 OECD에 보고되어 투명하게 관리되어야 하고, 가맹국들에 의하여
심사 되어야 한다는 점(Transparency principle)을 주요 내용으로 하고 있다.

무역외거래 자유화 규약과 달리 자본이동 자유화 규약의 Annex A는 다시
List A와 List B로 나뉘어진다. List B는 규약 제정 초기에는 없었던 것으로
1992년 이후에 신설된 것이다. 자본이동 자유화 규약이 점점 그 적용범위를 넓
혀가면서 1992년 이후에는 단기 자본이동 까지도 자유화 이행 목록에 포함시
키게 되었고 이를 List B로 구분한 것이다. List B에 포함된 단기 자본이동 거
래에 대하여는 Standstill 원칙이 적용되지 않는다. 즉 자유화로 이행하였더라도
언제든지 되돌릴 수 있는 거래이다.

List A 거래, 즉 장기 자본이동 거래에는 Standstill 원칙이 적용되지만 이것
도 절대적인 것은 아니다. 위기 발생시에 가맹국은 임시적인 보호조치(Safeguard)
를 취할 수 있다. 그리고 한시적인 규제 재도입(Derogation)도 가능하다.

Article 7에서 Derogation 에 대하여 규정하고 있는데, 이 Derogation은
1961년 이래 28번 이용되었다. 브레튼 우즈 체제 붕괴 시점인 1970년대 초반
에 덴마크, 프랑스, 이태리, 스웨덴, 영국, 미국 등에 의하여 Derogation 조치가
취해졌고, 1980년대에는 몇몇 유럽국가들이 ERM(European Exchange Rate
Mechanism) 체제 내에서의 갈등으로 인하여 이것을 이용했다.[2]

우리나라는 1997년 외환위기시에 이 Derogation 조치를 이용하지 않고 오
히려 외환규제를 더 풀었다. 이러한 정책의 타당성에 대하여는 논란이 있을 수
있다. 말레이시아의 경우와 같이 IMF의 처방에 따르지 않고 자본통제를 강화
하여 1997년 동아시아 외환위기를 극복한 사례도 있기 때문이다.

OECD가 각국의 외환 규제에 관여하는 방식은 우리나라의 사례를 들어
설명할 수도 있다. 우리나라는 2010년 이래 선물환포지션 규제를 신설하여 시
행하고 있다. 이는 소위 '거시 안전성 대책 3종세트'라는 이름으로 알려진 정책
의 하나로 조선사들의 선물환 매도 규모가 커지면서 나타난 외채 증가 문제를

---

2) OECD paper, International capital flow: Structural reforms and experience with the
   OECD Code of Liberalization of Capital Movements, OECD, 2011.6. 11p

다스리고자 한 것이었다.

　　그런데 이 정책이 OECD에서 크게 논란이 되었다[3]. 한국이 외환규제를 신설한 것인지, 신설한 것이라면 유보리스트에 올려야 하는지에 대하여 논란이 있었다고 한다. 결국 문제없는 것으로 정리되었지만, 이와 같이 각 가맹국의 정책에 대하여 다른 가맹국들이 심사와 토론을 하는 과정에서 상호 이해를 증진시키고 최소한의 제한을 유도한다는 것이 OECD의 방식이라고 알려져 있다.

　　한편, 자본이동 자유화규약과 달리, 경상무역외거래 자유화규약은 11개 유형의 거래만 제한적으로 적용대상으로 정하고 있어 무역외거래 전체를 규율하고 있는 것은 아니다.

　　독자 여러분이 참고하시도록 이 책의 뒷부분 부록에 두 규약에 대한 우리나라의 유보리스트인 Annex B를 수록해 놓겠다. 이 리스트에서 묘사한 거래의 유형들은 그다지 구체적이지 않다. 기술적으로 쉽지 않았을 뿐 아니라 국제 규범인 만큼 다소 애매하게 기술하는 것이 필요하였을 수도 있을 것이다. 따라서 각국의 외환자유화 정도를 이 Annex A, B의 문구만으로 판정하는 것은 곤란한 일일 것이다.

---

3) OECD paper, Korea's Recent Measures: Implications for Korea's Position under the Code of Liberalization of Capital Movements, (2011.3.4.)

제 3 절 우리나라 외환규제의 歷史

1. 1945년 이전

일제시대에는 일본의 외국환관리법이 식민지 조선에 시행되었다. 따라서 이 시절의 외환관리를 '우리나라의 외환관리'라기 보다는 '일본의 외환관리'라고 부르는 것이 더 타당할 것으로 생각되지만, 식민지 시절도 어쨌든 우리 역사의 일부분이고 지울래야 지울 수 없는 부분이므로 간략히 설명하고자 한다.

더구나 이 시절의 외환관리가 후대의 외환관리와 연결되므로 우리나라의 외환관리를 설명하기 위하여 이 시절의 이야기를 하지 않을 수 없다.

조선은 1910년에 일본에 합병되었지만, 일본에 의한 화폐제도에 대한 내정 간섭은 그 훨씬 이전부터 시작되었다. 일본 최초의 상업은행으로 인가 번호 1호인 제일은행이 부산에 지점을 개설한 시점이 1878. 6월이다.

이 제일은행의 은행장이 레이와(令和) 시대 들어 만엔권 지폐의 인물로 선정된 시부사와 에이이치이다. 제일은행 부산지점은 조선의 관세 징수업무를 스스로 맡으면서 조선의 화폐, 금융제도에 관여하기 시작한다.

1904년에 러일전쟁으로 조선에서 러시아의 세력을 몰아낸 일본은 이제 본격적으로 조선 경영에 착수한다. 1904. 9월 일본 대장성의 주세국장(主稅局長)이던 메가다 다네타로(目賀田種太郎) 가 조선에 재정고문으로 파견되어 ① 왕실과 국가의 재정을 분리하고, ② 백동화와 엽전을 회수하여 폐기하도록 하고, ③ 제일은행권을 조선에 통용되게 함으로써, 제일은행 경성지점을 사실상 조선의 중앙은행으로서 역할을 하도록 하였다.

1905년 을사늑약에 따라 조선통감부의 초대통감으로 취임한 이토 히로부미(伊藤博文)는 제일은행 경성지점을 대신할 (구)한국은행을 설립하였다. 1910년 한일 합방 이후에 일본은 조선은행을 세워 (구)한국은행의 업무를 이관 받게 하였다. 결국 조선의 중앙은행은 실체는 변동됨이 없이 이름만 '제일은행 경성지점' → '(구)한국은행' → '조선은행'으로 바뀌어 온 것이다.

일본은 조선은행으로 하여금 조선은행권을 발행하도록 하여 이를 조선에서 유통시켰다. 그리고 조선은행권의 일본은행권과의 1 : 1 교환을 보장하였다. 이에 의하여 조선은행권도 일본은행권과의 한 차례 교환을 통하여 금태환이 가능하였고, 따라서 간접적인 금본위제 하에 있었던 셈이다.

그렇다면 일본은 왜 일본은행권을 직접 조선에 유통시키지 않은 것일까? 일본이 점령한 남사할린에서는 일본은행권을 직접 유통시켰는데 말이다. 여기에는 일본의 절묘한 식민지 화폐 정책이 숨어 있다.

일본은 조선에서의 화폐발행으로 인하여 발생하는 문제가 일본 본토로 파급되는 것을 원치 않았다. 어떠한 이유에서든지 조선은행권의 남발로 인하여 인플레이션이 발생하는 경우에는 조선은행권과 일본은행권과의 교환을 거부함으로써 인플레이션의 쓰나미가 일본 본토를 덮치는 것을 차단할 속셈이었다.

이러한 속셈 하에 일본은 만주 침략시 조선은행권을 군표로 사용하여 무제한으로 통용 시켰다. 전비조달을 조선은행권 발행으로 하였고, 만약 남발로 인하여 일본은행권과의 교환 압력이 거세지면 교환을 거부하려는 계산이었다. 조선은행권을 방파제로 활용하려는 것이었다고 한다.[4] 결국 조선은행과 조선은행권은 일본의 만주 침략에 이용된 것이었다.

가. 일본 1933년 외국환관리법의 조선에서의 시행

일본은 1894년 청일전쟁의 승리로 받은 배상금으로 금을 구입하여 1897년 금본위제로 이행하였고, 이후 제1차 세계대전의 발발로 각국이 금태환을 정지하자 일본도 따라서 1917. 7월에 금수출 금지를 선언하였고, 제1차 세계대전 종전 후 십여 년의 준비를 거쳐 1930. 1월 가까스로 금본위제로 복귀하였으나 공교롭게도 미국 발 1929년 경제대공황의 여파가 유럽을 돌아 일본에 다다르자 더 이상의 긴축정책을 감내할 수 없어 1931. 12월에 금본위제를 탈퇴하였다는 것은 앞에서 설명한 바 있다.

일본이 1931. 12월에 금본위제로부터 재 이탈한 이후 엔화의 대미달러 교환가치는 계속 추락하여 금본위제 이탈 직전에 100엔당 49미달러 하던 환율이

---

4) 한국은행, 일제시대 및 해방 이후 한국의 화폐, 2004.12월, 8p [이석륜, 우리나라 금융사 (1910~1945, 1990년, 84p에서 재인용]

1932. 9월에 이르러서는 100엔당 20달러까지 추락하였다. 미국은 1933. 3월까지 금본위제를 유지하였으므로, 일본이 금본위제를 이탈한 1931. 12월 시점부터는 금과 교환이 가능한 미 달러에 비하여 엔화의 가치가 절하되는 것은 불가피한 상황이었다.

이렇게 되자 일본에서는 엔화를 팔고 미 달러표시 자산을 취득하는 소위 안전자산으로의 도피(flight to safety)가 성행하였다. 이는 미 달러 표시 증권을 취득하는 방식으로 이루어졌다.

이에 일본은 資本逃避防止法(1932년 6월30일 법률 제17호)을 제정하여 외화 증권투자를 금지하였는데 이것이 일본에 있어서 최초의 외환통제이다.

그런데 이 후 환투기를 금지하는 내용을 분명히 언급할 필요가 생겼고, 무환수출(無換輸出) 즉, 대가를 수령하지 않고 물건의 형태로 자본을 도피하는 것을 단속할 필요가 있었고, 또한 1931년말 금수출금지령(1931년 12월 13일 대장성령 36호)에서 정한 벌칙을 무겁게 할 필요가 있어 자본도피방지법 및 금수출금지에 관한 대장성령을 폐지하고 그 대신에 外国爲替管理法(1933년 3월 29일 법률 28호)을 제정하여 1933.5.1. 부터 시행하기에 이르렀다.

이 외국환관리법은 동일자로 조선에서도 시행되었다. 즉, 일본은 1933. 4월 칙령 제66호 '외국환관리법을 조선, 대만 및 사할린에 시행하는 건(外国爲替管理法ヲ朝鮮, 臺灣及樺太ニ施行 スルノ件)'을 일본 천황의 재가를 받아 공포하여 1933.5.1.부터 조선에 시행하였다.

한편 외국환관리법의 하위 법령들을 조선에서 시행하기 위하여는 대장성령의 문구를 수정할 필요가 있었으므로 이를 수정하여 조선총독은 1933. 4월 총령 제40호 '외국환관리법에 따른 명령의 건(外国爲替管理法ニ基ク命令ノ件)' 및 총령 제41호 '외국환관리법에 관한 시행절차(外国爲替管理法ニ關スル施行手續)'를 발령하여 1933.5.1.부터 시행하였다.

나. 일본 1933년 외국환관리법의 주요 내용

1933년 법은 금본위제 이탈에 따른 엔화환율 급등과 이에 편승한 환투기를 바로잡고자 하는 것이 직접적인 계기가 되어 만들어지게 되었다. 이에 따라 통상 외환관리라고 하면 핵심요소로 생각되는 '외환집중'과 '외환배분'에 관한 내용이 1933년 법에 없다.

1933년 법 제4조에서 정부가 외국환을 보유한 자로 하여금 정부가 지정하는 자에게 외국환을 매각하도록 명령할 수 있는 근거를 두었지만, 하위법령에서 이 외환집중과 관련한 규제가 구체화되지는 않았으므로 없는 것이나 마찬가지였다.

이 점이 세계 최초의 외환규제라고 하는 1931.7월~8월 중 독일 바이마르 공화국에서 만든 외환통제와 다른 점이다. 독일은 은행위기와 외환부족 사태를 맞아 외환집중과 외환배분을 두 축으로 하는 외환통제 시스템을 고안해 냈었다. 이런 점에서 보면 일본이 독일의 법을 모방하여 외국환관리법을 만든 것은 아니라는 점은 분명하다. 일본은 독일과 달리 ① 환투기 금지, ② 금수출 허가제, ③ 외화증권취득 허가제, ④ 무환수출 허가제를 겨냥하여 법을 만들었다.

그런데 법을 만듦에 있어 규제하고자 하는 항목을 콕 집어서 제한을 하는 대신, 법에서는 포괄적으로 금지를 하고, 하위 법규인 정령, 성령에서 허용되는 거래를 열거하는 방식을 취하였다. 이른바 Positive 규제 방식을 취한 것이다. 이러한 입법 방식은 동 시대의 독일 등 서구의 입법방식과는 다른 것이다. 이러한 원칙금지·예외허용 방식은 단순히 입법 기술상의 문제에 그치지 않고, 이후에 이 법이 대외거래에 강력한 통제를 가하는 법으로 확대되는 원인이 된 것으로 필자는 생각한다.

다. 1933년법의 항목별 세부내용

(1) 용어의 정의

외국환거래를 규율하는 핵심 용어에 대하여 법령 곳곳에서 정의를 두고 있는데, 외국환, 증권, 채권, 외국환은행 등이 그것이다.

외국환은 "본방으로부터 외국으로 보내거나 또는 외국으로부터 본방으로 보낸 환어음, 수표, 전신환 및 우편환을 말한다. 다만, 본방과 방화가 강제통용력을 가지는 지역과의 사이의 엔환을 제외한다"로 정의하고 있다. 일반적인 환의 정의와 다르지 않으나 특이한 점은 본방과 관동주 및 만철부속지 사이에서

의 환은 '외국환'이라 부르지 않았다는 것이다. 일본인들의 입장에서는 내국환
이었던 것이다.

　증권, 채권, 외국환은행의 개념은 현재 우리 외국환거래법과 별로 다를 것
이 없다. 다만, 코레스은행간 또는 동일은행 본지점간 지불지시를 송금환의 일
종으로 본 점이 특이하다.

(2) 거래의 금지 또는 제한

　외국환거래법의 제정 이유가 4가지 행위(① 환투기, ② 금수출, ③ 외화증권취
득, ④ 무환수출)를 제한하는 것이었지만 입법을 함에 있어서는 보다 포괄적인
금지가 이루어졌다.

　이에 따라 ① 외국통화 또는 외국환의 취득 또는 처분, ② 통화, 금지금,
금의 합금 또는 금을 주된 재료로 하는 물건의 수출 또는 금화폐의 주궤 또는
훼상, ③ 외국에 대한 송금으로서 ①, ②에 포함되는 방법에 의하지 않는 것,
④ 외국에서 행한 위탁에 의하여 본방에서 행하는 지불, ⑤ 외국환시세의 약속
(즉, 선물환거래), ⑥ 외국통화로 표시된 증권, 채권(債權) 또는 채무의 취득 또는
처분, ⑦ 신용장의 발행 또는 취득, ⑧ 외국거주자에 신용을 공여하는 행위, ⑨
증권의 수출 또는 수입, ⑩ 가액의 전부 또는 일부에 대하여 외국환을 개재시
키지 않은 화물의 수출이 원칙적으로 금지되었다.

(3) 외환거래의 허가제

　위와 같이 원칙금지에도 불구하고 법령에서 명시적으로 허용하는 거래 및
조선총독의 허가를 받아 할 수 있는 거래를 별도로 열거하여 규정하였다. 조선
총독에 대한 허가신청은 조선은행을 경유하도록 하였으므로 허가업무 실무는
조선은행에서 이루어졌을 것으로 보인다.

(4) 외환의 집중

　법 제4조에 정부가 외국환을 보유한 자로 하여금 정부가 지정하는 자에게
동 외국환을 매각하도록 명령할 수 있는 근거를 두었는데, 하위법령에서 이 외
환집중과 관련한 규제가 구체화되지는 않았다. 초창기에 이 외환집중 제도는
유사시 규제로만 존치하였던 것으로 보인다.

(5) 외국환은행

외국환업무를 취급하는 은행을 '외국환은행'이라는 별도의 명칭으로 부르고 외국환은행에 대하여는 위의 원칙금지에 해당하는 거래를 자유롭게 취급할 수 있도록 함으로써 외환관리기관 또는 정부의 대리인으로서의 외국환은행의 지위에 대하여 이 시기부터 개념이 있었던 것으로 생각된다.

(6) 검사와 보고

외국환거래당사자 및 외국환은행으로 하여금 주기적으로 거래내용을 보고하도록 하고, 필요시에는 정부가 이들에게 보고를 요구하거나 장부를 검사할 수 있도록 하여 법 집행의 실효성을 확보하려고 하였다. 아울러 법을 위반한 자에 대하여는 징역이나 벌금 등의 형사벌칙이 부과되었다.

라. 1933년법의 의미

지금부터 거의 1세기 전에 만들어진 이 법은 현행 우리나라 외국환거래법의 원시 골격을 보여준다는 점에서 매우 흥미롭다.

외환관리기관으로 중앙은행을 지정하고, 원칙금지·예외허용 체제하에서 허용되는 거래는 열거하고 그 외의 거래는 정부의 허가를 받도록 한 점, 외국환은행에 외환업무를 전담시키고 이를 통하여 정부가 감시 및 통제하려고 하는 점이 현행 외국환거래법의 기본 골격과 일치한다.

형식면에서도 법-명령-절차로 이어지는 3단계 구조가 지금의 법-시행령-규정의 체계와 똑같으며, 규정 문언에 있어서도 '양벌규정'의 문언 및 벌금을 "위반금액의 목적물 가액의 3배가 [얼마]를 초과하는 때에는 해당가액의 3배 이하"라는 문언은 글자 하나 다르지 않고 똑 같다.

무려 1세기라는 시간의 간격이 외국환거래법상 규정의 문구를 매개로 면면히 이어지는 신비로운 경험을 하게 된다.

마. 5 차례의 개정

1933년 외환법은 1937.8.28.(1차), 1937.9.10.(2차), 1939.4.10.(3차), 1940.3.27.(4차), 1941.4.12.(5차)에 걸쳐 5차례 개정 시행되다가 1945년 미 군정이 시작되면서 실효되었다.

제1차~제4차 개정은 사소한 것이었지만 제5차 개정은 상당한 의미가 있다. 5차 개정 시점은 일본이 미국과의 태평양전쟁을 준비하던 시점으로 외환면에 있어서의 전시적 색채를 강화한 것이었다.

먼저 (1) 일본내에 있는 외국인 재산에 대하여 (주로 적대국가 재산을 의미하는 것이겠지만) 保全的 조치(몰수, 압수 등)를 취할 수 있는 근거를 마련하고, (2) 외국인이 일본 내에 있는 재산을 취득하거나 처분하는 것에 대하여 제한을 할 수 있는 근거를 마련하고, (3) 외국환은행을 통하지 않은 거래를 제한하고, (4) 지급결제방법에 대한 적극적 통제를 시작하였으며, (5) 신속한 외환거래가 필요한 경우에는 일본은행을 통하여 하도록 절차를 마련하였다.5)

이 1941년 개정법에서부터 일본이 지급결제방법에 대한 통제를 하기 시작하였다. 여기서 지급결제방법에 대한 통제라 함은 쉽게 말하면 '환치기'를 의미하는 것이다. '환치기'라는 것은 법률적인 용어가 아니고 시장에서 사용되는 말로 엄밀한 정의가 내려져 있는 용어는 아니다.

그렇지만 통상 "국경간 송금에 대신하여 자국내에서 또는 외국에서의 지급·영수에 의하여 국경간 송금과 동일한 효과를 가져오는 행위"를 의미하는 것으로 이해 되어 왔다. "환을 바꿔 친다"라는 말에서 '환치기'라는 용어가 나왔다고 한다.

일본이 이 환치기를 1941년 시점에 이르러 걱정을 하기 시작한 이유는 무엇일까? 그것은 일본의 만주침략과 관련이 있다. 일본이 1937년에 만주사변을 일으켜 만주를 엔블록에 편입시켰는 바, 만주와 일본 본토와의 지급결제에 있어 외국환은행을 통하지 아니하고 환치기 방식에 의하여 지급이 이루어지는 경우가 활발하였고 이를 단속하고자 통제를 강화하기에 이르렀다고 한다.6)

그래서 다음과 같은 조문이 1941년법에 신설되었다.

---

5) 商工經營研究會編, 問答式 改正外国爲替管理法/在外凍結財産調査規則の解說, 大同書院 1p~3p
6) 石券良夫 著, 新外国爲替管理法講話, 文雅堂書店(1941), 117p~118p

1933.5.1. 제정법	1941.4.12. 제5차개정
<신설>	제4조 정부는 명령으로 정하는 바에 따라 외국에의 송금, 외국으로부터의 송금의 수령 기타 외국과의 사이에서 채권채무의 결제 또는 외국으로부터 외국에의 송금 기타 외국간에서 채권채무의 결제에 관하여 그 방법, 조건 기타 필요한 사항을 명할 수 있다.

우리나라 외국환거래법 최대의 난제라고 할 수 있는 제3자지급 규제의 뿌리를 거슬러 올라가면 여기에 닿는다.

우리나라 외환규제 중에서 일반 사람들이나, 특히 외국인들이 도저히 이해하지 못하는 규제가 하나 있는데, 바로 제3자지급 규제이다. 필자도 이 규제의 입법취지를 알 수 없어서 몇 십년을 끙끙 앓다가 결국 2014년에 이르러 "외국환거래법상 제3자지급 규제의 연혁"이라는 논문을 통하여 이 규제의 시원과 그 후의 왜곡 과정을 추적한 바 있다. 이 내용은 제4장에서 다룰 예정이다.

2. 1945년~1961년

1945.8.15. 일본의 항복선언으로 우리나라는 해방을 맞게 되었다. 해방직후 1945.9.8. 서울에 진주한 미군은 대한민국 정부가 수립되는 1948.8.15. 까지 남한지역에서 군정을 실시하였다.

미군은 1945.11.2. 기존의 법률, 명령, 규칙, 고시 및 지방의 제반 법규와 판례 등의 효력을 존속시키는 조치를 취하는 한편 종래 조선총독이 행사하던 권한을 군정장관이 행사하도록 하였다(군정법령 제21호). 이는 조선의 질서유지를 위한 것이었다.

이어, 1945.12.6.에는 1945.9.25. 자로 일본정부 및 일본국민의 조선내 재산을 미 군정청에 귀속시키는 조치를 취하고(군정법령 제33호), 이 재산은 대한민국 정부수립 후 1948.9.20. 한미간 재정이양협정에 의하여 대한민국에 인계되었다.

1946.1.12. 미 군정당국은 대외 화물의 이동을 금지하고 허가제로 운영한

다는 내용의 간단한 '대외무역규칙'(군정법령 제39호)을 발하였다. 이것이 그동안 우리나라에서 외국환거래법의 효시로 인용되어 왔던 규범이다. 이 후 동년 7월에 군정법령 제39호를 폐지하고 '외국과의 교역통제'(군정법령 제93호)를 발하여, 외국과의 무역, 우리나라에서의 非法貨에 의한 거래, 대외 채권채무에 관한 모든 거래에 대하여 엄격한 면허제를 시작하였다. 이에 의거하여 한국은행이 당사자가 되는 이외의 모든 외환거래는 금지되었다.

미 군정당국이 이와 같이 엄격한 외환통제를 실시한 이유는 당시 사회가 매우 불안하고 혼란스러웠으며, 우리나라 국민들이 대외무역에 대한 경험이 없어서 실제 외환거래 수요도 많지 않았던데 기인한 것이라고 한다.[7] 따라서 이 군정법령에서는 정상적인 대외무역 및 외환관리제도의 확립이라는 것은 전혀 고려되지 않았고 오직 질서유지와 혼란방지에만 주안점이 있었다.

1947. 6월에 이르러 미군 당국은 민간 대외무역을 허용하고 이를 뒷받침할 목적으로 군정법령 제145호를 제정하여 당시의 조흥은행과 조선식산은행이 절반씩 출자하여 '조선환금은행'을 설립하도록 하고, 이 은행으로 하여금 민간무역에 수반되는 외환 사무를 취급케 하였다.

이로써 조선환금은행은 당시의 유일한 외국환취급은행이 되었는바, 민간무역이 점차 활발하여 짐에 따라 1948. 5월부터 민간인이 무역에서 획득한 외환이나, 무역외 수입 외환에 대하여 예치증을 발행하고 예치를 받기 시작하였다. 이 조선환금은행은 창업 후 3년만에 새로 출범하는 한국은행에 통합되었다.

1948.8.15. 대한민국 정부 수립 후 이승만 정부는 1949. 6월 대통령령 제132호로 '대외무역거래 및 외환취급규칙'을 발령하였고, 1950. 4월에는 앞의 제132호를 폐지하고 '외국환관리규정' 및 '외국환매매규정'을 제정 공포하였다(대통령령 제324호).

1950. 5월에 한국은행법이 제정되면서 우리나라의 외환관리는 좀 더 복잡한 양상으로 진행되게 된다. 그 이유는 한국은행법에서 한국은행의 의사결정기구인 금융통화위원회에 우리나라 외환정책에 관한 권한을 부여한 것으로 해석되었기 때문이다. 금융통화위원회는 이에 근거하여 여러 규정을 제정하였다.

---

7) 이해동, 외국환관리법제정의 몇가지 방향, 재정 11월호 (1960.10.1. 발행) 73p

이에 따라 우리나라 외환규범이 ① 미군정법령 제93호, ② 대통령령 제
324호, ③ 한국은행법 제9절(외환업무와 외환정책), ④ 금융통화위원회 규정, ⑤
재무부령으로 복잡 다기화 되게 되었다.

1950년대 이전 시행된 외환 법규

미군정법령 제93호
- 외국과의 교역통제

대통령령 제324호
- 외국환관리규정
- 외국환매매규정

한국은행법 제9절(외환업무와 정책)

금융통화위원회 규정
- 한국은행이 매입할 수 있는 외환의 종류에 관한 건
- 민간외환계정에 대한 예입 및 그 처분에 관한 규정
- 한국은행이 매매할 수 있는 외환의 매매율 개정의 건
- 수입을 위한 외환매각 규정

재무부훈령
- 일반환금허가에 관한 규정

이에 상호간의 관련성도 적고 통일성이 결여된 복잡다기화한 외환관리체
계를 정비하여 하나의 기본법을 제정하여 효율적인 외환관리 제도를 확립할
필요성이 커지게 되었다.

이러던 중 1950.6.25. 한국전쟁이 발발하였고, UN군과 중화인민공화국이
참전하였고, 지루한 협상과정을 거쳐 1953.7.27. 휴전협정이 체결되었다.

전쟁중인 1953.1.6. 이승만 정부는 당시 일본에서 시행되고 있는 1949년
外国爲替及び外国貿易管理法을 모방하여 단일의 외환법인 '외국환관리법'의 초
안을 작성하여 금융통화위원회의 자문을 구하는 등 입법을 시도하였다.

그러나 한국은행과의 의견차이로 인하여 입법은 쉽사리 진행되지 못하였다. 외환관리 권한에 관한 문제에 대하여 시각차가 있었던 것이다. 이에 우선 이견이 없는 분야에 대한 입법이 진행되어 1957. 12월에는 '무역법'이 제정 공포되었고, 1959. 12월에는 '외자도입촉진법'이 제정 공포되었다.

1960년 4.19. 혁명으로 탄생한 장면 정부도 외국환관리법(안)의 입법을 추진하였다. 그러나 결국 이 입법의 완성은 1961년 군사정부의 탄생을 기다려야 했다. 5.16 쿠테타로 집권한 혁명정부는 일사천리로 입법을 진행시켜 1961.12.23. 국가재건최고회의의 의결을 거쳐, 1961.12.31. 공포하였고, 1962.1.21.부터 이 땅에 외국환관리법을 시행시켰다.

입법 · 사법 · 행정의 3권을 전부 행사하였던 과도기의 혁명 기구가 출범해야만 가능했던 것이 이 외국환관리법 제정이었다. 이어 1962.5.24. 한국은행법은 개정되어 금융통화위원회에 부여된 외환정책 권한은 삭제되었다.

가. 1949년 外国爲替及び外国貿易管理法의 입법배경

앞에서 우리나라 1962년 외국환관리법은 일본의 1949년 外国爲替及び外国貿易管理法을 모방한 것이라고 하였다. 그렇다면 일본의 1949년 법은 어떠한 배경하에서 만들어진 것일까? 이것을 알아야만 우리의 1962년 법을 바르게 이해할 수 있다.

입법의 배경을 알지 못하고 오직 법 문구만 가지고 해석을 시도하는 것은 장님 문고리 잡기와 다름이 없다. 모든 입법에는 그 입법을 촉발시킨 원인이 있기 마련이고 그 원인을 알게 되면 법의 해석은 저절로 따라오는 것이다.

1945.8.15. 일본 천황의 항복 선언이 있었고, 이어 1945.9.2. 미국 전함 미주리호에서 일본 전권대표가 항복문서에 조인하였다. 이 조인식 날로부터 1952.4.28. 강화조약 발효일까지 연합국에 의한 일본의 점령 통치가 실시되었다.

연합국이라고 하지만 사실상 미국에 의한 통치였고, 더 구체적으로는 맥아더(Douglas MacArthur) 연합군 총사령관에 의한 통치였다. 연합국은 도쿄에 연합군 최고사령부(SCAP: Supreme Commander for the Allied Powers, 또는 GHQ: General Headquarters)를 설치하고 점령정책을 시행하였다. 점령 정책은 SCAP가지령을 일본정부에 하달하고, 일본 정부가 이를 실천에 옮기는 간접통치방식으로 시행되었다.

1945.9.22. SCAP는 일본정부 앞으로 '금융거래의 통제 및 금, 은, 증권 및 금융증서 등의 수출입의 통제'라는 제목의 지시를 하달하였다. 이는 일본의 대외거래를 전면 금지하여 점령군의 점령정책 수행을 용이하게 하도록 하기 위한 것이었다. 일본정부는 이에 기초하여 1945. 10월 대장성령 제88호를 발하였고 일본의 대외거래는 전면 금지되었다.

이후 연합국 최고사령부는 군사적(군대해체, 전범재판, 재벌해체), 정치적(헌법제정, 농지개혁, 노동개혁, 부인해방, 학교교육 민주화, 경제기구 민주화, 사법제도 민주화) 조치들을 취한 후 이러한 조치들이 어느 정도 성과를 거두었다고 생각되는 시점에 일본 경제의 재건에 관심을 가지기 시작하였다.

1948. 12월에 트루만 대통령에 의하여 SCAP의 경제자문관으로 임명된 도지(Joseph Morrell Dodge)는 일본이 Bretton Woods 체제하의 고정환율제로 복귀하기 위하여는 초 긴축정책이 필요하다고 보았다. 1945년부터 1948년 사이에 일본의 물가는 7배가 오르는 등 인플레이션이 극심한 상태였다.

1948.12.18. 도지는 SCAP에 일본 경제 안정화 9원칙을 제안하였는데, 이는 ① 균형예산(감세 철폐, 보급금 전폐, 공공요금 인상, 공무원 해고), ② 징세 강화, ③ 금융기관 대출 억제, ④ 임금 안정, ⑤ 물가 통제, ⑥ 외국무역 및 환율 통제, ⑦ 배합제도의 효율화, ⑧ 일본산 원료 및 제품의 증산, ⑨ 식량 통제의 효율화였다. 이것이 나중에 "도지 라인"으로 알려진 초 긴축정책이다.

일본은 이 제안을 받아들이고 그 대가로 1달러에 360엔의 고정환율로 국제 경제로의 복귀를 인정받았다.

이 도지라인의 일환으로 1949. 2월 SCAP는 일본의 외국환관리제도를 확립할 것을 요구하는 메모를 일본정부에 전달하였고, 다시 3월에는 일본의 輸入제도를 확립할 것으로 요구하는 메모를 전달하였다.

이 두 건의 요구에 접하여 일본정부는 정상적인 해외 거래의 재개에 필요한 외환관리 측면에서의 연구를 진행하였고, 외국의 전문가 및 국제통화기금(IMF)의 조언을 받아, 법률안을 만들어 통과시켰는데 이것이 1949.12.1. 자 공포 시행된 外国爲替及び外国貿易管理法이다.

일본이 이 법을 만들면서 유일한 목적으로 한 것은 폐허가 된 일본경제의 부흥이었다. 전후에 군수물자 생산시설은 남아있었지만 쓸모가 없었고, 이에 비하여 소비재 생산은 턱없이 부족하여 국민들은 삶은 피폐해졌고, 외화는 고 갈되었고, 패전 처리비용 때문에 막대한 재정적자가 발생하여 인플레가 급격히 진행되었고, 여기에 국제사회로부터 강요된 초 긴축정책의 부담 등으로 매우 어려운 상황이었다.

이러한 여건 속에서 일본은 허리띠를 졸라 맬 수밖에 없었다. 그리고 한정 된 외화 자원을 가장 효율적으로 활용하여 생산시설을 가동하고, 생산물을 수 출하여 외화를 획득하는 방법밖에 없었다.

이에 ① 외환집중과 ② 외환배분(외화예산제도)을 두 축으로 하는 외환관리 제도가 설계되었다. 이때에 이르러서 비로소 일본의 외환법이 1931년 7~8월의 독일의 외환통제와 비슷한 모습을 띠게 된 것이다. 이 외환법의 제정과 함께 일본은 1950.5.10. 외국자본의 도입을 촉진하기 위하여 '外資に關する法律'을 제정 · 시행하였다.

1949년 일본 외환법의 입안자들은 일본 경제가 그렇게나 빨리 부흥에 성 공하리라고는 상상조차 못하였을 것이다. 일본은 이 외환법을 만든지 불과 수 년 만에 폐허의 흔적을 완전히 지우고 부흥에 성공하여 세계경제를 주도하는 대열에 나아가게 된다.

일본이 재빨리 부흥에 성공한 데에는 천운이 따랐다고 밖에 할 수 없다. 그것은 한국전쟁이었다. 외환법을 시행하자마자 1950.6.25. 발발한 한국전쟁은 가문 하늘의 단비와 같았다. 일본에 군사기지를 둔 미군은 군수물자와 군수서 비스를 일본에 발주했다. 1950~1953년까지 미국이 일본에 발주한 금액만 수 십억 달러에 달하여 일본은 일거에 외환부족 사태를 해결할 수 있었다. 일본의 위기 탈출에는 한국전쟁이 결정적인 기회가 되었던 것이다. 또한 정치적으로도 한국전쟁은 미일동맹을 강화하는 유인이 되어 미군의 점령통치를 조기에 종결 시키는 계기가 되었다.

1956년에 일본 대장성은 경제백서를 발간하여 '이미 전후가 아니다(もはや

戰後ではない)'라고 선언하였다. 전후의 피폐로부터 부흥하는 시대는 지났다. 이제 일본은 새로운 시대로 접어든다는 자신감을 표현하는 말이었다.

이와 같이 불과 수 년 만에 위기 탈출에 성공할 것을 알았더라면 외환법을 그렇게나 엄격하게 만들리 없었겠지만, 당시로서는 알 수가 없었으므로 1949년 일본 외환법은 ① 원칙금지·예외허용, ② 외화집중, ③외화예산제도를 중심으로 엄격하게 설계되었다.

나. 1949년 일본 외환법의 주요내용

이 법률은 9장 및 부칙으로 성립되어 제1장은 통칙적 사항을, 제2장에서는 외국환은행 및 환전상, 즉 외국환업무를 영위하는 자에 관한 사항을, 제3장에는 외국환예산에 관한 사항을, 제4장에는 외국환의 집중에 관한 사항을, 제5장에는 무역을 제외한 모든 국제경제거래의 단속에 관한 사항을, 제6장에는 환 측면에서의 수출입관리에 관한 사항을, 제 7장에는 불복의 신청 및 소송에 관한 사항을, 제8장에서는 보고와 검사에 관한 사항을, 제9장에서는 벌칙을 규정하고 있다.

(1) 규제의 목적과 재검토 예고

법률의 목적을 ① 외국과의 무역의 정상적 발전을 도모하고, ② 국제수지의 균형, ③ 통화가치의 안정 및 ④ 외화자금의 최대한 유효한 이용을 확보하기 위한 것이라고 표명하고 있다. 마지막 ④번이 중요한 것이라고 하겠다. 그리고 이 법률에 의하여 부과하는 제한은 그 필요의 감소에 수반하여 수시로 재검토되어 완화 또는 폐지될 것임을 선언하고 있다.

(2) 법의 적용범위

원래 법률의 적용범위는 속지주의를 원칙으로 하는 것이지만, 외환법에 있어서는 속인주의를 병용하지 않으면 완전한 관리를 행하기 어려운 것이므로 행위지가 외국에 있는 경우에도 이 법률의 적용이 가능한 것으로 규정하여 속지주의에 병행하여 속인주의를 명확히 하고 있다.

(3) 용어의 정의

법문 작성상의 편의와 일반의 이해를 꾀하기 위하여 이 법률에서 사용되는 용어의 정의를 내리고 있는데 이는 직전 외환법(1941. 4월 제5차 개정 외국환관리법)에는 없던 것이다.

'本邦通貨'‘外国通貨'‘居住者'‘非居住者'‘支拂手段'‘対外支拂手段'‘内国支拂手段'‘貴金属'‘証券'‘外貨証券'‘債権'‘外貨債権'‘貨物'‘財産'에 대한 정의를 두고 있다. 이 정의는 현재 우리나라 외국환거래법상의 정의와 크게 다르지 않다.

다만, 이때의 '本邦'은 '本州, 北海道, 四国, 九州 및 명령으로 정하는 부속도서'를 말한다고 하여 사할린, 조선, 대만, 남양군도 등 구 일본 영토는 本邦에서 제외하였다.

(4) 환 율

환율은 Bretton Woods 체제의 결정에 따라야 했다. 이에 따라 엔화의 대미 환율을 단일의 고정환율로 내각의 승인을 받아 대장대신이 정하도록 하였고, 이렇게 정한 것이 1달러 대 360엔이다. 또한 현물시장에서 외환 시세는 Bretton Woods 체제의 결정에 따라 1달러 360엔에서 100분의 1이상 벌어지면 안되는 것으로 되어 있으므로 은행간 외환시장에서의 매매시세는 1달러에 35전의 up and down, 그리고 대고객시장에서는 1달러에 1엔 55전의 up and down을 허용하는 것으로 결정되었다.

엔화의 대 기타통화 환율은 당해통화의 대미달러 환율로부터 재정하여 대장대신이 정하도록 하였다. 또한 국제통화에는 硬貨가 있고 軟貨가 있으므로, 대장대신이 대외거래의 결제에 사용하는 통화를 한정하는 것이 가능하도록 하였다.

(5) 거래의 비상정지

대장대신은 국제 또는 국내경제 사정에 급격한 변동이 발생하여 긴급한 조치가 필요하다고 인정되는 경우에 대외거래의 정지를 명할 수 있도록 하였다.

(6) 외국환공인은행제도

외국환에 관한 업무를 하는 것이 가능한 자는 외국환은행(외국환업무에 대하여 인허가를 받은 은행)과 兩替商으로 한정하고, 그 인허가 신청에 관한 사항을 정하였다. 그리고 외국환은행이 환거래약정을 맺을 때에는 승인을 받도록 하고, 외국환은행의 확인의무, 보고의무 및 외국환은행에 대한 인허가 취소, 업무 정지 등의 제재를 규정하였다.

은행이면서 외국환업무를 하지 않는 곳은 현실적으로 한 군데도 없는데도, '은행'이라는 명칭과 별도로 '외국환은행'이라고 부른 이유는 무엇일까? 그것은 일본의 외환관리 체계가 은행을 중심으로 설계되어 은행에 특별한 권한, 기능, 의무를 부과하였기 때문이다.

은행은 역사적인 진화과정에서 자연스럽게 지급결제 기능을 담당하게 되었고, 이에 따라 대외결제의 창구가 되었다. 거의 모든 경우에 있어서 거주자가 대외지급을 하기 위하여는 은행 창구를 찾아가야만 한다. 따라서 다른 어느 곳보다, 이 은행 창구에 차단기를 설치하는 것이 가장 효율적인 외환관리 방법이 된다.

이를 위하여 외국환은행에 외국환업무에 대한 배타적인 업무영역을 보장하고 그 대가로 적법성 확인 의무, 신고수리 등 행정사무의 위임 처리, 대외거래 정보의 보고의무 등을 부과하였던 것이다. 이를 일본에서는 '외국환공인은행제도'라고 부른다.

(7) 외환예산제도

이는 일본 외환법에서 최초로 출현한 외환 배분에 관한 규정이다. 대장성에서 각 관청으로부터 신청을 받아 외화자금의 사용계획을 작성하고, 각료심의회의 승인을 받아 결정하면, 이 후 대장성이나 통산성은 이 예산 범위 내에서 외화 사용을 허가하는 방식이다. 한번 결정된 예산안은 쉽게 바꿀 수 없도록 하였다.

외화의 사용은 화물의 수입이나 무역외지출 용도에 한정되어 있었으며 그 사용에 대장성의 허가를 필요로 하는 것과, 외국환은행의 승인으로 족한 것으로 구분되어 있다.

(8) 외환집중제도

일본 거주자가 보유하는 일본 내에 있는 대외지불수단이나 귀금속은 외국환은행이나 환전상에 매각하거나 예치하도록 하였다.

일본 거주자가 외국에 보유하고 있는 대외지불수단, 귀금속, 외화채권, 외화증권에 대하여는 대장대신이 허가한 경우를 제외하고는 외국환특별회계, 일본은행, 외국환은행 등에게 매각하도록 하였다.

비거주자가 일본 내에서 보유하는 내국지불수단, 엔화표시 채권, 엔화표시 증권에 대하여도 보관 또는 등록 의무를 부과할 수 있도록 하였다. 그러나 그러한 명령이 실제 발동되지는 않았다.

집중 조치의 특례로서 일본에 거주하는 외국인이 일본에 오기 전에 외국에서 소유하고 있는 귀금속, 외화채권, 외화증권등에 있어서는 집중의 대상이 되지 않는 것으로 규정하였다.

또한 외국환은행, 환전상, 보험회사, 해운업자 및 무역업자 등에 대하여 어느 정도 집중 의무를 면제하여 외환의 보유를 인정하였다.

(9) 대외채권회수의무

1949년 법에서 대외채권회수의무가 처음으로 규정되었는데, 이는 외환 집중을 가능하게 하기 위한 수단으로서 도입된 것이다. 비거주자에 대한 채권을 취득한 거주자는 당해 채권의 만기 도래 또는 조건의 성취 후 지체없이 그것을 거두어들이도록 하였고 채권의 전부 또는 일부를 면제하거나, 액면 이하의 변제를 받거나 또는 변제의 지연을 묵인하는 것에 의하여 채권을 감손하여서는 안되도록 규정하였다.

말하자면 대외채권을 일부러 회수하지 않는 방법으로 재산을 국외로 도피하는 것을 금지하는 취지인데, 이 대외채권회수의무는 일본이 외환집중제도를 폐지할 때에 같이 폐지되지 않고 남아 있다가 1980년 개정시 비로소 폐지되었다.

(10) 지급과 거래의 원칙금지

이 법 제5장에서는 원칙금지에 관한 규정을 두어 ① 대외거래에 따른 지급, ② 비거주자와의 사이에 채권을 발생시키는 거래, ③ 증권과 부동산 등의 취득·처분, ④ 용역계약의 체결, ⑤ 지급수단의 수출입을 일체 금지하였다.

이것이 소위 원칙금지 규정이다. 필자는 처음에 이 법조문을 접하고는 상당히 놀랐던 기억이 있다. 대외거래도 금지하고, 그에 따른 지급과, 지급수단의 수출입도 금지한다는 무지막지한 법은 도대체 어떻게 만들어진 것일까? 이런 식의 입법이라면 일본의 외환법이 쇄국법이라는 국제사회의 비난을 들어도 할 말이 없지 않은가? 일본이 국제사회로의 복귀를 통하여 경제 부흥을 꾀하려고 하는 마당에 이러한 쇄국법을 만든 이유는 무엇일까?

일본이 이렇게 입법을 한 이유는 사실 규제를 하기 위한 것이 아니라 규제를 풀기 위한 것이었다는 것을 나중에 알 수 있었다. 경제상황을 주시하고 있다가 그에 상응하여 수시로 규제를 완화해 나간다는 생각이 있었고, 그런 생각을 실천하기 위하여는 매번 법 개정을 통하여는 신속하게 대응하기 불가능하므로, 하위법규인 정령과 성령에 필요한 모든 내용을 담고 이를 수시로 개선해 나간다는 생각이 있었다. 법은 오로지 수권 규범으로서의 기능만 하게 하려는 것이었다.

결국 규제의 탄력성을 확보하기 위한 입법기술상의 문제라고 할 수 있는데, 이러한 입법 취지를 잘 이해하지 못하면 1949년 일본 외환법이 쇄국법이라고 생각하기 쉽다. 법조문만 보아서는 대외거래 행위 자체가 불법행위처럼 읽히기 때문이다. 우리나라에서도 그렇게 오해한 것이 아닌가 필자는 생각하고 있다.

(11) 지급방법에 대한 규제

'비거주자를 위하여 하는 거주자에 대한 지불'과 '거주자를 위하여 하는 비거주자에 대한 지불'(환치기라고 불리는 행위를 말한다) 및 비거주자와의 대기 또는 차기에 의한 지급(상계를 말한다)을 원칙적으로 금지하고 있다.

또한 무역거래에 따른 지급방법에 대하여는 정령과 성령에서 표준결제방법을 정하여 이 방법으로만 결제하도록 하였다.

(12) 화물의 수출

화물의 수출은 자유인 것을 원칙으로 하고, 다만 특정 종류의 화물, 특정 거래에 따른 화물의 수출에 대하여는 허가를 요하는 것으로 되어 있다. 자본도피가 되는 무환수출 또는 환 덤핑은 엄격히 금지되었다.

(13) 화물의 수입

화물의 수입에 있어서는 승인을 받을 의무를 부과하고 있는데 이것은 외국환 예산의 범위 내에서 최대한 유용한 화물의 수입을 꾀할 목적이다. 품목별로 할당된 외국환 예산의 범위 내에서 수입 승인이 이루어지는 식으로 운용되었다. 수입의 실행을 강제하기 위하여 수입업자에게 담보를 제공할 의무를 부과하고 있다.

또한 관청의 직접 통제보다는 외국환은행의 기능을 이용하여, 특별한 경우 외에는 외국환은행의 인정에 의한 수입이 가능하도록 하였다.

(14) 불복과 소송

이 법률 또는 이 법률에 기한 명령의 규정에 따른 정부기관의 처분에 대하여 불복을 하는 자는 불복신청 또는 소송이 가능하도록 하는 규정을 두었다.

(15) 보고와 검사

외국환은행, 兩替商 및 이 법률의 적용을 받는 거래당사자 및 관계인에 대하여 그 업무 및 거래에 대한 보고를 할 의무를 부과하였고, 당국이 임점 검사를 실시하는 것도 가능하도록 하였다.

(16) 벌 칙

이 법률 및 이에 근거한 명령 등에 위반하는 경우 적용될 벌칙에 대하여도 규정하였다.

다. 일본 외환법 제정 이후의 경과

1949년 외환법을 시행하자마자 일본 경제의 부흥이 급속도로 진전되어, 외환법상의 원칙금지 체계는 하위 법령인 정령, 성령 등에 의하여 무력화되는 방법으로 신속히 자유화의 방향으로 진행되었다.

1952년 8월에는 IMF 에 가맹하였고, 1964년에는 IMF 8조국으로 이행하여 경상거래의 규제는 원칙적으로 행하지 않는 것으로 하였다. 또한 1964년에 OECD에 가맹함에 따라 자본거래의 자유화를 추진하는 것도 중요한 과제가 되었다. 그리고 같은 해에 일본은 동경 올림픽을 개최하여 세계에 일본의 부활을 화려하게 알렸다.

외화예산제도는 IMF 8조국 이행 및 OECD에 가입한 1964년에 폐지되었다. 그리고 외화집중제도는 운영상의 완화조치가 이루어지다가, 1972. 5월에 이르러서는 정령의 규정을 삭제하여 그 적용을 정지시켰고 외환법상의 문구는 사문화 되었다. 이로써 일본 1949년 외환법의 두 축이었던 외화예산제도와 외화집중제도는 창설된 지 23년 만에 모두 폐지되었다.

라. 1962년 우리나라 외국환관리법의 주요내용

우리나라 1962년 외국환관리법은 일본의 1949년 外国爲替及び外国貿易管理法을 그대로 모방하여 제정되었다. 다른 점이 있다면 ① 조문의 배열 순서를 다르게 하고, ② 무역관리에 관한 부분은 우리나라에는 1957. 12월에 제정된 '무역법'이 별도로 있었으므로 제외하였고, ③ 불복신청 및 소송에 관한 부분은 포함시키지 않았고, ④ 법에서 사용한 용어들을 좀 다르게 바꾼 점 정도이다.

바뀐 용어로는 ① 위체(爲替) → 환(換), ② 외국환예산 → 외국환수급계획, ② 외국환관리위원회 → 외국환심의위원회, ④ 외국환시세 → 환율, ⑤ 양체상 (兩替商) → 환전상(換錢商), ⑥ 업무상의 약정 → 계약체결, ⑦ 적용범위 → 적용대상, ⑧ 그리고 일본법 제28조 본문의 문구를 따와 제22조의 제목을 "대상지불"이라고 칭한 것 정도이다.

우리나라가 일본의 1949년법을 모방한 것은 매우 적절한 것이었다고 생각한다. 일본이 경제 부흥을 목표로 만든 이 법은 비슷한 처지의 신생 대한민국으로서도 꼭 필요한 것이었다. 의도한 것은 아니었지만 일본이 우리나라를 위하여 이 법을 만든 셈이 되었다. 일본은 이 법을 만든 지 불과 수년 만에 필요 없게 되었지만 우리는 1980년대 말까지 이 법을 잘 활용할 수 있었기 때문이다.

3. 1962년~1991년

1962년 외국환관리법의 제정·시행으로 우리나라는 종합적이고 단일한 외환관리 체계를 갖출 수 있었다. 그리고 우리나라도 일본과 같이 빠른 경제발전을 이룬다면 외환 규제가 조기에 완화될 수도 있었을 것이다.

그러나 우리 경제는 1986~1988년의 소위 '3저호황'시대가 도래하여 경상수지 흑자기조가 어느 정도 이루어지기 전까지는 외환위기의 연속이었다. 약 30년간 만성적인 외화부족 상태이었다고 보면 틀림없는 이야기일 것이다. 그런데도 외환위기가 올 때마다 오뚝이처럼 다시 일어서는 기적을 보여주었다.

1962년부터 1965년까지 우리나라 경상수지 누적적자는 2억 2,400만 달러에 달하였다. 이 적자는 한·일 국교가 정상화되고 일본으로부터 받은 대일청구권자금 8억 달러(무상 3억, 유상 2억, 상업차권 3억)에 의하여 메꾸고 넘어갈 수 있었다. 당시 우리의 수출규모가 1억 달러 전후였다는 것을 생각하면 대일청구권 자금은 엄청난 규모였다.

이어 제2차 경제개발5개년계획(1967~1971) 기간 중 연간 4~5억 달러의 경상수지 적자가 급속히 증가하면서 다시 외환위기를 맞게 되었다. 이 위기는 '월남전 특수'로 넘겼다. 1965년 월남파병으로 체결된 브라운(당시 미 국방장관) 각서에 의하여 아시아지역에서의 미국정부 조달은 한국에 우선 배정할 것을 약속 받았고, 이에 따라 현대건설은 태국 고속도로를 건설하고 한진은 월남전 군수물자를 수송하게 되어 많은 외화를 벌어들여 외환수급의 어려움을 해결할 수 있었다.

이어 다시 1973년 10월에는 제4차 중동전쟁이 발발하고 아랍국가들이 석유수출 금지조치와 함께 석유생산량 감축 및 이에 따른 석유가격 인상으로 보복한다. 이에 전 세계가 제1차 오일쇼크에 빠지는데, 특히 우리나라에 미친 영향이 컸다. 우리나라는 산업구조상 석유의존도가 높은 경제 체질이었는데 1973. 10월 배럴당 3달러 수준이던 국제원유가격이 1974. 1월에는 12달러선까지 치솟았으니 경상수지에 직격탄을 맞게 되었다. 이 제1차 오일쇼크는 우리의 건설업이 1974년 중동에 진출하여 오일 달러를 벌어들이게 되는 '중동건설 특수'에 의하여 넘길 수 있었다.

필자는 1995~1996년 중에 한국은행 국제부 외환분석과에서 외환수급통계를 담당한 적이 있다. 이 시기에 확실히 안 것이 있는데, 1970년대에 우리나라 수입금액 중에서 원유수입대가가 차지하는 비중이 1/3 정도이었다는 것이다. 세계 어느 나라도 원유수입대가가 총 수입금액중에서 차지하는 비중이 이 정도 되는 나라는 없을 정도로 당시 우리나라 산업은 원유의존도가 높았던 것으로 기억한다. 국제 원유가의 등락에 울고 웃는 형편이었다.

1979년에 이르러서는 이란에서 팔레비 정권이 붕괴되고, 호메이니가 집권하게 되는 소위 '이슬람 혁명'이 발발한다. 이란이 석유수출 금지조치와 함께 석유생산량 감축조치를 취하자 1978년 배럴당12달러 수준이었던 원유가격은 1980년 8월 최고 39달러까지 치솟게 된다. 제2차 오일쇼크가 발발한 것이다. 우리나라는 1979년부터 3년 연속 40~50억 달러의 경상수지 적자가 누적되어 외환위기가 다시 찾아왔다. 이 위기는 미국과 일본의 지원아래 해외차입에 성공하여 그럭저럭 넘길 수 있었다.

우리나라 역사상 처음으로 경상거래 결과 안정적인 흑자를 경험한 때는 1986~1988년 기간, 즉 3저호황의 시기였다. 이때에 비로소 우리나라 외환 사정에 숨통이 트이게 되었다. 우리나라 경제사에 길이 남을 변곡점이라고 생각한다.

'3저호황'이라는 것은 저환율(원화 저평가), 저유가, 저금리에 의하여 1986~1988년에 걸쳐 우리 경제가 유례없는 호황을 누렸던 것을 일컫는 말로서 해외 원유·외자·수출에 크게 의존하여 경제발전을 계속해온 한국으로서는 의외의 호기였으며, 이를 통해 86년 이래 3년 동안 연 10% 이상의 고도성장이 지속되었고 사상 최초로 무역수지 연속 흑자를 달성하게 되었다.

저환율은 1985. 9월 플라자 합의에 따라 선진 각국이 대미달러 환율을 평가절상시키기로 결의하였고 이에 일본의 엔화가 절상됨에 따라 발생하였다. 이에 따라 우리나라 원화의 대 엔화 환율은 절하되어 일본과의 수출경쟁에서 가격경쟁력을 갖게 되었고 이것이 수출증대로 이어진 것이었다. 우리나라와 일본은 좋은 방향으로든, 나쁜 방향으로든 끊을래야 끊을 수 없는 질긴 인연이 있는 셈이다.

환율 경쟁력 외에도 1985~1986년 사이 국제 원유가가 배럴당 28달러에서 14달러로 폭락한 점 및 국제금리의 하락으로 외채상환 부담이 줄어든 것도 흑자기조의 큰 원인이 되었다.

우리나라 외환사정이 호전되자 외환관리 부문에 자신감이 생긴 정부는 1988.11.1. IMF에 제8조국으로의 이행을 통보하고, 1989년에는 해외여행자유화 조치를 취한다. 1988년 서울올림픽으로 세계에 대한민국의 존재를 알린 후 1989년부터는 일반인도 해외로 여행을 다니면서 외국의 선진문명을 직접 목격

할 수 있게 되었다. 우리 국민의 자긍심이 얼마나 고양 되었는지는 말할 필요
도 없다.

한편 일본은 1949년 外国爲替及び外国貿易管理法을 30년만인 1979.12.18.
전면 개정하여 원칙금지 체제에서 원칙자유 체제로 바꾼 후 1980.12.1.부터 시
행시켰다.

외환 사정에 자신감이 생긴 우리 정부도 일본을 따라 1991.12.27. 외국환
관리법을 전면 개정하고 1992.9.1.부터 시행시킴으로써 원칙자유 체제로의 전
환을 시도한다.

그렇다면 일본은 왜, 그리고 어떻게 외환법의 전면 개정을 추진한 것일까?

가. 1980년 일본 외환법의 개정배경

1949년 외환법 제정 이후 30년간 일본 경제는 눈부시게 발전을 하여, 경
제활동 및 금융거래의 국제화도 급속히 진전되었다. 이에 대응하여 외환법에
기초한 규제는 차차로 완화되었다.

그런데 이 규제의 완화는 전적으로 政令(총리령)과 省令(대장성령)의 개정
및 인·허가 운용방침의 변경으로 진행되어 외환법 자체의 개정은 행하여지지
않았다. 이 때문에 실질적으로는 상당한 정도의 자유화가 진전되었음에도 불구
하고, 형식적으로는 원칙금지의 체제가 존속되어 왔던 것이다.

이러던 중, 1977년~1978년에 일본이 큰 폭의 국제수지 흑자를 기록하자
주요 교역국들과의 사이에 통상마찰이 발생하게 되었다. 상대국들은 일본이 대
외거래를 원칙적으로 금지하고 있는 폐쇄적인 법체계를 운용하면서 이를 이용
하여 국제수지 흑자를 가져가는 것이 아닌가 하는 의문을 제기하였다.

이러한 비판을 맞이한 일본 정부는 원칙금지의 법체계가 제 외국에 폐쇄
적인 인상을 주게 되어 비판과 오해의 원인이 된 점을 염려하게 되었고, 이를
시정하고자 1978년 초에 미국 및 EC와의 경제교섭에 임하여 일본의 외국환관
리제도를 전면 재검토하여 대외거래의 원칙자유를 기초로 하는 신 제도의 검
토를 약속하였다.

이 방침은 1978. 3월의 경제대책 각료회의에 정식으로 보고되어 개정작업

이 시작되었고, 또한 은행, 증권, 무역, 산업계 등 각계의 의견을 수렴하고자 '외국환·무역법제 간담회'가 정부 자문기구로 1978. 8월에 발족하였다.

일본 정부는 30년만의 법 개정작업을 맞이하여 대외거래의 각 분야에 대한 광범위한 검토를 진행하였다. 이때의 논의들은 매우 심도 있는 것으로1980년 법 개정안에 반영되지 않았더라도 1998년 신법에 반영이 되는 등 일본 외환관리정책의 핵심이 된 것들이 많다.

1979. 4월 외환법 전면개정안이 발표되었고, 1979.12.18. 국회를 통과하여 1980.12.1.부터 시행되었다.

나. 1980년 일본 외환법 개정이 Negative System으로의 전환인가?

일본이 1980년 개정시 외환법을 "원칙자유의 법체계"로 전환한 것을 두고, 우리나라에서는 정부 당국자나 학자를 포함하여 많은 사람들이 이를 "원칙금지·예외허용 체계(Positive System)에서 원칙자유·예외규제 체계(Negative System)로 전환하였다"고 설명하고 있다.

Positive/Negative System이라는 것은 정확히 말하면 Positive List/Negative List System을 지칭하는 것으로 전자는 가능한 행위를 열거하는 방식으로 열거되어 있지 않으면 금지되는 것으로 해석되는 것이고, 후자는 금지된 행위를 열거하는 방식으로 열거되어 있지 않으면 허용되는 것으로 해석되는 것이다.

그러면서 우리 정부도 일본 입법을 모델로 하여 Negative System으로 전환하는 방식으로 외환자유화를 추진하였다며 홍보하여 왔다. 경상거래에 대하여는 1992년 외환법개정시 Negative System으로 전환하였고, 자본거래에 대하여는 1999. 4월에 Negative System으로 전환하였다는 것이다.[8]

그러나 외환 법규를 한 번이라도 읽어본 사람이라면 누구나 이러한 설명을 납득할 수 없을 것이다. 자본거래 중 '기타 자본거래'에 관련한 규정을 한번 읽어 보자.

---

8) 한국은행, 우리나라의 외환제도와 외환시장, (2010), 13p; 재정경제부 보도자료, 외국환거래 자유화방안, 1998.6.22., 5p

외국환거래규정 발췌

제2관 거주자와 비거주자간 기타 자본거래

제7-44조(적용범위) ①거주자와 비거주자간의 다음 각호의 1에 해당하는 거래 또는 행위를 함에 관하여는 이 관에서 정하는 바에 의한다.
1. 법 제3조제1항제19호가목에 해당하는 경우를 제외하고 거주자와 비거주자간의 임대차계약(비거주자의 국내부동산 임차는 제외한다)·담보·보증·보험(「보험업법」에 의한 보험사업자의 보험거래는 제외한다)·조합·사용대차·채무의 인수·화해 **기타 이와 유사한 계약에 따른 채권의 발생등에 관한 거래**
2. 거주자와 비거주자간 상속·유증·증여에 따른 채권의 발생등에 관한 거래
3. 거주자가 해외에서 학교 또는 병원의 설립·운영 등과 관련된 행위 및 그에 따른 자금의 수수
4. 거주자의 자금통합관리 및 그와 관련된 행위

제7-45조(신고의 예외거래) ①거주자와 비거주자간의 다음 각호의 1에 해당하는 거래 또는 행위를 하고자 하는 자는 허가 및 신고를 요하지 아니한다.
1. ~ 24. (생 략)

제7-46조(신고 등) ①비거주자와 다음 각호의 1에 해당하는 거래 또는 행위를 하고자 하는 거주자는 외국환은행의 장에게 신고하여야 한다.
1. ~ 2. (생 략)
②거주자와 비거주자간에 **제1항 및 제7-45조의 규정에 해당하는 경우를 제외하고 제7-44조에 해당하는 거래 또는 행위를 하는 경우에는 당해 거주자가 한국은행총재에게 신고하여야 한다.**

외국환거래규정 7-44조에서 '기타 자본거래'가 무엇인지 정의를 하고, 7-45조에서 신고 예외거래를 열거한 후, 7-46조 2항에서 7-45조나 동조 1항에 해당되지 않는 경우에는 모두 한국은행에 신고하여야 한다고 하고 있다. 그렇다면 이것은 허용되는 행위를 열거한 Positive 법체계이지 Negative 법체계라고 할 수가 없다.

백보를 양보하여 7-44조에서 '기타 자본거래'를 엄밀하게 한정적으로 정

의함으로써 규제의 대상이 되는 행위가 느슨하게 확장 해석되는 일이 없도록 조치 하였다면 일응 Negative System 에 근접하였다고 이야기할 수도 있을 것이다. 그러나 7-44조 1항 1호에서 보듯이 "기타 이와 유사한 계약에 따른 채권의 발생등에 관한 거래"라고 애매모호하고 포괄적으로 '기타 자본거래'를 정의하고 있지 않은가. "기타"라는 표현들이 들어갔다는 자체가 Negative System 이 될 수 없음을 웅변적으로 말해주고 있다.

그런데도 불구하고 이 규정을 두고 "Negative System으로 전환하였다"고 하니 사슴을 가리켜 말이라고 하는 것과 다름없다. 이 상황을 어떻게 이해하여야 할지 난감한 상황이다.

그렇다면 우리나라 정부 당국자나 학자들이 이해한 대로 일본의 경우에는 Negative System으로 입법이 된 것일까? 필자가 어렵게 구한 1980년 일본 외환법, 정령, 성령을 통하여 확인을 해 보도록 하자

1980 일본 外国爲替及び外国貿易管理法	1980.10.15. 外国爲替管理令	1980.11.15. 대장성령 外国為替に関する省令
(대장대신의 허가를 요하는 자본 거래) 제21조 거주자 또는 비거주자가 다음의 각호에 해당하는 자본거래의 당사자가 되려고 하는 때에는, 정령으로 정하는 경우를 제외하고, 해당 각호에 정하는 구분에 따라 당해 거주자 또는 비거주자가 해당 자본 거래에 대해 대장대신의의 허가를 받아야 한다.	(대장대신의 허가를 요하는 자본거래) 제10조 3. 법 제21조 제1항에서 규정하는 정령으로 정하는 경우란, 전항에 해당하는 경우 외에, 거주자 또는 비거주자가 다음에 열거한 거래 또는 행위를 하는 경우를 말한다. ① 양체상과 거주자 또는 비거주자와의 사이에 내국지불수단을 대가로 외국통화 또는 여행자수표의 매매계약에 기초한 채권의 발생, 변경 또는 소멸에 관계된 거래(대장대신이 정하는 요건을 만족하고 있는 경우에 한한다)	(허가를 요하지 아니하는 거래 또는 행위의 지정) 제14조 령 제7조 제2항, 령 제10조 제3항 제2호 또는 령 제18조 제3항의 규정에 기초하여 대장대신이 허가를 요구하지 않는 거래 또는 행위에 대하여 지정하는 것은, 대장대신이 별도로 정하는 것 외에, 별표 제1에 열거한 것으로 한다. **별표** 제1 허가를 요하지 않는 거래 또는 행위(제14조 관계) ① 다음의 어느 하나에 해당하는 특수결제방법에 의한 지불 등

> ② 전호에 열거한 거래외에, 대장대신이 거래 또는 행위의 당사자, 내용 기타로부터 보아 법의 목적을 달성하기위하여 특별히 지장이 없다고 인정하여 지정한 거래 또는 행위

1980년 외환법 제21조 1항에서는 "정령으로 정하는 경우를 제외하고 … 대장대신의 허가를 받아야한다"고 규정하고 있고, 정령 10조 3항에서는 "대장대신이 지정한 거래 또는 행위"라고 함으로써 성령에 재위임하고 있으며, 성령에서는 14조 및 <별표 제1>에 의하여 "허가를 요하지 않는 거래 또는 행위"를 열거하고 있다.

그렇다면 허용되는 거래 또는 행위를 열거한 후에 이에 해당하지 않으면 허가를 받도록 한 것으로서 일본의 1980년 외환법도 Negative System은 아닌 것이다. 필자가 찾아본 일본 자료 어디에서도 1980년 외환법이 "Negative List System"으로 개편되었다고 하는 설명은 없었다. 다만 "원칙자유 법체계"로 개편되었다고 설명하고 있다.

그렇다면 일본이 말하는 "원칙자유 법체계"라는 것은 "Negative List System"과 다른 것인가? 일본에서는 어떤 의미로 "원칙자유 법체계"라는 말을 사용하고 있는 것일까?

1980년 일본 외환법 해설서[9]에 따르면 일본이 "원칙자유 법체계"라고 할 때의 의미는 ① 개정법 제1조에서 "대외거래를 자유롭게 행할 것으로 기본"으로 한다는 원칙을 명시한 것, ② 규제의 대상이 되는 거래나 행위를 가능한 한 정적으로 정의한 것, ③ 허가제나 인가제 보다도 사전신고제를 택하여 외환당국이 거래내용의 변경이나 중지를 요구하지 않는 한 당국의 승인을 기다리지 않고 의도한 행위를 할 수 있도록 한 것, ④ 유사규제 방식을 폭넓게 도입한 것 등 전반적으로 대외거래의 자유화로 나아가는 방향을 의미하는 것이라고 한다.

---

9) 関要/渡邊敬之 共編, 新しい外国爲替管理法 100問, 財經詳報社 (1981), 32p

그렇다면 일본이 "원칙자유 법체계'라고 말할 때는 입법 방향을 이야기 한 것이지, 입법 기술적인 측면을 이야기한 것이 아니다. 이것을 우리나라 정부당국자나 학자들이 오해한 것이다.

한편, 현실적인 측면에서 생각해 보면, 외환규제의 법체계를 Negative List 체계로 하는 것이 과연 가능하기나 한 것인지도 의문이 든다. 대외거래의 형태라는 것은 고정불변인 것이 아니고 계속 없어지거나 생겨나면서 변화해가는 것이 아니겠는가.

1970년대 까지만 해도 파생상품거래(derivative) 라는 것은 생소하였다고 생각한다. 그런데 오늘날에는 Forward, Option 등의 용어가 스스럼없이 사용되고 있으며, 이들의 조합으로 전통적인 금융상품인 예금, 대출, 주식, 채권 등도 복제해낼 수가 있다고 한다. 즉, "예금", "대출", "주식", "채권"이라는 용어를 사용하지 않고도, 오직 "Forward" 와 "Option"이라는 용어만을 사용하여 그것들과 똑같은 경제적 효과를 가져오는 거래를 설계할 수 있다는 것이다.

이런 마당에 자본거래 Negative List를 만든다고 하더라도 얼마나 효과가 있겠는가? 시장에서는 경제적 효과는 같지만 Negative List에는 포섭되지 않은 거래 형태를 금방 만들어 낼 것이다. 그렇게 되면 Negative 규제는 무력화되고 아무 쓸모가 없게 된다.

외환규제 체계를 Negative List System으로 설계한다는 것은 규제의 효과 면에서 적절하지 않은 방법이 될 가능성이 높다. 규제를 폐지할 것이라면 몰라도 그렇지 않다면 규제의 loophole만 만들 것이다.

이런 점에 대한 깊은 생각 없이 그저 외환규제를 Negative List System으로 전환함으로써 외환자유화를 추진하겠다고 생각하는 것은 문제가 있다.

다. 1980년 일본 외환법의 주요내용

(1) 상시(常時)규제 vs. 유사(有事)규제

일본은 1980년 법 개정작업을 하면서 외환규제를 상시규제로 가져갈 것이냐 유사규제로 가져갈 것이냐를 놓고 검토하였다.

역설적이게도 외환관리를 위협하는 행위, 예를 들어 재산국외도피 등은 그 나라의 외환사정이 좋을 때는 발생하지 않는다. 경제가 튼튼할 때는 재산을 국외로 도피할 이유가 없다. 그러나 어떤 이유로 그 나라의 경제가 어려워졌을 때에는 자산을 안전한 곳으로 이전시키기 위하여 자본도피(capital flight)가 발생하기 마련이고 이것이 외환사정을 더 어렵게 만든다.

그렇다면, 외환관리라는 것은 경제위기시에 필요한 것이지 평상시에는 있어봐야 소용없는 것 아니겠는가? 우리나라의 경우 1997년 외환위기 당시에도 엄격한 외환관리가 행하여지고 있었지만 외환위기를 막지 못하지 않았는가. 이런 관점에서 평상시에는 규제를 하지 않다가, 유사시(즉, 문제가 생겼을 때)에 규제를 발동하는 체제가 더 옳다는 견해가 있다.

또한 1980년 당시 서독의 외환관리법인 대외경제법(Außenwirtschaftsgesetz - AWG)이 유사시 규제 체제로 설계되었다는 것도 참고가 되었다.

논의에서는 상시규제를 없애고 유사규제를 전면 도입하자는 주장도 강력하였지만, 결국 일본은 상시규제를 주로 하고 유사규제를 보조로 하여 양자를 혼합하는 방식을 택한다.

이에 따라 ① 대외지급, ② 대외채권회수의무, ③ 상시규제 대상으로 지정되지 않은 자본거래 분야에 유사규제 방식이 도입되었다. 거꾸로 말하면 이 세 분야에 대한 상시규제는 폐지된 것이다. 평상시에는 자유롭게 대외지급이 가능하고, 대외채권을 회수할 의무도 없다. 다만 국제수지 균형이 곤란하게 된다든지 환시세가 급변한다든지 하는 특별한 사태가 발생하였을 때 정부의 명령에 의하여 대외지급의 제한, 대외채권회수의무의 부과, 비거주자엔화예금에 대한 부리금지 등의 조치가 내려질 수 있도록 하였다.

(2) 외국환공인은행제도

1980년 개정법 검토과정에서 외국환공인은행제도는 존치하는 것으로 결론이 났을 뿐 아니라, 그 존재 이유가 더 확고해졌다. 왜냐하면 유사규제를 시행하기 위하여는 평상시에 대외거래의 실태파악 및 대외거래 정보의 보고 및 정리가 필수적인데 이 임무를 외국환은행에 맡기는 것이 가장 효과적이기 때문이다.

외국환은행은 다양한 대외거래와 관련하여 환 업무를 수행하고 있으므로,

그 기능과 전문성을 활용하여 외환관리를 수행할 필요가 있는 것이다.

그런데 은행이 이러한 기능과 전문성을 충분히 발휘할 수 있도록 하기 위하여는 모든 대외거래를 은행창구를 통하여 하도록 강제할 필요가 있었다. 그렇지 않으면 대외거래 실태 파악에 loophole이 생길 수 있기 때문이다. 이를 위하여 '외국환은행을 통하지 아니한 지급방법'에 대한 규제가 강화되었다.

또한 은행에 행정 기능의 일부를 위임하여 담당시켰다. 이에 따라 은행은 ① 대외거래의 적법성에 대한 확인 ② 신고서 접수 등 위임 받은 행정사무의 처리, ③ 각종 보고서의 징수 및 정리 업무를 담당하게 되었다.

외국환은행에 이러한 부담을 지우는 대가로 ① 배타적 외국환업무를 보장하는 특전을 부여하여야 한다는 점과 ② 정부위임사무의 처리과정에서 유용한 정보를 용이하게 입수할 이점도 있을 것이라는 점도 논의되었다.

(3) 결제방법 규제

1980년 법에서 결제방법 규제는 오히려 더 강화된 면이 있다. 이는 외국환공인은행제도를 작동시키기 위하여는 모든 대외 거래에 따른 지급을 은행을 통하도록 강제할 필요가 있는 면이 고려되었다.

이를 위하여 외국환은행을 통하지 않는 지급 방법으로 ① 계정의 대기 또는 차기에 의하여 결제하는 방법, ② 통화 및 수표, 어음을 직접 소지하여 지급하는 방법, ② 채권을 그 상대방에 대한 다른 채무로 상계하는 방법, ④ 상대방인 비거주자를 위하여 다른 거주자로부터 지불을 수령하거나 다른 거주자에게 지급하는 방법(이른바 "ため払")이 지정되었다.

이 "ため払"은 환치기를 지칭하는 일본식 표현인데, 이것이 1962년에 우리나라에 와서는 "代償支給"이라는 이름을 얻게 된다. 그리고 우리나라에서 일본의 1980년 법을 수입할 1992년 당시에 이 "ため払"의 의미를 정확히 이해하지 못한 것이 아닌가 필자는 의심하고 있다. 이런 연유로 "代償支給"은 "제3자지급'이 되어 많은 혼란을 초래하게 된다. 여기에 대하여는 제4장에서 자세히 다루려고 한다.

한편 일정기간을 초과하는 수출입대금의 결제방법에 대하여는 더 많은 논란이 있었다. 종래 1949년 원칙금지 법체계하에서는 '표준결제방법'이라는 것을 만들어서 이 방법에 의하여만 결제하도록 하였다. 그러나 원칙자유 법체계 하에서는 이것을 그대로 존속시킬 수는 없었다.

완전히 폐지하자는 입장에서는 ① 종래 표준결제방법은 외환 집중을 도모 하자는 취지 외에 과당경쟁 방지 및 금융기관의 편의를 위한 목적 등이 혼합되어 있어서 규제 취지를 이해하기 어렵다는 점, ② 연불, 연지급 등 결제 조건은 거래당사자가 정할 문제로 국가가 관여할 사항이 아니라는 점을 이유로 들었다.

완화된 형태로 존치하자는 입장에서는 ① 과도한 lead and lag[10]를 방지할 필요가 있다는 점, ② 수출입 금융의 원활한 실시를 위하여 필요하다는 점, ③ 대외거래의 실태파악을 위하여 필요하다는 점을 이유로 들었다. 과도한 lead and lag는 금전의 대차와 유사한 자본거래적인 측면이 있으므로 자본거래를 규제한다는 차원의 취지도 있는 것으로 주장되었다.

결국 존치하는 것으로 결정되어, 수출입의 시기와 그 대금의 수령 사이의 시간적인 차이가 비상하게 길어지는 경우가 규제대상으로 지정되었다.

(4) 허가 vs. 심사부 사전신고 vs. 단순신고

규제의 수단으로 어떤 것이 있을까? 일본은 규제의 수단을 ① 허가(許可), ② 심사부 사전신고(審査付 事前屆出), ③ 단순신고(單純屆出)의 3가지로 구분하였다. 그리고 가급적 허가제를 최소화하고 심사부 사전신고제를 확대함으로써 원칙자유 법체계로 나아가고자 하였다.

'허가'란 '금지의 해제'를 의미하는 것으로 당국의 승낙이라는 적극적인 행위가 있어야 한다. 1980년 외환법에서 상시적으로 허가의 대상으로 한 자본거래는 4가지이다. ① 거주자 해외예금, ② 유로엔 채권의 발행, ③ 거주자와 비거주간의 대외지불수단 및 채권의 매매, ④ 거주자간 외화표시 거래이다. 그리고 ⑤ 유사규제로 발동되는 대외지불 규제에 대하여도 허가를 받도록 하였다.

두번째 '심사부 사전신고제'는 글자 그대로 당국에서 심사할 것임을 전제로 거래나 행위 전에 신고할 것을 요구하는 것이다. 따라서 거래나 행위를 하기 위하여 당국의 승낙이 필요한 것은 아니지만, 당국에 신고 후 20일이 경과

---

10) 수출입거래시 환율변동, 시황변동에 따라 대금지불 시기를 앞당기거나(lead) 뒤로 미루는 것(lag)을 의미한다.

하기 전까지 신고자는 거래나 행위를 하여서는 안되는 부작위 의무가 부과되어 있다.

이 기간 중에 당국이 심사결과 문제가 있다고 판단하는 경우에는 해당 자본거래의 내용변경이나 중지를 권고할 수 있으며 신고자는 이에 따를 의무가 있다. 이 기간 중에 당국이 심사결과 문제가 없다고 판단하는 경우에는 20일이 경과하기 전이라도 신고자에게 그 사실을 통보하여 거래를 하도록 할 수 있다. 20일이 경과하여도 당국으로부터 아무런 통보가 없는 경우에는 신고자는 해당 거래나 행위를 하면 되는 것이다.

이러한 심사부 사전신고제의 대상이 되는 자본거래는 ① 거주자의 대외대부, ② 거주자 및 비거주자에 의한 증권의 발행·모집, ③ 거주자의 대외직접투자, ④ 비거주자의 국내부동산 취득이 있다.

세번째 단순신고는 전적으로 대외거래의 현상을 파악하기 위한 통계 목적으로 사전신고를 요구하는 것이다. 해당 거래나 행위에 대하여 정부의 심사가 예정되어 있지 않은 것이고, 따라서 신고서 제출 후 바로 거래나 행위를 실시하면 된다. 이 단순신고제의 대상이 되는 것은 예를 들어 ① 증권의 취득, ② 대외 차입 등이 있다.

(5) 중첩규제 vs. 단일규제

통상의 대외거래는 이런 저런 계약이 행하여진 뒤에 그에 기초한 대금 등의 지급·영수가 행하여지는 구조로 이루어진다. 개정 전의 외환법은 거래단계와 지급단계에서 이중으로 대외거래를 규제하는 것이 가능하도록 되어 있었다. 그러나 개정 후에는 지급의 원인이 되는 거래단계 (즉, 계약단계)에서 규제가 가능한 행위에 대하여는 그 지급단계에서는 별도의 규제가 없는 것으로 하였다.

예를 들어, 대내직접투자라고 하는 지급·수령의 원인이 되는 거래 및 행위에 대하여 허가나 심사부 사전신고 절차가 부과된 경우에는 당연히 지급·수령도 포함하여 원인거래 단계에서 심사가 이루어지는 것이므로 그 절차가 이행된 이상 지급·수령단계에서의 규제는 없는 것이다.

이에 따라 지급·수령단계에서 규제의 대상이 되는 것은 원인이 되는 거래 또는 행위에 대한 규제가 행하여지지 않은 것에 한정된다. 해외 친지 등에 대한 생활비 송금 등이 여기에 해당한다.

(6) 외자법을 흡수하여 단일법으로

대외거래는 두개의 법률로 규제되어 수출입 및 국가간 서비스의 이전 및 각종의 금융거래는 外国為替及び外国貿易法에 의하여, 외국자본 및 외국기술의 도입에 대하여는 '外資に關する法律'이 적용되어 왔다. 후자에 대하여는 단순히 대외적인 자금의 흐름을 관리하는 것보다도 주로 산업정책적인 관점으로부터 관리되어 왔다.

그런데 1980년 법 개정으로 외자법을 폐지하고 외환법에 통합함으로써 규율 체계를 단순화 하고, 대내직접투자 및 기술도입에 대하여 이른바 예외 4업종(농림수산업, 광업, 석유업, 피혁제품제조업) 및 일본의 산업·경제·안전에 특별히 악영향을 주는 경우를 제외하고는 원칙 자유의 체계로 전환 하였다.

(7) 비거주자 자유엔예금/보통예금 구분 폐지

일본은 1960. 7월 이래 비거주자의 일본내 은행에의 엔(円)화예금 종류를 두 개로 구분하여 ① 비거주자가 보유하고 있는 엔화를 언제든지 환전하여 대외송금할 수 있는 '비거주자자유엔계정(非居住者自由円勘定)'과 ② 엔화로의 환전을 보장하지 않아 결과적으로 대외송금이 보장되지 않는 '비거주자보통엔계정(非居住者普通円勘定)'으로 하였다.

일본에서 '自由円(free Yen)'이라고 작명한 것은 IMF협정 제8조에서 요구하는 free convertibility를 보장한다는 취지를 강조하려는 것이었다. 그리고 실제로 비거주자 엔화예금의 대부분은 자유엔계정에 예치되어 있었고, 보통엔계정에 예치된 잔액은 극히 작았다.

그럼에도 불구하고 자유엔이 아닌 보통엔계좌의 존재가 not-free Yen이라는 인상을 대외적으로 주게 되어 불필요한 오해의 소지가 있었으므로 1980년 법개정을 기회로 자유엔계좌와 보통엔계좌의 구분을 없애고 모두 비거주자엔계정(非居住者円勘定)으로 호칭하고 자유환전 및 대외송금을 보장하였다.

(8) 현물환실수요 원칙 - 거주자 외화예금

거주자가 일본내 은행에 외화예금을 하는 것에 대하여는 종래 두 가지로 구분되어 ① 그 외화가 적법하게 취득된 것(예를 들어 수출대금으로 영수한 것)인 경우에는 '외화예금 특별계정'이라는 이름으로 예치 금액에 한도가 없었으며, ② 그 외화가 엔화를 외화로 환전하여 예치하는 것이라면 '외화예금 일반계정' 이라는 이름으로 최고 300만엔까지의 상한이 설정되어 있었다.

그런데 1980년 법 개정으로 일반계정, 특별계정의 구분을 없애고, 자금의 원천에 불문하고 한도 제한 없이 거주자 외화예금이 가능하게 되었다.

이 조치의 의미는 거주자가 실수요 없이 환 투기 목적으로도 얼마든지 외화를 매입할 수 있게 되었다는 것이므로, 이 조치에 의하여 현물환거래에서 실수요 원칙은 폐기되었다고 말할 수 있다.

(9) 선물환실수요 원칙

그러나 선물환실수요 원칙까지 폐지하여야 하는지를 놓고는 1980년 법 개정시 격론이 있었다.

종래 일본 외환법에서는 선물환거래(이른바 대외지급수단 매매의 예약)에 대하여 실수요원칙이 적용되어 왔는바, 외국환은행이 당사자가 되는 선물환거래에 있어서 ① 상대방이 거주자인 경우에는 그 거래가 반드시 '실수요에 기반하는 것'이어야 했고 ② 상대방이 비거주자인 경우에는 그 거래가 '명백히 투기적 목적이 아닌 것'에 한정되어 왔다.

이러한 선물환실수요 원칙은 일본 동경시장에서의 환시세가 투기세력들에 의하여 교란되는 것을 방지하기 위한 것이었다.

그런데 실수요 원칙을 폐지하자는 의견으로 ① 선물환시장은 실수요뿐만 아니라 투기수요도 가세하여 구성되는 것이 정상적인 모습으로 활발한 환 재정 거래는 시장안정 기능을 한다는 점, ② 동경 외환시장을 육성하기 위하여는 시장에 참가하는 거래를 확대하여야 한다는 점, ③ 이미 현물환 거래에 있어서는 실수요 원칙이 폐지되었다는 점 등이 논거로 제시되었다.

그러나 ① 환 투기 허용으로 환시세의 변동이 격화되면 수출입업자의 채산성에 영향을 미치게 되고 이는 국민감정에 반한다는 것, ② 동경 외환시장의 규모가 아직 구미의 주요 외환시장에 비하여 환투기세력을 감내할 체력이 되지 않는다는 점, ③ 동경 외환시장의 특성상 엔고 또는 엔저의 일방으로 쏠림 현상이 심하다는 점 등이 문제점으로 지적되었다. 결국 1980년 법 개정시 선물환실수요 원칙은 존치하는 것으로 결론지어졌다.

그러나 불과 3년 후인 1983년에 선물환실수요 폐지 논거는 다시 힘을 얻게 되었고, 이에 따라 1983년에 일본의 선물환실수요 원칙은 폐지되었다.

(10) 대외채권회수의무 폐지

종래, 외환법은 비거주자에 대한 채권을 취득한 자는 만기 또는 조건 성취 후 지체없이 이를 회수하여야 한다는 규정을 두어 채권의 일부 또는 전부를 면제하거나 만기를 연장하려고 하는 때에는 주무대신의 허가를 받도록 하였다.

그러나 1980년 법 개정으로 이 채권회수의무는 비상시에 한정하여 발동할 수 있도록 하는 유사규제로 전환이 되었고, 따라서 평상시에는 비거주자에 대한 채권을 포기하거나 면제하여도 허가를 받을 의무가 없게 되었다.

(11) 증권의 발행 · 모집

거주자 및 비거주자에 의한 증권의 발행 · 모집은 원칙적으로 심사부 사전 신고제의 대상으로 하였다.

증권의 '발행'이란 자금조달을 위하여 ① 불특정 다수의 투자가를 상대로, ② 균일한 조건으로, ③ 새로 발행하는 증권의 취득을 권유하는 행위를 말한다. 증권의 '모집'이란 ①과 ②의 요건은 같으나, ③과 관련하여 새로 발행하는 증권이 아니라 이미 발행한 증권의 취득을 권유하는 행위를 말한다.

증권의 '취득'이란 위의 세가지 요건 중 ②의 '균일한 조건' 요건이 결여된 것을 말한다. 즉, 거래가격이나 조건 등이 개별 협상으로 결정되는 경우에는 증권의 '취득'이 된다.

이와 같이 일본의 외환법에서는 증권의 '발행 · 모집'과 증권의 '취득'을 별개의 자본거래로 인식하고 있다. 많은 사람들이 흔히 오해하듯이 하나의 거래를 seller와 buyer의 입장에서 바라보고 붙인 명칭이 아니다.

(12) 증권의 취득

거주자 또는 비거주자가 외화증권 또는 엔화증권을 취득하는 거래에 있어서의 규제는 크게 보아 다음과 같이 설계되었다.

증권의 취득

• 경영참가 목적
　　대내직접투자 → 심사부 사전신고제
　　대외직접투자 → 심사부 사전신고제

• 자산운용 목적 (portfolio investment)
　　지정증권회사를 통하는 경우 → 신고불요
　　지정증권회사를 통하지 않는 경우 → 단순신고제

일본내 또는 해외 기업에의 경영참가를 목적으로 하는 투자에 있어서는 일본 경제에 어떻게든 영향을 줄 가능성이 높은 것으로 보고 심사부 사전신고제를 택하였다.

그러나 단순히 자산운용을 목적으로 하는 투자는 대외거래의 현황을 파악한다는 취지에서 통계 목적의 단순신고제를 채택하였고, 더욱이 이 투자가 대장대신이 지정한 증권회사(이를 "지정증권회사"라고 칭함)를 통하여 이루어지는 경우에는 그 지정증권회사를 통하여 대외거래의 자료를 보고받을 수 있으므로 단순신고마저도 불필요한 것으로 하였다.

대부분의 자산운용 목적의 증권취득은 일본내 증권회사를 통하여 이루어질 것이므로 portfolio investment에 있어서 사실상 전면 자유화조치를 취한 셈이다.

(13) 증권회사의 고객투자자금 환전 관련 포괄허가

외국환은행이 당사자가 되지 않는 거주자간의 대외지급수단 매매는 대장대신의 허가를 받도록 되어 있다.

그런데 국내투자자가 외화증권에 투자하는 경우 또는 그 반대로 외국투자자가 엔화증권에 투자하는 경우 그 투자자금과 관련하여 엔화를 외화로, 외화를 엔화로 환전할 수요가 생기는 데, 일부 투자자들은 증권거래와 함께 그 환전업무까지도 증권회사에서 처리해 주기를 희망하는 경우가 있고, 또한 증권회사 입장에서도 업무 편의를 위하여 두 업무를 동시에 처리하는 것이 바람직한 면이 있었다.

이를 위해 증권회사가 고객을 위하여 그 증권거래 자금의 범위 내에서 지급수단의 매매를 하는 것을 인정할 필요가 있고 1980년 법 개정에 따라 '지정증권회사' 제도가 신설되었으므로, 이 지정증권회사에 대하여는 일정 조건하에 포괄적으로 지급수단매매를 허가하는 조치가 취하여졌다.

(14) 유로엔 채권 발행 규제

엔화가 국제결제통화로 널리 쓰임에 따라 일본 이외의 지역에서 비거주자들 사이에 엔화로 표시된 채권의 발행이 성행하게 되었다. 이를 유로엔 시장이라고 한다.

이와 같이 비거주자들이 외국에서 증권을 발행·모집하는 거래는 일본 거주자가 관여되거나 일본 내에서 이루어지는 행위가 아니므로 일본 외환법이 미치는 범위에 대한 한계 문제가 있기는 하다.

그러나 엔화가 외국에서 아무런 제한없이 자유롭게 이용되면 결과적으로 일본의 외환 시세나 국제수지에 이런저런 영향을 미치게 되므로 이런 관점에서 유로엔 채권의 발행에 있어서는 대장대신의 허가를 받도록 하였다. 이른바 통화주권의 시각으로부터 그 증권의 발행·모집에 규제를 가하는 것이다.

라. 1992년 우리나라 외국환관리법 전면 개정

1986~1988년의 3저 호황으로 외환 면에서 자신감이 생긴 정부는 일본의 1980년법을 모방하여 외환자유화를 추진한다. 우선 1991.10.24. 재무부장관이 국회에 제출한 외국환관리법 개정안 중 제안이유를 한번 보도록 하자.

"그 동안 금지법체계를 유지해 오면서도 외국환관리규정등 하위법령의 탄력적 운용을 통하여 외환자유화시책을 꾸준히 추진해 온 바 있고, 지난 1988년 11월에는 우리나라 경제규모의 확대, 국제수지의 흑자전환등을 계기로 IMF 8조국으로 이행함에 따라 현재 외환자유화가 상당히 진전되고 있으나 현행법체계로는 미흡한 것이 사실임. 이러한 변화된 제반 상황 이외에도 현재 진행되고 있는 우루과이 라운드 협상이나 쌍무협상 등에 있어 가중되어가고 있는 개방 압력에 적절하게 대처해 나갈 필요가 있는 점등을 고려해 볼 때 현 시점에서 이 법의 전면 개편이 필요함"

어디서 한번 본 것 같지 않은가? 일본의 1980년 외환법 개정 이유와 거의 똑 같다. 그렇다면 개정 내용에 있어서도 일본 외환법의 개정 내용과 비슷한 것일 것으로 짐작이 된다.

그러나 구체적으로 들여다보면 우리나라의 1992년 개정법은 일본이 1980년 개정법에서 자유화 시킨 내용을 상당부분 반영하지 않았다. 개정이유는 같다고 하지만, 실제 내용을 들여다보면 종전의 규제를 그대로 유지한 경우가 많다.

왜 그랬을까? 우리나라 당국자들은 우리의 1992년 경제여건이 일본의 1980년 경제여건에 훨씬 미치지 못한다고 판단했음에 틀림없다. 이에 따라 일본의 개정 내용 중 우리가 감당할 수 있는 내용만 취사선택하여 자유화하였는데, 비율로 따지자면 약 30%만 반영한 것으로 대략 이야기할 수 있다.

그런데 문제는 여기에서 끝나지 않는다. 일본의 입법을 취사선택하는 데서 그쳤다면 좋을 뻔했을 일이다. 그런데 취사선택 하는 과정에서 왜곡과 변형이 일어나고, 이것이 후에 우리 외환법을 도저히 이해할 수 없게 만드는 원인이 되었다.

(1) 유사규제를 추가 규제수단으로 도입

1992년 개정법 관련자료[11]에서는 우리나라도 유사(有事)규제 체제로 전환하였다고 설명하고 있다. 그러나 일본의 유사규제와는 좀 다른 의미로 사용되었다.

일본에서 '유사규제로 전환'한다고 할 때의 의미는 '상시규제는 폐지'한다는 의미이다. 그런 관점에서 일본에서는 ① 대외지급, ② 대외채권회수의무, ③ 일부 자본거래에 대하여는 상시규제를 폐지하였다. 이에 반하여 우리나라에서는 상시규제는 그대로 둔 채, 유사시에는 이에 추가하여 허가제를 도입할 수 있다는 식으로 규정되었다. 유사규제가 대체수단이 아니라 추가수단이 된 것이다.

이에 따라, 지급규제, 대외채권회수의무, 모든 자본거래에 대한 상시규제는 그대로 존치되었다.

---

11) 대한민국국회 재무위원회, 외국환관리법개정법률안 심사보고서, 1991.11.; 대한민국국회 사무처, "제156회 국회 재무위원회회의록", 제9호, 1991.11.

(2) 외국환수급계획 폐지

외환 배분을 위한 핵심 규제인 외국환수급계획은 1992년에 와서 공식적으로 폐지되었다. 다만 외국환수급계획은 이미 1978. 12월부터 사후관리 체계로 전환되어 사실상 의미를 상실한 상태였다고 한다. 일본의 경우에 외화예산제도는 1964년에 폐지되었다.

(3) 외환집중제도 존치

거주자 또는 비거주자로 하여금 보유하고 있는 외국환을 매각, 예치, 보관, 등록의 방법으로 국내 외국환은행에 예치하도록 한 외환집중제도는 1992년 개정 시에도 살아남아 있다가 1996. 6월에 가서야 폐지되었다.

사실 국가부도가 임박한 외환위기 상황이 아니라면 이러한 외화집중의무는 불필요하지 않나 싶다. 외환을 보유하고 있는 일반적인 기업과 개인들은 법규에서 강제하지 않더라도 외국환은행에 예치하여 두지 않겠는가? 거액의 외환을 현찰로 자택에 보관하는 사람은 그렇게 많지 않을 것이다. 그리고 만약 그럴 이유가 있는 사람이라면 법상 의무가 있다고 하더라도 어쨌든 집중시키지 않을 것이기 때문이다. 일본의 경우에 외환집중의무는 1972. 6월에 폐지되었다.

(4) 외국환평형기금 제도

어느 나라든지 자국통화 환시세의 안정을 위하여 외환시장에 개입할 목적으로 조성된 자금이 있다. 이는 1932. 4월 영국에서 재정법(The Finance Act)을 제정하여 환평형계정(exchange equalization account)이라는 특별회계를 설정한 것이 그 효시라고 할 수 있다.

우리나라도 일본 1949년 법의 '외국환특별회계'를 따라서 1962년 법에 '외국환관리특별회계' 조항을 두었다. 그런데 1967. 3월에 비슷한 목적으로 다른 형태의 정부 기금인 '외국환평형기금'이 외환관리법 개정으로 신설되었다. 비슷한 기능을 하는 것이 두 개가 생긴 것이다.

1967. 3월에 설치된 외국환평형기금은 이후 운용실적이 없어 휴면상태에 있다가, 1986년 이래 국제수지가 흑자로 전환되자 활성화되기 시작하여 1987년부터 채권발행 자금으로 외화를 매입하는 등 통화관리를 위하여 적극 활용되었다.

이에 따라 1992년 외환법 개정시 시행령에서 규정하고 있던 외국환평형기금에 관한 재원 및 용도에 관한 내용을 법으로 올려 규정하고, 대신 외국환평형기금의 활용으로 사문화된 '외국환관리특별회계'는 삭제하였다.

일본의 경우에는 1949년에 '외국환특별회계'라는 이름으로 출범하여 1951. 3월에 '외국환자금특별회계'라는 명칭으로 변경된 후 현재까지 존속되고 있다.

(5) 통화의 지정

재무부장관으로 하여금 대외거래에 따른 결제에 사용될 지급통화와 영수통화를 지정하도록 한 것은 1992년 법 개정시에도 존치되었다. 일본의 경우에 이 통화지정 제도는 1971. 6월에 '통화지정에 관한 성령'을 폐지함으로써 폐기되었다.

1992년 당시에 지급통화로는 원화를 제외한 모든 외국통화, 영수통화로는 원화를 제외한 약 56개국 통화가 지정되어 있었다. 대외거래의 결제에 있어서 원화의 사용을 원칙적으로 금지하고 허가를 받도록 한 것이다.

이렇게 한 이유는 무엇일까? 세계 역사상 어느 나라 정부가 스스로 자국통화의 신뢰성을 부인하고 대외결제에의 사용을 금지시킨 적이 있는가? 필자는 이 이유가 궁금하여 많은 전문가들에게 물어보았으나 누구로부터도 납득할 만한 대답을 듣지 못하였다.

필자의 이 질문에 돌아오는 대답은 주로 "원화가 국제화가 안돼 있어서"라는 것이었는데, 이러한 생각이 얼마나 터무니없는 것임은 4장에서 별도로 언급하고자 한다.

(6) 기준환율의 지정 고시

1990. 3월 이전의 복수통화바스켓제도 하에서는 우리나라의 주요 교역상대국 통화의 대미달러 환율변동 등을 감안하여 한국은행총재가 당일의 원/달러 기준환율을 결정, 고시하였다.

그러나 1988년 이후 미국이 우리나라를 환율 조작국으로 3차례(1988. 10월, 1989. 4월, 1989. 10월)나 지정하는 등 통상마찰이 발생하였고, 한편 우리나라 은행간 원/달러 외환시장의 규모가 어느 정도 커지면서 시장 메커니즘에 의한 가격 결정이 가능하게 된 점도 있어, 1990. 3월부터 우리나라는 시장평균환율제도로 이행하였다. 이 시스템하에서는 전일자에 모든 외국환은행이 금융결제원을 통하여 거래한 원/달러 환율을 거래량으로 가중평균하여 당일자의 기준환율로 사용한다.

따라서 기준환율은 시장에서 자동적으로 결정되는 것이고, 정부가 기준환율을 지정하여 고시한다는 의미는 없어지게 되었다.

그럼에도 불구하고 1992년 법 개정시 기준환율 지정 고시 제도를 폐지하지 않고 존치시켰다. 다만 "시장평균환율을 기준환율로 한다"는 규정을 두었다.

(7) 외국환은행 제도 존치

외환 관리의 근간이 되는 외국환은행제도(일본에서는 외국환공인은행제도라 칭함)는 존치되었을 뿐 아니라 더 강화되었다.

외국환은행으로 하여금 외환관리의 일선에서 차단기 역할을 수행하도록 하기 위하여 모든 대외거래에 따른 지급과 영수를 외국환은행을 통하여 이루어지도록 강제할 필요가 있었고, 이에 따라 외국환은행을 통하지 않는 지급·영수에 대한 통제가 강화되었다.

이와 함께 은행에 대외거래의 확인의무, 각종 행정사무의 위임처리 및 통계 보고의무가 부담 지워졌다.

(8) 지급방법 규제

1980년 법 개정시 오히려 강화된 일본의 결제방법 규제를 모델로 하여 우리나라의 1992년 지급방법 규제를 정비하였다. 그런데 이 과정에서 일본법에서 채택한 분류와 우리법에서 채택한 분류가 다르게 되었다.

1980년 일본법	1992년 한국법
外国爲替及び外国貿易管理法 제17조 (대외거래의 지불방법) ① 계정의 대기 또는 차기 ② 일정기간 초과 결제 ③ 기타 대장대신이 정하는 방법	외국환관리법 제18조 (지급방법의 허가) ① 계정의 대기 또는 차기 ② 일정기간 초과 결제 ③ 제3자지급등 ④ 외국환은행을 통하지 아니한 지급 ⑤ 기타

特殊決済方法に関する省令	외국환관리규정 제7장
① 상계	① 상계
② ため払	② 일정기간 초과 결제
③ 통화/어음/수표를 직접 소지하여 지급	③ 제3자지급등
	④ 외국환은행을 통하지 아니한 지급등
	⑤ 내국지급수단에 의한 지급
	⑥ 신용카드에 의한 지급
	⑦ 연지급
	⑧ 분할지급
	⑨ 수출선수금
	⑩ 수출착수금
	⑪ 상호계산

일본의 경우 결제방법 규제는 크게 ① 외국환은행을 통하지 아니한 결제와 ② 일정기간을 초과하는 결제로 분류할 수 있다. 그리고 ①의 세부항목으로 (1) 계정의 대기 또는 차기, (2) 상계, (3) ため払, (4) 통화/어음/수표를 직접 소지하여 지급이 있는 셈이다.

그런데 우리나라에 와서는 보다 넓은 개념인 '외국환은행을 통하지 아니한 지급'이 그 하위 분류에 해당하는 '계정의 대기 또는 차기'나 '제3자지급등'과 함께 동급으로 분류되었다.

이렇게 분류를 하게 되면, '계정의 대기 또는 차기'나 '제3자지급등'은 '외국환은행을 통한 지급'인가 하는 의문이 들기도 한다. 사소한 것 같지만 이러한 규제 분류의 오류는 시간이 지날수록 오해와 억측을 낳고 외환 법규를 이해하기 어렵게 만드는 원인이 된다.

또한, 소위 환치기를 지칭하는 것으로 일본에서는 'ため払', 우리나라에서는 '代償支給'이라고 불리는 이 규제는 1992년에 와서 그 의미가 확장되게 되었다. 이에 대하여는 제4장에서 보다 자세히 다루려고 한다.

(9) 허가 vs. 신고수리

우리나라 1992년 법에서는 규제의 수단을 ① 허가(許可)와 ② 신고수리(申告受理) 두 개로 구분하였다. 이는 일본의 1980년 법이 규제의 수단을 ① 허가(許可), ② 심사부 사전신고(審査付 事前届出), ③ 단순신고(單純届出)의 3가지로 구분한 것과 크게 다른 점이다.

먼저 1992년 법에서 단순신고제는 도입되지 않았다. 단순신고제는 그야말로 통계목적뿐인 것으로 당국의 심사를 받음이 없이 신고서를 제출하는 것만으로 의무 이행이 완료되는 것이다.

우리나라는 1996. 6월에 가서 단순신고제를 최초로 도입하는데, 어찌된 영문인지 그 명칭과 실질이 일치하지 않게 신고수리제와 똑같이 운영되어 오면서 현재에 이르고 있다. 우리나라 외환법의 큰 문제점 중의 하나라고 할 수 있다.

우리나라의 신고수리제는 신고를 한 후 당국의 "수리(受理)"를 기다려 수리 처분이 있어야만 신고 의무의 이행이 완료되는 것을 말한다. 따라서 일본의 '심사부 사전신고제'와 다르다. 심사부 사전신고제에서는 거래당사자에게 일정기간(20일) 부작위 의무만 부과되어 있을 뿐, 당국의 수리 처분을 필요로 하는 것은 아니기 때문이다.

(10) 대외채권회수의무 존치

일본이 1980년에 폐지한 대외채권회수의무는 우리나라 1992년 법 개정시에도 존치되었다. 이와 함께 그 의무의 내용에도 변화가 생기게 되었다.

당초 일본이 의도한 대외채권회수의무 제도란 거주자에게 대외채권을 회수할 의무를 지운 것이라기보다는, 거주자가 임의로 대외채권을 면제하거나 포기함으로써 우회적으로 재산을 국외로 도피하는 행위를 방지하기 위한 것이었다.

따라서 일본의 1949년 법 제26조(대외채권회수의무) 제2항과 이를 그대로 인용한 우리나라 1962년 법 제20조(채권의 회수의무) 제2항에는 "전항의 채권에 대하여 그 전부 또는 일부를 면제하거나, 액면 이하의 변제를 받거나, 변제의 지연을 묵인함으로써 이를 감손하여서는 아니된다"는 문구가 있었다.

즉, 거주자가 적극적으로 채무를 면제/회수지연/감손 하는 것을 금지한 것이지, 외국의 채무자측 사정으로 예를 들어 돈이 없거나, 채권자와의 사이에 분쟁이 있거나, 또는 어떤 이유로 상환할 의지가 없거나 하여 상환 받지 못한 경우까지 문제 삼는 규정이 아니다. 채무자가 빚을 안 갚는 것을 이유로 채권자를 처벌할 수는 없는 일 아닌가.

그런데 1992년 법 개정시 동 조문이 다음과 같이 바뀌었다.

1962년 한국 외환법 제20조	1992년 한국 외환법 제16조
제20조 (채권의 회수의무) ①비거주자에 대한 채권을 취득하는 거주자는 본법 또는 본법에 의한 각령으로써 정하는 경우를 제외하고는 그 채권의 기한의 도래 또는 조건의 성취후 지체없이 이를 추심하여야 한다.	제16조 (채권의 회수의무) 재무부장관은 국제수지의 균형유지를 위하여 필요하다고 인정되어 대통령령이 정하는 경우에는 비거주자에 대한 채권을 보유하고 있는 거주자로 하여금 대통령령이 정하는 바에 의하여 그 채권을 추심하여 **국내로** 회수하게 할 수 있다.
②전항의 채권에 대하여는 그 전부 또는 일부를 면제하거나 액면 이하의 변제를 받거나 변제의 지연을 묵인함으로써 이를 감손하여서는 아니된다. 단, 재무부장관이 부득이하다고 인정하는 경우에는 예외로 한다.	<삭제>

제2항이 삭제됨에 따라, 거주자가 대외채권을 회수하지 못한 경우에는 이유 여하를 불문하고 법상 회수 의무를 위반한 것이 되어 버렸다. 정부 당국자들도 이러한 입장을 취하였다. 규제의 연혁을 알지 못하고 이 법규정을 처음 접한 사람들은 그렇게 해석하기 마련이다.

이렇게 되자, 외환관리 실무에서는 외국의 채무자 측의 사정으로 인하여 채권의 회수가 지연되거나 회수하지 못하게 되는 경우에는 한국은행로부터 승인을 받기 위한 시도가 계속되었고, 반면 한국은행에서는 거의 승인을 해주지 않았고, 이에 따라 채권자인 거주자는 진퇴양난에 빠져 채권을 회수하지 못한 경제적 손실에 더하여 외환법 위반이라는 혐의까지 지게 되어 그 곤란함이 말할 수 없이 컸다.

빚을 갚지 않은 자가 잘못이지, 빚을 받지 못한 사람이 죄를 진 것은 아니지 않는가. 그럼에도 불구하고 외환관리 실무에서는 빚을 받지 못한 사람이 죄인 취급을 받았고 이러한 난맥상은 대외채권회수의무가 삭제된 2017.7.17. 까지 계속되었다.

또한 1992년 법에서는 회수의 장소를 "국내로" 명시함으로써 국내 외국환

은행에 예치하는 방식의 회수를 원칙으로 하였다. 이는 종전 법에 비하여 회수
방식이 더 엄격해진 것이다.

(11) 중첩규제 vs. 단일규제

일본의 1980년 법과 마찬가지로 원인행위에 대한 허가 또는 신고수리가
이루어진 경우에는 지급단계에서의 허가나 신고수리를 받을 의무는 면제하는
것으로 조문을 정리하여 중첩규제가 되지 않도록 조치하였다.

(12) 현물환 실수요 원칙 존치

종래 거주자가 외국환은행으로부터 원화를 대가로 외화를 매입할 수 있는
사유는 "인정된 거래에 따른 대외지급을 위하여 필요한 경우"로 한정되었다.
즉, 환투기 등 기타 목적으로 원화를 대가로 대외지급수단을 매입하는 것은 허
용되지 않았다.

이에 따라 거주자가 국내외국환은행에 개설한 외화예금계정에 예치할 수
있는 자금도 ① 취득이나 보유가 인정된 대외지급수단(즉, 스스로 취득한 것)이
나, ② 인정된 거래에 따른 대외지급을 위하여 원화를 대가로 매입한 대외지급
수단에 한정 되었다.

이러한 현물환 실수요 규제는 1992년 법 개정시에도 그대로 존치되었다
가, 1994. 2월에 이르러 거주자계정에 예치할 목적으로, 즉 실수요가 없는 경
우에도 원화를 대가로 외화를 매입할 수 있도록 함으로써 비로소 현물환 실수
요 규제는 폐지되었다.

(13) 선물환 실수요 원칙 존치

거주자나 비거주자가 국내 외국환은행과 선물환거래를 하고자 하는 경우
에는 실수요증빙을 제출하여야 하고, 외국환은행은 그 실수요 범위 내에서만
선물환거래에 응해줄 수 있었다.

이러한 선물환 실수요 원칙은 1992년 법 개정시에도 존치되었다가, 우리
나라가 외환위기를 겪은 후인 1999. 4월에 가서 폐지되게 된다.

"이 원칙은 오랫동안 외부 투기세력으로부터 국내 외환시장을 방어하던
중요한 안전장치의 하나였고 사실상 1997년 아시아 외환위기시 외부의 헤지펀
드 등이 한국외환시장을 직접 공격할 수 없었던 안전판의 하나로 작용하였다."

는 분석이 있다[12]. 이 규제가 환투기 세력의 시장 참여를 억제하는 기능을 한 것은 사실일 것이다.

(14) 외자도입법 존치하여 3개법 체계로

일본의 1980년 외환법은 '外資に關する法律'을 흡수하여 단일법 체계로 개편되었으나 이것은 우리나라에서는 반영되지 않았다. 이에 따라 우리나라의 외환규범은 외국환관리법, 대외무역법, 외자도입법의 3개법 체제가 유지되었다.

1992년 당시의 우리나라의 '외자도입법'(1966.8.3.~1997.1.12.)은 '외자도입촉진법'(1960.1.1.~ 1966.8.2.)을 계승한 것으로, 이 후 '외국인투자 및 외자도입에 관한 법률'(1997.1.13.~1998.9.15.)이 되었다가, '외국인투자촉진법'(1998.9.16.~현재) 제정 당시 공공차관 관련 부분을 외환법으로 이관하고 외국인직접투자 부문만 규율하는 것으로 하여 현재에 이르고 있다.

(15) 국내 주식시장의 대외개방

1992. 1월에는 역사적인 한국 주식시장의 대외개방이 이루어졌다. 이로써 국내 상장주식에 대하여 종목당 10%를 한도로 외국인투자자(비거주자와 외국인 거주자)가 국내 은행 및 증권회사에 '투자전용계좌'을 열고 이 계좌를 통하여 투자자금을 움직이기만 하면, 허가나 신고수리를 받아야 하는 의무 없이 자유롭게 취득할 수 있도록 하였다. 일본의 '지정증권회사를 통한 취득'과 같이 모니터 목적 위주의 관리방식을 택한 것이다.

1981년에 최초로 외국인전용 수익증권 발행의 형식으로 비거주자의 국내 증권투자가 시작된 이래, 1984. 7월에는 뮤추얼펀드 형식의 Korea Fund 에 의한 투자가 이루어졌고, 국내 기업들의 성장 잠재력이 세계의 주목을 받으면서 1992. 1월의 주식시장 개방으로 이어졌다.

우리나라 주식시장 개방은 대단히 성공적인 작품으로, 이후 1994. 6월에는 주식뿐만 아니라 국공채 투자가 허용되고, 1998. 7월에는 비상장주식 및 비상장채권에 대한 투자가 허용되었다.

당초 주식 종목당 10%로 제한되었던 투자한도는 1998. 5월에 한도가 폐지될 때까지 6차례에 걸쳐 조금씩 확대되었는데, 그때마다 투자한도까지 꽉 채워

---

12) 김용덕, 아시아 외환위기와 신국제금융체제, 박영사(2007), 106p

투자자금이 유입되는 등 우리나라 주식시장 개방은 우리의 외화유동성을 풍부하게 하는데 효자 역할을 하였다.

(16) 외국환업무 지정기관제도

일본의 "지정증권회사"가 우리나라에 와서 "외국환업무 지정기관 제도"가되었다. 일본의 "지정증권회사"는 ① 거주자 또는 비거주자의 자산운용 목적의 증권거래를 용이하게 하도록 하기 위하여, 그리고 ② 증권투자자금의 환전과 관련한 포괄적 허가를 주기 위하여 마련한 것이다.

우리나라에서도 마찬가지로 목적으로 도입되었지만 그 접근 방식이 상당히 다르다. 일본에서는 '증권회사가 외국환업무를 수행할 수 있다'는 인식은 없었다. 증권회사에 고객 투자금 환전 행위를 허용해 줄 필요가 있는데, 그렇게 하기 위하여 건 별 허가를 내주는 것은 매우 번거로운 일이므로 포괄적 허가를 해 줬을 뿐이고, 여전히 외국환업무에 대한 배타적 업무영역은 은행에 귀속되어 있었다. 이것은 외국환공인은행제도를 취하고 있는 일본 외환법 체계와 일치하는 것이다.

그런데 이것이 우리나라에 와서는 '증권회사도 외국환업무를 수행할 수 있다'는 식으로 바뀌었고 더 나아가 보험회사, 단자회사, 리스회사도 정부로부터 가능한 외국환업무의 지정을 받으면 모두 외국환업무를 할 수 있다는 식으로 바뀌었다. 즉, 우리나라에서는 외국환업무가 외국환은행의 배타적 영역이어야 한다는 생각은 매우 희박하게 된 것이다. 이러한 생각의 차이는 이후에 우리 외환법이 일본 외환법과 많아 달라지는 계기가 된다.

(17) 금융선물거래를 자본거래의 한 유형으로 추가

일본의 1980년 법 개정시에는 문제가 되지 않았던 것인데, 이후 일본의 금융자유화가 급속히 진전되어 일본 거주자가 자산운용 목적으로 보유하는 외화자산 및 외화부채가 상당 규모에 이르게 되었고, 이에 따라 기초자산의 이자율변동위험과 환변동위험을 회피하기 위한 거래도 크게 늘어나게 되었다.

이에 일본은 1987. 11월에 이르러 이러한 목적의 여러 거래를 "금융선물거래"라 칭하고 이에 대한 법률 정비에 착수하였다. 이에 따라 금융선물거래업자에 대한 규제, 금융선물거래소의 창설, 해외금융선물거래에 대한 제한 폐지

등의 조치를 취하였다.

이를 참고하여, 우리나라에서도 1992년 외환법 개정시 금융선물거래에 대한 효율적인 관리체계를 마련하기 위하여 금융선물거래에 대한 관리 근거를 명시하였다. 과거에는 '채권' 및 '증권'의 자본거래 항목에서 포괄적으로 규율되던 것을 별도로 분리하여 규정한 것이다.

(18) 벌칙으로 몰수·추징 및 과태료 추가

1992년 외환법에서는 외환법을 위반한 자에 대하여 종래의 징역, 벌금에 추가하여 몰수·추징을 필요적 사항으로 병과하였다. 그리고 종래 외국환은행에만 부과되던 과태료를 일반 거래당사자에까지 확장하여 부과하였다.

4. 1992년~1999년

1992년에 외환법을 전면 개정한 정부는 이후 몇 건의 완화 조치와 함께 1996년에 다시 외환법을 개정하여 추가적인 자유화 조치를 단행하였다. 이러한 조치들은 우리나라가 1996. 12월에 OECD에 가입하기 위한 준비로서 이행된 측면이 강하다.

그런데 우리나라는 당시 선진국클럽으로 인식되어 오던 OECD 가입이라는 축포를 쏘아 올리고 나자마자 채 1년이 안되어 외환부족으로 인한 국가부도사태를 맞게 된다.

이렇게 된 이유는 무엇일까? 1997년 외환위기의 원인에 대하여는 수 많은 자료가 있다. 정부차원에서도 책임 규명과 책임자 처벌을 위한 조사가 있었고, 학계, 언론계에서도 먼 원인부터 가까운 원인까지 다양한 문제점들이 원인으로 지목되었다.

필자는 당시 한국은행 국제부 외환시장과 및 외환심사과에 근무하고 있었으므로 개인적인 경험이 없을 리 없다. 필자의 소견으로 1997년의 우리나라 외환위기는 다음 두가지가 직접적인 도화선이 되었다고 생각한다.

경상적자가 1994년(−45.3억 달러), 1995년(−89.5억 달러)에 이어 1996년에 들어와서는 급속히 치솟기 시작하여 결국 −230억 달러로 마감하였다. 당시 반도체가격의 수출단가 하락이 치명적이었다. 그러나 정부에서는 이러한 적자규모를 별로 대수롭지 않게 생각하였다. 왜냐하면 1992년 개방된 국내주식시장으로 외국인투자자의 투자자금이 쏟아져 들어와 경상적자 부분을 메꾸고 있었기 때문이었다.

그리고 다음으로 일본 금융기관이 우리나라 종금사와 은행에 대한 외화대출 만기연장을 거부하면서 우리나라가 유동성 위기의 직격탄을 맞게 되었다. 그렇다면 일본은 왜 한국에 대한 외화대출을 중단한 것일까? 당시 일본에 그럴만한 사정이 있었다.

1990년부터 부동산거품이 꺼지기 시작한 일본은 1995년부터 부동산을 담보로 대출을 취급한 금융기관들의 손실규모가 확대되기 시작하였다. 이어 1997. 11월에는 명망있는 야마이치증권과 북해도척식은행이 파산을 선언하는 등 은행위기라고 부를만한 상황에 이르게 되었다. 이런 상황하에서 일본의 은행들도 자산을 줄이는 구조조정에 들어갔고 한국계 금융기관에 돈을 빌려줄 여력이 안되었던 것이다.

당초 '잃어버린 10년'이라고 불렸다가 '잃어버린 30년'으로까지 확대되어 불리는 일본 경기침체의 원인으로 지목된 '거품 붕괴'가 요란하게 파열음을 낸 시점이 바로 1997년 이었던 것이다.

우리나라에서는 흔히 외환위기의 먼 원인으로 기업과 금융기관의 문제점(예를 들어 기업의 과도한 부채비율과 중복과잉투자, 금융기관의 자산부채 만기 미스매칭 등)을 들고 있으나, 이는 다 맞는 말이지만 개발도상국 들은 모두 이런저런 문제점을 가지고 있는 것이므로 이것들이 특별한 이유가 될 수는 없다.

또한 가까운 원인으로 동남아 국가(태국, 필리핀, 말레이시아, 인도네시아, 홍콩)들의 통화위기의 전염을 들고 있으나 필자가 보기에 1997년 우리나라에 외국 환투기 세력의 공격이 있었다는 증거는 없다. 당시에 현물환이든 선물환이든 외국 환투기세력이 국내 외환시장에 진입하는 것 자체에 제한이 있었다.

그리고 단기자본의 급속한 유출이 유력한 원인으로 지목되고 있으나 실제로 통계를 보면 1997년에 우리나라에서 단기자본, 즉 외국인주식투자자금이 급속히 유출된 정황은 보이지 않는다.

〈표 3-2〉 1997년 외국인 주식투자자금 유출입 추이[13]

(단위 : 억달러)

	1월	2월	3월	4월	5월	6월	7월	8월	9월	10월	11월	12월	계
유입	11.8	7.8	7.2	6.4	20.3	16.8	11.8	8.0	7.7	7.6	10.5	10.5	126.4
유출	6.2	7.9	10.1	7.5	7.5	8.5	9.6	8.4	11.5	15.4	18.1	7.1	117.8
순유입	5.6	−0.1	−2.9	−1.1	12.8	8.3	2.2	−0.4	−3.8	−7.8	−7.6	3.4	8.6

우리나라는 1997.11.21. IMF에 백기투항하고 경제주권을 넘겨주게 된다. IMF로부터 돈을 빌리는 조건으로 IMF가 요구하는 모든 요구사항을 이행하여야 했다.

IMF와 우리 정부가 합의한 'IMF 자금지원 경제프로그램 양해각서'[14] 에는 크게 보아 거시정책, 금융구조조정, 기업지배구조 개선, 자본자유화에 관한 사항이 담겨 있는데 이 중 자본자유화, 즉 외환규제와 관련한 조치요구사항은 다음과 같다.

2. 자본자유화

현재의 자본자유화 일정은 다음 사항에 관한 단계적 조치를 통해 앞당겨져야 함

① 외국인주식투자한도는 1997년말까지 50%까지, 1998년말까지는 55%까지 확대
② 외국은행이 국내은행 주식을 4% 초과하여 매입하고자 할 경우 감독당국의 승인이 필요 한 바, 은행부문의 효율성과 건전성 제고에 도움이 된다면 이를 허용
③ 외국인의 국내 단기금융상품 매입을 제한 없이 허용함
④ 국내 회사채시장에 대한 외국인투자를 제한 없이 허용
⑤ 외국인 직접투자에 대한 제한은 절차간소화를 통하여 더욱 축소되어야 함
⑥ 민간기업의 해외차입에 대한 제한 철폐

---

13) 김용덕, 반복되는 금융위기, 삼성경제연구소(2010), 68p에서 재인용. 이 책의 표에서는 합계 계산이 잘못되었으므로 수정하여 인용하였음.
14) 강만수, 현장에서 본 한국경제 30년, 삼성경제연구소(2005), 480p~484p

IMF로부터 조치요구서를 받아 든 정부는, 1998. 6월에 외환거래를 2단계에 걸쳐 전면 자유화하는 계획을 발표하고, 1998. 7월 외국인의 국내증권투자를 완전히 자유화하는 조치를 취하였다. 그리고 1999. 4월에는 제1단계 외환자유화 조치로서 「외국환관리법」을 폐지하고 「외국환거래법」으로 대체하는 입법을 단행하였다.

아울러 1997. 12월 외환보유액을 아무리 퍼부어도 더 이상 방어가 어려운 환율에 대하여 그 일일 변동제한폭을 폐지함으로써 완전한 자유변동환율제로 이행하였다.

외환위기를 맞은 나라의 정부가 외환통제 대신 외환자유화를 추진하였다는 것은 굉장히 이례적인 일이다. 당시 정부당국자들이 외환관리 측면의 고려를 하기나 한 것인가 하는 의문도 있다. 그렇지만 우리 정부는 IMF 요구를 계기로 하여 그동안 스스로도 불합리하다고 여겼던 외환규제를 대폭 완화할 기회로 삼은 것으로 보인다.

한편, 일본은 1995. 11월부터 외국환등심의회(外国爲替等審議會)를 중심으로 일본의 외환법을 근본적으로 재검토하는 작업에 착수한다.

이 작업에 착수한 배경은 1980년대 후반 들어 유럽 각국이 EU 통합을 위하여 대외거래의 자유화를 급속히 진전시킨 결과, 일본이 상대적으로 대외거래에 대한 규제가 많은 나라가 되었고, 이러한 상황이 일본의 기업과 금융기관이 다른 선진제국의 기업이나 금융기관과 경쟁하는 데 있어서 혹시나 저해요인이 되는 것이 아닌가 하는 우려 때문이었다.

이러한 준비작업에 박차를 가하게 된 것이 1996.11.11. 하시모토 총리의 금융시스템 개혁에 대한 지시였다. 하시모토 총리는 일본의 금융ㆍ자본시장을 2001년까지 뉴욕과 런던의 그것과 같은 수준으로 만들도록 내각에 주문하였다. 이 금융시스템 개혁은 나중에 소위 일본판 "금융 빅뱅"이라고 불리운다.

이에 외국환등심의회에서 1997.1.16. 최종적인 검토안을 마련하였고, 1997.5.16. 외국환및외국무역관리법을 개정하는 법률안이 국회에서 가결되었고, 1997.5.23. 공표되어, 1998.4.1.부터 시행되었다.

이 개정 법률에 의하여 일본은 사실상 외환관리를 폐지하였다. 먼저 법률의 제목에서부터도 "관리"라는 문자를 삭제하여 "외국환 및 외국무역법"으로 하였다. 외환관리를 폐지하였다는 취지의 상징적인 표현이다.

개정법에 의하여 일본은 ① 외환거래와 관련한 허가/사전신고제를 원칙적으로 폐지하고(예외적으로 대내외직접투자와 관련하여 일부 업종에 대한 사전신고 및 일부 용역거래에 대한 허가제는 존치), 더 나아가 ② 외국환공인은행제도, 지정증권회사제도, 양체상(환전상)제도를 폐기하여 어느 누구나 이들을 통할 필요 없이 직접 자유롭게 외환거래를 할 수 있도록 하였다.

사실상 외환법 자체를 폐기하여도 될 수준의 과감한 개혁이었다고 할 수 있다. 그러나 외환법을 그대로 둔 이유는 최소한 대외거래의 실태파악을 위한 사후보고제도만은 유지하여야 했기 때문이다.

가. 1996년 이전의 규제완화 조치

(1) 비거주자자유원계정의 신설

우리나라는 1993. 10월에 이르러 '비거주자 자유원계정'이라는 것을 신설하였다. 그 전까지는 '비거주자 원화계정' 밖에 없었다.

정부는 이 계정을 만든 이유를 이를 통하여 대외거래의 원화 결제를 가능하게 하려는 것으로 설명하고 있다. 실제로 이 계정에 예치하거나 인출하는 방식으로 10만불 이하의 원화표시 수출입 거래대금을 결제할 수 있도록 허용하였고, 이 방식에 의하는 경우에는 지정통화 규제의 예외로 인정해 주었다. 이로써 원화 국제화의 일보를 내딛은 것으로 정부는 홍보하였다.

이 "자유원"이라는 용어는 낯설지 않다. 일본 외환법의 "자유엔(自由円)"에서 따온 것이기 때문이다. 그런데 이 용어가 쓰이는 맥락은 전혀 다르다.

일본의 경우에는 IMF협정 제8조에서 요구하는 free convertibility를 보장한다는 취지를 강조하려는 목적으로 "자유엔(自由円)"이라는 명칭을 붙여 1960. 7월 '비거주자자유엔계정 (非居住者自由円勘定)'을 신설하였다. 이는 대외거래의 엔화결제 허용과는 무관한 것이었다.

그 후 1980년 외환법 개정을 기회로 자유엔이 아닌 보통엔계좌의 존재가 not-free Yen이 있다는 인상을 대외적으로 주게 되어 불필요한 오해의 소지가 있었다고 판단하여 자유엔계좌와 보통엔계좌의 구분을 없애고 모두 비거주자엔계정(非居住者円勘定)으로 호칭한 것이다.

그런데 우리나라에 있어서는 "자유원"이라는 용어가 자유환전 및 대외송금의 보장이라는 것 보다는 원화 국제화와 관련된 것으로 운용되어 왔다.

우리의 '비거주자 자유원계정'과 '비거주자 원화계정'은 동 계정들에 예치된 자금의 대외송금과 관련한 screening이 동 계정에 예치하기 전에 이루어 있는지(자유원계정), 동 계정에서 인출하여 송금할 때 이루어지는지(원화계정)의 차이, 즉 선후의 차이만 있을 뿐 환전 및 송금과 관련한 규제내용은 다르지 않다.

(2) 현물환 실수요 원칙 폐지

정부는 1994.2.25. '국제화촉진을 위한 외환관련 통첩'을 발하여 거주자가 거주자계정에 예치할 목적으로 외국환을 매입하는 경우에는 실수요 여부를 묻지 않도록 하였다. 이에 따라 환차익을 얻을 목적의 대규모 현물환매매도 가능하게 되었다.

한편 동일자로 거주자가 소지할 목적으로 최근 3개월간 외화매각실적 범위 내에서 외화를 매입할 수 있도록 하였다. 이어 1996.6.1.에는 매각실적이 없는 경우에도 2만 달러 이내에서 거주자의 소지목적 외국환매입을 허용하였다가 2001.1.1. 거주자의 소지목적 외화매입한도(2만 달러)를 폐지하였다.

'소지할 목적'의 현물환 매매는 2001년에 가서야 완전히 자유화 되었으므로 현물환 실수요 원칙이 공식적으로 폐지된 것은 2001년이라고 할 수 있다. 그렇지만 소지목적으로 외화를 매입하는 수요는 거의 없을 것이고 대부분의 경우에는 외화가치 상승을 기대하고 매입하여 거주자계정에 예치하는 것일 것이므로 사실상 1994.2.25.에 현물환거래 실수요원칙은 폐지되었다고 할 수 있다.

나. 1996년 외환법 개정의 주요내용

1996년의 외환법 개정은 우리나라가 OECD에 가입함에 있어서 국제사회의 개방 요구에 부응하기 위한 것으로 알려져 있다. 1993. 2월 출범한 김영삼 정부는 동년 4월 'OECD가입 실무위원회'를 발족하여 OECD 가입을 추진하고 협상을 벌여왔던 것이다.

(1) 지정통화제 폐지

이때에 이르러서야 대외거래의 결제통화를 제한한 외환법 제5조(통화의 지정)가 폐지되었다. 이에 따라 원화의 대외결제 사용을 막는 규정은 사라졌다.

그렇다면 이 법 개정으로 인하여 원화 대외결제가 자유롭게 된 것일까? 마땅히 그래야 하지만, 1993. 10월에 만든 '비거주자 자유원계정'의 존재가 이러한 해석을 어렵게 만들었다.

'비거주자 자유원계정'은 이 계정을 통하여 대외거래의 원화 결제를 '허용'하려는 취지인 만큼, 이 계정을 통하지 않은 원화결제는 계속 금지되는 것으로 해석되는 것이 가능했고, 실제로 이러한 해석은 지금까지 계속되고 있다.

(2) 외환집중제 폐지

이때에 이르러 우리나라의 외환집중제는 공식적으로 삭제되었다. 매각방식이 아닌, 예치방식의 외환집중제는 굳이 법령에서 의무화하지 않더라도 거주자들은 외화를 국내은행에 예치하기 마련이므로 큰 의미가 있는 것은 아니었으나 어쨌든 상징적인 의미의 외환집중제 마저도 이 시점에 와서는 폐지되었다.

(3) 단순신고제 도입

1996년 외환법 개정의 가장 큰 특징은 단순신고제의 도입이라고 할 수 있다. 우리법 표현으로는 그냥 "신고"라고 되어 있지만 그 의미는 일본의 단순신고(單純屆出)제를 차용한 것으로 신고서의 제출만으로 외환당국의 수리(受理)처분을 기다리지 않고 신고의무가 종료되는 것을 의미한다.

이에 의하여 우리나라의 규제 방식은 허가제/신고수리제에서 허가제/신고수리제/단순신고제의 3가지로 개편되었다. 이 법 개정에 따라 하부 시행령과 규정에서도 신고수리의 대상과 단순신고의 대상을 분별하는 작업이 이루어졌다.

그러나 어떻게 된 영문인지 알 수 없지만, 우리나라에서의 단순신고제는 실무에서는 집행되지 않았다. 법에 어떻게 규정되어 있던지 관계없이 우리나라의 "신고"는 모두 "신고수리"로 취급되어 외환당국의 수리처분이 있어야만 신고의무가 이행되는 것으로 해석되고 집행되어 지금에 이르고 있다. 이러한 업무 취급은 재무부, 한국은행, 외국환은행 모두 공통된 것이었고, 이러한 사실을 잘 알고 있는 정부에서도 이를 시정하려는 노력은 하지 않았다. 어떻게 된 일일까?

일본에서의 단순신고(單純届出)는 전적으로 대외거래의 실태파악을 위한 통계작성 목적으로 요구 되어지는 것이다. 다시 말해서 외환통제 목적으로 행하여지는 것은 아니라는 것이고, 만약 다른 방식으로 대외거래의 실태파악이 가능하다면 거래당사자에게는 요구되지도 않았을 그러한 것이다.

그러나 우리나라에 있어서는 단순신고제를 도입함에 있어서 이러한 입법취지가 명확하지 않았다. 이에 따라 당장은 외환통제가 필요하다고 생각되는 부분에 있어서도 단순신고제가 도입되었는데, 이는 대외적으로 우리나라의 자유화 의지를 천명하는 데는 도움이 되었을지 모르지만, 실제 외환 법규를 집행하는 정부를 포함한 외환당국에서는 이러한 단순신고제의 유효성에 대하여 스스로도 납득할 수 없었던 것이 아닌가 싶다.

그 결과 법규의 문언과 실무가 불일치하는 표리부동한 상태가 현재까지 이어지고 있다. 우리 외환법의 대표적 난맥상 중의 하나이다.

(4) 행정상 제재를 규정에서 법으로 올려 규정

외환법상 신고의무 등을 위반한 거래당사자에 대한 제재로서 형사처벌, 과태료 외에도 경고, 거래정지 등의 제재가 종래에도 외국환관리규정에 규정되어 운용되어 왔다.

1996년 개정 외환법에서는 이러한 제재의 근거를 규정보다는 법률에 두는 것이 옳다는 판단 하에 법에 "행정처분"이라는 제목의 조문을 신설하였다.

다. 1999년 외국환거래법 제정의 주요내용

정부는 IMF의 권고를 받아들여 1998. 6월 '외국환거래 자유화방안'을 발표하고, 이 방안에 따라「외국환관리법」을 폐지하고「외국환거래법」으로 대체하는 법안을 준비하였다. 이 법안은 1998.9.16. 국회를 통과하여 1999.4.1. 시행되었다.

법의 명칭에서 "관리"라는 문구가 삭제되고 "거래"라는 문구로 대체된 만큼, 외환관리라는 측면의 규제는 더 이상 하지 않는 것이고 대신 대외거래를 규율하는 법으로 법의 성격이 바뀐 것일까? 그러나 법의 내용을 보면 그런 것으로 보이지는 않는다. 법 명칭의 변경에도 불구하고 구 외국환관리법의 규제가 거의 그대로 존속되었기 때문이다.

(1) 외국환은행에서 외국환업무취급기관으로

1999년 법의 가장 큰 특징은 종래 외환 관리의 근간이 되어 왔던 '은행'의 자리에 은행뿐만 아니라 증권사, 보험사, 리스사, 카드사, 신용금고 등 모든 '금융기관'을 위치시켰다는 점이다. 이에 따라 종래 "외국환은행"이라고 부르던 것은 "외국환업무취급기관"으로 바뀌어 불리게 되었다.

정부는 외환자유화 측면에서 외국환업무를 취급할 수 있는 기관을 은행뿐만 아니라 모든 금융기관으로 확대한다는 취지라고 설명하고 있다. 이러한 생각은 타당한 것일까?

종래 "외국환은행"이라고 칭하며, 은행에 대외거래의 적법성에 대한 확인, 행정사무의 처리 및 대외거래 실태 보고 업무를 담당하도록 한 것은 은행이 '은행'이었기 때문이었지 '금융기관'이었기 때문이 아니었다.

거주자들이 대외거래의 결제를 위하여는 원하지 않아도 은행창구에 가야만 했고, 따라서 은행 창구에 외환관리 목적의 차단기를 설치하는 것이 가장 효과적이고 효율적이라는 매우 타당한 판단에 따른 것이었다.

따라서 외환관리 목적으로 외환법의 적용대상자를 분류해 본다면 '은행'과 '은행이 아닌 자'로 구분될 뿐이어서 은행이 아닌 금융기관, 예를 들어 증권사, 보험사, 리스사 등은 모두 삼성, 현대, 대우 등 일반기업과 마찬가지로 취급되어 오는 체계였다.

당초 외환법은 금융기관의 외환업무를 규제하거나 장려하려는 법도 아니었고, 금융기관의 외환업무 범위를 정하려는 법도 아니었다. 비은행 금융기관의 외환 업무 자유화가 필요하다면 이들을 "외국환업무취급기관"으로 지정하지 않아도 얼마든지 방법이 있다. 예를 들어 '기관투자가'인 금융기관은 당시에도 대외거래에 불편이 없도록 되어 있었다.

대외거래에 따른 지급결제 업무를 취급하지 않는 비은행금융기관을 '외국환업무취급기관'으로 지정하는 것이 외환관리 목적상 어떤 의미가 있는 것일까? 이들 금융기관에게 대외거래의 차단기 역할을 기대하기는 어렵다.

일본의 경우에는 1998.4.1. 외환법 개정으로 외국환공인은행제도를 폐지하여 아무나 자유롭게 외환거래를 할 수 있도록 하였는데 이 제도를 폐지할 때 폐지하더라도, 폐지하기 전까지는 한 번도 '은행'의 역할과 '은행 이외의 금융기관'의 역할을 혼동한 적은 없었다.

(2) 선물환 실수요 원칙 폐지

거주자나 비거주자가 국내 외국환은행과 선물환거래를 하고자 하는 경우에는 실수요증빙을 제출하여야 하고, 외국환은행은 그 실수요 범위 내에서만 선물환거래에 응해줄 수 있도록 한 파생금융거래 실수요 원칙은 1999. 4월에 외국환거래규정 개정으로 폐지되었다.

이 시기에 선물환 실수요 원칙이 문제가 된 것은 역외 원/달러NDF(Non Deliverable Forward) 시장의 성장 때문이다.

역외 원/달러 NDF시장은 1996년경부터 외국인의 국내주식투자자금에 대한 환위험 헤지 및 투기 목적 등으로 홍콩과 싱가포르에서 형성되기 시작하였고, 1998년 이후에는 뉴욕, 런던 등에도 원/달러 NDF시장이 형성됐다.

그런데 이들 역외 원/달러 NDF사업자는 cover 거래 목적으로 국내 외국환은행과의 거래를 원하였고, 그러나 당시의 선물환 실수요 규제로 인하여 국내 외국환은행은 이 주문을 받아 줄 수 없었다. 이에 따라 국내 외환시장에서 형성되는 환율과 역외 NDF시장에서 형성되는 환율의 괴리가 커지게 되었다.

정부가 국내 은행으로 하여금 역외 NDF사업자의 cover 거래 주문을 받아 줄 수 있도록 한 데에 어떠한 정책적 판단이 있었는지 필자는 잘 모르지만, 이 선물환 실수요 원칙의 폐기로 인하여 2000년 이후 역외 NDF거래가 원/달러 환율을 결정하는 주요변수로 부상하여, 국내외환시장에 직접적 영향을 미치고 있다.

(3) 해외직접투자 신고기관을 지정은행으로

외국환 실무에서 가장 큰 비중을 차지하고 있던 해외직접투자 신고와 관련하여 그 신고를 받아 처리하는 기관이 한국은행에서 지정거래외국환은행으로 1999. 4월 외국환거래규정 개정으로 조정되었다.

이는 신고 절차의 엄격성을 완화하는 방식에 의하여 외환거래 자유화를 도모하려는 것으로 이에 따라 정부 내에 설치된 자문기구인 '해외투자심의위원회'는 폐지되었고, 한국은행에서 해외투자 신고업무를 전담하던 '해외투자과'도 폐지되었다.

(4) 거래정지 처분을 "1년 이내의 거래정지 처분"으로

외환법상 신고의무 등을 위반한 거래당사자에게 부과되는 행정처분 중 하나인 "거래정지" 처분의 요건을 구체화하여 "1년이내의 거래정지" 처분으로 하였다. 이는 후술할 일본이 1998년 외환법에서 새로이 도입한 "1년이내의 거래정지"를 벤치마킹한 것으로 생각된다. 이에 따라 이후 이 "거래정지" 처분은 외환법 위반에 대한 주된 제재로 자리잡아 적극 활용되었다.

그러나 후술하겠지만 일본에서 이 "1년이내 거래정지" 처분을 도입한 것은 이를 일상적인 제재수단으로 삼으려는 생각은 아니었다. 일종의 가처분과 유사한 것으로 임박한 불법행위를 막으려는 의도였다.

그러나 우리나라에서는 거래정지가 일상적인 제재수단으로 도입되었는데, 예컨대 향후 외환거래를 예정하고 있지 않은 법 위반자에 대하여는 이 거래정지 처분은 아무런 불이익이 되지 않는 것이므로, 제재의 실효성에 대하여 항상 의문이 제기되어 왔다.

라. 1998년 일본 外国為替及び外国貿易法 주요내용

일본은 外国為替及び外国貿易管理法에서 "管理"라는 문자를 삭제한 개정법을 마련하여 1998.4.1.부터 시행시켰다.

이에 의하여 일본에서 외환관리 목적의 규제는 폐지되었다. 그럼에도 불구하고 이 법의 이름을 바꾸어 존속시킨 이유는 ① 일본의 외환사정 악화시 유사(有事)규제의 근거로 삼기 위한 것, ② 일본의 안전유지를 위하여 대외거래에 있어서 필요한 조치를 하기 위한 것, ③ 외국에 대한 경제제재의 근거로 삼기 위한 것, 그리고 ④ 대외거래의 실태파악을 위한 통계작성 목적의 사후보고 체제를 정비하기 위한 것이다.

(1) 내외 자본거래의 자유화

자본거래에 있어서 사전 허가제, 심사부 사전신고제는 폐지되었다. 다만, 대내·대외직접투자에 있어서 일부 업종에 한하여 심사부 사전신고제가 존치되었는데 이는 외환관리 목적이라기보다는 일본의 안전유지를 위한 것이다.

구주 각국에서 외환자유화가 진행되면서, 일본만이 자본거래의 사전 허가제, 심사부 사전신고제를 운용할 경우 내외거래의 신속한 취급에 지장을 주어 국제경쟁력에 불리한 요인으로 작용되지 않을까 하는 우려에서 폐지하게 된 것이다.

이에 의하여 예를 들어, 일본기업이 해외 은행에 자금을 예치하여 두고 결제를 한다든지, cash management service를 이용 한다든지, 거주자 또는 비거주자를 상대로 외화매매를 한다든지 하는 등의 거래에 어떠한 제한도 없게 되었다.

다만, 자본거래에 대하여 사후보고가 필요한 경우가 있는데 이는 외국환공인은행제도가 폐지됨에 따라 시장참가자로부터 대외거래의 정보를 구할 수밖에 없는 경우에 부득이하게 부과되는 것이다.

(2) 외국환업무의 자유화 및 외국환공인은행제도의 폐지

외국환공인은행제도는 일본 외환관리의 버팀목이 되어 온 것으로 대외지급·영수의 창구가 되는 은행을 활용하여 ① 대외거래의 실태를 파악하고, ② 대외거래의 적법성 확인 및 ③ 신고 등 행정사무를 분담시키는 것에 의하여 외환관리 목적 달성에 크게 공헌해 온 제도이다.

그러나 동경을 뉴욕, 런던과 버금가는 국제금융센타로 육성한다는 원대한 목표를 가지고 모든 개인, 기업으로 하여금 외환업무에의 자유로운 진입, 퇴출을 보장하여 동경 외환시장을 활성화시킬 목적으로 폐지를 단행하였다.

이와 함께 兩替商(환전상)제도 및 지정증권회사제도도 폐지되었다. 즉 외국환업무에 착안한 규제는 모두 철폐되어, 모든 시장참가자가 자유롭게 외국환업무로의 진입, 퇴출이 가능하게 되었다.

또한, 지불방법에 대한 규제 역시 폐지되었다. 종래 외국환공인은행제도를 지탱하기 위하여 대외 지급·영수가 은행을 통하지 않은 방법으로 행해지는 경우에는 지급 방법의 관점에서 규제가 행해졌으나, 외국환공인은행제도를 폐지하는 이상 지급방법에 대한 규제는 불필요하게 된 것이다.

이에 따라 대차기에 의한 결제, 상계, ため払 방법에 의한 지불이 자유롭게 되었고, 글로벌 다국적 회사들이 주로 이용하는 multi-netting 방식에 의한 결제 등을 자유롭게 할 수 있게 되었다.

(3) 사후보고제도의 정비

외국환공인은행제도의 폐지로 인하여 대외거래의 실태파악이 어렵게 되었다. 예를 들어, 개정법 하에서는 일본 거주자가 일본내 은행을 이용하지 않고, 외국의 은행을 주거래은행으로 삼아 외국 계좌로부터 대외거래에 따른 지급을 행하는 것이 가능하게 되었다. 일본 외환당국은 종래 같으면 일본내 은행으로부터 모든 대외지급에 관한 정보를 취합할 수 있었지만, 새로운 체제 하에서는 거래당사자로부터 직접 보고를 받지 않는 한, 대외지급에 관한 정보를 파악할 방법이 없게 되었다.

이에 따라 외국환공인은행제도를 유지할 때에 비하여 훨씬 많고 복잡한 사후보고 의무가 거래당사자에게 부과되었다. 금융기관이 아닌 개인과 법인에 대하여는 다음과 같은 사후보고가 요구되었다.

〈표 3-3〉 금융기관이 아닌 개인과 법인의 사후보고 종류

구 분		보고의무자	내 용
지불 등에 관한 보고		거주자 개인/법인	다음 두가지로 대별됨 (1) 은행 등을 통한 경우 보고서 (2) 은행 등을 통하지 않은 경우 보고서 　　외국은행으로부터 지급한 경우, 상계한 경우, 현금을 전달한 경우 등 다만, 일정금액(2021년 현재 3천만엔) 이상의 것에 한함
거래에 관한 보고	자본거래	거주자/ 비거주자	거주자에 의한 유로채의 발행·모집, 비거주자에 의한 국내채의 발행·모집, 거주자에 의한 해외부동산 투자 등은 거래 또는 행위가 행하여지는 때 마다 보고가 필요

대외직접 투자	거주자	거래금액 10억엔 미만은 제외
대내직접 투자 등	외국투자가	외국투자가가 일본 회사의 주식 또는 지분을 취득하는 경우
기술도입 계약의 체결 등	거주자	거주자가 비거주자로부터 특허권, 상표권 등의 공업소유권의 양도를 받는 경우 등
개별 업무에 관한 보고	거주자/ 비거주자	아래의 회사 또는 개인은 투자대상 법인의 재산상황 및 특정업무에 대한 수지상황을 정기적으로 보고하여야 함 (1) 외국법인에 10% 이상 출자하고 있는 자 (2) 외국법인 등으로부터 10% 이상 출자를 받고 있는 회사 (3) 해외에 예금을 가지고 있는 자 (4) 해외에서 증권을 발행한 회사 (5) 특정업무를 영위하는 회사(항공회사, 선박회사, 손해보험회사)

은행, 증권회사, 보험사 등 상당 규모 이상의 외국환업무를 하는 자에 대하여는 '외국환업무에 관한 사항의 보고'를 하도록 의무를 지웠다.

외국환업무에 관한 사항의 보고서

- 특별국제금융거래계정(JOM)에의 자금의 운용조달상황보고서
- 자산부채상황보고서
- 파생상품거래에 관한 보고서
- 대부채권의 매매에 관한 보고서
- 외국통화 또는 여행자수표의 매매에 관한 보고서
- 대부의 실행 등의 상황에 관한 보고서
- 비거주자에 대한 대부의 실행 등의 상황에 관한 보고서
- 증권매매계약상황 등 보고서
- 증권의 조건부매매상황 보고서
- 증권의 대차 담보금의 거래상황보고서
- 증권의 대차거래의 잔액에 관한 보고서
- 대외지불수단 등의 매매에 관한 보고서

> - 은행등의 비거주자등에 대한 국별 채권채무에 관한 보고서
> - 국별 대외채권 잔액보고서
> - 외화증권에 대한 투자 잔액에 관한 보고서
> - 엔화표시 외채에 대한 투자 잔액에 관한 보고서
> - 거주자 발행 엔화증권에 대한 투자 잔액에 관한 보고서
> - 할인방식으로 발행된 공채 또는 사채의 보유 잔액에 관한 보고서
> - 이자, 배당금 또는 수수료 등의 지불 또는 지불의 수령에 관한 보고서
> - 증권거래와 관련한 예치금 등에 관한 보고서

(4) 경제제재 등 국제적 요청에의 대응

일본이 국제사회의 요청에 응하여 외국에 대한 경제제재를 기민하고 효과적으로 실시할 수 있는 메커니즘을 확보하기 위한 법 정비가 행하여졌다.

이를 위하여 외환법에 경제제재 조치로서 ① 지급·영수에 관한 규제와 ② 거래 또는 행위에 관련된 규제를 규정하였다. ①에 해당하는 것으로 경제제재국에 대한 지급·영수를 허가제로 하는 것(이른바 자산동결조치)이 규정되었다. ②에 해당하는 것으로는 경제제재국과 하는 자본거래(대외직접투자 등 포함)를 허가제로 하는 조치(이른바 투융자규제), 경제제재국과의 사이의 서비스거래 또는 중개무역을 허가제로 하는 조치, 및 경제제재국과의 수출 또는 수입을 승인제로 하는 조치가 규정되었다. 또한 상기 제재조치를 실시를 위하여 필요하다고 인정되는 경우 경제제재국으로 향하는 지불수단 및 증권의 수출입을 허가제로 하는 조치도 가능하도록 하였다.

한편, 경제제재의 실효성을 확보하기 위하여 은행 등에 대하여 대외지급·영수에 있어서 적법성 확인 의무를 부과하였다. 그러나 일본의 은행 등 금융기관이 적법성 확인 의무를 아무리 잘 이행한다고 하여도, 거주자가 일본내 은행 등을 통하지 않고 대외 지급을 해버린다면 이를 차단할 방법이 없다. 이것도 역시 외국환공인은행제도를 폐지함에 따라 발생하는 일이다.

이에 따라 일본의 은행 등에 의한 적법성 체크를 경유하지 않는 방식으로 지불 등을 하여 허가 의무를 위반한 자에 대하여는 1년을 한도로 하여 일본으로부터 외국으로 향하는 지불 및 비거주자와의 사이에 하는 지불 등을 제한하는 행정처분이 가능하도록 하였다.

이 거래정지 처분은 단순히 지불 등의 허가 의무를 위반하였다는 이유로 발동 되어지는 것이 아니고, 그 위반자가 이후에도 똑같은 위반을 반복할 우려가 있다고 인정되는 경우에 그 재발방지를 위하여 발동되는 것으로 규정하고 있다.

(5) 대외 · 대내직접투자 제한업종

1998년 법 개정에 의하여 종래 원칙 심사부 사전신고가 필요하였던 대외직접투자도 사후보고로 갈음하게 되었다. 그러나 ① 어업, ② 피혁 및 피혁제품 제조업, ③ 무기 제조업, ④ 무기제조관련 설비 제조업 ⑤ 마약 등 제조업종에 대하여는 심사부 사전신고제를 유지하였다. 이는 국제적 평화 및 안전, 공공질서 유지를 위한 것이다.

대내직접투자에 대하여는 1992.4.1. 외환법 개정시 심사부 사전신고제에서 원칙 사후보고제로 이행된 바 있는데, 이 체제가 계속 유지되었다. 1992.4.1. 외환법 개정에 의하여, 심사부 사전신고의 대상이 되는 대내직접투자는 ① 일본이 OECD자본이동자유화 규약에 따라 자유화를 유보한 업종(농림수산업, 석유업, 피혁 또는 피혁제품제조업, 항공운수업, 해운업), ② 동 규약에 의하여 규제가 허용된 국가의 안전에 관련된 업종(무기, 항공기, 원자력, 우주개발산업, 군사전용 개연성이 높은 용품 제조업 등) 및 ③ 상호주의 관점에서 일본과의 사이에 대내직접투자에 관한 조약이 체결되지 않은 국가 또는 지역으로부터의 대내직접투자에 한정되고 있다.

5. 2000년~현재

2000년 이후 현재에 이르기까지 우리나라 외환규제 체계는 큰 틀에서의 변화없이 지속되어 왔다. 이는 1997년 외환위기 직후에 외환자유화를 강력하게 천명한 정부의 태도에 비추어 본다면 의외의 상황이라고 할 수 있다.

정부는 매년 이런저런 자유화 조치를 취하였으나, 이러한 조치들은 대부분 한도 · 기준 금액을 증액 또는 폐지한다거나, 신고면제사유를 추가하는 것 등이어서 외환 규제의 근본 틀에 대하여는 거의 손을 대지 않았다.

규제의 틀을 그대로 가져가면서 대외거래의 불편을 호소하는 민원이 발생

하면 그 사안을 신고면제사유로 추가하는 방식으로 그때그때 문제를 덮고 넘어
가는 식의, 소위 땜질식 입법이 계속되었다. 이에 '외국환거래규정집'은 점점 두
꺼워져 2001년에 115page였던 규정집이 2020년에 와서는 197page가 되었다.

　우리 정부가 당초의 계획과 달리 외환자유화를 과감하게 추진하지 못한
데에는 2008년 금융위기 상황도 한 몫을 하였을 것으로 생각된다. 미국의
subprime mortgage loan 부실사태에서 촉발된 전세계 금융위기는 우리나라에
도 환율 폭등이라는 외환시장 불안정사태를 야기하였다.

　그러나 엄밀히 말하면 2008년 금융위기는 외환위기는 아니었다. 당시 우
리나라 외환보유액은 충분하였기 때문이다. 우리나라 외환시장이 대외변수에
매우 취약하다는 것을 보여줬을 뿐이다. 외환시장의 취약성에 대하여는 외환시
장 대책으로 대응하면 될 일이었다. 그럼에도 불구하고 '자라보고 놀란 가슴
솥뚜껑 보고도 놀란다'고 정부는 잔뜩 위축되어 외환자유화 추진의 동력을 잃
고 만게 아닌가 싶다.

　한편 1999. 4월 법개정으로 비은행금융기관이 과거 외국환은행의 자리에
들어오면서 외국환거래규정은 점점 더 난해 해지고 어지러워져 갔다. 비은행금
융기관이 취급 가능한 '외국환업무'를 규정해야만 하게 된 외환법은 해당 비은
행금융기관의 '업법'이 해야 할 역할까지 떠맡게 되었는데, 이는 애당초 불가능
한 일이어서 많은 혼란만 야기한 채 2016. 3월에 이르러 결국 포기되었다.

　그런데 또 비슷한 일이 반복되고 있다. 2017. 6월에는 소액송금업자와 전
자지급결제대행업자(Payment Gateway)가 외국환업무취급기관이 되어 외국환거
래규정에 들어왔다. 뒤에서 다시 살펴볼 생각이지만, 외환관리 시각에 본다면
이들은 외국환업무취급기관으로 취급될 필요가 없는 기관인 것이다.

　2020년 현재 우리나라 외환법은 과거로부터 누적된 문제점들은 그대로 승
계한 채, 향후 우리나라의 외환관리를 어떻게 가져가겠다는 것에 대한 비전이
나 목표도 없이 방향타를 잃고 표류하고 있는 것 같은 느낌이다.

가. '역외펀드' 또는 '역외금융회사'에 대한 규제

1997년 외환위기를 겪고 나서 외환당국에서 외환거래 실태를 조사한 결과

우리나라 기업과 금융기관들이 당시 통상 "역외펀드"라고 불리는 것에 투자한 사례가 상당수 있다는 사실이 발견되었다. 그리고 이러한 투자와 관련하여서는 어떠한 외환 신고도 이루어지지 않았다는 사실 또한 발견되었다.

역외펀드(Offshore Fund)란 시장에서 쓰이는 용어(market language)로 법적인 용어가 아니다. 따라서 그 실체의 법적 성격을 나타내 주는 용어도 아니다. 영미 등 서구권 국가에서 통상 역외펀드라고 부르는 것의 법적인 실체는 파트너쉽(partnership)이거나, 신탁(trust)인 경우가 많았으며 회사(corporation)의 형태를 취하는 것은 거의 없었다.

영미에서 쓰지 않는 개념인 '법인'이라는 개념을 사용하는 우리나라 법제에서는 해외직접투자를 정의함에 있어서 '외국법인'에 대하여 투자하는 것으로 정의하고 있었다. 그런데 영미에서 사용하는 파트너쉽(partnership)이나 신탁(trust)은 우리 법제 하에서 '법인'으로 보기 어려웠다.

이러한 영미와 대륙법계 국가의 법제상의 차이로 인하여 당시 유행하던 소위 역외펀드를 우리 외환법상 무엇으로 보아 규제하여야 하는지에 대하여 불분명한 점이 있었던 것으로 생각된다.

역외펀드를 해외직접투자의 개념에 포섭하기 어렵다면, 사실 역외펀드라는 것이 자산운용을 목적으로 하는 것이므로 이를 간접투자로 보아 당시 외환규정 제7장에 따라 외환신고를 받아도 되었을 것이다. 그런데 이렇게 하고자 할 때에도 파트너쉽(partnership)이나 신탁(trust)의 설정을 '증권'의 취득으로 보기도 당시의 외환법상으로는 곤란하였다.

2009.2.4.에 이르러 자본시장과 금융투자업에 관한 법률("자본시장법")이 제정되어 '증권'의 개념이 확장되고 '투자계약'까지 포괄하게 됨에 따라 '증권'에 해당할 여지가 생기게 되었지만, 1999년 당시의 외환법상 '증권'에는 해당되지 않았던 것이다.

위와 같은 논란이 일찍 제기되었더라면 외환규정 제7장에는 마지막 보루인 '기타 자본거래'가 있으므로 '거주자의 비거주자로부터 증권의 취득' 대신 '기타 자본거래'로 신고하는 것으로 정리되었을 가능성은 있었다.

이러한 법 적용상의 불확실성이 우리나라 기업과 금융기관들이 역외펀드에 투자하고도 외환 신고를 하지 못한데 대한 단초를 제공한 것이 아닌가 하는 판단에서 역외펀드에 대한 규제방안을 분명히 하는 방안이 고려되었다.

이에 따라 정부는 1999. 4월 외국환거래규정에 '역외펀드'라는 용어를 최초로 도입하고 그 개념을 정의15)함과 아울러 거주자의 역외펀드 취득에 대하여는 한국은행에 '거주자의 비거주자로부터 증권 취득' 신고를 하도록 명시하였다. 즉, 간접투자로 보고, 증권으로 보는 것으로 입법적으로 정리한 것이다.

그런데 여기서 끝난 것이 아니었다. 정부는 2001. 11월에 종전의 '역외펀드'의 명칭을 '역외금융회사'로 개칭하고, 간접투자인 '증권'의 취득으로 보아 외환규정 제7장에서 규율하던 것을 직접투자인 '해외직접투자'로 보아 제9장에서 규율하는 것으로 바꾸었다.

그러나 이렇게 바꾼 이유에 대하여는 어디에도 잘 설명되어 있지 않다. 필자가 매우 궁금하게 생각하는 것 중의 하나이다.

한편 정부는 '역외금융회사'의 개념을 새로이 정의16)하면서 '회사' 뿐만 아니라 '투자계약'까지 포함하며, 투자의 방법으로도 '주식', '지분'의 취득뿐만 아니라 '부채성 증권'의 취득, '대출', '보증', '담보'의 제공까지 포함시킴으로써 그 의미를 무한히 확장시켰다.

이런 식의 규율은 우리나라 외환법제에서 전통적으로 채택해 온 직접투자/간접투자의 구분 및 출자증권/부채증권의 구분을 무시하고 만들어진 것으로, 아무리 실정법상 문구가 법리에 우선한다고 하더라도, 쉽게 납득되지 않는 면이 있어 실무상 여러 혼란을 야기하고 있다.

나. '외국환은행' 대신 '외국환업무취급기관'으로 확대

정부는 1999. 4월 외국환거래법 제정·시행시 외국환업무를 취급할 수 있

---

15) 1999. 4월 외국환거래규정 제1-2조(용어의 정의) 13호는 다음과 같이 되어있다. 13. '역외펀드'라 함은 거주자가 유가증권에 투자하여 수익을 얻거나 기타 특정한 목적으로 외국에 설립하거나 출자한 법인 또는 계약형태의 특수목적자금을 말한다.

16) 2001. 11월 외국환거래규정 제1-2조(용어의 정의) 13호는 다음과 같이 되어있다. 13. '역외금융회사'라 함은 직접 또는 자회사 등을 통하여 증권, 채권 및 파생상품에 투자하여 수익을 얻는 것을 주된 목적으로 외국법에 따라 설립된 회사(설립중인 회사 및 계약형태를 포함한다)로서 설립준거법령지역에 실질적인 경영활동을 위한 영업소를 설치하지 않은 회사를 말한다.

는 기관을 '은행'에서 '모든 금융기관'으로 확대하고, 그 절차도 인가제에서 등록제로 간소화하였다. 이에 따라 외국환거래규정 제2장의 제목도 '외국환은행 및 환전상'에서 '외국환업무취급기관등'으로 바꾸었고 제2장에서 규율하는 대상에도 외국환은행, 환전상 외에 체신관서, 증권회사, 보험사업자, 상호신용금고, 신용협동조합, 시설대여업자, 신용카드업자, 선물업자를 추가하였다.

이는 비은행금융기관의 외환업무와 관련한 규제를 철폐하는 외환자유화 차원의 조치라고 정부는 설명하고 있다. 그 동안 은행에 비하여 상대적으로 좁은 범위의 외환업무만 허용된 비은행금융기관에 대하여 공평성 관점에서 그 업무영역을 확대하려는 취지로 이해된다. 이를 위하여 비은행금융기관에 대하여 당해 기관의 업무와 직접 관련되는 외국환업무는 모두 허용하기로 하고, 이들 기관이 취급할 수 있는 외국환업무를 외국환거래규정 제2장에서 일일이 열거하였다.

사실 금융기관들은 서로 더 넓은 업무영역을 확보하거나 또는 이미 차지한 자신의 업무영역을 침범당하지 않으려는 생각이 있기 마련이다. 이에 따라 비은행금융기관들의 불만이 있었고 이를 반영한 입법이었다고 생각한다.

그러나 '외국환업무취급기관'의 지정이 금융기관간 업무영역 관점, 즉 공평성 관점에서 판단할 문제인가? 비은행금융기관의 외환업무 자유화를 위하여 반드시 이들을 '외국환업무취급기관'으로 지정하는 것이 필요한 것이었을까, 다른 방법은 없었을까 라는 의문이 든다.

'은행'이 '외국환은행'이란 별칭으로 불리우며 외환관리의 근간이 된 데에는 이유가 있다. 모든 거주자의 대외지급 · 영수는 좋든 싫든 은행을 통하여야만 되기 때문이다. 이렇게 된 이유는 역사적으로 금융의 발전과정에서 가장 일찍 구축된 코레스은행결제망(Correspondent Banking Network)을 통하여 대외지급 · 영수가 일어나기 때문이다. 만약 증권사나 보험사가 이러한 Network를 가지고 있었다면 증권사나 보험사가 외환관리의 근간이 되었을 것이다.

즉, 은행이 외환관리 기능을 맡은 것은 다른 금융기관에는 없는 국제결제 기능을 수행하고 있었기 때문이지 정부가 은행에 특혜를 부여하였기 때문이 아니다. 오히려 은행은 '외국환은행'이 됨으로써 적법성 확인 의무, 행정사무의 위임 처리, 대외거래 정보의 보고의무 등 은행의 고유업무와 무관한 각종 의무를 부담하게 되었다.

뒤에 다시 설명하겠지만, 외국환거래규정 제2장은 '외환관리를 담당하는 기관'의 권한과 의무를 규율하는 chapter이다. 여기에 어떤 금융기관이 들어오느냐 마느냐의 문제는 그 기능과 역할에 의하여 판단할 문제이지, 금융기관간 업무영역의 관점이라든가 공평성의 관점에서 판단되어질 문제가 아니다.

다른 한편으로, 비은행금융기관을 제2장에 규율하지 않으면 이들의 외환업무에 대하여 자유화 조치를 할 수 없는 것이었을까? 1999. 4월 전에는 비은행금융기관의 외환업무는 주로 외국환거래규정 제10장(자본거래)에서 규율되는 체제 이었는데, 당시에도 비은행금융기관에 대하여는 외환규제를 없애는 여러 가지 조치들이 강구되어 있었다. 예를 들어 '기관투자가'에 해당하는 경우에는 외화증권투자에 제한이 없었다.

따라서 이들 비은행금융기관의 외환업무 자유화조치가 필요하다면, 장애가 되는 조문들이 위치한 해당 장(chapter)에서 규정 개정으로 얼마든지 가능하였다. 굳이 이들 금융기관을 규정 제2장에까지 끌고 올 필요가 없었다.

그럼에도 불구하고 비은행 금융기관들이 대거 규정 제2장에 진입함으로써 이 후 여러 가지 복잡한 문제가 발생하였다. 원래 첫 단추를 잘못 꿰면 이후 다 엉망이 되기 마련이다.

(1) 업무범위에 관한 논란

어떤 금융업의 업무영역이라는 것은 역사적 발전 과정에서 자연스럽게 형성되는 것으로 이를 입법자가 선험적으로 이것은 되고, 저것은 안된다는 식으로 미리 정한다는 것은 쉬운 일이 아니다. 은행은 역사적으로 가장 오래된 금융업이므로 오랜 논의를 거쳐 '은행업'이 정의되어 왔고, 따라서 비교적 어려움이 덜하지만, 비은행 금융기관의 경우에는 그 업무영역을 정한다는 것이 더욱 어려운 일일 것이다.

또한, 어떻게든 업무영역을 정하였다고 하여도 새로운 형태의 금융서비스가 계속 등장하므로 그때그때 업무범위를 새로 지정해 주어야 하는 번거로움도 있다.

또한 업무영역의 문제는 기본적으로 해당 업법에서 다루어야 하는 문제이다. 은행업은 은행법에서, 증권업은 증권거래법에서, 보험업은 보험업법에서 규율하여야 하는 문제이고 또 이를 위하여 각각 업법을 담당하는 정부부처가 있다.

그럼에도 불구하고, 외환에 국한되는 것이기는 하지만, 금융기관의 업무영역에 대하여 외국환거래법에서 규율하고 이를 외환당국에서 책임진다는 것은 법 체계상 적절하지 않는 것이었고 감당할 수도 없는 것이었다.

1999. 4월 법에 따라 외환당국에서 비은행금융기관들이 취급할 수 있는 외국환업무의 범위를 외국환거래규정 제2장에 열거방식으로 정하였는데, 이는 이후 많은 논란을 낳았다.

예를 들어, 증권사가 '외화대출의 중개' 행위를 할 수 있는가 없는가 등의 질문이 나오기 시작하였다. 외환관리 시각에서 본다면 '중개행위'라는 것은 용역거래에 불과하고 외환법상 이슈가 전혀 있을 수 없는 행위에 불과하였다. 그러나 증권사가 '외국환업무취급기관'이 되면서부터는 사정이 달라졌다.

외국환업무취급기관의 행위는 규정 제2장에서 열거되어 있어야 취급가능하였고, 그렇지 않으면 취급 가능한 것인지 불가능한 것인지 애매한 영역으로 외환당국의 해석을 기다려야 하는 상황이 되었다. 이렇게 어려운 문제에 대하여 각 업법을 책임지고 있는 부처도 아닌 기획재정부 외환제도과에서 답을 주어야만 했으니 그 고충이 어느 정도였을지 짐작이 갈 것이다.

또한, 이 보다 더 심각한 문제가 발생하였는데, 종래 외환법상 허용되어 왔던 거래마저 비은행금융기관이 '외국환업무취급기관'으로 지정됨으로써 불가능해지게 된 것들이 있다.

리스사가 여유자금을 외화증권에 투자하는 것은 종래 기관투자가의 자격으로 아무 제한없이 가능하였던 것이다. 그런데 리스사가 외국환업무취급기관이 되면서부터는 문제가 생기게 되었다. 외국환거래규정 제2장에서 리스사의 업무로 '외화증권의 매매' 따위의 것을 규정해 놓지 않았기 때문이다.

증권사의 '증권대차' 업무도 종래 자본거래 신고면제사유로 규정되어 취급이 자유로웠던 것인데, 증권사가 외국환업무취급기관으로 지정되면서 증권사의 업무범위에 '증권대차' 따위의 것이 규정되지 않은 관계로 취급이 불가능한 것으로 해석되었다.

당초 비은행금융기관의 외환업무 확대를 위하여 만든 법이 오히려 외환업무를 제한하는 결과가 되었다.

사실 외국환거래규정 제2장에서 '외국환업무'로 허용되지 않은 경우라고 하더라도, 규정 제7장에 따라 '개별 거래'로 허용된 것이라면 문제를 삼지 않아야 한다. 그렇지만 이에 대한 확실한 룰이 없으므로 현재까지 논란은 계속되고 있다.

더 나아가, 외국환거래규정 제2장에서 '외국환업무'로 허용되지도 않고, 규정 제7장에서 신고면제사유로 열거 되지도 않은 거래에 있어서는 비은행금융기관이 외환당국에 신고를 이행한 후 할 수 있는 것인가, 다시 말하면 이런 사안에 대하여 외환당국에서 신고를 받아줘야 하는지도 논란이 되고 있다.

외국환업무를 열거방식으로 기술하는 과제를 더 이상 감당하기 어렵게 된 외환당국은 2016. 3월에 이르러 열거방식을 폐지하고 "각 업법에서 허용된 업무와 직접 관련된 외국환업무는 이를 허용한다"는 식으로 규정을 개정하여 외국환업무 범위에 관한 문제를 각 업법을 담당하는 부처에 넘겨버렸다.

그러나 이것으로 문제가 근본적으로 해결된 것은 아니므로, 비은행금융기관이 '외국환업무취급기관'이 되어 외국환거래규정 제2장에 진입함으로써 발생한 업무범위에 관한 문제는 계속 남아있다.

(2) 행정사무 처리에 관한 문제

2015. 3월 외국환거래규정 개정으로 증권사가 비거주자에 대하여 원화대출 업무를 취급할 수 있도록 되었다. 그리고 이 경우에는 비거주자가 '금전차입'신고를 하도록 하였다. 그렇다면 이 신고를 어디에 하여야 하는가?

증권사가 외국환업무취급기관으로 지정된 이상, 증권사에서 이 신고를 받아서 처리해 주어야 한다. 그리고 이 신고 처리에 수반된 각종 보고 업무도 함께 수행하여야 한다.

그런데 우리나라 증권사들은 스스로가 '외국환업무취급기관'이라는 인식이 없다. 따라서 외환신고를 처리하거나, 보고를 하는 따위의 실무준비는 전혀 되어 있지 않다. 그러한 기능은 은행들이 수행하는 것으로 생각하고 있고, 비은행금융기관들은 그저 외환업무 확대차원에서 '외국환업무취급기관'이 되었을 뿐, 그에 따른 책무를 부담하여야 한다는 생각은 없다.

더구나 정부도 준비가 되어 있지 않은 비은행금융기관에 대하여 행정사무의 처리를 촉구할 생각이 없는 것으로 보인다. 이런 형편이므로 국가의 행정사무 처리에 문제가 생긴 상황이다.

(3) 외국환업무 등록 부담

비은행금융기관이 외국환거래규정 제2장에 진입함으로써 '외국환업무 등록'이라는 새로운 의무를 지게 되었다. 비은행금융기관이 외국환업무를 수행하기 위하여는 신청서와 지정 첨부서류를 준비하여 기획재정부 장관에게 등록을 신청하여야 한다.

그런데 우리나라의 소규모 비은행금융기관들은 자신들의 업무와 관련하여 이러한 등록 의무가 있는지조차 잘 모르고 있다. 실제로 2016년에 대부분의 자산운용사들이 미등록인 채로 외환업무를 수행하는 것으로 밝혀져 해당 자산운용사들이 곤욕을 치르기도 하였다.

증권사, 보험사 등 어느 정도 규모가 있는 금융기관이 아닌 한, 직원이 몇 명 되지도 않는 소규모 자산운용사들에게 외국환업무 등록 의무를 스스로 알아서 준수할 것으로 기대하는 것도 무리라고 할 수 있다.

또한 외국환업무를 등록함에 있어서도 금융기관들이 자신들이 수행할 외국환업무를 기술하여야 하는데 그 업무 단위가 법규에 정해진 것도 아니므로 금융기관마다 제 각각으로 되어, 어느 금융기관은 포괄적으로 어느 금융기관은 세부적으로 기술하는 등 어지럽게 되어 있다. 그렇다고 하여 정부에서 일률적으로 외국환업무의 단위를 정하여 가이드라인을 제시하는 것도 어려운 일이다. 비은행금융기관의 업무범위를 정하는 것의 어려움은 앞에서 설명한 대로이기 때문이다.

사정이 이러하므로, 비은행금융기관들의 입장에서는 공연히 '외국환업무취급기관'으로 지정되어 더 나아진 것도 없이 이런 저런 의무만 지게 되었다는 불만이 나올 만도 한 상황이다.

다. 전자지급결제대행업자("PG사")

온라인 쇼핑몰의 성장과 더불어 종전에는 없던 새로운 자금 결제와 관련한 비즈니스 영역이 생겨나게 되었다. 온라인 쇼핑몰에서의 대금결제를 도와주는 역할을 하는 Payment Gateway라는 업종이 그것이다.

정부는 이 PG사가 대외지급·영수와 관련한 역할을 수행한다는 데에 착안하여, 이 회사의 업무를 "대한민국과 외국간의 지급, 추심 및 수령" 업무를 하는 것으로, 즉 외국환업무를 수행하는 것으로 보아 2015. 7월부터 '외국환업무취급기관'으로 지정하여 외국환거래규정 제2장의 규율을 받는 금융기관으로 규정하였다.

그러나 이 PG사가 "대한민국과 외국간의 지급, 추심 및 수령"업무를 한다고 할 수 있을까? 국제지급결제망의 어딘가에 속하여 매우 소소한 일만 담당하고 있다면 이를 '외국환업무취급기관'의 지위까지 부여하여 그 업무와 권한과 책임에 대하여 규정할 필요가 있었을까 하는 의문이 있다.

이에 대하여 분석하려면, 국제지급결제시스템부터 설명하여야 하므로 뒷부분으로 미루기로 한다.

라. 소액해외송금업자

2010년대 초반에 Alipay의 존재가 우리나라에 처음 알려지면서 이것이 국제지급결제분야에 있어서의 혁신 사례로 소개되었고, 종래의 은행망을 통한 지급결제를 대신할 새로운 혁신의 아이콘으로 각광받게 되었다.

이에 따라 정부는 비은행 송금사업자를 육성한다는 정책 목표 하에 '소액해외송금업'의 근거 규범을 외국환거래법시행령에 두기로 하고 2017. 7월 관련 법규를 전부 정비하여 시행시켰다. 이에 의하여 '소액해외송금업자'라는 것이 생기게 되었고, 이들은 '전문외국환업무취급업자'라는 명칭으로 분류되어 외국환거래규정 제3장에 위치하게 되었다.

종래 외국환거래규정 제2장이나 제3장은 외국환은행, 환전상, 외국환업무취급기관, 외국환중개회사 등이 위치하는 자리로 외국환업무를 업으로 하는 자의 권한과 책임을 규정한 chapter이므로 소액해외송금업자도 외국환업무를 업으로 하는 자로 자리매김되어 제3장에 위치한 것이다.

이에 따라 외국환거래법이 '소액해외송금업'의 업법이 되어 해외송금업자의 설립부터 소멸에 이르기까지의 전 과정을 규율하는 법이 되었다.

당초 소액해외송금업은 은행을 배제한 새로운 국제지급결제망을 구축하여 지급결제업무에 혁신을 가져올 것이라는 기대를 모으며 출범하였다. 그러나 현재까지 3~4년의 운영현황을 보면 반드시 그런 것 같지는 않다.

소액해외송금업자의 업무 행태가 어떠한지, 이들이 외환관리 측면에 어떤 영향을 미치고 있는지 등에 대하여는 후술하기로 한다.

마. 대외채권회수의무 폐지

정부는 외국환거래법 제7조(채권의 회수명령)를 삭제하여 2017.7.18.부터 시행 시켰다. 이로써 대외채권회수의무는 폐지되었다.

일본의 경우에는 1949년부터 1980년까지 존재하였던 것이고, 우리나라의 경우에는 1962년 제정법에 반영되었다가 1992년 법 개정시 오히려 강화되어 여러 가지 문제를 일으키다가 2017년에 이르러 비로소 폐지된 것이다.

대외채권회수의무는 당초 비거주자에 대한 채권을 일부러 회수하지 않거나 함부로 면제해주는 것을 금지하는 것이었으나, 우리나라 1992년 개정법에서 "이유 여하를 막론하고 반드시 회수하여 국내로 들여와야 하는 것"으로 변질되어 외환 실무상 많은 문제를 일으켰다.

그렇다면 이 대외채권회수의무가 폐지됨으로써 거주자가 외환을 자유로이 해외에 보유할 수 있게 된 것인가? 그렇지는 않다. 그렇게 하기 위하여는 '거주자 해외예금' 등과 같은 자본거래 신고가 또 필요하다.

따라서 이 폐지의 의미는 종래 외환당국으로부터 회수대상채권 제외승인을 받기가 실무상 곤란하여 대외채권회수의무 위반으로 처벌되는 사례가 있었으나 이러한 위험이 사라지게 되었다는 점에 있는 것으로 생각된다.

제 4 절 외환법규 해독을 위한 Know-how

이 절에서는 우리나라 외환법규(법-시행령-규정)을 쉽게 이해할 수 있는 요령을 설명하도록 하겠다.

앞의 제3절에서 우리나라의 외환관리 역사를 시간 순으로 개관하면서 우리 외환법규에 얼마나 많은 문제점이 있는지를 지적하여 왔다. 그러나 문제가 있든 없든, 일단은 외환법규를 제대로 읽을 줄 알아야 하지 않겠는가? 그래야 어떤 점이 문제인지, 어떤 점을 개선해야 하는 지도 알 수 있을 것이다. 그리고 당장 실무에서는 현행 외환법규가 적용되는 것이므로 기업이나 은행에서 외환업무를 하기 위해서는 현행 법규를 잘 알아야만 한다.

그러나 우리 외환법규는 해독이 어렵기로 악명이 높다. 어떤 사람은 암호를 해독하는 것 같다고 하기도 하고, 어떤 사람은 큰 맘먹고 날 잡아서 처음부터 끝까지 한번 읽어 보려다가 결국은 포기했다는 사람도 있다.

중국의 사서삼경은 "백 번 읽으면 저절로 문리가 트인다"고도 하지만, 우리나라 외환법규는 이런 방식으로 접근 하였다가는 백전백패다. 세법전을 처음부터 끝까지 통째로 읽는 사람이 있는가? 외환법규도 마찬가지이다.

외환법규는 원칙 > 예외 > 예외의 예외 > 예외의 예외의 예외 … 이런 식으로 기술되어 있으므로 무작정 읽어 가서는 미로에 빠져 헤어나오질 못한다. 그리고 이런 규범은 아무리 인내심이 많은 사람도 30분 이상 읽어 갈 수 없다.

그래서 전체적인 규범의 틀을 머리속에 그려놓고, 필요한 부분을 찾아가는 식으로 읽어야 한다. 말하자면 사전을 찾는 것과 같다. 국어사전은 ㄱ, ㄴ, ㄷ, … 순으로 배열이 되어 있다는 것을 알고 있으므로 뜻이 궁금한 단어가 있을 때 해당 부분을 바로 찾아가서 검색하지 않는가? 이 방식과 같다.

그러기 위해서 먼저 규범의 틀을 알아야 하겠다.

외환법규는 외국환거래법과 법시행령에서는 대략적인 내용만 규정하고, 즉 다시 말하여 수권규범으로서의 기능만 하도록 하고, 그 세부내용에 대하여는 모두 외국환거래규정에서 정함으로써 상황의 변화에 따라 신속한 개정이

용이하도록 하였다는 설명은 앞에서 한 바 있다. 따라서 외국환거래규정을 중심으로 보면서 법과 시행령은 필요한 부분만 참고하는 식으로 학습하는 것이 좋다.

외국환거래규정은 제1장에서 제10장까지 총 10개의 장으로 구성되어 있는데, 이 장(章)들의 구성원리와 장(章)들간의 관계를 이해하는 것이 Know-how 의 핵심이다.

외국환거래규정이 지금은 엉망이 되었지만 처음부터 엉망이었던 것은 아니다. 필자가 외국환거래규정을 엉터리라고 말하고 다니기는 하지만, 그렇다고 하여 아무 원칙도, 체계도 없이 뒤죽박죽으로 섞여 있는 규정이라는 것은 아니다. 점점 그렇게 되어가는 것을 아쉬워하면서 하는 푸념일 뿐이다.

외환규범의 틀이 머리속으로 들어오면, 다음으로는, 외환법규가 그 목적하는 바를 이루기 위하여 채택한 방법·수단이 무엇인지, 즉 규제 설계의 원리를 눈치채는 것이 중요하다. 이 원리는 밤하늘의 북두칠성과 같은 것이어서 외국환거래규정의 해석과 관련하여 논란이 분분할 때, 해석의 방향을 제시해 줄 것이다.

'외환관리'라는 것을 가장 쉽게, 꾸밈없이 일상적인 말로 표현해 보면 이런 것이 될 것이다. "어떤 나라의 거주자가 해외에서 벌어들인 돈을 모두 정부의 대리인에게 집중시키고, 이 돈을 정부가 꼭 필요하다고 생각되는 곳에 배분하여 사용하도록 하는 것이다." 더 짧게 이야기 하면 "국가권력에 의한 외환의 집중과 배분"이라고 이야기 할 수 있다.

자국통화가 부족하다면 자국에서 찍어내면 될 일이지만, 외국통화라면 그럴 수 없으므로 잘 관리를 하여 부족사태가 생기지 않도록 하여야 하는 것이다.

이를 위하여 외환관리는 ① 외환집중, ② 외환배분, ③ 외국환은행주의를 근간으로 한다. 따라서 외환관리라고 할 때는 이 3요소 중 하나와 관련이 있어야 한다. 만약 관련이 없는 규제가 있다면 그것을 '외환관리'라고 부를 필요는 없을 것이다. 그러한 것은 대외거래의 질서를 규율한다든가, 자금세탁, 탈세 방지 등 뭔가 다른 목적의 규제라고 보면 된다.

여기에서 독자들은 이러한 질문을 할 것이다. '외환집중'과 '외환배분'은 이

미 폐기되지 않았는가? 이미 폐기된 원칙들이 아직 우리 외환규범에 남아 있단 말인가?

이는 매우 정확한 지적이다. 우리나라에서 외환배분제도는 1992년법에서 공식 폐지되었고, 외환집중원칙은 1996. 6월 법개정시 폐지되었다. 그리고 사실상 공식 폐지 훨씬 이전부터 외환 배분제도와 집중제도는 유명무실해져 있었다.

그러나 그럼에도 불구하고, 이 두 가지가 아직 우리 외환법규의 규율원리라고 설명하는 이유는 이 두 원칙에서 파생된 규제들이 남아있기 때문이다.

'거주자 해외예금'을 규제하는 이유는 무엇일까? 공신력 있는 외국의 global 은행에 자금을 예치하여 두고, 거기에서 대외 거래에 따른 자금결제를 하는데 어떤 문제가 있는 것일까? 거래를 하는데 문제가 될 것은 없다. 그러나 이렇게 하게 되면 대한민국 거주자가 해외에서 벌어들인 돈이 얼마나 되는지, 어떻게 쓰이는지 정부에서 알 방법이 없지 않겠는가? 국가 전체적으로 볼 때 보유 외환이 얼마나 되는지, 부족한지 남는지 조차 알 수 없게 될 것이다.

따라서 해외예금에 필요한 신고절차를 일부러 어렵게 하여 사실상 곤란하게 하면, 반드시 해외예금을 하여야 하는 자를 제외하고는 국내은행에 예치할 수밖에 없을 것이고, 이렇게 함으로써 거주자가 해외에서 벌어들인 외화를 국내로 집중시키는 것이다. 결국 '거주자 해외예금' 규제는 외환집중 원칙에서 파생된 규제라고 할 수 있다.

대한민국 거주자가 5천불(2021년 현재 기준)을 초과하는 금액을 외국에 송금하고자 하는 경우에는 은행에 '지급의 사유와 금액을 입증하는 서류'를 제출하도록 되어 있다. 그냥 은행 창구에 가서 "송금해 주세요"라고 한다고 해서 송금이 되는 것이 아니다.

이렇게 하는 이유는 대한민국이 보유하는 외화가 적법한 대외거래에만 쓰이도록 제한하는 것이다. 만약 인정된 사유가 아닌, 예를 들어 증여, 마약거래 등의 목적으로 사용되는 경우라면 은행 창구에 설치된 차단기에서 걸려져, 외환당국의 심사를 받아 승인을 받은 경우에만 사용되도록 하는 것이다.

이 '지급등의 증빙서류' 제출 의무는 외환배분 원칙에서 파생된 규제라고 할 수 있다. 정부가 거주자에게 외환을 직접 배분하는 것은 아니지만, 그 용도를 심사하여 함부로 낭비되지 않도록 함으로써 결국 같은 목적을 추구하는 것이라고 할 수 있다.

이와 같이 전통적이 외환관리 수단이 많이 완화된 형태로 현행 외환법규에 남아있다. 따라서 현행 외환법규의 3대 규율 원리를 다음과 같이 불러도 좋을 것 같다. ① 광의의 외환집중, ② 광의의 외환배분, ③ 외국환은행취급기관주의로 말이다. 은행 외에 비은행금융기관들도 외환관리의 주체가 되었으므로 외국환은행주의도 외국환은행취급기관주의로 확대하여 부르는 것이 맞을 것이다.

1. 규범의 틀

현행 외국환거래규정의 목차를 보면 이렇게 되어 있다.

외국환거래규정
제1장 총 칙
제2장 외국환업무취급기관 등
제3장 위탁및중개, 신사업규제신속확인 · 면제제도
제4장 지급과 수령
제5장 지급등의 방법
제6장 지급수단등의 수출입
제7장 자본거래
제8장 현지금융
제9장 직접투자 및 부동산 취득
제10장 보 칙

제1장 '총칙'과 제10장 '보칙'은 어느 규정에서나 볼 수 있는 것이므로 특별할 것은 없다. 총칙에는 '규제의 목적'이라든지, '용어의 정의'라든지 하는 것을 기술하고 있고, 보칙에는 '한국은행 외환전산망' 등 외환규제시스템의 운영에 관한 사항을 주로 담고 있다.

정작 규제의 내용을 담고 있는 부분은 제2장~제9장까지이다. 그럼 제2

장~제9장은 어떤 원리로 구성되어 있는 것일까?

먼저 외환거래의 흐름을 한번 생각해 보자. 예를 들어 거주자가 외국에 부동산을 구입하는 경우를 가정해 보자. 먼저 거주자는 비거주자인 매도인과 '부동산매매계약'을 체결할 것이고, 이에 따라·대가를 지급할 것이다. 대가는 통상의 경우라면 국내 은행을 통하여 매도인에게 송금하는 방식이 될 것이다. 이때 거주자가 보유하고 있는 외환이 있다면 환전할 필요가 없겠지만, 없다면 은행에서 환전해야 할 것이다.

그러나 반드시 은행을 통하여 송금하는 경우만 있는 것은 아니다. 거주자가 돈다발을 가방에 넣어 국내에서 또는 외국에서 매도인에게 전달하는 것도 가능하다. 그리고 거주자가 매도인에게 같은 금액의 채권이 이미 있다면 상계함으로써 결제하는 것도 가능하다. 그리고 매도인의 지시에 따라 국내에 있는 제3자에게 지급함으로써 결제를 하는 것도 가능하다.

〈**그림 3-3**〉 거래·행위의 단계

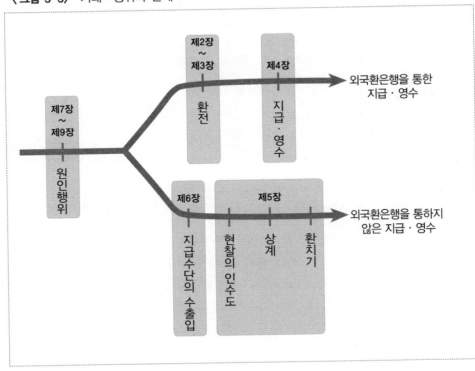

이러한 거래 또는 행위의 각 단계에 착안하여 그 단계별로 章(chapter)이 나뉘어져, 해당 단계에서의 거래 또는 행위에 대하여는 해당 장에서 규제하는 식으로 되어있다.

제2장과 제3장은 외국환업무취급기관의 업무, 권한, 책임에 대하여 규정하고 있고, 제4장은 외국환은행을 통한 지급·영수 단계에 있어서의 규제, 제5장에서는 외국환은행을 통하지 않은 지급·영수에 대한 규제, 제6장에서는 지급수단 수출입단계에서의 규제, 그리고 마지막으로 제7, 8, 9장은 원인거래단계에서의 규제를 정하고 있다.

원인거래를 규제한 7, 8, 9장 중에 '무역거래'나 '용역거래'라는 이름의 제목이 보이지 않는 것은 경상거래에 대하여는 원인거래 단계의 규제가 없다는 것을 의미한다.

이 그림에서는 통상적인 외환거래의 흐름을 그려보았지만, 반드시 이 순서로 거래나 행위가 발생한다는 의미는 아니다.

어느 경우에는 원인거래라는 것이 없을 수 있다. 해외이주비를 지급한다던가, 재외동포 재산반출의 경우라든가, 비거주자가 국내소득을 외국으로 가져가는 경우에는 원인거래라고 할 만한 것이 있을 수 없다. 이런 경우에는 원인거래 단계에서의 규제는 적용될 것이 없는 것이고, 오직 지급·영수단계에서의 규제만 있을 뿐이다.

어느 경우에는 지급·영수가 먼저 일어나고 자본거래가 나중에 일어나는 경우도 있을 수 있다. 유학생경비 명목으로 송금하여 외국부동산을 취득한다든지 하는 경우가 이에 해당할 것이다.

앞의 부동산 취득의 예에서는 거주자가 외화를 휴대수출한 후 매도인에게 인도하는 상황을 가정하였지만, 거주자가 국내에서 비거주자 매도인에게 외화를 인도하고, 그가 이 외화를 휴대수출하거나 비거주자 외화계정(대외계정)에 예치하거나 하는 상황도 있을 수 있다.

이와 같이, 외환거래는 다양한 형태나 순서로 일어나겠지만 어떠한 방식으로 일어나는지에 관계없이 거래나 행위의 단계별로 각각의 규제가 설계되어 있으므로 어떠한 거래든 어느 단계에서는 규제의 그물망에 걸리도록 설계되어 있다.

가. 중첩규제

이러하므로 각 단계별로 규제가 중첩되는 것도 가능하다. 앞에서 든 예와 같이, 외국부동산을 취득하고 외화 현찰을 휴대하고 출국하여 외국에서 매도인에게 인도하려는 거주자는 ① 거주자의 외국부동산 취득신고, ② 지급방법에 관한 신고, ③ 지급수단 수출입에 대한 신고를 하여야 한다.

그러나 이렇게 규제가 중복된다면 거주자에게 얼마나 불편한 일이겠는가? 이에 따라 우리 외국환거래규정 곳곳에는 중복규제를 제거하려는 조문들이 있다.

외국환거래규정

제5-2조([지급방법]신고의 예외)
　1. 제7장 내지 제9장의 규정에 의하여 자본거래의 신고를 한 자…가 그 신고내용에 포함된 지급등의 방법으로 지급등을 하는 경우

제6-2조([지급수단수출입]신고 등) ①거주자 또는 비거주자가 다음 각호의 1에 해당하는 지급수단등을 수출입하는 경우에는 신고를 요하지 아니한다.
　(가) 제5-11조(외국환은행을 통하지 아니하는 지급등의 방법 신고)의 규정에 의하여 인정된 대외지급수단을 수출하는 경우

이러한 조문들에 의하여 앞에서 예를 든 외국부동산을 취득하려는 거주자는 지급방법신고 그리고/또는 지급수단수출입신고가 면제될 수 있을 것이다. 그러나 여기에서 중요한 것은 중복 규제가 당연히 없는 것은 아니라는 것이다. 중복규제를 제거하는 조문들이 있어야 없는 것이다. 따라서 그 조문들을 잘 찾아가야 한다.

나. 章간의 관계

(1) 제2장이 제5장/제7장에 우선

제2장~제9장을 크게 둘로 나눈다면 ① 제2장~제3장과 ② 제4장~제9장으로 나눌 수 있다. ①은 외환관리의 주체에 대하여 규율한 것이고, ②는 외환관리의 객체에 대하여 규율한 것이다.

외환관리에 있어서 외국환은행의 지위는 특수하다. 외국환은행은 대외 지급·영수의 창구로서 외환관리의 일선에 배치되어 적법성 확인, 행정사무의 처리, 각종 보고업무를 수행하고 있다. 따라서 외국환은행은 외환관리의 대상이 아니다. 외환관리의 주체이다.

외환관리의 주체인 만큼 외국환은행에 대하여는 그 업무수행에 지장을 줄 만한 것들이 없어야 한다. 실제로 그렇게 되어 있다.

외국환거래규정

제5-2조([지급방법]신고의 예외)
　2. 한국은행, 외국환은행, 체신관서, 소액해외송금업자, 기타 전문외국환업무를 등록한 자 및 종합금융회사가 외국환업무와 관련하여 지급등을 하는 경우

제7-2조(신고등의 예외거래) 다음 각호의 1에 해당하는 자본거래를 하고자 하는 경우에는 신고등을 요하지 아니한다.
　2. 외국환업무취급기관이 외국환업무로서 행하는 거래 및 동 외국환업무취급기관을 거래상대방으로 하는 거래(제2장 및 이 장에서 신고하도록 규정되어 있는 경우에는 신고한 경우에 한한다)

필자는 "큰 일 났다"고 하면서 종종 다음과 같은 질문을 받는다. "[어느 고객 거래와 관련하여] 은행이 [어떻게] 지급을 하였는데 이것이 제3자지급이 아닌가 걱정이 된다…" 미신고 3자지급을 걱정하는 것이다. 그러나 은행은 이런 걱정을 할 필요가 없다. 은행이지 않은가? 은행은 외환관리의 주체로서 지급방법 규제를 받지 않는다.

또, 어떤 경우에는 "은행이 환치기를 한다"며 문제가 된 경우도 있었다. 그러나 좀 의아하게 들릴 수 있지만, 은행은 환치기를 업으로 하고 있다. 다만, 은행이 이렇게 하는 것은 '환치기'라고 부르지 않을 뿐이다. '환치기'라는 것은 '은행이 아닌 자'가 하는 행위를 일컫는 말이다.

이와 같이 은행을 포함한 외국환업무취급기관은 제5장의 지급방법 규제를 받지 않는다는 점에서 제2장이 제5장에 우선한다고 할 수 있다.

은행이 비거주자로부터 외화를 차입하고자 하는 때에는 규정 제7장에 따라 '거주자의 비거주자로부터 차입신고'를 하여야 할까? 그럴 필요 없다. 왜냐하면 규정 제7-2조에 "외국환업무취급기관이 외국환업무로서 행하는 거래는 제7장의 자본거래 신고를 요하지 아니한다."라고 되어 있기 때문이다

즉, 외국환은행의 거래나 행위는 먼저 제2장을 살펴보고 제2장에서 허용된 것이면, 제7장으로 가서 허용되는지 아닌지 따질 필요가 없다. 만약, 제2장에서 허용이 안되어 있으면 어떻게 할 것인가? 이때 비로소 제7장으로 가서 허용여부를 살펴보고 신고가 필요하면 신고하면 된다.

이와 같이 은행을 포함한 외국환업무취급기관에 대하여는 제7장 대신 제2장이 우선 적용된다는 점에서 제2장이 제7장에 우선한다고 할 수 있다.

(2) 제8장/제9장이 제7장에 우선

원인거래 단계 규제인 7, 8, 9장의 관계에도 서열이 있다. 8, 9장이 제7장에 우선한다.

외국환거래규정

제7-1조(적용범위) 영 제32조의 규정에 의한 자본거래의 신고등에 관하여는 제8장 및 제9장의 규정에서 정한 경우를 제외하고는 이 장에서 정하는 바에 의한다.

어떤 자본거래가 있을 때, 이것이 제8장의 현지금융이나, 제9장의 해외직접투자에 해당하는지 먼저 보아야 한다. 여기에 해당하면 그 장에서 규율되는 것으로 끝이다. 제7장으로 넘어가서 7장에서 어떻게 규율되는지 볼 필요가 없다.

현지금융은 일본 외환법에는 없는 형태의 자본거래이다. 우리나라의 창작품이라고 할 수 있다. 1970년대 중동 건설붐을 타고 해외건설·용역사업이 주요 외화획득원으로 등장하자 정부에서 이를 관리할 목적으로 만든 지원 또는 규제 프로그램이다.

현지금융은 이미 자본거래 항목에서 규율되고 있는 몇몇 거래나 행위를 모아 '현지금융'이라는 새로운 이름을 붙여 제7장의 자본거래에 우선하여 적용

되도록 제8장으로 분리하여 독립시킨 것이므로 제7장에서 규제하는 내용과 기본적으로 overlap 되어있다. 이 제8장이 우리 외환법규상 어떠한 문제를 일으키고 있는지는 뒤에서 다시 살펴볼 생각이다.

해외직접투자는 "직접투자"라는 점에서, 즉 자산운용 목적이 아니라 경영참가 목적의 투자라는 점에서 외환관리 목적뿐만 아니라, 통계 목적으로도 일반 자본거래와 구분될 필요가 있다. OECD, IMF, UN에서도 국제사회의 통계기준을 일치시키기 위하여 '직접투자' 개념에 대한 guideline을 제시하고 있다.

우리나라는 해외직접투자는 외국환거래규정 제9장에서 규율하면서 제7장에 우선하여 적용되도록 하고 있다. 또한 '금융기관해외진출에 관한 규정'이라는 것이 있는데 이것은 2008. 8월에 외국환거래규정 제9장에서 분리되어 나와 금융기관의 해외직접투자에 대하여는 기획재정부 대신 금융위원회가 관할하도록 규율하고 있는 것이다. 따라서 결국 외국환거래규정 제9장 및 금융기관해외진출에 관한 규정 모두 외국환거래규정 제7장에 우선하는 관계에 있다.

(3) 외국인투자촉진법이 외국환거래법에 우선

외국인직접투자(Inward Direct Investment)는 해외직접투자(Outward Direct Investment)와 직접투자라는 점에서는 같지만, 그 방향이 다른 것이다.

외국인직접투자는 외국인투자촉진법에서 규율하고 있는데, 동법 제30조에서는 외국환거래법과의 관계를 정하고 있다. 따라서 외국인투자촉진법이 외국환거래법에 우선하여 적용되는 특별법 관계에 있다.

외국인투자촉진법

제30조(다른 법률 및 국제조약과의 관계) ① 이 법 중 외국환 및 대외거래에 관한 사항에 관하여는 이 법에 특별한 규정이 없으면 「외국환거래법」에서 정하는 바에 따른다.

---

2. 외환법규 3대 규율원리

가. 광의의 외환집중

우리 외환법규는 기본적으로 외환을 국내로 집중시키는 것을 의도하고 있다. 거주자나 비거주자가 보유한 외환을 매각, 예치, 보관, 등록의 방법으로 정부의 대리인에게 집중시키는 것이 본래 의미의 외환집중이다. 그러나 이 방법만 있는 것은 아니다. 여기에 이 집중제도에서 파생된 제도까지 합하여 "광의의 외환집중"이라고 부를만한 장치들이 있다.

광의의 외환집중

- 협의의 외환집중 (1996. 6월 폐지)
- 대외채권회수의무 (2017.7.18. 폐지)
- 거주자 해외예금 신고의무
- 재산국외도피의 죄

한 나라가 외환부족 사태에 직면하였을 때, 그 대책으로 생각해 볼 수 있는 것이 국내에 있는 거주자가 보유하고 있는 모든 외환을 정부의 대리인(주로 중앙은행이나, 외국환은행)에 강제 매각하도록 하는 것일 것이다. 이렇게 해서라도 외화를 확보하여 대외결제자금으로 사용하여야만 국가부도사태를 막을 수 있을 것이기 때문이다.

실제로 우리나라도 자발적인 것이기는 하지만, 1997년 말에 금모으기 운동이 대대적으로 벌어지지 않았는가? 필자는 집에 금붙이가 하나도 없다. 이때 결혼할 때 주고 받았던 것이나, 아이들 돌반지 같은 것을 전부 팔아버렸다. 애국심에서 그랬던 것이라기보다는, 외환위기로 원화환율이 급등하여 금 시세를 높게 쳐주어서 꽤 이득이 되었다.

그러나 이러한 매각집중이라는 것은 비상사태에서나 있을 법한 일이고, 평상시에는 이런 극단적인 방법 대신 예치를 강제하는 방식의 집중을 택하기 마련이다.

그런데 일반적인 경우에는 국가가 예치를 강제하지 않아도 외화를 은행에 예치하여 두지 않겠는가? 거액의 외화를 현찰로 인출하여 집에 두는 사람은 거의 없을 것이다. 어떤 불법적인 목적이 아니라면 외화를 현찰로 보유하는 경우는 없을 것이고, 만약 불법적이 목적이 있는 경우라면 국가에서 아무리 강제를 한다고 하더라도 은행에 예치를 하지 않을 것이다.

따라서 외환집중제도 자체는 경각심을 준다던가, 적발되면 처벌의 근거가 된다던가 하는 정도의 의미는 있겠지만 실제로 외화를 집중시키는 효과는 크지 않을 것이다. 이러한 외환집중제도가 없다고 하더라도, 후술할 여러 가지 제도들에 의하여 외환 집중의 효과는 충분히 거둘 수 있다.

(1) 대외채권회수의무

우리 외환법규에는 '대외채권회수의무'라는 것이 있었다. "비거주자에 대하여 건당 미화 50만불을 초과하는 채권을 보유하고 있는 거주자는 그 만기일 또는 조건성취일로부터 1년 6개월 이내에 이를 국내로 회수하여야 한다"라고 되어 있었다.

대외채권회수의무

외국환거래법
제7조(채권의 회수명령) ① 기획재정부장관은 외환시장의 안정과 외국환거래의 건전화를 위하여 비거주자에 대한 채권을 보유하고 있는 거주자로 하여금 그 채권을 추심하여 국내로 회수하게 할 수 있다.

외국환거래법 시행령
제12조(채권의 회수명령) ① 법 제7조제1항에 따른 회수대상채권의 범위는 1건당 미화 5만달러에 상당하는 금액을 초과하는 채권 중 기획재정부장관이 정하여 고시하는 채권으로 한다.
② 제1항에 따른 회수대상채권을 보유하고 있는 거주자는 해당 채권의 만기일 또는 조건성취일부터 1년 6개월 이내에 이를 국내로 회수하여야 한다.

외국환거래규정
제1-3조(채권의 회수) ①영 제12조제1항의 규정에 의한 채권은 다음 각호의 1에 해당하는 채권을 제외한 건당 미회수 잔액이 미화 50만불을 초과하는 채권으로 한다.

"국내로" 회수하여야 한다고 하였으므로 국내 외국환은행에 개설된 거주자 외화예금계정에 예치하는 방식으로 회수되었을 것이고, 이에 의하여 외환집중 효과가 있는 것이다.

다만, 실무적으로 이 조항들은 ① "만기"가 최초 계약에 의한 만기를 의미하는 것인지, 아니면 연장된 만기도 해당되는 것인지, ② 장기 분할상환약정의 경우에, "건"이 각 회차별 도래분을 이야기 하는 것인지, 아니면 전체 계약분을 이야기하는 것인지 불분명 하였을 뿐 아니라, ③ 채권자인 거주자에게 아무런 귀책사유가 없이 채무자측 사정으로 채권회수를 못하게 된 경우에도 거주자가 처벌을 받게 된다는 불합리함으로 인하여 수많은 논란과 혼선을 빚었다.

이렇게 된 것은 당초 1949년 일본 외환법에 있던 대외채권회수의무를 1962년 우리나라 외환법 제정시 그대로 가져온 후에 그대로 두었으면 문제가 없었을 것을, 1992년 외환법 개정시 규제의 내용을 대폭 확대 시켜버린데 기인 하였다.

이렇게 되자 비거주자로부터 빚을 떼인 사람이 경제적 손해에 더하여 죄까지 짊어지게 되었다. 2017.7.18. 대외채권회수의무의 폐지로 이러한 난맥상이 해소된 것은 다행이라고 하겠다.

그런데 대외채권회수의무가 폐지되었다고 하여 외환관리 측면에서 크게 걱정할 것은 없다. 왜냐하면 '거주자 해외예금' 규제가 또 있기 때문이다.

(2) 거주자 해외예금

대한민국 거주자가 해외에서 예금·신탁거래를 하는 경우에는 외국환은행 또는 한국은행에 사전에 신고하여야 한다.

거주자 해외예금 · 신탁거래

외국환거래규정
제7-11조(거래절차 등) ② (생략) 거주자가 해외에서 비거주자와 외화예금거래를 하고자 하는 경우에는 지정거래외국환은행의 장에게 신고하여야 한다.
③거주자가 해외에서 비거주자와 다음 각호의 1에 해당하는 예금거래 및 신탁거래를 하고자 하는 경우에는 한국은행총재에게 신고하여야 한다.
1. (생략) 거주자가 건당(동일자, 동일인 기준) 미화 5만불을 초과하여 국내에서 송금한 자금으로 예치하고자 하는 경우.

만약, 거주자 해외예금에 대한 규제가 없다면, 우리나라 굴지의 글로벌 기업들이 서울 대신 뉴욕이나, 런던, 동경 등에 소재한 은행에 자금을 예치하여 두고 사업을 할 가능성이 크다. 거액자산가인 개인들도 재산을 해외에 둘 가능

성이 크다.

더구나 인터넷뱅킹의 발전으로 우리나라 기업이나 개인들이 국내에 체재하면서 해외은행을 주거래은행으로 삼아 사업이나 자산운용을 하는 것이 하나도 어려운 일이 아니게 되었다.

이렇게 되면, 우리 정부로서는 대한민국 거주자가 보유하는 외환의 총량이 얼마인지, 많은지 적은지 조차 알 수 없게 되고 외환부문에 문제가 생긴 경우에 적절히 대처할 수 없게 된다.

따라서 거주자가 해외에 예금을 하고자 하는 경우에는 사전에 증빙서류를 갖추어 신고하도록 간섭을 함으로써 꼭 필요한 사람을 제외하고는 해외예금 시도를 단념 시키고, 대신 국내은행에 보유 외환을 예치하도록 유도하여 외환을 국내로 집중시키려는 입법의도가 숨어 있다.

외환규제의 많은 부분은 외환법 제1조(목적)에서 언급한 "대외거래의 원활화"가 아니고, 그 반대로 대외거래를 제한하거나 억제하려는 목적으로 규정되어 있다. 외환법 제1조를 너무 글자 그대로 받아들여서는 안된다. 원래 목적 조항이라는 것은 인사치레로 하는 말이지 않겠는가.

이러한 입법 의도를 잘 이해하지 못하면, 대외거래의 원활화를 위하여 사전신고 대신 사후보고로 전환하면 어떤가 라든가, 국제조세조정에 관한 법률에 의한 해외금융계좌신고제와 중복되므로 폐지하는 것이 옳다 라든가 하는 의견이 나오게 된다.

일본이 1998년에 해외예금 규제를 폐지한 것과 같이 우리나라도 언젠가는 거주자 해외예금에 대한 규제를 폐지하겠지만, 그 시점은 우리나라에 더 이상 외환관리가 필요 없는 때가 되어야 할 것이다.

이 거주자 해외예금·신탁 규제와 관련하여서도 실무상 여러 가지 의문점들이 있다.

먼저, "비거주자와 외화예금거래"라 함은 외국 은행에 예금하는 것만을 의미하는 것인가? 비은행금융기관이나, 또는 금융기관이 아닌 자에게 자금을 예치하는 거래도 포함되는 것인가? 우리 외환법규에서 "예금"에 대하여 따로 정의하고 있지 않으므로 이는 논란이 될 수 있는 질문이다.

우리나라에서는 통상 "예금"이라고 하면 은행과의 거래를 연상하는 것이 겠지만, 외국의 금융법제가 우리와 같은 것은 아니므로 외국에서는 비은행금융기관들과의 거래에 있어서도 "deposit" 등의 용어를 사용하고 있다. 외환관리 관점에서 보더라도 여기서 "예금"을 굳이 은행을 대상으로 하는 것에 국한시킬 이유는 없을 것으로 생각된다.

둘째로, 여기서 "예금"이라 함은 원본손실위험이 없는 상품만을 의미하는 것인가? 우리나라에서는 "예금"이라 함은 원본손실위험이 없는 것만을 의미하나, 외국에 있어서는 "은행"으로 불리는 금융기관들이 운용수익과 손실을 배분하는 금융상품을 판매하고 있어서 문제가 된다.

외국의 이러한 금융상품을 우리식의 "예금"이란 개념으로 포괄하기는 곤란하다. 그런데 다행히 외국환거래규정 제7-11조에서는 예금거래 외에 "신탁거래"도 같이 규제하고 있다. 따라서 외국의 금융기관에서 판매하는 운용실적에 따라 배당 받는 상품에 가입하는 경우에는 이를 비거주자와의 "신탁거래"로 보아 규율하는 것이 가능할 것이다.

셋째로, '거주자 해외예금신고'라고 하면 보통 '예금계좌를 신고하는 것'으로 생각하는 경향이 있다. 해외은행과 거래할 계좌번호를 외환당국에 신고하기만 하면, 이후에는 자유롭게 해외예금거래를 할 수 있는 것으로 생각하는 경우를 많이 보았다.

그러나 계좌번호라는 것은 은행에서 관리목적으로 부여한 일련번호일 뿐이고, 수시로 생성되었다 없어졌다 하는 것이며, Master 계좌, Sub 계좌 등 이름도 다양하다. 이 일련번호는 우리나라 외환관리 목적상 아무 의미도 없다. 우리나라 외환관리 목적상 의미가 있는 것은 '외화의 흐름'이므로 계좌번호가 아니라 '입금 행위'를 신고하여야 하는 것이다. 따라서 입금 없이 계좌번호만 생성되는 경우에는 신고의무가 없다고 보아야 한다.

넷째로, '입금 행위'뿐만 아니라 '인출 행위'도 신고하여야 하는 것인가 하는 의문도 있다. 그러나 규정 제7-11조에서는 어디까지나 "해외예금"에 대하여 신고하도록 해 놓았을 뿐이다. 예금의 인출에 대하여는 언급이 없다.

우리나라 외환규정은 금전대차, 증권취득, 부동산취득 등 모든 자본거래에 있어서 그 취득단계에서만 신고하도록 규정되어 있다. 상환함으로써 금전대차를 해소한다던지, 취득한 증권을 중도매각하거나 만기에 상환 받는다던지, 취득부동산을 매각한다던지 하는 단계에서 별도의 신고의무를 부과하는 경우는 없다. 왜냐하면 취득단계에서 인정된 거래라면, 그 후속거래에 있어서 지장을 주어서는 안되는 것이 옳기 때문이다. 마찬가지 논리로 거주자 해외예금에 있어서도 예금단계에서만 신고의무가 있다고 보는 것이 맞다.

다섯째로, 국내에서 해외로 송금하여 예금하는 경우뿐만 아니라, 해외에서 해외로 자금이 이동하여 예금하는 경우도 신고대상인가 이다. 이 역시 신고대상이다. 다만, 신고실무 편의 차원에서 한번 '거주자 해외예금' 신고를 한 자가 이 후에 해외에서 해외로 자금을 이동하여 예치하는 경우에는 예치 후 1개월 내 사후보고가 가능하도록 되어 있다.

(3) 재산국외도피의 죄

형사 범죄의 하나로 규정한 '재산국외도피의 죄' 또한 외환을 국내로 집중시키기 위한 장치라고 할 수 있다.

재산국외도피의 죄

특정경제범죄가중처벌 등에 관한 법률
제4조(재산국외도피의 죄) ① 법령을 위반하여 대한민국 또는 대한민국국민의 재산을 국외로 이동하거나 국내로 반입하여야 할 재산을 국외에서 은닉 또는 처분하여 도피시켰을 때에는 1년 이상의 유기징역 또는 해당 범죄행위의 목적물 가액(이하 이 조에서 "도피액"이라 한다)의 2배 이상 10배 이하에 상당하는 벌금에 처한다.

"법령을 위반하여" 재산을 "도피시켰을 때에" 범죄가 성립하는데, 여기서 "법령"에는 외국환거래법이 해당될 가능성이 크다. 즉 '거주자 해외예금' 신고를 하지 않았다든가, '거주자 외국부동산취득신고'를 하지 않았다든가 하는 경우에 이 "법령을 위반하여" 구성요건을 충족하게 될 것이다.

한편 재산을 국외로 이동하거나, 국내로 반입하여야 할 재산을 국외에 두었다고 하여 모두 "도피"가 되는 것은 아니다. "도피"에는 "도피 의사"가 필요하다. 매번 법정에서 다투어지고 있는 문제이다. 이 범죄에는 무거운 형벌이 부과되므로, 외환의 국내집중을 심리적으로 강제하는 일반예방효과가 있을 것이다.

나. 광의의 외환배분

우리 외환법규는 외환을 필요한 곳에 배분하여 사용하거나, 적어도 낭비되지 않도록 하는 것을 의도하고 있다. 정부가 외환의 사용에 관여하는 수단으로는 다음과 같은 것이 있다.

> **광의의 외환배분**
>
> - 외국환수급계획 (1992년 폐지)
> - 현물환실수요 원칙 (1994. 6월 폐지)
> - 선물환실수요 원칙 (1999. 4월 폐지)
> - 지급등의 증빙서류 제출 제도

정부가 외국환수급계획을 작성하여 거기에서 정한 우선순위에 따라 외화를 직접 배분하는 외국환수급계획제도나, 실수요가 있는 경우에만 외화를 취득할 수 있도록 한 현물환실수요 원칙은 이미 폐지되었다. 하지만, 외환수급 사정에 따라 언제든지 다시 채택될 수 있는 제도들이다.

실제로 외환위기시인 1997.10.30. 정부는 한시적인 조치로 거주자의 예치목적 또는 소지목적의 외국환매입을 금지시키는 한편, 실수요가 있어 외국환을 매입하고자 하는 경우에도 매입일로부터 5일 이내에 반드시 사용하도록 하여 환차익을 얻을 목적의 외환매매를 금지시킨 바 있다[17].

외국환거래법상 선물환실수요 원칙도 1999.4월 폐지되었다. 하지만, 조금 다른 상황에서 이와 유사한 규제들이 다시 생겨나기도 한다. 2008년을 뜨겁게 달군 KIKO 사태의 여파로 은행건전성 규제 차원에서 다음과 같은 규제가 신설되었다.

---

17) 재정경제원 공문, 국금41271-245, 연지급수입기간 자유화 등 통첩, (1997.10.30.)

은행업감독업무시행세칙 〈별표 15-2〉 외환파생상품거래 리스크 관리기준

"금융기관은 기업투자자와의 외환파생상품거래시 위험헤지비율을 최대 100% 이내에서 운영하여야 한다."

이는 '환시세의 안정'을 위한 것이라기보다는 '은행경영의 건전성'을 목적으로 하는 것으로 보이지만 어쨌든 선물환실수요 규제라는 점에서는 다를 것이 없다.

우리나라 거주자들이 대외지급을 하거나, 대외로부터 영수를 하는 경우에는 외국환은행에 "지급과 영수의 사유와 금액을 입증하는 서류"를 제출하여야 한다. 이 증빙자료로는 주로 계약서, Invoice 등이 사용되고 있다. 은행에서는 이 서류들을 받아 거래나 행위의 적법성확인을 하게 되는데, 이 과정에서 자금이 실제 어떤 용도로 사용되는지에 대한 확인이 이루어지게 된다.

비록 "실수요"라는 용어를 사용하고 있지는 않지만, 이러한 증빙서류의 제출을 의무화하고, 증빙서류를 제출하지 못하는 경우에는 대외지급과 수령을 차단함으로써 사실은 실수요 원칙이 실무에서 구현되고 있는 것이다.

다. 외국환업무취급기관 주의

은행 등 외국환업무취급기관은 우리나라 외환관리의 근간이다. 이들은 정부의 대리인으로서 외환집중과 외환배분에 관한 일을 도맡아 하고 있다. 따라서 이들은 외환관리의 객체가 아니라 주체이다.

은행 등이 대외거래와 관련하여 환 업무를 수행하고 있으므로, 그 기능과 전문성을 활용하여 외환관리를 수행할 필요가 있었다. 이에 따라 이들에게 행정 기능의 일부를 위임하여 ① 대외거래의 적법성에 대한 확인 ② 신고수리 등 위임 받은 행정사무의 처리, ③ 각종 보고서의 징수 및 정리, 보고 업무를 맡게 되었다.

그런데 은행 등이 이러한 기능과 전문성을 충분히 발휘할 수 있도록 하기 위하여는 모든 대외거래를 은행창구를 통하도록 강제할 필요가 있었다. 그렇지 않으면 대외거래 실태 파악에 loophole이 생길 수 있기 때문이다. 이를 위하여

'외국환은행을 통하지 아니한 지급방법'에 대한 규제가 생겨났다.

또한 은행 등으로부터의 대외거래정보 보고를 취합하여 통계를 작성하고 대외거래의 흐름을 모니터할 시스템을 구축할 필요가 있었다. 이에 따라 한국은행을 외환정보집중기관으로 지정하고, 한국은행으로 하여금 '외환전산망'을 운영하도록 하였다.

이와 같이, 우리 외환법이 외국환업무취급기관주의를 채택함으로써 이로부터 파생된 규제는 다음과 같은 것들이 있다.

외국환업무취급기관주의

– 외국환은행/외국환업무취급기관/전문외국환취급업자 제도
– 적법성 확인의무 (외환법 제10조)
– 은행을 통하지 아니한 지급방법 규제
– 대외거래정보 보고시스템 (외환전산망) 운영

---

(1) 외국환은행/외국환업무취급기관/전문외국환취급업자

은행 등 외국환업무취급기관은 외국환거래규정 제2장~제3장에 위치시키고 그 업무와 권한과 책임을 여기에서 규정하고 있다. 연혁적으로 보면, 제2장에는 "외국환은행"이 위치하고 있었고, 제3장에는 "환전상"이 위치하고 있었다. 이것이 어떻게 변화되어 왔는지를 보자.

〈표 3-4〉 외국환거래규정 제2장~제3장

날 짜	제2장	제3장
1999.4.1. 이전	외국환은행	환전상
1999.4.1.	외국환업무취급기관 외국환은행 기타외국환업무취급기관: 종금사, 체신관서, 증권회사, 보험사업자, 상호신용금고, 신용협동조합, 시설대여업자, 신기술사업금융자, 신용카드업자, 선물업자	환전영업자 외국환중개회사

2015.7.1.	전자지급결제대행업자를 기타외국환업무취급기관에 추가	상동
2017.7.18.	전자지급결제대행업자를 기타외국환업무취급기관에서 제외	환전영업자 소액해외송금업자 전자지급결제대행업자 외국환중개회사
2020.10.30.	외국환업무취급기관 등 － 외국환은행 － 기타 외국환업무취급기관 － 환전영업자 － 소액해외송금업자 － 기타전문외국환업무 등록을 한 자 － 외국환중개회사	위탁 및 중개, 신사업 규제 신속확인·면제 제도

1999.4.1. 외국환거래법을 제정하면서 비은행금융기관들이 대거 제2장으로 들어왔다. 그리고 이후에도 여러 차례 어지러운 변화가 있었다는 것을 알 수 있다. 전자지급결제대행업자(PG사)는 제2장으로 들어왔다가, 제3장으로 갔다가, 다시 제2장으로 들어왔다. 그리고 외국환중개회사, 소액해외송금업자는 새로 제2~3장에 들어오게 되었다.

이들 중에 환전영업자, 외국환중개회사, 소액해외송금업자에 대하여는 외국환거래법이 그 설립 근거법(소위 '업법')이 되어 그 설립부터 소멸까지의 전 과정에 있어서의 관리사항을 규율하고 있다. 따라서 이들로 인해 외국환거래규정은 점점 두꺼워지고 있다.

처음에는 은행뿐이었던 외국환거래규정 제2장에 지금은 온갖 종류의 업자들이 다 들어와 있다. 왜 이렇게 되었을까? 이 문제는 앞에서도 언급한 바 있다. 필자의 생각에 이들 비은행금융기관은 제2장에 들어와서도 안되고, 들어올 필요도 없었다.

역사적으로 외국과의 지급은 은행망을 통하여 이루어져 왔다. 이 Banking Network는 금융의 발전과정에서 자연스럽게 정착된 것으로, 누군가에 의하여 인위적으로 만들어진 것이 아니다. 많은 사람들이 은행에 계좌를 보유하게 된 것이 은행이 지급결제업무를 담당하게 된 계기가 되었고, 은행이 국내에서의 지급결제업무(내국환)를 담당하게 되자, 다음에는 국경을 넘어 외국과의 지급결제업무(외국환)도 함께 취급하게 된 것이다.

각국은 자국 내에 이런 저런 결제망을 갖추고 있다. 우리나라에만 해도 어음교환시스템, 지로시스템, 은행공동망, 전자상거래 지급결제시스템, 한국은행 금융결제망(BOK Wire)같은 것이 있다.

그러나 국제적으로는 이러한 결제망이 없었다. 세계의 정부나 세계의 중앙은행이라고 할 만한 것이 없기 때문에 이러한 결제망을 주도적으로 만들 세력이 없었기 때문이다. 그래서 고안된 것이 두 나라의 은행 사이에 코레스 약정(correspondent agreement)을 체결하는 것이었다. 이 코레스 약정에 의하여 두 나라의 결제망은 연결되었고, 이렇게 연결된 International Banking Network에 의하여 비로소 외국과의 지급·영수가 가능하게 되었다.

이에 따라 외국과의 지급·영수는 은행의 독점적인 업무영역이 되었다. 은행 이외의 어떠한 기관도 이러한 국제결제망을 갖춘 곳이 없기 때문이다.

이에 따라 외환관리 관점에서 본다면, 은행 창구에 외환관리를 위한 검색대를 설치하는 것은 당연한 것이었고, 은행 이외의 기관에 외환관리 기능을 부여한다는 것은 생각할 여지도 없었을 것이다. 외환관리 측면에서 본다면 은행이 아니면 금융기관이라고 하더라도 일반 기업이나 개인과 다를 바가 없었던 것이다.

이러한 연유로 은행이 외국환거래규정 제2장을 차지하고, 나머지 모든 기업과 개인이 제7장 이하에서 규율된 것이다. 외환관리 시각에서 본다면 '은행'과 '은행이 아닌 자'의 구분만 있을 뿐이다.

그러나 그럼에도 불구하고, 우리나라에서는 '외환업무 자유화'를 명분으로 하여 1999. 4월 이래 비은행금융기관들이 외국환거래규정 제2장에 대거 진입하였다. 이로써 우리나라에서는 특이하게도 비은행금융기관들도 외환관리의 주체가 되었다.

이들은 은행과 마찬가지로 ① 외환업무 등록을 하여야 하고, ② 등록된 범위내에서 외환업무를 영위할 수 있으며, ③ 정부로부터 행정사무를 위탁받아 처리하여야 하고, ④ 대외거래정보의 보고의무를 지게 되었다.

(2) 적법성 확인의무

외국환업무취급기관 등은 고객과의 거래시 그 거래나 지급·수령이 외국환거래법에 따른 허가를 받았거나, 신고를 한 것인지 확인할 의무가 있다.

은행 등의 적법성확인의무

외국환거래법 제10조(업무상의 의무) ① 외국환업무취급기관, 전문외국환업무취급업자 및 외국환중개회사(이하 "외국환업무취급기관등"이라 한다)는 그 고객과 이 법을 적용받는 거래를 할 때에는 고객의 거래나 지급 또는 수령이 이 법에 따른 허가를 받았거나 신고를 한 것인지를 확인하여야 한다.

이 확인 의무는 은행 등으로 하여금 대외지급·영수의 길목에서 차단기 역할을 수행하도록 의무를 부과한 것이다. 고객이 대외 지급을 의뢰하거나, 고객에게 도착한 대외로부터의 지급이 있는 경우에 은행은 이를 즉시 처리하여서는 안되고, 그 지급·영수의 원인이 된 거래가 무엇인지, 그 거래와 관련하여 외국환거래법상 허가나 신고가 필요한 것인지, 필요한 것이라면 그 허가나 신고를 득한 것인지를 확인하여야 한다. 확인 결과 문제가 없다고 판단되는 경우에 비로소 고객 의뢰에 응하여 대외 송금 처리를 해 주거나, 고객계좌에 외국으로부터 수령한 자금을 이체시켜 주게 되어 있다. 이러한 확인 의무를 위반하여 사무를 처리하면 금융기관 종사자에게 형사처벌이 부과될 수 있으므로 가볍게 볼 일이 아니다.

이 확인의무는 종종 '분산송금'과 관련하여 문제가 된다. 우리 외환규정에는 소액에 대하여는 신고의무 등을 면제시켜 주는 규정이 곳곳에 있다. 소액이므로 법에서 일일이 신경 쓰지 않는다는 취지일 것이다. 이러다 보니 신고의무를 피하기 위하여, ① 동일인이 송금액을 잘게 나누어 여러 번에 걸쳐 송금 한다든지, ② 여러 명이 동원되어 동일한 수취인에게 송금 한다든지 하는 경우가 있다.

이런 경우에 은행 등 직원은 분산송금인지 아닌지를 확인할 의무가 있는 것일까? 외환당국은 은행 등에 이러한 의무가 있다고 하면서 주의하여야 한다고 안내하고 있지만, 실제로 이러한 사안이 법정에서 문제가 된다면 어떻게 결론이 날지 알 수 없다.

유사한 사례에 대한 판례가 하나 있다. 83도639 대법원 판결인데, 해외여행이 자유화가 되기 전, 해외여행경비를 환전한 경우에는 여권에 수기로 기록을 하던 시절의 이야기 인 것으로 보인다.

어떤 자가 1,344개의 여권을 가지고 조흥은행 반도지점에 와서 해외여행 기본경비 명목으로 여행자수표를 매도해 줄 것을 요청하였고, 외환계 대리가 이에 응하여 여행자수표를 교부한 사안이다.

그런데 이 자는 1,344개 여권보유자의 정당한 대리인이 아니었던 것이고, 제1심 및 제2심에서는 조흥은행 대리가 "적법한 대리인인지 여부를 확인하지 아니하고" 여행자수표를 매도하였다고 하여 당시 외국환관리법 제11조 확인의무 위반으로 유죄로 판결하였다.

그러나 대법원은 "본인이냐 대리인이냐 여부까지를 확인하여야 한다는 것은 형벌법규를 지나치게 유추 및 확대해석한 것"이라고 하고 "본인이거나 대리인이거나를 따질 필요 없이 여행자수표는 그 여권명의자에게 매각된 것이고, 그 사람은 다시 매각 청구를 할 수 없으므로 외국환관리법 입법목적에 반하는 것이 아니다"라고 하며 확인의무 위반이 아니라고 판결하였다.

(3) 은행을 통하지 아니한 지급방법 규제

은행 창구에 차단기를 설치한 이상, 모든 대외지급·영수가 은행 창구를 통하도록 강제할 필요가 있다. 그렇지 않으면 외환관리의 실효성에 문제가 생길 것이다. 이에 따라 '은행을 통하지 아니한 지급·영수'에 대하여는 규제 방안이 마련되었다.

(가) 상계/상호계산

거주자가 비거주자와의 사이에 채권·채무를 상계 또는 상호계산 방식으로 결제하고자 하는 경우에는 은행을 통한 지급·영수가 일어나지 않으므로 외환당국 입장으로서는 어떠한 일이 벌어지고 있는지 알 도리가 없다. 이에 따라 상계 방식으로 결제하고자 하는 경우에는 사전에 외국환은행에 신고하도록 해 놓았다.

상호계산은 우리 상법에도 나오는 상행위의 한 형태로 상계가 당사자가 정한 일정기간 동안 계속하여 반복적으로 일어나는 것을 말한다. 두 당사자 사이에 청산계정(clearing account)을 운영하는 것이라고 표현해도 된다.

상계와 관련하여 법리상 문제가 되는 것은 본디 상계란 '일방행위'라는 점이다. 상계란 두 당사자의 의사의 합치를 요하지 않는다. 상계적상에 있는 경우 일방 당사자의 상계 의사표시만으로 상계는 곧 그 효력을 발생한다.

따라서 법 논리로 본다면 상계행위에 대하여 사전신고를 한다는 것은 불가능하다. 거래상대방이 상계의 의사표시를 해 왔을 때, 즉시 상계의 효력은 발생하는 것이고, 이때부터 서류를 준비하여 신고한다고 하여도 그것은 사후신고일 수밖에 없다.

그럼에도 불구하고 우리 외환법은 사전신고(상계의 효력발생 전 신고)를 요구하고 있다. 그리고 더욱 놀라운 것은 이렇게 모순된 법리속에서도 현실의 상계 신고 실무는 그럭저럭 굴러가고 있다는 것이다. 인간의 상황 적응 능력은 놀라운 것이라고 밖에는 할 말이 없다.

(나) 다자간 상계 (multi-netting)

대립하는 두 당사자 사이의 채권/채무를 netting하는 것이 상계/상호계산이라면, 다수 당사자 사이의 채권/채무를 netting하는 것이 다자간 상계이다. 이 다자간 상계에는 상계 center 역할을 하는 계열사 또는 조직이 필요하다.

세계 각국에 계열사를 두고 있는 다국적기업들은 대부분 이 상계 center를 운영하고 있다. 계열사간에 빈번하게 이루어지는 수백, 수천 건의 거래에 대하여 일일이 그 대가를 주고 받는다면 얼마나 많은 시간과 비용이 들어가겠는가? 각국의 은행에 지급하는 송금수수료만 해도 엄청난 금액이 될 것이다.

이를 피하기 위하여 고안된 것은 multi-netting structure 이다.

〈그림 3-4〉 다자간 지급·영수

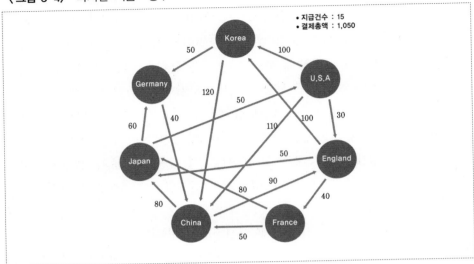

위 그림과 같이 각국 계열사간의 15건의 거래가 있다고 가정해 보자. 이 거래 대금을 각 계열사가 일일이 지급·영수한다면 총 결제금액은 1,050이 될 것이다. 그런데 다국적기업 내에 상계센터를 세워 각 계열사가 주고 받을 돈을 계산한 후, 그 차액만 상계센터로부터 받거나 상계센터에 지급하도록 한다면 다음과 같이 된다.

〈그림 3-5〉 상계센터를 통한 다자간 상계

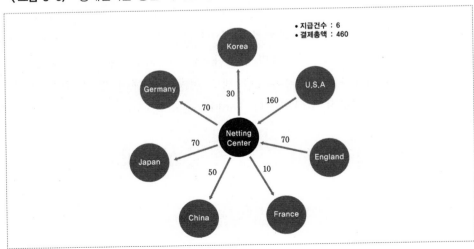

지급은 6건, 총 결제금액은 460으로 줄어들게 된다. 다자간 상계가 다국적 기업에게는 아주 유용한 것임을 알 수 있다. 그러나 우리나라에서는 다자간 상계를 하기 위하여는 한국은행에 사전신고가 필요하다.

(다) 제3자 지급

거주자와 비거주자간 거래의 결제를 위하여, 거주자가 비거주자가 지정한 다른 거주자에게 대가를 지급 한다든지, 그 반대로, 비거주자가 거주자가 지정한 다른 비거주자에게 대가를 지급함으로써 결제하는 경우에는 어떻게 될까?

이러한 지급방법이 과거 우리나라 외환법규에서는 "대상지급"이라고 불렀던 것이고, 세칭 "환치기"라고 부르는 것이고, 일본에서는 "ため払"이라고 불렀던 것이다. 이 경우에는 자국내 또는 외국내에서의 지급행위만 있을 뿐 은행을 통한 대외지급·영수가 일어나지 않는다. 따라서 '은행을 통하지 않은 지급'이 되어 외국환은행주의를 관철하기 위한 목적상 규제대상이 된다.

이러한 환치기 방식의 결제 후에 언젠가는 거주자와 거주자가 지정한 비거주자간 또는 비거주자와 비거주자가 지정한 거주자간 정산을 하는 과정이 필요할 것이다. 이 단계에서 또 외환 규제가 적용될 수 있을 것이지만, 우선 환치기 결제 단계부터 규제가 작동하는 것이다.

그런데 이 '대상지급'에 대한 규제가 우리나라 1992년 외환법 개정시 '제3자지급' 규제로 바뀌어 규제의 범위가 확장되었고, 이에 따라 은행을 통하여 대외지급·영수가 일어나는 경우도 규제 대상에 포섭되었다.

(라) 현찰의 인수도 등에 의한 지급

원화든, 외화든 현찰을 인수도 함으로써 대외거래의 결제를 하는 경우에는 외국환은행을 통하지 않으므로 외국환은행으로서는 지급·영수가 일어났는지 여부를 알 수 없다. 이에 따라 현찰의 인수도 등에 의하여 대외지급·영수를 하고자 하는 경우에는 사전에 한국은행에 그러한 사실을 신고하도록 해 놓았다.

(4) 한국은행 외환전산망

우리나라에는 외국환업무취급기관들이 참여하는 대외거래정보 보고시스템이 구축되어 있다. 이를 '외환정보시스템'이라고도 하고, '외환전산망'이라고도 한다. 이 시스템을 한국은행이 운영하고 있으므로 '한국은행 외환전산망'이라고 부르기도 한다.

여기에는 2015. 9월말현재 총 1,162개 기관이 참가하고 있다. 103개 기관은 직접 연결되어 있고, 1,059개 기관은 중개기관(코스콤, 한국예탁결제원, 생명보험협회 등)을 통해 간접 연결되어 있다.[18]

참가기관들이 입력한 대외거래정보는 한국은행 컴퓨터에 집중된다. 한국은행은 외환정보집중기관으로서 외환정보의 집중, 중계, 관리하는 역할을 수행하고 있다.

한편 국세청, 관세청, 기획재정부, 금융위원회, 금융감독원, 예금보험공사, 국제금융센터 등 국가기관은 외환규정에서 허용한 범위 내에서 이 외환전산망 자료에 access 할 수 있는 권한이 있다. 이들 국가기관은 ID와 Password를 부여 받아 한은전산망에 접속하여 필요한 검색을 행할 수 있다.

한국은행은 이 외환전산망 자료로부터 외환수급, 국제수지, 외채, 외환보유액 통계 등을 작성한다. 외환수급통계는 국제수지통계를 만들기 전 단계라고 보면 된다.

필자는 1995~1996년 기간중 한국은행 국제부 외환시장과에서 이 외환전산망 자료를 가지고 외환수급통계, 외채통계 등을 작성하는 일을 하였다. 필자가 당시 5급 행원으로서 통계총괄계장이었는데, 위로는 일반 기업의 대리에 해당하는 조사역이 계셨고, 아래라고 하기는 어렵지만 계원 몇 명이 같이 밤을 새며 일을 했다.

밤을 샐 수밖에 없는 것이 일명 "5일보"라고 부르던 외환수급통계는 매 5일마다 각 은행으로부터 외환전산망을 통하여 전송되어 온 자료를 기초로 만들어 지는데, 은행들은 당일 업무를 마감한 이후에야 자료 송부가 가능한 것이었고 은행 중에 한둘은 어떤 사정으로 마감이 지연되는 경우가 있기 마련이었으므로 모든 은행으로부터 자료가 도착하는 것은 밤 12시를 넘기기 일쑤였다.

필자가 외환수급통계를 담당한 시점은, 우리나라 외환수급통계가 막 전산화 단계를 마친 시점이었다. 필자는 직접 경험해 본 적이 없지만, 전임자들의 이야기에 따르면, 전산화되기 전에는 커다란 종이를 사무실 한 가운데에 놓고

---

18) 한국은행, 한국의 외환제도와 외환시장, (2016), 224p

여기에 일일이 숫자를 적어가는 식으로 외환수급통계를 작성하였다고 한다.

그랬던 것이 전산화가 완료되어, 필자가 이 업무를 담당하게 된 시점부터는 컴퓨터 자판의 Enter Key만 치면 외환수급통계표가 저절로 작성되어 컴퓨터에 연결된 프린터로부터 요란한 소리를 내며 출력되던 시절이었다.

따라서 통계담당자가 할 일이 아무것도 없어 보이지만, 사실은 일이 더 어렵게 된 면이 있었다. 은행에서 숫자를 입력할 때 금액 단위(예를 들면, 천, 백만 등)를 착각 하거나, 숫자에 0을 하나를 더 붙인다던가 하는 실수는 적지 않게 있었는데, 수기로 집계할 때에는 이런 오류가 쉽게 발견될 수 있었던 반면 전산화가 되고 난 이후에는 통계담당자가 raw data를 보지 않은 상태에서 숫자가 집계되므로 이러한 오류를 발견하기 어렵게 된 것이다.

그래서 통계총괄계의 주요 업무는 이 오류를 잡아내는 것이었고, 그렇게 하기 위해서는 직전 몇회분의 통계와 비교하여 금액이 크게 변동하는 곳이 있으면 해당 은행에 전화하여 일일이 확인을 하였는데, 그럴 때마다 신기하게도 입력 오류가 확인되곤 했다. 물론 입력 오류가 아니라 실제로 거액의 거래가 있었던 때도 많았지만 말이다. 이런 식의 전수조사 방식의 외환수급통계는 우리나라의 잘 정비된 은행시스템, IT 인프라, 그리고 은행종사자들의 높은 업무 능력이 아니었다면 불가능한 일이었다.

실제로 필자가 이 업무를 담당하던 기간 중 동남아 어느 나라로부터 한국의 외환수급통계시스템을 배우고 싶다며 방문 연수를 신청해와, 약 2주간 견학을 시켜준 적도 있다.

또 이런 일도 있었다. 우리나라가 외환위기를 맞아 IMF 로부터 구제금융을 받게 된 1997년 말에 필자는 국제부 외환심사과에 근무하고 있었다. 이때 외환심사과 사무실 한 편에 IMF로부터 파견나온 감독관이 주재하고 있었다. 이 사람의 이름을 '다스워스'로 기억하는 데 확실하지는 않다. 이 분의 임무는 우리나라가 IMF와 체결한 양해각서를 잘 이행하는지 감시하는 것이었다.

가끔 화장실에서 마주칠 뿐 필자와 접촉할 일은 없었지만, 나중에 들으니 이분이 이런 말을 하였다는 것이다. "매 5일마다 전수조사 방식에 의하여 외환수급통계가 편제되어 나오는 나라에 어떻게 외환위기가 올 수 있는가?" 참으로 통찰력 있는 말씀이 아닐 수 없다.

외환통계시스템이 아무리 잘 갖추어져 있어도 그것을 읽어내는 사람이 없으면 소용없는 일이겠지만, 다스워스씨가 볼 때에 적어도 한국의 외환통계시스템은 놀라웠던 것이다.

우리나라는 단돈 1달러를 외국에 송금하거나, 외국으로부터 수령하는 경우에도 이 내용이 지급·영수 코드를 달고 외환전산망에 입력이 된다.

한국은행에서 만든 '외환통계 보고항목 분류표'라는 것이 있어 여기에서 모든 대외거래를 유형별로 세밀하게 분류하여 각각에 고유번호(코드)를 부여하였다. 은행 창구에서는 고객의 거래내용에 가장 부합하는 코드를 선택하여 이 코드와 함께 송금인, 수취인, 송금은행, 수취은행, 금액, 날짜 정보를 입력하게 된다. 그렇게 입력된 정보는 한국은행 컴퓨터 내에서 통계프로그램에서 정한 대로 가공되어 외환수급표로 만들어지고 Enter Key 만 치면 출력되는 것이다. 이렇게 만들어진 아래 외환수급표는 자체 검증 기능도 가지고 있다.

〈표 3-5〉 외환수급표

외환수급표
경상계정
• 상품수지
• 서비스수지
• 소득수지
• 경상이전수지
자본계정
• 투자수지
• 기타 자본수지
오차 및 누락
금융계정=은행(한은포함) 대외외화자산 – 대외외화부채의 증감

외환수급표는 일정 기간 동안 거주자와 비거주자간 거래를 복식부기의 원리에 따라 기록한 것으로 flow 통계이다. 대분류로 보면 경상계정, 자본계정, 오차 및 누락, 금융계정으로 나누어지고, 전부 수입과 지출의 차이(즉, 수지)의 증감으로 표시된다.[19]

경상계정의 숫자는 외환전산망에서 가져온다. 앞에서 말한 지급·영수 코드별 금액이 합산되어 여기 찍히는 것이다. 자본계정의 숫자는 기본적으로 외환전산망 자료에서 가져오지만 정부가 보유하고 있는 자료 및 한국은행이 기업들로부터 직접 징구하는 자료도 소스가 된다. 그리고 금융계정에는 외국환은행 및 한국은행 외화 대차대조표의 (대외자산 – 대외부채)의 증감을 계산하여 찍는다.

이렇게 하면 논리적으로 경상/자본계정 수지의 합과 금융계정 수지가 일치하여 오차 및 누락이 0이 되어야 한다. 이로써 통계의 정확성을 검증할 수 있다. 물론 실제 데이터를 돌려보면 항상 오차 및 누락이 나오게 마련이고, 그것이 나올 수밖에 없는 이유도 있다. 하지만 이 오차 및 누락이 크다면 통계에 뭔가 문제가 있는 것이다.

이렇게 외환전산망에 입력된 자료만으로도 거의 완벽에 가까운 외환수급표를 만들 수 있고, 거기에 더하여 자체 검증기능까지 갖춘 아름다운 통계를 만들 수 있는 배경은 무엇일까? 잘 정비된 은행시스템, IT 인프라, 우수한 은행 인력만으로 가능한 것일까?

아니다. 이러한 통계 작성을 가능하게 한 제도적 배경이 있다. 그것은 바로 우리나라 외환관리가 외환집중제도 및 외국환은행주의를 채택하고 있기 때문이다. 거주자가 벌어들인 외화를 모두 국내은행에 집중시키고, 국내은행을 통하여 대외거래에 따른 결제를 행하도록 강제하는 시스템하에서는 이런 식의 통계작성이 가능하다.

언젠가 우리나라가 광의의 외환집중제도나 외국환업무취급기관주의를 폐기하는 시점이 올 것이다. 그런데 그 시점의 외환통계 작성은 지금의 그것과는

---

19) 필자가 외환통계업무를 담당하던 시기가 속한 1979~1997년 중 적용된 IMF의 BPM4 (Balance of Payments Manual, the Fourth edition)상의 분류에 따른 것이다. 이후 국제 수지표의 항목분류가 바뀌었다.

완전히 다른 방식이 될 것이다. 그 방식이 어떤 것이 될 것인지는 일본의 사례를 보면 알 수 있다. 전수조사 대신 표본조사, 금융기관뿐만 아니라 일반 개인과 기업들로부터의 광범위하고 번거로운 자료수집이 있어야만 겨우 허술한 통계라도 집계할 수 있다.

어쨌든 우리나라는 아직까지는 세계에서 가장 앞서있는 외환통계 작성 시스템을 가지고 있는 셈이다.

3. 소 결

이렇게 하여 우리나라 외환규범의 틀과, 3대 핵심 규율원리에 대하여 살펴보았다. 짧게 정리한 내용이지만 이것이 내가 말하는 우리나라 외환법규를 이해하는 Know-how이다.

이것을 이해하였다면 이제 외환법규를 찾아서 읽으면 된다. 처음부터 통째로 읽어가는 것이 아니라는 것이다. 그리고 실제 사례가 있으면 더 좋다. 실제 사례에 외환법규를 적용하는 훈련을 하는 것이 매우 중요하다. 이렇게 사례풀이를 100여개 정도 해보았다면 전문가라고 불려도 좋을 만한 수준이 어느덧 되었을 것이다.

우리 외환법규의 3대 규율 원리에 대한 인식이 없으면, 지나치게 규정의 문구에 집착하게 되고, 이렇게 되면 사리에 맞지 않은 결론을 도출해 내게 된다.

우리 외환법규의 문언은 결코 잘 만들어진 것이 아니다. 너무 많은 개념들을 민·상법, 기타 법, 외환실무에서 사용하는 market language 등에서 차용해 온 탓으로 개념정립이 완전하지 않고, 언어의 한계로 말미암아 모호한 부분도 있고, 오랫동안 임기응변식 입법을 거듭하다 보니 매우 어지럽게 되어있다.

이러한 여건에서 우리나라의 외환관리가 무엇을 위하여 어떻게 만들어진 것인지를 돌이켜 보고 그 규율 원리를 나침반 삼아 판단해 보는 것은 꼭 필요한 것이 아닐 수 없다.

제 **4** 장 　 주제별 검토

제 4 장 주제별 검토

이 장에서는 외환법규를 해석하고 적용하면서 그 동안 논란이 되어 왔던 문제나 또는 중요한 주제들에 대하여 좀 더 깊이 있게 분석해 보려고 한다.

앞의 제3장에서는 시대순으로 우리나라 외환관리의 변천사를 개관했는데, 이렇게 하다 보니 언급할 기회가 없었던 주제도 있고, 문맥의 흐름상 뒷부분으로 설명을 미룬 부분도 있었다. 그리고 제3장은 아무래도 전체의 흐름을 파악하기 위한 것이었으므로 주마간산 격으로 서술된 부분이 많다.

여기서는 각각의 주제에 집중하여 좀 더 깊이 들어가 보고자 한다. 사마천의 史記에 비유를 하자면 제3장이 本紀라면 제4장은 列傳에 해당하는 것이라고 생각한다.

제 1 절 거주성 판정기준

1. 서 론

외환법규를 실제 사례에 적용하면서 제일 먼저 해야 하는 일이, 어떤 행위의 주체가 대한민국 거주자인지 아니면 비거주자인지를 따지는 일이다. 이 갈림길에서 어느 쪽으로 가느냐에 따라 결과에 천양지차가 있다.

일단 비거주자로 판정이 되면 우리 외환법규의 구속이나 제한을 거의 받지 않는다. 그러나 거주자로 판정이 되면 어떻게든 대외 거래에 있어서 제한이 있기 마련이다. 우리 외환법규가 기본적으로 속지주의를 원칙으로 하고, 속인주의를 병용하고 있기 때문이다.

그런데 실무에서는 이 외환법상 거주성판정기준이 종종 세법상 거주성판정기준과 혼동되고 있다.

세법에서는 우리나라 거주자 및 내국법인에 대하여는 전세계 소득에 대하여 과세하고, 비거주자 및 외국법인에 대하여는 국내 원천소득에 대하여만 과세 하는 것을 원칙으로 하면서 이를 집행하기 위한 거주성 판정기준이 있다.

이 세법상 거주성 판정기준은 우리나라에 있어서뿐만 아니라 다른 나라와의 관계에 있어서도 매우 중요하다. 어떤 납세자에 대하여 각국이 서로 자국의 거주자라고 판정하는 경우 이중과세의 문제가 생기고, 이에 따라 이중과세 방지를 위한 국가간 조약 체결의 필요가 있고 이를 지원하기 위한 OECD Model 협약도 있는 등 국제적인 논의가 활발한 주제이다.

이중과세 이슈가 없는 경우에도 우리나라 학계, 언론에서는 세법상 거주성 판정기준에 대한 논의가 활발하다. 세금 문제는 기업과 개인의 금전적 이해관계가 걸려있는 문제이어서 그럴 것이다.

이에 비하여 외국환거래법상의 거주성 판정기준은 국제적인 이슈도 아니고, 참고로 할 국제규범이라고 할 만한 것도 없고, 금전적인 이해관계가 걸려 있는 것도 아니다. 이에 따라 외환법상 거주성 판정기준은 어디에서도 논의되지 않으며, 잘 알려져 있지도 않다.

따라서 '거주성 판정기준'이라고 하면 통상 세법상 거주성 판정기준이 떠오르기 마련이고, 외환법상 거주성 판정기준은 있는지도 모르는 경우가 많다. 심지어 외환법상 거주성 여부를 판단한 법원 판결에서 외환법상 기준은 도외시 한 채, 세법상 기준에 터 잡은 것으로 보이는 이유를 설시하고 있기도 하다.

> **판례** 대법원 1980.5.27. 판결 80도884
>
> A가 재일교포로서 일본에 그 주소를 둔 사람이라 하더라도 그가 부산시 서구 남부민동 30에 주민등록을 하여 그 처와 함께 거주하면서 공예사와 보세창고업에 종사하면서 종합소득세까지 납부하여 왔다면 또한 국내에 거주하는 사람이라 보아도 무방하다 할 것이므로 …

여기서 A는 대한민국 국적 재일교포이므로 그가 일본에 계속하여 2년 이상 체재하지 않았거나, 또는 2년 이상 체재하였다고 하더라고 귀국하여 3개월을 초과하였다면 이 판결의 결론과 같이 '거주자'로 보는 것이 맞을 것이다. 그러나 그 이유가 '종합소득세를 납부'하였다는 것이 되어서는 안 된다. 외환법상 기준 어디에도 이런 기준은 없기 때문이다.

이와 같이 외환법상 거주성 판정기준의 존재감이 없다 보니 세법상 기준이 외환법상 기준을 압도하는 현상이 나타나고 있다. 은행에서 고객으로부터 예금을 수취하는 경우에는 두 가지 기준을 모두 고려하여야 한다. 예금 종류의 구분과 관련하여서는 외환법상 기준을 따라야 하고, 이자소득세율과 관련하여서는 세법상 기준을 따라야 한다. 그런데 은행 실무상으로는 국세청에서 만든 비거주자판정표에 의거 고객의 거주성 여부를 판정할 뿐 외국환거래법상 거주성 판정기준을 별도로 고려하지 않는다고 한다.

이렇게 존재감이 희박한 외환법상 거주성 판정기준이 어떻게 생겼는지 보도록 하자.

2. 현행 기준

외국환거래법

외국환거래법 제3조 (정의) ① 이 법에서 사용하는 용어의 뜻은 다음과 같다.
　14. "거주자"란 대한민국에 주소 또는 거소를 둔 개인과 대한민국에 주된 사무소를 둔 법인을 말한다.
　15. "비거주자"란 거주자 외의 개인 및 법인을 말한다. 다만, 비거주자의 대한민국에 있는 지점, 출장소, 그 밖의 사무소는 법률상 대리권의 유무에 상관없이 거주자로 본다.
② 제1항 제14호 및 제15호에 따른 거주자와 비거주자의 구분이 명백하지 아니한 경우에는 대통령령으로 정하는 바에 따른다.

법 제3조에서 거주자의 개념을 먼저 정의한 후 비거주자는 '거주자가 아닌 자'로 정의하고 있다. 따라서 거주자와 비거주자는 서로 배타적인 개념으로서 어떤 자가 거주자이면서 동시에 비거주자일 수는 없다.

   개인의 경우 거주자와 비거주자의 구분은 기본적으로 '대한민국 내에 주소 또는 거소를 두고 있느냐'를 기준으로 하고 있다. 살고 있는 곳을 기준으로 한다는 것이다. 법인의 경우 '대한민국 내에 주된 사무소를 두고 있느냐'를 기준으로 하고 있다. 설립준거법 국가나 본점 소재지가 아닌 주된 사무소 소재지를 기준으로 삼는다는 점이 주목할 만하다.

   그리고 이와 같이 추상적인 몇몇 개념만으로는 충분하지 않으므로 그 세부기준을 시행령 제10조에서 규정하고 있다.

외국환거래법 시행령

외국환거래법 시행령 제10조(거주자와 비거주자의 구분) ① 다음 각 호의 자는 법 제3조제2항에 따라 거주자로 본다.
 1. 대한민국 재외공관
 2. 국내에 주된 사무소가 있는 단체·기관, 그 밖에 이에 준하는 조직체
 3. 다음 각 목의 어느 하나에 해당하는 대한민국국민
  가. 대한민국 재외공관에서 근무할 목적으로 외국에 파견되어 체재하고 있는 자
  나. 비거주자이었던 자로서 입국하여 국내에 3개월 이상 체재하고 있는 자
  다. 그 밖에 영업 양태, 주요 체재지 등을 고려하여 거주자로 판단할 필요성이 인정되는 자로서 기획재정부장관이 정하는 자
 4. 다음 각 목의 어느 하나에 해당하는 외국인(제2항제2호 및 제6호가목·나목에 해당하는 자는 제외한다)
  가. 국내에서 영업활동에 종사하고 있는 자
  나. 6개월 이상 국내에서 체재하고 있는 자
 ② 다음 각 호의 자는 법 제3조제2항에 따라 비거주자로 본다.
 1. 국내에 있는 외국정부의 공관과 국제기구
 2. 「대한민국과 아메리카합중국 간의 상호방위조약 제4조에 의한 시설과 구역 및 대한민국에서의 합중국군대의 지위에 관한 협정」에 따른 미합중국군대 및 이에 준하는 국제연합군(이하 이 호에서 "미합중국군대등"이라 한다), 미합중국군대등의 구성원·군속·초청계약자와 미합중국군대등의 비세출자금기관·군사우편국 및 군용은행시설
 3. 외국에 있는 국내법인 등의 영업소 및 그 밖의 사무소
 4. 외국에 주된 사무소가 있는 단체·기관, 그 밖에 이에 준하는 조직체
 5. 다음 각 목의 어느 하나에 해당하는 대한민국 국민

> 가. 외국에서 영업활동에 종사하고 있는 자
> 나. 외국에 있는 국제기구에서 근무하고 있는 자
> 다. 2년 이상 외국에 체재하고 있는 자. 이 경우 일시 귀국의 목적으로 귀국하여 3개월 이내의 기간 동안 체재한 경우 그 체재기간은 2년에 포함되는 것으로 본다.
> 라. 그 밖에 영업양태, 주요 체재지 등을 고려하여 비거주자로 판단할 필요성이 인정되는 자로서 기획재정부장관이 정하는 자
> 6. 다음 각 목의 어느 하나에 해당하는 외국인
> 가. 국내에 있는 외국정부의 공관 또는 국제기구에서 근무하는 외교관·영사 또는 그 수행원이나 사용인
> 나. 외국정부 또는 국제기구의 공무로 입국하는 자
> 다. 거주자였던 외국인으로서 출국하여 외국에서 3개월 이상 체재 중인 자
> ③ 거주자 또는 비거주자에 의하여 주로 생계를 유지하는 동거 가족은 해당 거주자 또는 비거주자의 구분에 따라 거주자 또는 비거주자로 구분한다.

개인의 경우 대한민국국민과 외국인을 구별하는 것부터 출발한다. 기본적으로 대한민국국민은 거주자로 외국인은 비거주자로 추정하지만 특수한 사정이 있는 경우에는 다르게 보겠다는 생각이다.

대한민국국민이 비거주자로 취급되는 사유로는 (1) 외국에서 영업활동에 종사하고 있는 자, (2) 외국에 있는 국제기구에서 근무하고 있는 자, (3) 2년 이상 외국에 체재하고 있는 자의 3가지 경우이다. 다만, (1), (2), (3)의 자가 국내에 입국하여 3개월 이상 체재하게 되면 다시 거주자로 본다.

외국인이 거주자로 취급되는 사유로는 (1) 국내에서 영업활동에 종사하고 있는 자, (2) 6개월 이상 국내에서 체재하고 있는 자이며 (1), (2)의 자가 출국하여 외국에서 3개월 이상 체재하게 되면 다시 비거주자로 된다.

이 기준을 잘 살펴보면 국적과 신체의 소재지가 중심 고려요소가 되고 있다는 것을 알 수 있다.

그렇다면 국적과 관련하여 대한민국과 외국의 국적을 동시에 가지고 있는 자에 대하여는 어떤 국적을 적용하여야 할 것인가? 우리나라 국적법상 복수국적이 가능한 경우가 많다. 국적법에 따라 '외국국적 불행사 서약'을 한 자에 대하여는 의문의 여지없이 대한민국 국민으로만 대우하면 될 것이고, 그렇지 않

은 경우에도 국적법 제11조의2조에 의거 우리나라 외환법을 적용함에 있어서는 대한민국 국민으로만 처우하면 될 것이다.

> **국적법**
>
> 제11조의2(복수국적자의 법적 지위 등) ① 출생이나 그 밖에 이 법에 따라 대한민국 국적과 외국 국적을 함께 가지게 된 사람으로서 대통령령으로 정하는 사람[이하 "복수국적자"(複數国籍者)라 한다]은 대한민국의 법령 적용에서 대한민국 국민으로만 처우한다.

3. 세법상 거주성 판정기준과의 비교

> **소득세법, 법인세법**
>
> 소득세법
> 제1조의2(정의) ① 이 법에서 사용하는 용어의 뜻은 다음과 같다.
>   1. "거주자"란 국내에 주소를 두거나 183일 이상의 거소(居所)를 둔 개인을 말한다.
>   2. "비거주자"란 거주자가 아닌 개인을 말한다.
>
> 소득세법 시행령
> 제2조(주소와 거소의 판정) ① … 주소는 국내에서 생계를 같이 하는 가족 및 국내에 소재하는 자산의 유무등 생활관계의 객관적 사실에 따라 판정한다.
> ② … 거소는 주소지 외의 장소 중 상당기간에 걸쳐 거주하는 장소로서 주소와 같이 밀접한 일반적 생활관계가 형성되지 아니한 장소로 한다.
> ③국내에 거주하는 개인이 다음 각 호의 어느 하나에 해당하는 경우에는 국내에 주소를 가진 것으로 본다.
>   1. 계속하여 183일 이상 국내에 거주할 것을 통상 필요로 하는 직업을 가진 때
>   2. 국내에 생계를 같이하는 가족이 있고, 그 직업 및 자산상태에 비추어 계속하여 183일 이상 국내에 거주할 것으로 인정되는 때
> ④ 국외에 거주 또는 근무하는 자가 외국국적을 가졌거나 외국법령에 의하여 그 외국의 영주권을 얻은 자로서 국내에 생계를 같이하는 가족이 없고 그 직업 및 자산상태에 비추어 다시 입국하여 주로 국내에 거주하리라고 인정되지 아니하는 때에는 국내에 주소가 없는 것으로 본다.
>
> 제4조(거주기간의 계산) ①국내에 거소를 둔 기간은 입국하는 날의 다음날부

터 출국하는 날까지로 한다.

②국내에 거소를 두고 있던 개인이 출국 후 다시 입국한 경우에 생계를 같이하는 가족의 거주지나 자산소재지등에 비추어 그 출국목적이 관광, 질병의 치료 등으로서 명백하게 일시적인 것으로 인정되는 때에는 그 출국한 기간도 국내에 거소를 둔 기간으로 본다.

③국내에 거소를 둔 기간이 1과세기간 동안 183일 이상인 경우에는 국내에 183일 이상 거소를 둔 것으로 본다.

법인세법

제2조(정의) 이 법에서 사용하는 용어의 뜻은 다음과 같다.

1. "내국법인"이란 본점, 주사무소 또는 사업의 실질적 관리장소가 국내에 있는 법인을 말한다.

3. "외국법인"이란 본점 또는 주사무소가 외국에 있는 단체(사업의 실질적 관리장소가 국내에 있지 아니하는 경우만 해당한다)로서 대통령령으로 정하는 기준에 해당하는 법인을 말한다.

소득세법상 '거주자'는 국내에 '주소'를 두거나 '183일 이상의 거소'를 둔 자를 말한다. 주소란 '생활관계가 형성된 곳'을 말하고, 거소란 '생활관계가 형성되지 아니한 곳"을 말한다. '생활관계가 형성'되었는지 여부는 '직업', '가족', '자산'으로 판단한다.

생활관계가 형성되었다면 국내에 주소가 있는 것으로 간주되어 대한민국 거주자가 된다.

생활관계가 형성되지 않았다고 하더라도 183일 이상 계속 국내에 거주하였으면 대한민국 거주자가 되는데, 이때 '명백하게 일시적인' 출국 기간은 국내에 체재한 것으로 간주하고, 일시적이 아닌 출입국을 반복한 경우에는 1과세기간 동안 183일 이상 국내에 체재하였으면 계속 183일 이상 체재한 것으로 본다.

이로 볼 때, 소득세법상 거주성 판정요소로는 '직업/가족/자산'이 먼저 고려되고, 그 다음으로 '국내체재일수'가 고려된다고 볼 수 있다.

외환법상 거주성 판정기준이나, 세법상 거주성 판정기준이나 모두 '살고 있는 곳'을 기준으로 한다는 점에서 큰 시각에서 차이는 없다고 생각된다. 다만 구체적인 기준에서는 차이를 보이는데, ① 세법상 기준에서는 '직업/가족/자산'이 중점 고려 요소 이지만 외환법상 기준에서는 이보다는 '국적'과 '신체의 소재지'가 중점 고려 요소라는 것, ② 세법상 기준에서는 '일정기간 중 국내체재일수'가 고려되지만 외환법에서는 '계속체재일수'가 중요하다는 차이가 있다.

4. 구 거주성 판정기준과 비교

우리나라 거주성 판정기준은 일본의 기준을 그대로 가져온 것이다. 그런데 일본의 거주성 판정기준은 1949년 외환법 제정이래 단 한 차례도 변경되지 않은 것으로 보인다. 필자가 여러 방법으로 일본 기준의 개정 이력을 찾아 보았으나 찾지 못하였다.

적어도 1980년 이래 일본 거주성 판정기준의 개정이 없었던 것은 확인하였고, 우리나라 1970년대의 기준이 현재 일본의 기준과 동일한 것으로 볼 때 일본의 1949년~1980년 중 기준도 현재 일본의 기준과 같았을 것으로 추정된다. 무려 70년이 넘도록 동일한 거주성 판정기준을 유지하고 있다니 놀랍기만 하다.

이에 비하여 우리나라에선 제정 후 3차례의 개정이 있었다. 이 과정에서 큰 변화는 없었지만 조금씩 변화가 있었다. 어떻게 변화되어 왔는지 보도록 하자.

🏛 **〈표 4-1〉 外爲法上 居住性の判定基準**

昭和55年11月29日(1980.11.29.) 日蔵国第4672号「外国為替法令の解釈及び運用について」6-1-5, 6

自然人	本邦人	居住者	① 本邦人は原則として居住者として取扱う. ② 本邦の在外公館に勤務する目的で出国し外国に滞在する者は居住者として取扱う.
		非居住者	① ２年以上外国に滞在する目的で出国し外国に滞在する者. ② 外国にある事務所(本邦法人の海外支店等及び現地法人並びに国際機関を含む.)に勤務する目的で出国し外国に滞在する者. ③ ①又は②に掲げる者のほか´本邦出国後外国に２年以上滞在するに至つた者. ④ ①から③までに掲げる者で´事務連絡´休暇等のため一時帰国し´その滞在期間が６月未満のもの.
	外国人	非居住者	① 外国人は原則として非居住者として取扱う. ② 外交官又は領事官及びこれらの随員又は使用人°ただし´外国において任命又は雇用された者に限る. ③ 外国政府又は国際機関の公務を帯びる者. ④ アメリカ合衆国軍隊´合衆国軍隊の構成員´軍属´家族´軍人用販売機関等´軍事郵便局´軍用銀行施設及び契約者等 ⑤ 国際連合の軍隊´国際連合の軍隊の構成員´軍属´家族´軍人用販売機関等及び軍事郵便局等
		居住者	① 本邦内にある事務所に勤務する者 ② 本邦に入国後６月以上経過するに至つた者
法人等	本邦法人等	居住者	① 本邦内にその主たる事務所を有する法人等 ② 本邦の在外公館
		非居住者	本邦の法人等の外国にある支店´出張所その他の事務所
	外国法人等	非居住者	① 外国にその主たる事務所を有する法人等 ② 本邦にある外国政府の公館(使節団を含む)及び本邦にある国際機関
		居住者	外国の法人等の本邦にある支店´出張所その他の事務所

- 「自然人」とは法人に対する個人をさす. 居住者又は非居住者と同居し´かつ´その生計費が専ら当該居住者又は非居住者に負担されている家族の居住性は´当該居住者又は非居住者の居住性に従う.
- 「法人」とは自然人以外で´法律上権利義務の主體たることを認められたものをいう.「法人等」とは法人´団体´機関その他これらに準ずるものをいう.

🏛 **〈표 4-2〉 외환법상 거주성 판정기준** (1962.1.21.(?)~1992.8.30.)

1962.1.21.(?) 외국환관리규정 제정·시행

자연인	내국인	거주자	① 내국인은 원칙적으로 거주자로 본다. ② 대한민국정부의 재외공관에 근무할 목적으로 출국하여 외국에 체재하고 있는 자
		비거주자	① 2년이상 외국에 체재할 목적으로 대한민국으로부터 출국하여 외국에 체재하고 있는 자 ② 외국에 있는 사업소(현지법인·내국법인의 외국에 있는 지점·사무소·주재원 및 국제기구를 포함한다)에 근무하고 있거나 근무할 목적으로 출국한 자 ③ ①, ②의 경우를 제외하고 출국한 후 외국에 2년을 경과하여 체재하고 있는 자 ④ ①~③에 해당하는 자로서 일시 귀국의 목적으로 대한민국에 입국하여 그 체재기간이 3개월을 초과하지 아니한 자
	외국인	비거주자	① 외국인은 원칙적으로 비거주자로 본다. ② 외교관·영사 또는 그 수행원이나 사용인. 다만, 외국에서 임명 또는 고용된 자에 한하되 명예총영사·명예영사 및 명예부영사는 직접적인 직무수행의 범위 안에서만 비거주자로 본다. ③ 외국정부 또는 국제기구의 공무로 입국하는 자 ④ 한·미 행정협정에 규정된 미합중국군대와 이에 준하는 국제연합군 및 국민이 아닌 그 구성원·군속·군인용 판매소 등 비세출자금기관·군사우편국·군용 은행시설 및 초청계약자와 당해 구성원·군속 및 초청계약자와 다음 각 호의 1에 해당하는 가족은 비거주자로 한다.(1. 배우자와 20세 미만의 자녀, 2. 부모·20세 이상인 자녀 또는 친척으로서 그 생계비의 반 이상을 그 구성원·군속 또는 초청계약자가 부담하는 자)
		거주자	① 국내에 있는 사업소에 근무하거나 국내에서 영업에 종사하는 자 ② 입국한 후 6월이 경과된 자 ③ ①에 해당하는 자로서 휴가 또는 출장 등 기타 일시적 목적으로 출국하는 자 ④ 외국인 거주자이었던 자로서 출국한 후 6월 이내에 국내에 6월이상 체재할 목적으로 다시 입국하는 자
법인 등	내국법인등	거주자	① 국내에 주사무소를 둔 법인(단체·기관 기타 이에 준하는 조직체를 포함한다) ② 대한민국 정부의 재외공관
		비거주자	내국법인(단체·기관 기타 이에 준하는 조직체를 포함한다)의 해외지사 등(외국환은행의 국외점포 포함)
	외국법인등	비거주자	① 외국에 주사무소를 둔 법인(단체·기관 기타 이에 준하는 조직체를 포함한다) ② 국내에 있는 외국정부의 공관.사절단 및 국제기구
		거주자	외국법인(단체·기관 기타 이에 준하는 조직체를 포함한다)의 국내에 있는 지점·지사·출장소 기타 사무소

• 거주자 또는 비거주자와 동거하고 있는 20세 미만의 자녀나 그 거주자 또는 비거주자가 생계비의 반 이상을 부담하며 동거하고 있는 가족의 거주성은 그 거주자 또는 비거주자의 거주성에 따른다.

🏛 〈표 4-3〉 **외환법상 거주성 판정기준** (1992.9.1.~1999.3.31.)

1992.9.1. 외국환거래법시행령 및 외국환관리규정 개정·시행

자연인	내국인	거주자	① 내국인은 원칙적으로 거주자로 본다. ② 대한민국재외공관에서 근무할 목적으로 파견되어 외국에 체재하고 있는 대한민국 국민 ③ 비거주자이었던 자로서 일시 귀국의 목적으로 국내에 입국하여 3월 이상 체재하는 경우
		비거주자	① 거주자 또는 비거주자의 외국에 있는 영업소 기타의 사무소에서 근무할 목적으로 외국에 체재하고 있는 자 ② 2년이상 외국에 체재할 목적으로 출국하여 외국에 체재하고 있는 자 ③ 2년이상 외국에 체재하고 있는 자
	외국인	비거주자	① 외국인은 원칙적으로 비거주자로 본다. ② 국내에 있는 외국정부의 공관 또는 국제기구에서 근무할 목적으로 파견되어 국내에 체재하고 있는 외국인 (외교관·영사 또는 그 수행인이나 사용인. 다만, 외국에서 임명 또는 고용된 자에 한하되, 명예총영사·명예영사 및 명예부영사는 직접적인 직무수행 범위 안에서만 비거주자로 본다.) ③ 외국정부 또는 국제기구의 공무로 입국하는 자 ④ 한·미행정협정에 의한 미합중국 군대와 이에 준하는 국제연합군 ⑤ ④의 외국인 구성원·군속 및 초청계약자와 다음 각목의 1에 해당하는 가족 (1. 배우자와 20세 미만의 자녀, 2. 부모, 20세 이상의 자녀 또는 친척으로서 당해 구성원·군속 또는 초청계약자에 의하여 주로 생계를 유지하는 동거가족) ⑥ ④의 군 판매점, 식당 등 비세출자금기관·군사우편국·군용은행 시설
		거주자	① 거주자 또는 비거주자의 국내에 있는 영업소 기타의 사무소에 근무하고 있거나 국내에서 영업활동에 종사하고 있는 자 ② 6월 이상 국내에 체재하고 있는 자 ③ 거주자이었던 외국인으로서 출국 후 6월 이내에 국내에 6월 이상 체재할 목적으로 다시 입국하여 체재하고 있는 자
법인 등	내국법인등	거주자	① 국내에 주된 사무소가 있는 단체·기관 기타 이에 준하는 조직체 ② 대한민국 재외공관
		비거주자	거주자의 외국에 있는 지점·출장소 기타의 사무소
	외국법인등	비거주자	① 외국에 주된 사무소가 있는 단체·기관 기타 이에 준하는 조직체 ② 국내에 있는 외국정부의 공관과 국제기구
		거주자	비거주자의 대한민국에 있는 지점, 출장소, 그 밖의 사무소

• 거주자 또는 비거주자에 의하여 주로 생계를 유지하는 동거 가족은 해당 거주자 또는 비거주자의 구분에 따라 거주자 또는 비거주자로 구분한다.

🏛 **〈표 4-4〉 외환법상 거주성 판정기준**(1999.4.1.~2009.2.3.)

1999.4.1. 외국환거래법시행령 개정 · 시행

자연인	내국인	거주자	① 내국인은 원칙적으로 거주자로 본다. ② 대한민국 재외공관에서 근무할 목적으로 외국에 파견되어 체재하고 있는 자 ③ 비거주자이었던 자로서 일시 귀국의 목적으로 입국하여 3월 이상 체재하고 있는 자
		비거주자	① 외국에 있는 영업소 기타의 사무소에서 근무하고 있는 자 ② 외국에 있는 국제기구에서 근무하고 있는 자 ③ 2년이상 외국에 체재할 목적으로 출국하여 외국에 체재하고 있는 자 ④ 2년이상 외국에 체재하고 있는 자
	외국인	비거주자	① 외국인은 원칙적으로 비거주자로 본다. ② 국내에 있는 외국정부의 공관 또는 국제기구에서 근무할 목적으로 국내에 파견되어 체재하고 있는 외교관 · 영사 또는 그 수행원이나 사용인 ③ 외국정부 또는 국제기구의 공무로 입국하는 자 ④ 「대한민국과 아메리카합중국 간의 상호방위조약 제4조에 의한 시설과 구역 및 대한민국에서의 합중국군대의 지위에 관한 협정」에 따른 미합중국군대 및 이에 준하는 국제연합군(이하 이 호에서 "미합중국군대등"이라 한다), 미합중국군대등의 구성원 · 군속 · 초청계약자와 미합중국군대등의 비세출자금기관 · 군사우편국 및 군용은행시설
		거주자	① 국내에 있는 영업소 기타의 사무소에 근무하고 있거나 국내에서 영업활동에 종사하고 있는 자 ② 6월이상 국내에 체재하고 있는 자 ③ 거주자이었던 외국인으로서 출국 후 6월 이내에 국내에 6월 이상 체재할 목적으로 다시 입국하여 체재하고 있는 자
법인등	내국법인등	거주자	① 국내에 주된 사무소가 있는 단체 · 기관 기타 이에 준하는 조직체 ② 대한민국 재외공관
		비거주자	외국에 있는 영업소 기타의 사무소
	외국법인등	비거주자	① 외국에 주된 사무소가 있는 단체 · 기관 기타 이에 준하는 조직체 ② 국내에 있는 외국정부의 공관과 국제기구
		거주자	비거주자의 대한민국에 있는 지점, 출장소, 그 밖의 사무소

• 거주자 또는 비거주자에 의하여 주로 생계를 유지하는 동거 가족은 해당 거주자 또는 비거주자의 구분에 따라 거주자 또는 비거주자로 구분한다.

🏛 〈표 4-5〉 **외환법상 거주성 판정기준** (2009.2.4.~)

2009.2.4. 외국환거래법시행령 개정·시행

자 연 인	내 국 인	거주자	① 내국인은 원칙적으로 거주자로 본다. ② 대한민국 재외공관에서 근무할 목적으로 외국에 파견되어 체재하고 있는 자 ③ 비거주자이었던 자로서 입국하여 국내에 3개월 이상 체재하고 있는 자 ④ 그 밖에 영업 양태, 주요 체재지 등을 고려하여 거주자로 판단할 필요성이 인정되는 자로서 기획재정부장관이 정하는 자
		비거주자	① 외국에서 영업활동에 종사하고 있는 자 ② 외국에 있는 국제기구에서 근무하고 있는 자 ③ 2년 이상 외국에 체재하고 있는 자. 이 경우 일시 귀국의 목적으로 귀국하여 3개월 이내의 기간 동안 체재한 경우 그 체재기간은 2년에 포함되는 것으로 본다. ④ 그 밖에 영업양태, 주요 체재지 등을 고려하여 비거주자로 판단할 필요성이 인정되는 자로서 기획재정부장관이 정하는 자
	외 국 인	비거주자	① 외국인은 원칙적으로 비거주자로 본다. ② 국내에 있는 외국정부의 공관 또는 국제기구에서 근무하는 외교관·영사 또는 그 수행원이나 사용인 ③ 외국정부 또는 국제기구의 공무로 입국하는 자 ④ 「대한민국과 아메리카합중국 간의 상호방위조약 제4조에 의한 시설과 구역 및 대한민국에서의 합중국군대의 지위에 관한 협정」에 따른 미합중국군대 및 이에 준하는 국제연합군(이하 이 호에서 "미합중국군대등"이라 한다), 미합중국군대등의 구성원·군속·초청계약자와 미합중국군대등의 비세출자금기관·군사우편국 및 군용은행시설 ⑤ 거주자였던 외국인으로서 출국하여 외국에서 3개월 이상 체재 중인 자
		거주자	① 국내에서 영업활동에 종사하고 있는 자 ② 6개월 이상 국내에서 체재하고 있는 자
법 인 등	내 국 법 인 등	거주자	① 국내에 주된 사무소가 있는 단체·기관, 그 밖에 이에 준하는 조직체 ② 대한민국 재외공관
		비거주자	외국에 있는 국내법인 등의 영업소 및 그 밖의 사무소
	외 국 법 인 등	비거주자	① 외국에 주된 사무소가 있는 단체·기관, 그 밖에 이에 준하는 조직체 ② 국내에 있는 외국정부의 공관과 국제기구
		거주자	비거주자의 대한민국에 있는 지점, 출장소, 그 밖의 사무소

• 거주자 또는 비거주자에 의하여 주로 생계를 유지하는 동거 가족은 해당 거주자 또는 비거주자의 구분에 따라 거주자 또는 비거주자로 구분한다.

우리나라 1962.1.21. 기준은 일본의 1949년 기준과 거의 동일 하였는데, 단 하나 다른 것이 있다. 외국인이 거주자가 되는 사유로 "국내에서 영업에 종사하는 자"라는 문구가 추가되었다. 당시 일본 기준에는 "국내 사무소에 근무하는 자"뿐이었다. 사소한 것으로 보이고, "근무"나 "영업"이 어떻게 다른 것인지도 애매하지만 이 "영업"이라는 문구는 이후 계속 확대 존속되고 있다.

1992.9.1.에는 종전 외국환관리규정에서 규정하던 것을 주요 내용은 법 시행령에서 규정하고 세부내용은 규정에서 기술하는 방식으로 변경하였다. 내용에 있어서 크게 바뀐 것은 없다.

1999.4.1.에는 거주성 판정기준을 모두 법 시행령에 올려서 규정하는 방식으로 변경하였다. 내용에 있어서 크게 바뀐 것은 없다.

2009.2.4. 에 의미 있는 개정이 두 군데에서 이루어졌는데, 첫째는 국민이면서 "외국에서 영업활동에 종사하고 있는 자"를 비거주자로 신규 분류한 것이고, 둘째는 그때까지 비거주자로 분류되던 국민이면서 "2년 이상 외국에 체재할 목적으로 출국하여 외국에 체재하고 있는 자"를 해당 조항을 삭제하여 더이상 비거주자로 인정하지 않은 것이다.

그러나 이 "영업활동에 종사"한다는 문구의 의미는 너무나 포괄적이고 모호하다. 자영업을 하는 것을 의미하는 것인지, 직장에 다니는 것도 포함되는 것인지, 학생신분으로 아르바이트를 하면 영업활동을 하는 것인지, 비영리 공익활동에 종사하면 어떻게 되는지 등 현행 규정의 문구만으로는 그 의미를 파악하기 어렵다.

더 큰 문제는 "영업활동에 종사"함에 있어서 반드시 자신의 신체가 외국에 소재할 필요가 없다는 점이다. 인터넷 쇼핑몰을 운영하는 한국 거주자는 전 세계에서 영업활동에 종사하고 있다고 할 수 있다. 교통과 통신의 발달 및 Globalization 의 진행으로 주거지와 상관없이 어디서든 전 세계를 상대로 비즈니스를 할 수 있는 시대에 우리가 살고 있는 것이다.

사람의 신체가 어디에 있느냐를 거주성의 기준으로 삼는 것은 나름 분명한 기준이 된다. 사람의 신체라는 것이 동시에 우리나라에도 있고 외국에도 있을 수는 없기 때문이다. 그러나 '영업활동에 종사'하는 것은 동시에 여러 나라에서 가능할 수 있다는 점에서 해석상 난점을 낳는다.

다음으로 "2년 이상 체재할 목적으로 출국"한 자를 비거주자에서 제외한 것은 실무에 있어서 그 적용의 곤란함에서 연유한 것으로 생각된다. "2년이상 체재할 목적"과 같은 사람의 마음 상태는 객관적으로 증명하기 어려운 것이고 그러다 보니 그 동안 적용에 혼선이 있었을 것으로 생각된다.

5. 지점/출장소/사무소의 거주성

내국법인의 외국에 있는 지점, 출장소, 그 밖의 사무소는 비거주자로, 외국법인의 국내에 있는 지점, 출장소, 그 밖의 사무소는 거주자로 보고 있다. 법률상 대리권의 유무에 상관없이 그렇게 본다고도 되어 있다(법 제3조 1항 15호).

이렇다 보니 외환법을 적용함에 있어서는, 본사와 지사간의 금전대차라든지, 채권양도라든지 하는 말이 스스럼없이 쓰이고 있다. 그런데 이것이 말이 되는 소리인가? 본사의 지점/출장소/사무소는 자회사와 달리 별도의 법인격을 갖고 있지 않다. 따라서 외국지점/출장소/사무소의 거래나 행위의 효과는 본사인 내국법인에 귀속된다. 결국 내국법인이 직접 거래나 행위를 한 것과 같다. 그렇다면 본사와 지사간의 금전대차라는 것은 주체가 혼동되어 민사법적으로 성립될 수 없는 계약이 아닌가?

외환법이 민사법의 개념을 차용하여 대외거래를 규율한다고 할 때, 가급적 해당 법에서 쓰이고 있는 의미를 따르고 존중하여 법체계상 모순이 생기지 않도록 하여야 할 것이 아닌가. 그럼에도 불구하고 본사는 거주자, 지점/출장소/사무소는 비거주자로 분류하여, 마치 별개의 법 인격체인 것처럼 취급함으로써 민사법과 충돌을 일으키는 것은 왜일까?

이것은 외환법이 본사와 해외지사와의 거래를 규율하려다 보니, 민사법상과의 충돌 문제를 극복하지 못하고, 불가피하게 선택한 방법으로 보인다. 본지사간의 외환거래는 빈번하고 대규모이고 용이하게 발생하는 것인 만큼 외환관리 차원의 감시를 소홀히 할 수 없는 영역이고, 이렇다 보니 지점 등을 마치 별개의 인격체인 것처럼 취급하여 다른 외국법인과 동일한 감시체계하에 두겠다는 의미일 것이다.

만약 해외지점 등을 거주자로 취급하였다면, 본지사간의 거래는 거주자간 거래가 되어버려, 거주자와 비거주자간 거래를 주로 규율한 외환법 규체체계내로 편입이 어려웠을 것이다.

그러나 이러한 선택은 어디까지나 본사와 지사간의 거래를 규율하기 위한 것인 만큼, 지사와 다른 비거주자간의 거래에 까지 무한 적용되어서는 또 다른 곤란한 문제가 생기게 된다. 본사가 외환규제를 피하기 위하여 지사로 하여금 다른 비거주자와 어떤 거래나 행위를 하도록 한다면 그것은 비거주자간 거래가 되어버리고, 이에 따라 우리 외환법의 적용을 피하게 된다.

이를 막기 위하여 또 여러 가지 규정들을 두고 있다. 어떤 문제를 해결하기 위한 방안이 또 다른 문제를 만들고, 이를 치유하기 위한 방안이 또 마련된 것이다.

외국환거래법

외국환거래법
제2조(적용 대상) ① 이 법은 다음 각 호의 어느 하나에 해당하는 경우에 적용한다.
  4. 대한민국에 주소 또는 거소를 둔 개인 또는 그 대리인, 사용인, 그 밖의 종업원이 외국에서 그 개인의 재산 또는 업무에 관하여 한 행위
  5. 대한민국에 주된 사무소를 둔 법인의 대표자, 대리인, 사용인, 그 밖의 종업원이 외국에서 그 법인의 재산 또는 업무에 관하여 한 행위

외국환거래규정
제9-22조(해외지점의 영업활동) ① 해외지점이 다음 각호의 1에 해당하는 거래 또는 행위를 하고자 하는 경우에는 한국은행총재에게 신고하여 수리를 받아야 한다.
  1. 부동산에 관한 거래 또는 행위.
  2. 증권에 관한 거래 또는 행위.
  3. 비거주자에 대한 상환기한이 1년을 초과하는 대부.

법에서 내국법인의 해외지사가 "본사의 재산 또는 업무에 관하여 한 행위"에는 우리나라 외환법을 적용한다는 원칙을 선언해 놓았다. 그리고 그러한 취

지에서 해외지점의 몇 가지 영업활동에 대하여는 한국은행에 사전에 신고하도록 의무를 부과해 놓은 규정도 있다.

이러한 규제의 취지를 잘 이해하고 내린 판결이 있다.

> 판례 대법원 1988.6.21. 판결 88도551
>
> 국내에 주사무소를 둔 내국법인은 외국환관리법상 거주자에 해당하나 그 내국법인의 해외지사는 비거주자에 해당한다 함은 소론과 같다. 그런데 외국환관리법 제3조 제1항은 「이 법은 대한민국 내에 주사무소를 둔 법인, 대리인, 사용인과 기타의 종업원이 외국에서 그 법인의 재산 또는 업무에 관하여 행한 행위에도 적용한다」고 규정하고 있다. 이 규정의 취지는 외국환관리법의 목적을 달성하기 위하여는 대한민국에 있는 자의 대한민국 내에 있어서의 행위에 관하여 외국환관리법을 적용하는 것만으로는 부족하고 거주자인 법인이 자신의 대리인, 사용인, 종업원 등을 사용함에 의하여 그 법적 효과를 향수하면서 형식적으로는 본법의 적용을 회피하려는 경우(특히 그 사용인 등이 외국에 있는 비거주자인 경우에 외국에 있어서 다른 비거주자와 행한 행위 등에 관하여) 이를 방지할 필요가 있게 되므로 외국환관리법의 적용에 있어서 일정한 경우 즉 위 법 제3조에서 정한 요건에 해당하는 경우에 이를 거주자인 법인의 행위로서 취급하려는 것이라고 할 것이다.
>
> 원심판결이 들고 있는 증거에 의하면, 공소 외 회사 본사가 외국회사 또는 외국인과 직접 거래한 결과 그에 관련하여 받을 운송관련 수입 등을 공소 외 회사의 해외지사인 뉴욕지사에서 이를 송금 받아 위 해외지사가 개설한 공소 외 회사 명의의 판시 비밀예금구좌(공소 외 회사 본사 사장이 아닌 해외지사장 및 지사 경리직원 공동명의로 개설되어 그 두 사람이 아니면 예금을 찾을 수 없다)에 이를 예금한 사실을 알 수 있는 바, 위 사실에 의하면 위 해외지사는 공소 외 회사 본사가 직접 수금하여야 할 위 수입금 등을 외국은행에 위 해외지사 명의로 개설한 판시 예금구좌에 입금하여 예금채권 발생의 당사자가 된 것으로서 위 행위는 전적으로 공소 외 회사 본사의 업무 및 재산에 관하여 행한 것이라고 보여지므로 비록 위 예금채권발생이 형식적으로는 비거주자인 위 해외지사와 다른 비거주자인 외국은행과의 사이에 이루어진 것이라고 하더라도 위 해외지사의 행위는 곧 공소 외 회사 본사의 행위로 취급되는 것이고 따라서 위와 같은 예금채권발생의 당사자가 되는 행위는 외국환관리법 제23조 제2호에 저촉되는 것임을 면할 수 없다 할 것이다.

해외지사는 비거주자이나, '본사의 대리인'으로서 '본사의 업무 및 재산에 관하여' 행한 거래나 행위는 본사의 행위로 취급되는 것이므로, 이건 해외지사

명의의 해외예금은 본사명의 해외예금으로 본다는 것이다.

어디까지가 '본사의 업무 및 재산에 관하여' 행하여진 행위인지를 구분하는 것은 매우 어려운 일일 것이다. 더구나 거래당사자가 이를 사전에 판단하여 외환법을 준수하리라고 기대하는 것은 무리이다. 입법 취지는 이해한다고 하여도 이 때문에 법적 안정성이 훼손되고 있다는 비판은 피하기 어려울 것이다.

6. 도전과 과제

우리나라에 외환관리가 처음으로 도입된 1962년만 해도 국민들의 해외여행이나 유학, 취업, 사업 등이 흔치 않았을 것이다. 대부분의 국민들은 이민을 가는 경우를 제외하고는, 외국에 한번 가보지도 않고 평생 국내에서 살았을 것이다. 이러한 시기에 현행 거주성 판정기준이 만들어졌다.

그러나 오늘날 교통과 정보통신의 발달로 인하여 세계를 무대로 살아가는 사람들이 많아졌고, 사업을 하는 사람들 중에는 우리나라와 외국에 번갈아 다니면서 두 곳에 동시에 생활의 터전을 두고 사는 사람들도 많아졌다.

이에 따라 과거에 만들어진 거주성 판정기준을 현재에 적용하는 데에는 상당한 어려움이 있다. 앞에서도 보았듯이 "영업활동에 종사" 등이 그러한 것이다. 인터넷의 발달도 이제는 국내에 있으면서도 전 세계를 상대로 영업활동에 종사할 수 있다. 이런 경우까지 비거주자로 볼 수는 없는 문제 아니겠는가?

다행스러운 것은 외환법상 거주성 판정기준은 세법상 판단 요소인 직업/가족/자산 보다는 신체의 소재지를 주요 판단 요소로 하고 있고, 이것은 출입국기록으로 쉽게 확인되므로, 어느 정도 객관성과 법적 안정성을 유지할 수 있다는 점일 것이다.

그러나 이 조차도 2009.2.4. 개정시 추가된 다음 문구에 의하여 위태롭다. 대한민국 국민으로서 2년 이상 외국에 체재하고 있는 자는 비거주자로 본다. 다만 "일시 귀국의 목적으로 귀국하여 3월 이내 기간 동안 체재한 경우에는 그 체재 기간은 2년에 포함되는 것으로 본다."

이 추가된 문구를 극단적으로 적용하면, 대한민국 국민이 출국 후 수시로 입국하여 국내에서 살아가되 한 번에 3개월만 넘겨서 있지 않으면 비거주자로 판정될 여지도 있다는 이야기이다. 물론 "일시귀국 목적"으로 인정되어야 하겠지만 말이다.

이와 같이 교통과 통신의 발달로 인하여 종전과는 달라진 세계에서 법적 안정성을 최대한 유지하면서 구체적 타당성을 보유한 합리적인 거주성판정기준을 만들기 위하여는 더 많은 고민과 검토가 필요할 것이다.

제2절 신고와 신고수리

1. 서 론

우리 외환법상 지급·영수나 자본거래에 대하여 제한을 가하는 방법으로 정부로부터 허가를 받도록 하거나 신고를 하도록 하는 것이 있는데, 이 중 후자는 신고수리와 신고로 구분하고 있다.

외국환거래법

외국환거래법

제18조(자본거래의 신고 등) ① 자본거래를 하려는 자는 대통령령으로 정하는 바에 따라 기획재정부장관에게 **신고하여야 한다.**

③ 기획재정부장관은 제1항에 따라 신고하도록 정한 사항 중 거주자의 **해외직접투자와 해외부동산 또는 이에 관한 권리의 취득**의 경우에는 투자자 적격성 여부, 투자가격 적정성 여부 등의 타당성을 검토하여 **신고수리 여부를 결정할 수 있다.**

④ 기획재정부장관은 제3항에 따른 신고에 대하여 대통령령으로 정하는 처리기간에 다음 각 호의 어느 하나에 해당하는 결정을 하여 신고인에게 통지하여야 한다.

1. 신고의 수리
2. 신고의 수리 거부
3. 거래 내용의 변경 권고

외국환거래규정

제1-2조(용어의 정의) 이 규정에서 사용하는 용어의 정의는 다음과 같다.

13. "신고등"이라 함은 법 및 영과 이 규정에 의한 허가·**신고수리**·신고·확인·인정을 말한다.

제7-4조(신고등의 절차) 자본거래의 **신고수리를 받고자 하거나 신고를 하고자 하는 자**는 다음 각호의 1에서 정하는 신고(수리)서를 당해 자본거래의 신고(수리)기관에 제출하여야 한다.

법 제18조에서 이를 구분하여 ① 해외직접투자와 ② 외국부동산취득은 신고수리 처분을 받아야 하는 것으로, 나머지 해외예금, 금전대차, 채무보증, 대

외지급수단 및 채권의 매매, 증권발행, 증권취득, 파생상품거래 등에 대하여는 신고를 하면 되는 것으로 되어 있다.

　법규에서 이렇게 신고수리와 신고를 준별하고 있는 만큼 그 처리 절차가 다를 것이라는 점은 충분히 예상할 수 있는 일이다.

　그러나 실무에 있어서는 전혀 다르지 않고 동일한 절차로 진행된다. 신고든 신고수리든 모두 외환당국(기획재정부, 한국은행, 외국환은행)에서 심사하여, 신고번호를 부여한 후, 날인하여, 신고필증을 교부함으로써 종결된다.

　행정법에서 정의할 때 '신고'라는 것은 형식적 요건을 갖추고 있는 한 신고서가 접수기관에 도달한 때에 그 효력이 발생되는 것으로, 별도의 행정청의 의사표시가 필요하지 않은 것이다. 행정청이 접수를 하기는 하지만 그것은 사실행위에 불과한 것이다. 그래서 이것을 자기완결적 신고라고도 한다.

　반면, '신고수리'란 신고, 신청 등 타인의 행위에 대하여 행정관청이 유효한 것으로 받아들이는 의사표시가 있어야만 효력이 발생되는 것을 말한다. 행정청의 '수리'라는 법률행위가 필요한 것이다. '수리'의 효과는 법률이 정하는 바에 따르는 것으로서, 혼인/출생 신고는 '수리'에 의하여 신분상 법적 지위에 변동이 일어나고, 사표는 '수리'에 의하여 공무원관계의 소멸이라는 법적 효과가 일어난다.

　그렇다면 외환신고는 '신고'인가, '신고수리'인가? 지금까지 관행으로 정부에서는 어떠한 내용의 신고든 신고서를 제출하였다는 것만으로는 충분하지 않고, 외환당국에서 신고필증을 교부해 주는 행위가 있어야만 신고의무가 이행된 것으로 보아 왔으므로 결국 모두 '신고수리'로 보아 처리해 왔다고 할 수 있다.

　이러한 식의 업무 처리는 기획재정부, 한국은행, 외국환은행에 모두 공통된 것이었고, 이러한 사실을 잘 알고 있는 정부에서도 시정하려는 노력은 하지 않았다. 어떻게 된 일일까? 법규에서 '신고'와 '신고수리'를 준별하고 그 대상을 따로 정하고 있음에도 불구하고 모두 '신고수리'로 처리를 해온 이유는 무엇일까? 이 부분은 참으로 이해하기 어렵다. 어떠한 변명으로도 설명이 되지 않을 것이다.

2. 단순신고제 도입의 배경

우리나라에서는 1996년 외환법 개정시 단순신고제를 도입하였다. 그 전까지는 허가제와 신고수리제로 나뉘어져 있었다. 1996년에 이르러 허가제/신고수리제/단순신고제의 3가지로 개편되었다.

우리법 표현으로는 그냥 '신고'라고 되어있지만 그 의미는 일본의 단순신고(單純屆出)제를 차용한 것으로 신고서의 제출만으로 외환당국의 수리(受理)처분을 기다리지 않고 신고의무가 종료되는 것을 의도한 것으로 보인다.

일본은 1980년 법개정시 규제의 수단을 ① 허가(許可), ② 심사부 사전신고(審査付 事前屆出), ③ 단순신고(單純屆出)의 3가지로 구분하였다. '심사부 사전신고'는 우리의 '신고수리'와도 다른 것으로 거래당사자에게 일정기간(20일) 부작위 의무만 부과되어 있을 뿐, 당국의 수리 처분을 필요로 하지 않는다.

그리고 '단순신고'는 그야말로 통계작성 목적으로 받는 것으로 당국의 심사를 받음이 없이 신고서를 제출하는 것만으로 의무 이행이 완료되는 것이다. 즉, 외환통제를 목적으로 하는 것이 아니다.

그러나 우리나라에 있어서는 단순신고제를 도입함에 있어서 이러한 입법의도가 명확하지 않았던 것이 아닌가 하는 생각이 든다. 이에 따라 외환통제가 필요하다고 생각되는 부분에 있어서도 단순신고제가 도입되었는데, 실제 외환법규를 집행하는 정부 스스로도 이러한 단순신고제의 도입에 대하여 납득할수 없었던 것이 아닌가 싶다.

그 결과 법규의 문언과 실무가 불일치하는 표리부동한 상태가 현재까지이어지고 있다. 문명국에서 있을 수 없는 일이다.

3. 단순신고제의 필요성

사실 한 나라가 외환관리를 행함에 있어서 단순신고를 그 수단으로 한다는 것은 문제가 있다. 단순신고란 신고내용에 대하여 외환당국이 심사를 하지아니하고 신고서만 접수하고 끝이라는 것인데, 이렇게 하는 것은 외환관리 목적상 아무 의미가 없다.

외환법규에서 특정 자본거래에 대하여 신고 등의 의무를 부과하는 것은 그 거래내용을 심사하여 제한을 가하려는 데 있는 것이다. 그렇지 않을 바에야 처음부터 신고를 받을 필요가 없다.

외환통계 작성 목적으로 단순신고가 필요한 경우가 있을 수 있다. 그렇지만 우리나라는 외국환은행주의를 기반으로 하고 있고, 강력한 외환전산망이 구축되어 있으므로 대부분의 자본거래 통계도 외환전산망으로 수집이 가능하다. 외환전산망을 통하여 대외거래 실태파악이 가능하다면 굳이 거래당사자를 번거롭게 하여 그들로부터 직접 신고를 받을 필요가 없는 것이다.

외국환은행주의와 외환전산망, 이 두가지는 앞으로 우리나라 외환관리를 설계해 나감에 있어서 매우 중요한 요소이다. 이 두가지 인프라가 잘 구축되어 있으면 통계목적으로 거래당사자로부터 직접 대외거래에 대한 보고서를 받을 필요가 없을 것이고, 그렇지 않다면 일본의 사례에서 보듯이 거래당사자를 상대로 광범위한 단순신고·보고제를 운영하여야만 한다.

한편, 정부에서 흔히 이야기 하듯이 '신고수리제'가 '신고제'로 전환되면 국제사회로부터 외환자유화가 진전된 것으로 평가될 것인가? 일응 그렇긴 하겠지만 반드시 그런 것은 아니다.

OECD 에서는 가맹국이 screening procedure나 registration requirement를 마련 해 두고 있다는 그 자체만으로 restriction 이 있다고 보지 않는다. 대신 강제예치의무, 고율의 이자 부과, 순번제 등 거래비용을 발생시키는 경우를 restriction으로 본다고 밝히고 있다.

OECD Codes of Liberalisation USER'S GUIDE, 22~23p

··· Measures such as screening procedures or registration requirements are not considered restrictions, if they do not affect the effective carrying out of the operation.

However, international transactions may be affected by certain measures which have effects equivalent to a restriction, although they do not prevent operations. This is the case where such measures raise the effective cost of operations.

Equivalent measures in the field of capital movements might take the form of compulsory deposit requirements, interest rate penalties or queuing ar-rangements for security issues. The Codes treat these equivalent measures like restrictions subject to progressive liberalisation···

그렇다면 OECD에서 screening procedure 자체를 적대시하고 있는 것은 아니라는 것이다. 이런 점에서 본다면 우리나라도 굳이 신고수리제를 단순신고제로 전환하기 위하여 무리할 필요가 없지 않겠는가?

법규의 문언과 실무가 불일치하다 보니 실제 많은 문제가 발생하고 있다. 신고서를 제출하였으나 신고필증을 수려하기 전에 거래나 행위를 완료함으로써 법 위반이 문제된 사건에 있어서 피의자들은 신고서를 제출함으로써 신고의무를 이행한 것이라고 주장하며 외환당국 또는 수사당국과 공방을 벌이고 있다. 이러한 논란은 앞으로도 계속될 것이다.

외환관리 목적상 의미도 없고, 국제사회에 홍보용으로도 꼭 필요하지 않은 단순신고제는 무리하게 추진할 필요가 없다는 생각이다.

제 3 절   일정한 기간을 초과하는 수출입결제방법 규제

1. 서 론

우리 외환법규에는 수출입 대가를 화물의 인수도 시점과 일정 기간 떨어진 시점에 결제하는 것을 제한하는 조문이 있다. 너무 일찍 또는 너무 늦게 수출입대금을 주고 받는 것을 제한하는 것이다.

외국환거래규정

제5-8조(신고 등) ① … 다음 각호의 1에 해당하는 방법으로 지급등을 하고자 하는 자는 한국은행총재에게 신고하여야 하며, 제1호 다목 및 제2호 나목 본문 중 불가피한 사유로 인정되는 경우에는 1년을 초과한 날로부터 3월 이내에 사후신고를 할 수 있다.
1. 계약건당 미화 5만불을 초과하는 수출대금을 다음 각목의 1에 해당하는 방법으로 수령하고자 하는 경우
 가. 본지사간의 수출거래로서 무신용장 인수인도조건방식 또는 외상수출채권매입방식에 의하여 결제기간이 물품의 선적 후 또는 수출환어음의 일람 후 3년을 초과하는 경우
 나. 본지사간의 수출거래로서 수출대금을 물품의 선적 전에 수령하고자 하는 경우
 다. 본지사간이 아닌 수출거래로서 수출대금을 물품의 선적 전 1년을 초과하여 수령하고자 하는 경우. 다만, 선박, 철도차량, 항공기, 「대외무역법」에 의한 산업설비의 경우는 제외한다.
2. 다음 각목의 1에 해당하는 방법으로 수입대금을 지급하고자 하는 경우
 가. 계약건당 미화 5만불을 초과하는 미가공 재수출할 목적으로 금을 수입하는 경우로서 수입대금을 선적서류 또는 물품의 수령일부터 30일을 초과하여 지급하거나 내수용으로 30일을 초과하여 연지급수입한 금을 미가공 재수출하고자 하는 경우
 나. 계약건당 미화 2만불을 초과하는 수입대금을 선적서류 또는 물품의 수령 전 1년을 초과하여 송금방식에 의하여 지급하고자 하는 경우. 다만, 선박, 철도차량, 항공기, 「대외무역법」에 따른 산업설비에 대한 미화 2백만불 이내의 수입대금을 지급하는 경우는 제외한다.

여기서 제한의 대상이 되는 수출입대금 결제방법에 대하여 D/A방식이라거나, 팩토링 방식이라거나, 환어음을 일람한다거나, 송금방식이라거나 하는 것으로 보아서 외국환은행을 통하여 지급·영수하는 것을 예정하고 있음을 알 수 있다.

필자는 지금까지 지급방법 규제는 외국환은행주의를 관철하기 위하여, '은행을 통하지 않는 지급등'을 규제할 목적으로 만들어진 것으로 설명해 왔다. 그런데 이렇게 외국환은행을 통한 지급 등까지 규제하는 이유는 무엇일까?

상거래에 있어서 결제 시기는 거래당사자들의 형편에 따라서 정해질 문제로, bargaining power를 누가 갖고 있느냐에 따라 한쪽 당사자에게 유리하게도 불리하게도 정해질 수 있는 것이다.

이러한 사적 자치의 영역에 국가가 개입하여 결제 시기를 이렇게 하라는 둥, 저렇게 하라는 둥 제한을 하게 되면 거래의 자유를 제한하는 결과가 될 것이고, 이렇게 제한을 하는 데에는 걸맞는 합당한 이유가 있어야 할 것이다.

이 수출입 결제방법 규제가 외화획득을 장려하고, 외화소비를 억제하려는 취지도 아닌 것으로 보인다. 늦게 받거나 일찍 주는 것을 규제하고 있기도 하지만, 일찍 받거나 늦게 주는 것도 규제하고 있기 때문이다.

거주자가 수출대금을 국내로 들여오지 않는다는 것도 아니고, 외국환은행을 통하지 않는 방식으로 하겠다는 것도 아니다. 다만 비거주자와 합의 하에 대금의 결제 시기를 당기거나 미루거나 하고 있을 뿐인데, 이를 규제하는 이유는 무엇일까? 외환관리 목적상 어떤 의미가 있는 것일까?

사실 우리나라 기업들 대부분 이러한 수출입 결제방법 규제가 있는 줄도 모르고 있다. 수출입 실무에서 이 규제는 거의 인식되지 못하고 있다. 그러다가 관세청 외환조사를 받는 과정에서 이 규제의 위반이 문제가 되는 경우가 많고, 그때서야 이 규제가 무엇인지, 언제부터 이런 것이 있었는지 물으며 당황해 한다.

그런데 신기하게도 이 규제의 취지가 무엇인지를 묻는 사람들은 거의 없다. 뭔가 중대한 이유가 있을 것이라고 지레 짐작하고 있음에 틀림없다. 그렇다면, 실제로 "뭔가 중대한 이유"가 있는 것일까?

2. 규제 내용

필자가 한국은행에서 외환심사 업무를 담당하던 시기인 1996년에는 지금
보다 훨씬 더 복잡하고 정교한 수출입결제방법 규제가 있었다. 수출입결제와
관련하여 발생할 수 있는 모든 상황에 대하여 촘촘한 규제가 마련되어 있었다.

수출대금을 화물의 인수도 보다 먼저 수령하는 것은 '수출착수금', '수출선
수금'이라 부르고, 나중에 수령하는 것은 '연불수출'이라고 부른다. 수입대금을
화물의 인수도 보다 먼저 지급하는 것은 '선급금'이라 하고, 나중에 지급하는
것은 '연지급'이라 하고 나누어 지급하는 것은 '분할지급수입'이라 하여 각각에
대하여 그 지급·수령의 자격요건, 금액 한도, 대응수출입을 의무화하는 내용
의 규제가 외국환관리규정에 약 10page에 걸쳐 기술되어 있었다.

〈표 4-6〉 수출입결제방법 규제

구 분		1996년 당시
수 출	수출선수금	수령요건/수령한도/대응수출이행기간 규제
	수출착수금	적용대상/수령비율/대응수출이행의무 규제
	연불수출	본지사간 수출거래로서 선적후 3년을 초과하여 수령하는 경우 등 규제
수 입	수입선급금	송금방식수입으로서 선적전 360일을 초과하여 지급하는 경우 등 규제
	분할지급수입	대상품목/분할지급수입기간/지급회수 등 제한
	연지급수입	대상품목/연지급수입기간 등 규제

당시에 외환당국의 중요한 외화유출입대책은 연지급수입 기간을 조금씩
연장해 주는 것이었다. 외화가 부족하다고 판단될 때마다 연지급수입기간을 조
금씩 연장하면, 그때마다 어김없이 국내 외화자산이 증가하였다.

실제로는 외화가 국내로 유입된 것은 아니고 유출이 이연된 것이지만, 어
쨌든 대자대조표 상으로는 외화자산이 증가한 것으로 보이는 것이다. 필자는
당시에 "와! 이렇게 간단한 방법이 있었구나"하고 감탄했던 기억이 있다. 물건
을 애써 외국에 팔지 않아도, 규정만 바꾸면 외화가 쑥쑥 증가하는 것이 신기

했고, 외환통계 숫자는 당국자들이 얼마든지 만들 수 있다는 것이 재미있기도
했다.

당시에 기업들이 가능한 한 수입대금의 결제를 늦추고자 했던 것은 원화
금리가 외화금리에 비하여 현격히 높았기 때문, 즉 내외금리차가 컸기 때문이다.
원화를 차입하여 수입대금을 결제하여야 하는 기업들로서는 원화차입금리를 부
담하는 것보다 환가료(외화차입금리에 해당)를 부담하는 것이 더 유리하였다.

1997년 외환위기를 겪고 나서, 1999.4.1. 외국환거래법이 제정·시행되면
서 수출입결제방법 규제는 일신하게 된다. 대부분의 규제는 삭제되었지만, 다
음의 규제는 남아있다.

〈표 4-7〉 수출입결제방법 규제

구 분		1999.4.1. ~
수 출	수출선수금	(1)본지사간 거래로서 선수금 수령 및 (2) 본지사간 거래가 아닌 것으로 1년초과 선수금 수령하는 경우 규제
	수출착수금	삭제
	연불수출	계약건당 5만불을 초과하는 본지사간 거래로서 D/A 또는 팩토링 방식에 의한 결제기간이 선적 후 3년을 초과하는 경우 규제
수 입	수입선급금	계약건당 2만불을 초과하는 송금방식 수입으로서 선적서류 또는 물품의 수령전 1년을 초과하여 지급하는 경우 규제
	분할지급수입	삭제
	연지급수입	삭제 단, 건당 5만불초과 재수출목적의 30일 초과 연지급 금 (gold) 수입 규제 (신설)

가. 본지사간 거래

대립하는 당사자간의 협상에 의하여 결정되는 것과 달리, 본지사 간의 수출
입거래에 있어서의 결제 조건은 여러 가지 다른 판단 요소가 개입될 여지가 있다.

본사에서 외국 자회사에 밀어내기식 수출을 하는 것 등이 그 예에 해당한다고 하겠다. 그렇게 하면 본사는 국내 은행으로부터 무역금융으로 자금을 융통할 수 있고, 수출실적도 쌓을 수 있다. 외국 자회사는 물건을 현지에서 처분하여 조성한 자금으로 나중에 수입대금을 결제하면 된다. 물건이 팔리지 않으면 결제를 하지 못하게 될 것이지만 말이다.

이러한 비정상적이라고 할 수 있는 거래를 차단하기 위하여 본지사간 거래에 대한 규제가 남아 있는 것으로 보인다.

나. 금 연지급수입

금(gold)의 연지급수입을 제한한 데에는 배경이 되는 사건이 있었다. 1995년에 ㈜대우를 위시한 종합무역상사들에 의하여 외국으로부터 금을 수입하여, 즉시 재수출하는 거래가 대대적으로 유행하였다. 금은 국내 관세선을 통과하여 들어왔다가 곧바로 나가므로 국내에서 소비되는 것은 아니었다. 그리고 결제조건이 수입은 90일 연지급(usance)이었고, 수출은 즉시(at sight)결제이었다.

금의 수출대가를 외화로 받아 원화로 환전하여 운용하다가 90일 후에 다시 외화로 환전하여 수입대가를 지불하면 되었다. 이러한 거래를 반복함으로써 일정 수준의 원화 잔고를 유지할 수 있다. 당시 종합무역상사들이 금을 외상수입할 때 적용되는 금리가 Libor + 1% 정도여서 원화금리보다 5~6% 정도 싼 것을 이용한, 즉 내외금리차를 이용한 재테크였다. 금리재정거래인 셈이다.

정부는 이러한 금리재정거래가 문제가 있다고 보고, 규제 근거를 신설하였다.

다. 1년 초과 선수/선급금

물품의 인도 전 1년을 초과하여 대가를 수령하거나, 물품의 인수 전 1년을 초과하여 대가를 지급하는 경우에는 규제대상이 된다.

그런데 이와 관련하여 특히 문제가 되는 것은 처음부터 1년초과 수령·지급을 의도한 경우가 아니라, 처음에는 1년 이내 납품 예정이었으나 어떤 이유로 시간이 소요되어 예상 납기일을 넘긴 경우이다. 이런 경우에까지 기업들로 하여금 1년 초과여부를 항상 모니터하고 있다가 적시에 한국은행에 지급방법

신고를 하도록 기대하는 것은 조금 무리가 있다.

라. 무역결제용어

일정기간 초과 수출입결제방법 규제를 잘 이해하기 위하여는 무역결제용어에 대한 어느 정도 지식이 필요하다. 무역실무에서 쓰이는 전문용어에 익숙하지 않은 사람은 규정을 읽어보아도 무슨 말인지 하나도 이해할 수 없을 것이다.

그래서 독자여러분의 편의를 위하여 아래에 무역결제방법을 표로 요약해 보았다.

〈표 4-8〉 수출입결제방법

추심방식(=환어음작성 要)		송금방식	
신용장방식	무신용장방식		
일람불 (at sight)	LC at sight	D/P	사전송금방식	T/T
연지급 (usance)	LC usance	D/A	사후송금방식	COD CAD

at sight는 '봤을 때'라는 뜻이지 않는가? 그래서 一覽拂(일람불)이 되는 것이다. 유산슬은 중국 요리이지만, usance는 기한부어음을 의미한다. 신용장(Letter of Credit)은 발급 은행이 수입대금 채무의 이행을 보증한다는 문서이다. D/P (Document against Payment)는 선적서류를 수입자가 인수하고 결제를 하는 것, D/A(Document against Acceptance)는 선적서류를 은행이 일단 인수하고 지급한 후 어음 만기에 이르러 수입자에게 지급 제시하는 것, T/T는 Telegraphic Transfer in advance를, COD(Cash on Delivery)는 물건을 수령 후 송금하는 것, CAD(Cash Against Documents)는 선적서류를 수령 후 송금하는 방식을 각각 말한다.

3. 규제의 이유

일정기간 초과 수출입결제를 규제하는 이유는 무엇일까? 우리나라 최초의 외국환관리법 종합해설서라고 할 수 있는 임홍근 저 1973년 외국환관리법, 곧 이어 1976년에 출간된 김영생 저 외국환관리법, 그리고 1992년 전면개정 후 출간된 1993년 황건일 저 외국환관리법 해설에서 그 이유를 어떻게 설명하고 있는지 보자.

1973년 임홍근저 외국환관리법 356p

① 재화·용역 등의 수출의 대가를 신속, 확실하게 회수한다.
② 지급면에 있어서의 전지급, 영수면에 있어서의 연불 등이 무질서하게 행하여짐으로써 국제수지에 악영향을 미치는 것을 피한다.
③ 민간개개의 상사 등의 과잉경쟁이나 시장경쟁능력의 약화로 인하여 거래조건이 부당하게 악화되어 상사의 경영이 불안정하게 되는 것을 방지한다.
④ 결제시점의 고의적인 변경 (lead and lag)으로 투기적 자본이동이 행하여 진다든가 기타 바람직하지 않은 목적으로 외화가 유용되는 것을 막는다.
⑤ 각국과 지급협정·무역협정 등에서 약속한 사항의 이행을 확보한다.
⑥ 가급적이면 경화의 수취를 증대시켜 지급을 억제한다.

1976년 김영생저 외국환관리법 225p

① 재화와 용역 등의 수출대가를 신속하게, 확실하게 회수한다.
② 무리한 연지급방식에 의한 결제방법을 제한함으로써 국제수지 조정의 원활화를 기한다.
③ 상사간의 과당경쟁 또는 시장경쟁력의 약화를 방지하고 유리한 거래조건을 확보한다.
④ 결제시점의 고의적인 변경에 의한 투기적 자본이동을 방지한다.
⑤ 지정통화의 사용을 촉진한다.
⑥ 대외거래의 확실한 이행을 보장한다.
⑦ 국제상관습에 적응한다.

1993년 황건일저 외국환관리법해설 211p

"lead and lag에 의한 외환시장에의 영향을 고려하여 결제를 위한 신용공여에 대하여 정상적인 관행을 유지할 필요성이 있기 때문이다"
"무역거래의 당사자가 결제를 유예해주는 것은 신용공여로서 경제적으로는 자본거래의 일종이지만, 개정법에서는 자본거래에 관한 장에서 다루지

아니하고 본조에 의해 일정기간을 초과하는 지급방법으로 취급하여 원칙
적으로 허가대상으로 하고 있다"

모두 공통적으로 lead and lag를 규제 이유로 꼽고 있다. 이것은 환율변동
에 대비하여 외화자금 결제시기를 앞당기거나(lead) 또는 지연(lag)시킴으로써
환리스크를 헤지하거나 환차익을 얻을 목적의 행위를 말한다. Leading and
lagging이라고도 하며 이는 기업의 외화자금 관리자들에게 환리스크 헤징수단
으로 널리 이용되고 있으며 장려되고 있기도 하다.

그런데 외환법규에서 이 lead and lag에 문제가 있다는 지적은 무엇 때문
일까? 기업들이 환리스크 관리를 해서는 안된다는 것일까?

lead and lag를 문제로 인식하는 시각에는 이 행위는 '투기적 자본이동'이
고 '투기는 악이다'라는 생각이 있는 것으로 보인다. 그러나 lead and lag는 헤
지목적이거나 투기목적인 것으로서 모두 '투기행위'라고 단정짓는 것은 잘못된
것이고, 설사 투기목적 이라고 하더라도 투기목적의 거래가 시장에서의 가격형
성기능을 활성화시키는데 꼭 필요한 기능을 하는 것이므로 이를 무조건 '악'이
라고 보는 것은 잘못된 것이다. 더구나 헤지목적으로 lead and lag를 한다면
더욱 이것을 막을 이유가 없다.

lead and lag가 "외환시장에 미치는 영향을 고려하여 정상적인 관행을 유
지할 필요성"이 있다는 지적도 그렇다. 고객들이 수출입 대금결제 시점을 조정
하여 환율이 유리한 시점에 외화매매 주문을 내는 것을 비정상이라고 할 수 있
을까? 오히려 lead and lag를 막아서 유불리에 관계없이 외화를 매매하도록 하
는 것이 비정상적인 시장 관행이 아닐까?

여기서 한 발 더 나아가, "무역거래의 당사자가 결제를 유예해주는 것은
신용공여로서 경제적으로는 자본거래의 일종"이라고 까지 하는 것은 곤란하다.
이런 논리라면 모든 무역거래는 동시에 자본거래가 되어야 한다. 화물의 인수
도와 동시에 대금의 결제가 일어나는 경우는 거의 없을 것 아니겠는가?

나머지 이유들 중에, "수출 대가를 신속, 확실하게 회수한다"거나, "국제수
지에 악영향을 미치는 것을 피한다"거나 하는 것은 수출입결제기간과 직접적

인 관련이 없는 것으로 보인다. 결제기간을 좁힌다고 하여 수출대가가 확실하게 회수된다는 보장도 없고, 시차가 있을 뿐 국제수지에 미치는 영향도 동일하다.

"상사들의 과잉경쟁을 방지하여 유리한 거래조건을 확보한다"는 것은 1970년대에는 이런 언급을 할 수 있었을지 모르지만 요즘 시대에 이런 언급을 하면 정부가 담합을 조장한다는 말을 들을 수도 있을 것이다. 이 외에 "각국과 지급협정·무역협정 등에서 약속한 사항의 이행을 확보한다"거나, "경화의 수취를 증대시킨다"거나, "국제상관습에 적응한다"거나 하는 이유들은 모두 이 규제와 관련 없는 것들이다.

결국 일정기간 초과 수출입결제방법 규제가 외환관리 목적상 왜 필요한지에 대하여 설득력 있는 이유가 없다. 다시 말하면 이 규제는 외환관리의 구성요소인 외화집중, 외환배분 및 외국환은행주의와 아무 관련이 없다.

그렇다면 일본에서는 왜 이러한 규제를 만들어서 유지해 왔는지 보도록 하자.

4. 일본의 규제 이유

일본은 1980년 외환법 전면 개정시 이 '일정기간 초과 수출입결제방법' 규제의 존치 여부를 놓고 外国爲替·貿易法制懇談會에서 심도 있는 논의가 이루어졌다.

필자가 일본 재무성 홈페이지에서 검색하다가 다운 받은 "3. 爲替管理の自由化と円の国際化"라는 자료에 그 논의 내용이 요약되어 있다. 이 자료는 재무성 내부자료 중 일부인 것으로 보이고, 공식적으로 출간된 자료인 것 같지는 않으나, 귀중한 내용들이 많이 포함되어 있으므로 인용해 보기로 한다.

11-128 外国爲替·貿易法制の基本的な考え方について (1978.12.20. 대장성 국제금융국)

"지금까지의 표준결제제도는 외화궁핍시의 지불에 관한 전면적인 제한에 혈로를 열어 거래의 편의를 도모하기 위한 조치 이었으나, 원칙자유의 법제하에서는 이러한 제도는 존속될 이유가 궁색하다.

그러나 대외거래, 특히 경상거래에 있어서는 그 금액이 비교적 크기 때문에 결제 방법의 여하가 환시장에 바람직하지 않은 영향을 미칠 우려가 있다. 또한 연불 등에 의한 것은 그 방법 여하에 따라서는 자본거래적인 측면이 있는 것으로도 생각된다.

따라서 신 법안에 있어서는 이러한 표준결제제도를 대폭 완화하거나 정리하였는데, 상기와 같은 문제가 있으므로, 특수예외적인 결제방법, 예를 들어 일정기간을 초과하는 결제방법 및 상호계산 등에 있어서는, 어딘가 조정을 행할 여지를 남겨둘 필요가 있다."

일본의 1949년 외환법은 외화궁핍시에 만들어진 탓에 대외지급의 원칙금지를 채택하고 있었다. 그런데 곧 외환사정이 호전 되었으므로 이 원칙금지에 혈로를 뚫어 대외지급을 가능하게 할 목적으로 "표준결제제도"라는 것을 만들어 운영하였다.

이후 1980년 외환법은 원칙자유의 체제로 나아가는 것이었으므로 논리상 "표준결제제도"는 폐지되어야 했다. 그러나 간담회에서의 심의결과, ① 환시장에 악영향을 미칠 우려 및 ② 자본거래적인 측면이 있는 것이 고려되어 어딘가 조정을 행할 여지를 남겨두기로 하였다는 것이다.

일본에서 규제의 존치 이유로 들고 있는 사유는 우리나라의 그것과 같은 맥락이지만, 그 표현은 매우 조심스럽다. 규제의 당위성을 강조하는 뉘앙스는 아니다.

그런데 당시 간담회에서 존치에 반대하는 의견들도 경청해 볼만 하다.

11-129 外国爲替 · 貿易法制懇談會における意見要旨 (1978년 대장성)

- 표준결제제도의 구조는 외환집중뿐만 아니라, 과당경쟁 방지, 금융의 편의 등의 목적이 혼입되어 있으므로 이해하기 어렵게 되어 있다.
- 수출입의 결제조건은 본래 당사자간에 결정될 수 있는 것으로 국가가 관여할 수 없다. 다만 자본도피 및 lead and lag 등의 유사규제는 필요하다.
- L/C결제는 상 관행의 문제이므로, 환관리에 의하여 실효를 거두려는 것은 잘못된 발상이다.

일본에서도 이 규제의 취지가 불분명했던 모양이다. 외환관리목적 이외에 여러 가지 잡다한 목적들이 개재되어 있어 이해하기 어렵게 되어 있다고 말하고 있다.

이러한 반대의견에도 불구하고 1980년에 존치되었던 일정기간초과 수출입결제방법 규제는 1998년 외환법 전면 개정 2년 전인 1996.9.1.에 폐지되었다.

5. 결   론

일정기간 초과 수출입결제방법 규제는 일본이 1949년 원칙금지 외환법 체계하에서 대외결제에 혈로를 뚫고자 만든 것이었다. 그런데 1980년 원칙자유 법체계하에서도 논란 끝에 살아남는 바람에 일본 스스로도 그 규제 취지에 대하여 이해하기 어렵게 된 것으로 보인다.

우선, 이 규제가 외환관리 목적과 직접 관련이 없는 것은 분명하다. 외환집중, 외환배분, 외국환은행주의와 관련이 없기 때문이다. 그렇다면 어떤 다른 이유가 있는가?

일본에서 1980년에 규제의 존치 이유로 든 "환시장에 바람직하지 않은 영향을 미칠 우려" 또는 "자본거래적인 측면이 있는 것"을 들 수 있다. 그러나 이는 너무 애매하고 막연한 말이다. 이러한 이유만으로 규제를 하는 것은 옳지 않고, 또한 이 규제를 한다고 하여 이 목적을 성취할 수 있는 것도 아니다.

그런데 이 규제가 우리나라에 도입되어, 내외금리차가 컸던 당시 시대상황과 접목되어, 대단한 명분과 위력을 가지게 되었다. 연지급수입, 금 중계무역 등 무역거래를 이용한 금리재정거래의 수요가 큰 상황에서, 이 규제는 금리재정거래를 효과적으로 차단하는 데 큰 힘을 발휘하였다. 일본에서는 미처 예상하지 못했던 일이다.

그러나 다시 생각해 보면, 환율이 내외금리차를 제대로 반영하고 있지 못할 때 금리재정거래수요가 생기는 것은 당연한 것 아닐까? 이러한 거래는 오히려 시장이 균형 가격을 찾아가는 데 긍정적인 역할을 하는 것이 아닐까? 이러한 거래를 죄악시 하는 이유가 무엇인가? 하는 의문이 있다.

우리나라에 시장 메커니즘이 잘 작동하지 않던 시절에는 이러한 규제의 정당성이 있었을 것이다. 시장의 자율조정기능을 기다릴 수는 없었을 것이고, 당장 눈 앞에 보이는 금리와 환율의 변동에 대증요법으로 대처하여야 했을 것으로 이해는 된다.

그러나 지금은 사정이 달라졌다. 우리나라는 세계 제10위 정도의 경제대국이 되었고, 환율과 금리의 시장 메커니즘도 제법 잘 작동되고 있다. 그리고 내외금리차도 거의 소멸되었다. 고도성장기를 지나온 탓에 원화 금리와 주요 국제통화의 금리에 별반 차이가 나지 않는다. 이에 따라 금리재정거래 수요도 크지 않다.

이러한 상황에서 이 일정기간초과 수출입결제방법 규제를 유지한다는 것은 시대착오적인 것이라고 할 수 있다. 사람들이 이 규제의 취지를 선뜻 이해하지 못하는 이유는 이러한 시대의 변화에 있다.

외환 관리와 직접적인 관련도 없고, 규제 취지도 모호한 이 규제는 폐지하는 것이 옳다. 현재 남아있는 규제는 ① 본지사간 거래, ② 금 연지급수입, ③ 1년초과 선수/선급금 규제인데, ①의 경우 외환거래와 관련된 불법행위를 차단하기 위한 것으로 보이지만 이 규제만으로 불법행위를 차단하기도 어려운 것으로 보이고, 외환관리와 직접적인 관련이 없는 내용을 외환법규에 두는 것도 적절하지 않다. 꼭 필요하다면 보완하여 대외무역법 등에서 규율하는 것도 방법이 될 수 있다. ②,③ 은 바로 폐지하여도 무방할 것으로 보인다.

제 4 절 제3자지급 규제

1. 서 론

우리나라 외환규제 중에 '제3자 지급 등(지급과 수령) 규제'가 있다. 이 규제를 간단히 요약하면 거주자가 거래의 당사자가 아닌 자와 거래의 대가를 지급 또는 영수 할 때에는 외환당국(외국환은행 또는 한국은행)에 사전에 신고를 하도록 한 것이다.

외국환거래법

외국환거래법
제16조(지급 또는 수령의 방법의 신고) 거주자 간, 거주자와 비거주자 간 또는 비거주자 상호 간의 거래나 행위에 따른 채권·채무를 결제할 때 거주자가 다음 각 호의 어느 하나에 해당하면 대통령령으로 정하는 바에 따라 그 지급 또는 수령의 방법을 기획재정부장관에게 미리 신고하여야 한다.
 3. 거주자가 해당 거래의 당사자가 아닌 자와 지급 또는 수령을 하거나 해당 거래의 당사자가 아닌 거주자가 그 거래의 당사자인 비거주자와 지급 또는 수령을 하는 경우

외국환거래규정
제4절 제3자 지급등에 의한 지급등의 방법
제5-10조(신고 등) ② (생략) 거주자가 미화 5천불을 초과하고 미화 1만불 이내의 금액을 제3자와 지급등을 하려는 경우에는 외국환은행의 장에게 신고하여야 한다.
 ③제1항 및 제2항에 해당하는 경우를 제외하고 거주자가 제3자와 지급등을 하려는 경우에는 한국은행총재에게 신고하여야 한다.

규제의 문구가 간단한 만큼 규율 대상은 광범위하다. 은행을 통한 지급 등인지, 은행을 통하지 않은 지급 등인지 묻고 있지 않으며, 우리나라와 외국간의 지급 등인지, 우리나라 내에서의 또는 외국 내에서의 지급 등인지도 묻지 않는다. 거래의 당사자가 아닌 자와 지급 등을 하게 되면 무조건 일단 이 규제

에 걸리게 된다.

그렇다면 거래의 당사자가 아닌 자와 거래의 대가를 수수하는 경우에는 어떤 경우가 있을 수 있을까? 먼저 심부름을 시키는 경우가 있을 것이다. 민법에서는 이를 使者라고 하는데, 사자로 하여금 돈을 전달시키는 경우가 있을 수 있다. 다음으로 사자와 비슷하지만 법률상 대리권이 있는 代理人을 통하여 결제를 하도록 하는 경우가 있을 것이다.

부동산 仲介人 같은 경우에는 부동산 거래의 당사자라고 이야기 할 수는 없지만, 중개서비스를 제공하고 대가를 받는 합법적인 이해당사자이다. 그런데 이 중개인들은 거래대금을 맡아 보관하거나 전달하는 역할을 하기도 한다.

에스크로 서비스를 전문적으로 하는 업체도 있다. 이들은 거래당사자들 사이에 위치하여 거래대금을 맡아 두었다가, 거래조건이 성취되면 대금을 전달하는 일을 업으로 하고 있다. 거래 조건의 이행과 결제를 담보하는 역할을 하는 사업이다.

다국적기업들의 경우에는 전세계 계열사간의 상호 채권·채무 결제업무를 본사 차원에서 일원화하려는 목적으로 결제전담회사를 설립하는 경우도 많다. 이 전담회사에서 채권자인 계열사들을 대신하여 채무자인 계열사들을 상대로 인보이스를 발송하고 대금을 수령하여 채권자인 계열사에게 전달한다.

그런데 믿기지 않겠지만, 이러한 지급·영수가 우리나라에서는 모두 규제 대상이다. 왜 그럴까?

사자나 대리인을 이용하여 본인이 직접 할 수 없는 일을 시키는 것이 왜 문제가 되는 것일까? 반드시 모든 지급·영수를 본인이 직접 하여야 한다는 말인가? 거래의 당사자들 사이에 위치하여 합법적인 결제 비즈니스를 하는 업체들은 왜 문제가 되어야 하는 것일까? 이것을 규제하는 외환관리 목적상 이유가 무엇일까?

필자는 1996년에 한국은행에서 외환심사업무를 맡은 이래 항상 이 이유가 궁금하였다. 여기저기 자료를 찾아보기도 하고, 주위에 물어보기도 하였지만, 어디에서도 속 시원한 대답을 들을 수가 없었다. 외국환관리법 해설서들에서는 그 이유를 다음과 같이 설명하고 있다.

김영생, 외국환관리법, 법경사, 1993, 254p

(생략) 이와 같은 거래는 거주자와 비거주자간의 채권·채무관계를 당사자 간의 지급 또는 영수에 의하여 결제하지 않고 제3자와의 지급 또는 영수에 의하여 결제하는 것이므로 정당하게 결제되는 것인가에 대한 의문이 있게 되므로 이는 제한 대상이 된다. (생략)

황건일, 외국환관리법 해설, 범신사, 1993, 212p

(생략) 그 규제의 취지는 자금의 흐름이 일반적인 거래형태와 다르기 때문에 정상적인 관행을 유지할 필요가 있기 때문이다.

국가가 행정능력을 동원하여 사적 거래에 따른 결제가 잘 이루어지는지 아닌지 일일이 개입하여 보겠다는 것인가? 그런 것은 거래당사자들이 잘 알아서 할 문제이고 분쟁이 생긴 경우에는 사법절차에 따라 해결할 문제가 아닌가?

더구나 이 규제를 한다고 하여 "정당하게 결제"되도록 할 수 있을까? 사적 거래에서 누가 진정한 권리자인지 외환당국이 어떻게 알아 진정한 권리자에게 지급하도록 강제 한단 말인가?

또한 "정상적인 관행을 유지할 필요"가 있어서라는 설명은 거래당사자 사이에서의 지급·영수만 정상적인 것이고, 중간에 누가 결제에 관여하는 것은 모두 비정상이라는 시각이다. 그렇다면 주위에서 흔히 발생하고 있는 사자, 대리인 등을 통한 결제가 모두 비정상이라는 것인가?

규제 이유에 대한 설명을 납득하기 어렵다. 백보를 양보하여 "정당결제", "정상관행"을 위한다는 이유가 있다고 하자. 그래도 문제가 있다. 이 규제가 외환관리와 무슨 관련이 있는가?

외환관리의 목적을 국가가 대외결제에 필요한 적정 외화자금을 보유하여 국가부도 사태를 방지하고자 하는 것으로 이해한다면 외화의 지급과 영수 자체를 통제하는 것으로 충분한 것이지 그 지급과 영수를 본인이 직접 하였는지 제3자를 통하였는지는 중요한 문제가 아닌 것 아닌가.

이 3자지급등 규제를 위반하였다고 하여도 제재가 없거나 크지 않다면 불필요한 규제이기는 하지만 그다지 유해하지도 않은 것의 하나쯤으로 취급하고 넘어갈 수도 있는 일이다. 그러나 그렇지 않다. 지금도 많은 기업들이 제3자지급 및 수령에 관한 신고의무 위반으로 수억 원대의 과태료 처분을 받거나 벌금 등 형사처벌을 받고 있다.

이 규제의 취지를 도저히 이해할 수 없어서 제3자지급등 규제의 연혁을 추적하였다. 우리나라의 외환 규제가 일본으로부터 왔으므로 우리나라의 입법 연혁과 함께 일본의 입법 연혁을 알아보아야 했다.

아래에서는 필자의 조사 결과를 설명할 것이다. 그러나 그에 앞서 현행 제3자지급 등 규제가 어떻게 생긴 것인지, 어떻게 운용되고 있는지 보도록 하자.

2. 규제의 현황

제3자지급 등

거주자 간, 거주자와 비거주자 간 또는 비거주자 상호 간의 거래나 행위에 따른 채권·채무를 결제할 때 거주자가 해당 거래의 당사자가 아닌 자와 지급 또는 수령을 하거나 해당 거래의 당사자가 아닌 거주자가 그 거래의 당사자인 비거주자와 지급 또는 수령을 하는 경우

법 문언이 위와 같다. 같은 단어들이 반복하여 사용되어 어지럽지만, 여기에 언급된 key word들을 살펴서 무슨 의미인지 따져보기로 하자.

가. 거주자 간, 거주자와 비거주자 간, 비거주자 간

제3자지급등 규제의 대상이 되는 거래나 행위는 "거주자 간, 거주자와 비거주자 간 또는 비거주자 상호 간"에 발생하는 것으로 규정함으로써 모든 경우의 수를 포괄하고 있다.

나. 거래나 행위

"거래나 행위"는 일본법상의 "取引又は行為"를 번역한 것이다. "거래"는 둘 이상 당사자 사이의 의사표시가 수반되는 법률행위를 의미하는 것으로, "행위"는 단독행위를 포함하고 법률행위는 물론 사실행위를 포함하는 것으로 이

해된다.

그렇다면 이 "거래나 행위"에 포섭되지 않는 것은 거의 없다고 할 것이고 계약은 물론 불법행위에 기인한 것까지 모두 제3자 지급 등 규제대상인 채권/채무를 발생시키는 원인 행위에 포섭된다고 보아야 할 것이다.

다. 채권 · 채무를 결제할 때 그 지급 또는 수령

외국환은행을 통한 지급 등인지 여부와 관계없이, 우리나라와 외국간의 지급 등인지 우리나라 내에서의 또는 외국 내에서의 지급 등인지 와도 관계 없이, "채권 · 채무를 결제할 때 지급 · 수령"을 하게 되면 모두 규제대상에 포함된다.

반대해석으로 채권/채무가 없는 상태에서 일어나는 지급 · 수령(예를 들면, 해외 친지에게 생일축하금을 보내는 경우가 이에 해당할 것이다)은 이 규제 대상은 아니다.

라. 거래의 당사자

외환법규에서는 '거래의 당사자'라는 단어만 있을 뿐, '거래의 당사자'를 어떻게 판단할 것인지에 대한 어떠한 언급도 없다. 그러나 언뜻 듣기에 쉬워 보이지만 실제 거래에 있어서 '거래의 당사자'가 누군지를 판단하는 것은 쉬운 일이 아니다.

현실의 거래에서는 여러 이해관계자들이 거래에 참여한다. 각자 합법적인 이해관계를 가지고 있고 일정한 역할을 수행하고 있으므로 이 중 누구를 거래당사자라고 하고, 누구는 거래당사자가 아니라고 단정하는 것은 쉽지 않다.

예를 들어 보자. 어떤 수입거래에 있어서는 수출입계약서상 수입자와 수입신고서상의 수하인이 다를 수 있다. 국내 수입업자가 해외 수출업자로부터 받은 B/L을 다른 거주자에게 양도하고 그 다른 거주자가 통관수속을 밟은 경우이다. 이런 경우에 거래의 당사자는 누구인가? 수출입계약서상 수입자(importer)인가 수입신고서상 수하인(consignee)인가?

'제3자를 위한 계약'에서 수익자인 제3자는 계약서에 나타나기는 하지만 서명하지는 않는다. 예를 들어 A와 B가 '어떤 경우에 B가 C에게 얼마를 지급한다'는 계약을 체결한 경우에 C는 거래의 당사자인가 아닌가?

회사의 담당직원이 부주의하게 거래 증빙에 거래의 당사자를 잘못 표시한 경우에는 그 거래의 증빙에 표시된 자가 거래의 상대방인가, 아니면 제대로 표시 되었어야 하는 자가 거래의 당사자인가? 답이 쉬울 것 같지만, 은행창구에서 대외지급·영수 업무를 담당하는 은행직원의 입장에서는 '제대로 표시되어야 하는 당사자'를 어떻게 알 수 있을까?

심지어 '거래의 당사자'를 정함에 있어 형식이 아닌 실질을 보아야 한다는 외환당국의 견해도 있다. 거래관련 서류에 당사자로 되어 있어도 거래에 따른 위험과 보상을 부담하지 않는 자는 거래의 당사자가 아니라는 식이다.

그러나 거래에 따른 위험과 보상이 누구에게 귀속되는지 은행 창구에서 은행 직원이 어떻게 알 수 있겠는가? 이는 민사법정에서나 가릴 수 있는 문제로 매일 수만 건 의 국외송금과 국외로부터의 수령이 일어나는 은행창구에서 가릴 수 있는 문제가 아니다.

은행창구에서 가능한 유일한 방법은 고객이 제출한 거래 증빙(계약서, 송장(invoice), 수출입신고서, 선하증권, 매입주문서(purchase order), 이메일 등)에 표시된 자를 거래상대방으로 보고 제3자지급 등인지 아닌지를 판단할 수밖에 없다. 이러한 상황하에서 실질에 따라 거래의 상대방을 정한다는 것이 어찌 가능한 일이겠는가?

마. 도 해

현행 법규상 제3자지급 등에 해당하는 것은 아래 표에서 ①~⑧번호가 붙은 지급·영수이다. 번호가 붙지 않은 것은 신고면제대상인 지급·영수이다.

①~⑧번에 해당되면 외국환은행 또는 한국은행에 사전에 지급방법 신고를 하여야 하고 이를 위반하면 형사처벌 및 행정처분 대상이 된다. 이 신고를 하기 위하여는 지정신고서식 외에 관련 증빙을 제출하여야 하는 등 적지 않은 노력이 필요하다.

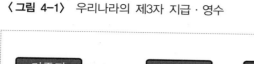

〈그림 4-1〉 우리나라의 제3자 지급·영수

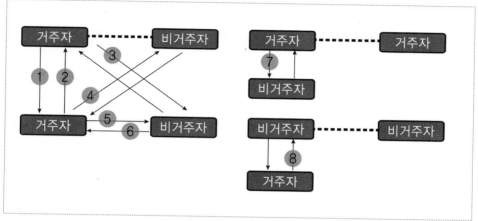

3. 제3자지급 등 규제의 연혁

가. 대상지급

우리나라의 1992년 전 외환법규에는 '제3자지급 등'이라는 용어가 없었다. 다만, 비슷한 취지의 규제로 보이는 대상지급[1](代償支給)이라는 것이 있었다.

代償의 사전적인 의미는 "다른 물건으로 대신(代身) 물어줌" 또는 "남을 대신(代身)하여 갚아 줌"이다. 우리나라에서는 代償이라는 한자보다 代身이나 代位(예를 들어 代位辨濟, 物上代位 등)라는 한자를 더 많이 사용하므로 생소한 느낌을 주는 한자어이다.

이 용어는 일본의 1949년법으로부터 왔다. 일본의 1949년법 제28조를 우리나라 1962년법 제22조에서 어떻게 받았는지 보도록 하자.

---

[1] 1962년 외국환관리법 제정당시에는 "대상지불"이었으나 이후 1966년 법 개정시 "대상지급"으로 용어가 바뀌었다.

1949년 外国爲替及び外国貿易管理法	1962년 외국환관리법
第二十八條 この法律の他の規定又は政令で定める場合を除いては´ 何人も´ 外国にある者に対する支拂若しくほ利益の提供又は外国にある財産の取得の代償として又はこれらに関連して´ 本邦において´ 居住者に対して又は居住者のために支拂をしてはならない° 居住者が´ 外国においてこれらの行爲をする場合も´ 同様とする° [한역: 이 법률의 타 규정 또는 정령에 정하는 경우를 제외하고 누구도 외국에 있는 자에 대한 지불 혹은 이익의 제공 또는 외국에 있는 재산의 취득의 대상으로서나 그와 관련하여 본국에서 거주자에 대하여 또는 거주자를 위하여 지불을 하여서는 아니 된다. 거주자가 외국에서 이러한 행위를 하는 경우도 마찬가지이다.]	**제22조(대상지불)** 이 법 또는 이 법에 의한 대통령령으로써 정하는 경우를 제외하고는 거주자나 비거주자는 다음 각호의 1에 해당하는 행위를 하여서는 아니 된다. 1. 외국에 있는 자에 대한 지불이익의 제공, 재외재산의 취득의 대상으로서나 그와 관련하여 대한민국 내에서 거주자에게 행하거나 또는 거주자를 위하여 행하는 지급이나 대여 2. 외국에 있는 재산의 양도의 대상으로나 그와 관련하여 대한민국 내에서 거주자로부터 또는 거주자를 위하여 행하는 지급의 영수 3. 거주자가 외국에서 행하는 전2호의 행위

일본법 제28조와 우리나라법 제22조는 문장의 구성만 다를 뿐 내용은 똑같다는 것을 알 수 있다. 그렇다면 이 조문에서 금지하고자 하는 행위가 구체적으로 무엇인가?

법 문언을 분석해 보면 다음과 같은 3가지 구성요소가 포함되어 있다; (1) 뭔가 원인이 되는 거래가 있어야 한다. 즉, "외국에 있는 자에 대한 지불," "외국에 있는 자에 대한 이익의 제공," 또는 "외국에 있는 재산의 취득"이 있어야 한다. (2) 그 원인 거래와 대가관계에 있어야 한다. 즉, "대상으로서나 그와 관련"되어 있어야 한다. (3) 그 대가의 지급을 국내에서 하여야 한다. 즉, "본국에서 거주자에 대하여 또는 거주자를 위하여 지불"하여야 한다.

그리고서 마지막에 "거주자가 외국에서 이러한 행위를 하는 경우도 마찬가지이다"라고 하여 (1) 국내에 있는 자에 대한 지불, 국내에 있는 자에 대한 이익의 제공 또는 국내에 있는 재산의 취득과 관련하여 (2) 그 대가를 (3) 외국에서 지급하는 경우까지 이 조문의 규제대상에 포함시켰다.

조문 분석만으로는 아직 이 조문에서 규제하고자 하는 것이 무엇인지 확실한 감이 오지 않는다. 이럴 때 필요한 것이 해설서 아니겠는가?

石券良夫, 新外国爲替管理法講話, (1941) [한역]

탈법행위의 단속 (109p~110p)

중일전쟁 이래, 외국환관리의 강화에 따라, 탈법행위로서 외국환 은행을 경유하지 않는 대외결제가 활발히 이루어지고 있는 실정에 비추어, 이러한 유형의 대외결제를 단속할 필요가 생겼다. 그리하여 외국환관리법 개정 시 그 관리사정에 이러한 유형의 송금 방법을 추가 하였는바, 본령은 이 신 규정에 따라 아래에 열거한 거래 또는 행위를 허가 사항으로 하였다.

(1) 외국거주자를 위하여 하는 본령시행지내에서 하는 지불

(3) 외국에서 하는 지불을 본령시행지에서 위탁(외국환에 의한 것은 제외)하여 대외송금에 대신할 목적을 갖는 것

대외송금에 대용되는 탈법행위 (117p~118p)

본령 시행지 내에서, 외국에의 송금을 갈음할 목적으로써, 외국에서 하는 지불의 위탁(외국환에 의한 것은 제외)을 하는 것은 대장대신의 허가를 받을 것을 요한다.

본래라면 외국에서 하는 지불이지만, 그것을 국내에 위탁함으로써 대차관계는 스스로 상계되어 대외송금을 한 것과 동일한 결과를 얻을 수 있는 것이다. 위탁방법은 서면, 전신, 신용전표의 송부 등에 의하여 행하고 수탁자는 대체지급 또는 수탁자에 대한 예금 인출 등에 의하여 지불한다. 이와 같은 것은 외국환은행을 통하지 않는 거래에 대한 통제강화에 따라 외환관리를 피하기 위한 탈법행위로써 빈번히 남용되는 경향이 있으므로, 이를 그대로 방임하는 것은 안 된다.

이 해설서에 따르면, 1937년 중일전쟁(혹은 지나사변) 이후로 일본의 대외지급·영수에 대한 통제가 강화되었고 이에 따라 규제를 회피하기 위하여 대외송금에 대용하는 탈법행위, 즉 "본래라면 외국에서 하는 지불이지만, 그것을 국내에 위탁함으로써 대차관계는 스스로 상계되어 대외송금을 한 것과 동일한 결과를 얻을 수 있는 것"이 증가하였으므로 이를 단속하기 위하여 이러한 행위를 허가사항으로 규정하였다는 것이다.

이제 일본의 1949년 외환법 제28조가 규제하고자 하는 바가 무엇인지 분

명해진 것 같다. 무엇이겠는가? 오늘날 우리가 말하는 환치기를 규제하려는 것이다. 그리고 이 규제는 1941. 4월 일본 외국환관리법 제5차 개정 시부터 중국과 일본 사이에 환치기가 성행함에 따라 시작되었다는 것도 알 수 있다.

"환치기"라는 용어는 우리나라 용어이고, 일본에서는 "對外送金 代用行爲" "代償으로 하는 支給", "ため仏" 등의 용어가 사용된 것으로 보인다.

환치기는 외국환거래법이나 기타 법률에서 정의된 개념은 아니다. 따라서 법률상 정의는 없지만 통상 "국가 간에 상호신뢰를 가진 두 사람이 공모하여 은행을 통하여 외환을 지급·영수하지 않고도 각각의 내국거래 만으로 이와 동일한 송금효과를 얻을 수 있는 거래"를 의미한다. "상대국 통화로의 환전 절차 없이 환을 바꿔 친다"라는 의미에서 환치기라고 하였다고 한다.[2]

그렇다면 이 대상지급이 어떻게 '제3자지급'이 되었을까? 이제 일본의 1980년 외환법 개정과 이를 따른 우리나라 1992년 외환법 개정을 살펴보아야 하겠다.

나. 일본의 1980년 법개정

일본은 1980년 법에서 제28조를 삭제하고 제17조를 신설하였다. 그리고 이 제17조에 근거하여 外国爲替管理令 (1980.10.11. 政令) 제7조와 特殊決済方法に関する省令 (1980.11.28.)을 제정하였다.

사실 법 제17조에서 전부 기술하여도 무방한 간단한 내용이었으나, 2단계에 걸쳐 위임 입법이 일어나다 보니 좀 복잡하게 되었다. 아래에서는 법과 정령, 성령을 모두 인용해 보기로 한다.

外国爲替及び外国貿易管理法 (1980년)

(対外取引の支払方法)　**第十七条**　居住者は、勘定の貸記又は借記による方法その他の政令で定める特殊な方法により、居住者と非居住者との間の取引又は行為に係る債権債務の決済のため、支払等をしようとするときは、政令で定めるところにより、主務大臣の許可を受けなければならない。

---

2) 관세청 보도자료(2006.9022.), "환치기계좌 운영주 집중단속으로 1조 8천억원 상당 검거", 9면 참조

[한역: 거주자가 계정의 대기 또는 차기의 방법과 그 외 정령에서 정한 특수한 방법에 의하여 거주자와 비거주자간 거래 또는 행위와 관련된 채권채무의 결제를 위해 지불 등을 하고자 할 때에는 정령으로 정하는 바에 따라 주무대신의 허가를 받아야 한다.]

外国爲替管理令 (1980.10.11. 内閣總理大臣 제정)

第7條 ① 法第17条に規定する政令で定める特殊な方法は、次に掲げる方法（以下この条、第二十条及び第二十四条において「特殊決済方法」という。）とする。

1. 勘定の貸記 又は借記により決済する方法
2. 特殊な決済期間として大藏大臣が定める期間に該当する 期間に決済する 方法
3. 前二号に掲げる方法ほが 居住者と非居住者との間の債権債務の決済の方法が特殊であるとして大藏大臣が定める方法

③ 居住者が法第17条の規定による大藏大臣又は通商産業大臣の許可を受けようとするときは、大藏省令又は通商産業省令で定ある手続により、当該許可の申請をしなければならない。

[한역] 제7조 ① 법 제17조에서 규정하는 정령으로 정하는 특수한 방법은 다음에 열거한 방법(이하 이 조, 제20조 및 제24조에서 "특수 결제 방법"이라고 한다.)으로 한다.

1. 계정의 대기 또는 차기에 의해 결제하는 방법
2. 특수한 결제 기간으로 대장대신이 정하는 기간에 해당하는 기간에 결제하는 방법
3. 전 2호에 열거한 방법 외에, 거주자와 비거주자 사이의 채권 채무의 결제 방법이 특수하다고 대장대신이 정하는 방법

③ 거주자가 법 제17조의 규정에 의한 대장대신 또는 통상산업대신의 허가를 받으려고 할 때는, 대장성령 또는 통상산업성령으로 정한 절차에 따라 해당 허가 신청을 해야 한다.

총리령에서는 상계에 의한 방법 외에 특수한 결제기간으로 결제하는 방법을 주무대신의 허가를 받아야 하는 지불방법으로 규정하였으나 기타 사항에 대하여는 다시 대장대신이 정하도록 위임하였다.

이 총리령 제7조에 근거하여 대장대신이 정한 特殊決濟方法に関する省令

에서 주무대신의 허가를 받아야 하는 지불방법을 망라하여 규정하고 있다. 이 省令에서는 (1) 상계에 의한 방법, (2) 특수한 결제기간으로 결제하는 방법 및 (3) 기타 결제방법을 정하고 있는데 여기에서는 (1)과 (2)는 제외하고, 이 글의 주제와 관련 있는 (3)방법에 대한 규정만 발췌 인용한다.

特殊決済方法に関する省令 (昭和55年11月28日, 大蔵大臣 渡辺美智雄)

第三条 (輸出の特殊決済方法) 貨物の輸出についての特殊決済方法は、輸出貨物代金の全部又は一部を、次のいずれかに掲げる方法により決済する方法 (第一号から第四号まで及び第六号に掲げる方法にあつては、別表第一に掲げるものを除き、第五号に掲げる方法にあつては、別表第一及び別表第二に掲げるものを除く。) とする。
　五 当該貨物の輸出の相手方である非居住者のために行われる他の居住者による支払を受領する方法

第四条 輸入の特殊決済方法) 貨物の輸入についての特殊決済方法は、輸入貨物代金の全部又は一部を、次のいずれかに掲げる方法により決済する方法 (第五号に掲げる方法にあつては、別表第二に掲げる方法を除く。) とする。
　五 当該貨物の輸入の相手方である非居住者のために他の居住者に支払をする方法

第五条 (役務取引及び仲介貿易取引の特殊決済方法) 役務取引及び仲介貿易取引についての特殊決済方法は、役務取引又は仲介貿易取引に係る債権若しくは債務の全部又は一部を、次のいずれかに掲げる方法により決済する方法 (第五号に掲げる方法にあつては、別表第二に掲げる方法を除く。) とする。
　五 非居住者との間で役務取引又は仲介貿易取引を行う居住者が、当該非居住者のために他の居住者に支払をし又は当該非居住者のために行われる他の居住者による支払を受領する方法

第六条 (資本取引等の特殊決済方法) 資本取引等 (前三条に規定する取引又は行為以外の取引又は行為をいう。以下この条において同じ。) についての特殊決済方法は、居住者と非居住者との間の債権又は債務の全部又は一部を、次のいずれかに掲げる方法により決済する方法 (第二号に掲げる方法にあつては、別表第二に掲げる方法を除く。) とする。
　二 非居住者との間で資本取引等を行う居住者が、当該非居住者のために他の

居住者に支払をし又は当該非居住者のために行われる他の居住者による支払を受領する方法

第七条（その他の特殊決済方法）第三条から前条までに規定する特殊決済方法のほか、居住者と非居住者との間の債権又は債務の全部又は一部を、次のいずれかに掲げる方法により決済する方法（第一号に掲げる方法にあつては、別表第二に掲げる方法を除く。）は、特殊決済方法とする。

一 居住者と非居住者との間の取引又は行為の当事者である居住者以外の居住者が、当該非居住者のために当該取引若しくは行為の当事者である居住者に支払をし又は当該非居住者のために行われる当該取引若しくは行為の当事者である居住者による支払を受領する方法

別表第二 （第三条、第四条、第五条、第六条及び第七条関係）

一 本邦にある外国為替公認銀行が外国為替業務に関連して顧客との間において支払をし又は支払の受領をする方法

상기 발췌 特殊決済方法に関する省令을 번역하면 다음과 같다.

특수 결제 방법에 관한 성령(쇼와 55년 11월 28일, 대장대신 와타나베 미치오)

제3조(수출의 특수결제방법) 화물수출에 대한 특수결제방법은 수출화물대금의 전부 또는 일부를 다음에 제시하는 방법에 의하여 결제하는 방법(제1호부터 제4호 및 제6호에 제시하는 방법에 있어서는 별표 제1에서 제시하는 것을 제외하고, 제5호에 제시하는 방법에 있어서는 별표 제1및 별표 제2에서 제시하는 것을 제외)으로 한다.

5. 해당 화물 수출의 상대방인 비거주자들을 위해 행해지는 다른 거주자에 의한 지불을 수령하는 방법

제4조 (수입의 특수결제방법) 화물수입에 대한 특수결제방법은 수입화물대금의 전부 또는 일부를 다음에 제시하는 방법에 의하여 결제하는 방법(제5호에 제시하는 방법에 있어서는, 별표 제2호에서 제시하는 방법을 제외)으로 한다.

5. 해당 화물 수입의 상대방인 비거주자를 위해 다른 거주자에게 지불을 하는 방법

제5조(역무거래 및 중개무역거래의 특수결제방법) 역무거래 및 중개무역거래에 대한 특수결제방법은 역무거래 또는 중개무역거래와 관련되는 채권 또는 채무의 전부 또는 일부를 다음 중 하나에 해당하는 방법으로 결제하는 방법

(제5호에 제시하는 방법에 있어서는, 별표 제2에서 제시하는 방법을 제외)으로 한다.

5. 비거주자와의 사이에서 역무거래 또는 중개무역거래를 하는 거주자가 해당 비거주자를 위하여 다른 거주자에게 지불하거나 당해 비거주자들을 위해 행해지는 다른 거주자에 의한 지불을 수령하는 방법

제6조 (자본거래 등의 특수결제방법) 자본거래 등(전 3조에 규정하는 거래 또는 행위 이외의 거래 또는 행위를 말한다. 이하 이 조에서 동일하다.)에 대한 특수 결제방법은 거주자와 비거주자 사이의 채권 또는 채무의 전부 또는 일부를 다음 중 하나에 해당하는 방법에 의하여 결제하는 방법(제2호에 제시하는 방법에 있어서는 별표 제2에서 제시하는 방법을 제외)으로 한다.

2. 비거주자와 자본거래를 하는 거주자가 해당 비거주자를 위해 다른 거주자에 지불을 하거나 당해 비거주자들을 위해 행해지는 다른 거주자에 의한 지불을 수령하는 방법

제7조 (기타 특수결제방법) 제3조부터 전조까지에 규정하는 특수결제방법 이외에도 거주자와 비거주자 사이의 채권 또는 채무의 전부 또는 일부를 다음 중 하나에 해당하는 방법에 의한 결제하는 방법(제1호에 제시하는 방법에 있어서는 별표 제2에서 제시하는 방법을 제외)은 특수결제방법으로 한다.

1. 거주자와 비거주자 간의 거래 또는 행위의 당사자인 거주자 이외의 거주자가 해당 비거주자를 위해 해당 거래 또는 행위의 당사자인 거주자에게 지불하거나 해당 비거주자를 위해 행해지는 해당 거래 또는 행위의 당사자인 거주자에 의한 지불을 수령하는 방법

별표 제2(제3조, 제4조, 제5조, 제6조 및 제7조 관계)

1. 본방에 있는 외국환공인은행이 외환업무에 관련하여 고객 사이에서 지불을 하거나 지불의 수령을 하는 방법

이 特殊決濟方法に関する省令은 거래유형별로(수출, 수입, 역무, 자본거래 및 기타) 특수결제방법을 열거하다 보니 유사한 내용을 반복하고 있다. 별 내용도 없는 것을 쓸데없이 길고 번잡하게 만들어 놨다.

그런데 반복되는 부분을 제거하고 공통점을 찾아 요약해 보면, 이 성령에서 규제하고자 하는 것은 '거주자가 비거주자와의 거래나 행위에 따른 결제를 다른 거주자에게 지불하거나 다른 거주자로부터 수령하는 방법으로 결제하는

것'을 규제하고자 하는 것임을 알 수 있다. 이 표현이 계속 반복되고 있다.

　　이는 반대로 말하면, '거주자가 비거주자와의 거래나 행위에 따른 결제를 **다른 비거주자에게 지불하거나 다른 비거주자로부터 수령하는 방식으로 결제하는 것**'은 규제대상이 아니라는 것이다.

　　그렇다면 이 지급방법 규제는 구 법(일본의 1949년법) 제28조에서 규제하던 대상지급 규제와 다르지 않다. 종래 대상지급 규제를 표현을 바꾸어 기술하려고 했던 것으로 보인다.

　　일본의 1980년 개정법 해설서의 관련부분을 보도록 하자.

新しい外国爲替管理法 100問, 재경상보사, 1981.10.15, 81p~82p

… 특수결제방법에 대하여는 특수결제성령에서 구체적으로 설시되었는데, 그 성령에는 수출, 수입, 용역거래, 자본거래 등 이런 저런 거래의 행위 별로 구체적으로 어떠한 것이 특수결제방법에 되는가가 정해져 있습니다.

예를 들어 수출의 특수결제방법에는 수출대금을 화물의 수출신고일로부터 1년을 초과하는 기간을 미리 받는다든지, 또는 화물의 선적일로부터 1년초과 기간에 연불로 받는 경우, 즉, 수출의 시기와 그 대금의 수령 사이의 시간적인 차이가 비상하게 긴 경우가 우선 지정되었습니다.

이 외에 ① 수출대금의 결제를 본방통화 및 본방통화로 표시된 수표, 어음을 직접 소지하고 행하는 경우, ② 수출대금채권을 그 상대방에 대한 다른 채무로 상계하는 경우, ③ 수출의 상대방인 비거주자를 위하여 다른 거주자로부터 지불을 수령하는 경우, 이른바 위한[ため] 지불 등이 열거되어 있습니다.

위한 지불(ため仏)은 그에 의한 방법으로 수출대금이 결제되어 지면 외국환 공인은행이 파악하지 못한 채 대외거래의 결제가 행해지는 것이 되어 대외거래의 실태파악이 불가능하게 되므로 개별적으로 주무대신의 허가를 필요로 하는 것입니다.

　　위의 설명에 따르면 1980.11.28. 일본의 特殊決済方法に関する省令에서 길고 복잡하게 서술하면서 규제하고자 했던 것은 결국 ため仏이었다. 그리고 ため仏의 규제 목적은 대외거래의 실태파악에 있다는 것이다.

그렇다면 그 규제대상 지급등은 다음 그림에서의 ①번과 ②번 뿐이다.

〈그림 4-2〉 일본의 제3자 지급·영수

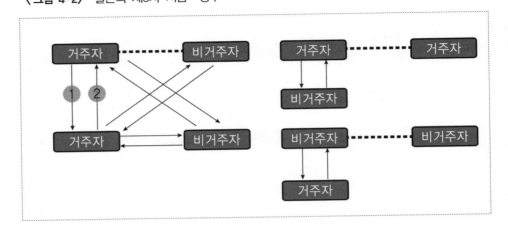

다. 우리나라 1992년 외환법 개정

이제 일본의 1980년 법을 우리가 어떻게 받아들였는지 살펴보자. 우리나라는 1991년 법개정 작업시 제22조(대상지급 규제)를 삭제하고 제18조를 다음과 같이 신설하였다.

외국환관리법(1992년)

제18조 (지급방법의 허가) 거주자가 거주자와 비거주자간 또는 비거주자 상호간의 거래 또는 행위에 따른 채권·채무의 결제를 위하여 다음 각호의 1에 해당하는 경우로서 대통령령이 정하는 방법으로 지급등을 하고자 하는 경우에는 대통령령이 정하는 바에 의하여 재무부장관의 허가를 받아야 한다. 다만, 제20조 내지 제22조의 규정에 의하여 허가를 받았거나 신고를 한 자가 그 허가 또는 신고된 지급방법으로 지급등을 하는 경우에는 그러하지 아니하다.
1. 계정의 대기 또는 차기에 의하여 결제하는 경우
2. 재무부장관이 정하는 기간을 초과하여 결제하는 경우
3. **거주자가 거주자와 비거주자간 또는 비거주자 상호간의 거래의 결제를 위하여 당해 거래의 당사자가 아닌 거주자 또는 비거주자와 지급등을 하는 경우**
4. 외국환은행을 통하지 아니하고 지급등을 하는 경우
5. 기타 제1호 내지 제4호와 유사한 방법에 의하여 지급등을 하는 경우

우리나라는 1992년 법 개정시 원칙자유 체계로의 전환을 표방하면서 가급적이면 규제를 모두 법에서 명시한다는 방침이었으며 이에 따라 지급방법 규제를 4종류로 구분하여 모두 법 18조에서 일괄 규정하였다. 간결하게 규정되어 보기에 좋은 점은 높이 평가할 만하다.

그러나 제18조 제3호의 문구가 일본의 그것과 다르다. 비교해 보도록 하자.

특수결제방법에관한성령(1980.11.28.)	외국환관리법(1992년)
비거주자와 자본거래를 하는 거주자가 해당 비거주자를 위해 다른 거주자에 지불을 하거나 당해 비거주자들을 위해 행해지는 다른 거주자에 의한 지불을 수령하는 방법	거주자가 거주자와 비거주자간 또는 비거주자 상호간의 거래의 결제를 위하여 당해 거래의 당사자가 아닌 거주자 **또는 비거주자와** 지급등을 하는 경우

일본의 特殊決濟方法に関する省令에서는 '거주자가 다른 거주자에게 지불하거나 다른 거주자로부터 수령하는 방법'을 언급하고 있는데 비하여 우리나라에서는 '거주자가 다른 거주자 **또는 다른 비거주자**에게 지불하거나 다른 거주자 **또는 다른 비거주자**로부터 수령하는 방법까지 언급되어 있다.

즉, 우리 법에서는 거주자가 다른 비거주자에게 지불하거나, 다른 비거주자로부터 수령하는 것까지 규제하고 있다. 우리의 규제 범위가 더 넓은 것이다. 우리나라 규제의 범위는 앞의 <그림 4-1> '우리나라의 제3자 지급·영수'와 같다.

왜 이렇게 된 것일까? 우리가 일본의 입법을 그대로 모방하여야 하는 것은 아니지만, 취사선택을 하여 뭔가 수정을 하였다면 어디에선가는 그 이유가 나와 있어야 하지 않겠는가? 필자는 어디에서도 이 입법 이유에 대한 설명을 찾을 수 없었다.

이렇게 입법이 된 결과, 규제의 범위가 확장되어, 종전 '대상지급'은 '제3자지급'으로 불리게 되었고, 전통적인 환치기 개념에 해당되지 않는 경우까지 규제의 대상이 되었다.

거주자가 대외거래의 결제를 위하여 외국에 있는 '다른 비거주자'(대리인)에게 은행을 통하여 대외송금을 하였다고 하자. 우리나라 외환관리 목적상 어떤 장애가 있는가? 지급의 사유와 금액은 은행창구에서 체크되었다. 송금내역은 외환전산망에 입력되어 모니터되고 있으며 외환통계 작성에 사용된다. 대외거래 실태파악에 별다른 문제가 없어 보인다. 그런데 왜 규제를 한단 말인가?

이러한 지급이 일본의 1980년 법에서는 규제대상이 아니었으나, 우리나라 1992년 법에서는 규제 대상이 된 것이다.

4. 1992년 입법이 가져온 문제

1992년의 입법이 어떤 문제를 가져왔는지 실제로 문제된 3개의 사례를 가지고 보도록 하자.

사례 1 다국적기업의 결제전담회사

다국적기업은 계열사간 거래를 효율적으로 지원하기 위하여 global center역할을 하는 회사를 두고 이 회사로 하여금 주문접수, 송장발행, 대금수령을 담당하게 한다. 이는 각국의 계열사들로 하여금 본연의 기능인 생산 및 마케팅업무에 주력하게 하고 각종 부수적 기능은 전산망을 통해 하나의 기업이 총괄 수행하는 것이 효율성 측면에서 많은 장점이 있기 때문이다.

한국 계열사는 A국 계열사로부터 물품을 수입하면서 global center역할을 하는 B국 계열사에 purchase order를 내며, B국 계열사로부터 invoice를 받아, B국 계열사에 수입대금을 지급하고 있다.

한국 계열사는 A국 계열사에게 지급하여야 할 수입대금을 B국 계열사에게 지급하면서 한국은행에 신고하지 않았다는 이유로 문제가 되었다.

다국적 기업의 경영자라면 계열사간 결제를 효율적으로 하기 위한 방안을 강구할 것이다. 그렇게 하지 않는 것이 오히려 이상한 일이다. 그런데 현행 외환규정으로는 이러한 사안에서 한국계열사는 일일이 제3자지급 신고를 하여야 한다.

만약 1992년 법 개정 전이었다면 어땠을까? 다국적기업의 한국지사가 본

사에서 지정한 결제전담 회사와 지급 등을 하는 것은 대한민국과 외국간 지급
이므로 "국내에서의 또는 외국에서의 지급"이 아니다. 따라서 대상지급 규제가
적용되지 않는 합법적인 지급방법이었다.

사례 2 해외광고

국내 광고회사 A는 국내 광고주 B로부터 B의 제품 및 브랜드를 해외에 광
고하는 일을 수주하고 해외 매체대행사 C와 광고용역 계약을 체결하였다.
이에 따라 C는 해외방송사, 신문사 등 매체사와 계약을 체결하여 광고용역
을 수행하였다.

광고용역이 완료되면 매체대행사 C는 A에게 대가를 청구하고, A사는 다시
광고주 B에게 대가를 청구한다. A사는 B사로부터 수령한 자금에서 A사 몫
으로 일정 수수료를 제하고 나머지를 C사에 지급한다.

광고주 B가 해외 매체대행사 C에게 지급하여야 할 대가를 국내 광고회사
A가 제3자로서 지급하면서 한국은행에 신고하지 않았다는 이유로 문제가
되었다.

광고회사가 국내 광고주와 외국 매체대행사 사이에서 일정한 역할을 해주
고 수수료를 받는 것으로서 중개업은 대부분 이러한 구조이다. 적법한 영업 방
식이고 이상할 것이 없는데 현행 규정상으로는 A가 제3자지급 신고를 하여야
한다고 한다.

만약 1992년 법 개정 전이었다면 어땠을까? 국내 광고회사가 광고주로부
터 받은 대가 중 수수료를 공제하고 나머지를 외국 매체대행사에 지급하는 것
은 대한민국과 외국간 지급이므로 "국내에서의 또는 외국에서의 지급"이 아니
다. 따라서 대상지급 규제가 적용되지 않는 합법적인 지급방법이다.

사례 3 한국파견 직원 급여

외국회사 직원이 한국에 있는 자회사나 지점에 파견 나와 근무하는 경우,
급여를 소속 외국회사에서 해당 직원의 외국 계좌로 지급하고, 후에 한국
자회사나 지점에서 소속 외국회사에 보전(reimbursement)한다.

즉, 파견직원에 대한 보수는 궁극적으로 한국 자회사나 지점에서 부담하기로 한 것이다.

한국 자회사나 지점이 파견직원에게 지급하여야 할 급여를 제3자인 외국 본사에 지급하면서 한국은행에 신고하지 않았다는 이유로 문제가 되었다.

한국파견 직원은 외국에 가족들이 거주하고 있어 가족들의 생활비를 외국에서 수령할 필요가 있다. 따라서 급여를 외국본사로부터 일단 수령한 후 한국 자회사나 지점이 나중에 외국 본사에 보전한다. 무엇이 문제란 말인가?

만약 1992년 법 개정 전이었다면 어땠을까? 한국지사가 외국본사에 송금을 하는 것은 대한민국과 외국간 지급이므로 "국내에서의 또는 외국에서의 지급"이 아니다. 따라서 대상지급 규제가 적용되지 않는 역시 합법적인 지급방법이다.

위의 세가지 사례에서 보듯이 1992년 개정 전 규제(대상지급)를 적용시킬 경우 아무런 문제가 없던 합법적인 지급방법이 개정 후 규제(제3지급)를 적용할 경우 문제가 되었다.

5. 오해와 실수

1992년 제3자지급 규제 입법은 오해와 실수로 보인다. 당시 입법자들에게 '대상지급' 규제를 확대하려는 의도는 없었을 것이다. 어디에서도 규제를 확대한 배경과 이유에 대한 설명을 찾을 수 없다는 점이 그 이유이다.

아마도 1992년 법 개정에 참여한 사람들이 '대상지급'의 의미를 정확히 이해하지 못하였으며 이에 따라 일본 개정법을 인용함에 있어 부주의하였고, 이에 따라 본의 아니게 규제의 범위를 크게 확장시킨 것이 아닌가 싶다.

일본 1980년 개정법상 ため仏 규제의 목적은 "대외거래의 실태파악"에 있었다. "정당결제"나 "정상관행" 같은 것은 처음부터 관심 대상도 아니었다. 따라서 외국환은행을 통한 대외지급/대외로부터 영수가 일어나는 경우라면

지급방법 규제의 대상이 될 이유가 없었고 실제 규제 문언도 그렇게 되어 있었다.

이것을 우리가 오해하여 세계에 유례가 없는 '제3자지급 등' 규제를 만든 것이다. 그리고 그 결과는 매우 끔찍하다. 수많은 기업과 개인들이 영문도 모른 채 외환법 위반으로 제재를 받았다.

필자는 이 제3자지급 규제와 관련하여 고객으로부터 종종 "세상에 이런 법도 있나?" 하는 질문을 받는다. 이렇게 말하는 고객도 정말로 이 규제가 대한민국에 유일한 것이라고 까지는 생각하지 못했을 것이다. 그저 푸념하는 말이겠지만 필자에게는 푸념으로만 들리지 않는다.

외국환은행을 통하여 대외지급 등이 일어나고, 그렇게 함으로써 언제, 누가, 얼마를, 누구와 주고 받았는지 외환전산망에 기록될 수 있다면 제3자를 통하여 지급하든, 아니든 외환관리 목적상 장애가 없다.

이 지급방법 규제 역시 우리나라 외환관리의 근간인 외국환은행주의를 지탱해나가기 위한 목적 이외의 것이 아니다. 모든 대외지급, 대외로부터의 영수를 외국환은행을 통하도록 강제하고, 그렇게 하지 않는 경우에는 개별적으로 신고의무를 부과한 것이다. 그래야만 외국환은행이 대외거래의 실태를 파악할 수 있기 때문이다.

이렇게 간단한 이치를 오해하여 입법이 됨으로써, 이후 수많은 갑론을박을 낳았다. 제3자지급과 관련한 토론에 있어서는 지적인 대화가 불가능하였다. 첫 단추부터 잘못 꿰졌기 때문에 후속 공방도 다 억지이거나 무의미한 것들이었다.

그 동안 제3자지급 규제 이유에 대한 납득할 만한 설명이 없다 보니 온갖 추측이 난무하였다. 혹자는 자금세탁을 방지하기 위한 것이라고 하고, 혹자는 탈세를 방지하기 위한 것이라고 하였다. 만약 그러한 목적이 있다면 자금세탁방지법이나 세법에서 규정하면 될 일 아닌가? 외국환거래법에 담을 이유가 없다.

하루라도 빨리 입법의 실수를 바로잡아 1980년 개정 일본법과 유사한 모습으로 되돌려 놓아야 할 것이다.

제 5 절 직접투자의 개념

1. 서 론

우리나라 외환법규에서는 직접투자(Direct Investment)와 간접투자(Indirect Investment)를 구분하고 있다. 직접투자를 어떻게 정의하고 있는지 보도록 하자.

외국환거래법

외국환거래법 제3조 1항

18. "해외직접투자"란 거주자가 하는 다음 각 목의 어느 하나에 해당하는 거래·행위 또는 지급을 말한다.

가. 외국법령에 따라 설립된 법인(설립 중인 법인을 포함한다)이 발행한 증권을 취득하거나 그 법인에 대한 금전의 대여 등을 통하여 그 법인과 **지속적인 경제관계를 맺기 위하여** 하는 거래 또는 행위로서 대통령령으로 정하는 것

나. 외국에서 영업소를 설치·확장·운영하거나 해외사업 활동을 하기 위하여 자금을 지급하는 행위로서 대통령령으로 정하는 것

외국인투자촉진법 제2조 1항

4. "외국인투자"란 다음 각 목의 어느 하나에 해당하는 것을 말한다.

가. 외국인이 이 법에 따라 대한민국 법인 또는 기업(설립 중인 법인을 포함한다. 이하 이 조에서 같다)의 경영활동에 참여하는 등 그 법인 또는 기업과 **지속적인 경제관계를 수립할 목적으로** 대통령령으로 정하는 바에 따라 그 법인이나 기업의 주식 또는 지분(이하 "주식등"이라 한다)을 다음 어느 하나의 방법으로 소유하는 것

나. 다음의 어느 하나에 해당하는 자가 해당 외국인투자기업에 대부하는 5년 이상의 차관

(생략)

다. 외국인이 이 법에 따라 과학기술 분야의 대한민국 법인 또는 기업으로서 연구인력·시설 등에 관하여 대통령령으로 정하는 기준에 해당하는 비영리법인과 지속적인 협력관계를 수립할 목적으로 그 법인에 출연(出捐)하는 것

라. 외국인투자기업이 미처분이익잉여금을 그 기업의 공장시설 신설 또는

증설 등 대통령령으로 정하는 용도에 사용하는 것

마. 그 밖에 외국인의 비영리법인에 대한 출연으로서 비영리법인의 사업내 용 등에 관하여 대통령령으로 정하는 기준에 따라 제27조에 따른 외국 인투자위원회가 외국인투자로 인정하는 것

'직접투자'란 한 국가의 거주자가 다른 국가에 사업체를 설립하거나 취득 하여 그와 지속적인 경제관계를 맺는 형태의 투자를 말한다. 이는 투자자와 투 자기업간에 안정적이고 지속적인 관계를 형성한다는 점에서, 그러한 관계 없이 그 기업이 발행한 지분증권이나 채무증권을 취득하는, 일명 포트폴리오 투자라 고 불리는 '간접투자'와 구별된다.

외환관리 측면에서 직접투자와 간접투자는 다른 의미를 갖는다. 장기적이 고 안정적인 직접투자는 외환관리 측면에서 바람직한 것이고, 단기적인 자본이 동을 초래할 우려가 있는(이를 hot money라고 부른다) 간접투자는 걱정스러운 것 이다. 이런 이유로 각국은 hot money에 대한 규제방안을 마련하고 있으며 OECD에서도 각국이 단기 자본이동을 규제하는 것은 허용하고 있다. 따라서 우리나라 외환법규에서 직접투자와 간접투자를 구분하여 관리하는 것은 충분 히 이해할 수 있는 일이다.

직접투자에는 해외직접투자와 외국인직접투자가 있는데, 직접투자라는 점 에서는 동일하고 다만 투자의 방향이 다를 뿐이다. 해외직접투자는 외국환거래 규정 제9장에서 규율하고, 외국인직접투자는 별도의 법률인 외국인투자촉진법 에서 규율하고 있다.

해외직접투자나 외국인직접투자 모두 직접투자라는 점에서 같은 것이므로 두 투자의 개념이 다를 이유가 없다. 후술할 OECD Benchmark Definition에서 는 직접투자의 정의가 Inward인지, Outward인지에 따라서 다르지 않다. 방향 만 구분하고 있을 뿐이다.

그런데 우리나라와 일본은 해외직접투자와 외국인직접투자의 개념을 다르 게 정하고 있다. 그리고 직접투자를 일반 자본거래에 우선하여 관리하는 체계 로 되어 있다. 외국환거래규정 제9장이 제7장에 우선하고(외국환거래규정 7-1 조), 외국인투자촉진법이 외국환거래법에 우선하도록 되어 있다(외촉법 제30조).

한편 직접투자라고 하면 보통 외국사업체의 '주식·지분을 일정 비율 이상 취득'하는 것을 연상하기 마련이지만, 실제 규정들을 보면 주식·지분 취득 외에 '금전 대여', '지점 또는 사무소의 설치', '해외자원개발', '기술이전' 등 여러 가지 거래나 행위들이 직접투자에 해당하는 것으로 정의되어 있다. 과거에는 '외국부동산취득'도 직접투자에 포함되어 있었다.

왜 이렇게 복잡하게 되어 있는 것일까? 외환관리 목적이라면 주식·지분의 일정부분 이상 취득만 직접투자로 규정하여도 무방하지 않을까? 그 외의 것은 직접투자로 규율하지 않더라도 외국환거래규정 제7장의 자본거래에 포섭되어 관리되지 않겠는가?

이렇게 된 이유는 대내외 직접투자에 대한 규제가 오로지 외환관리 목적으로부터 연유하는 것만은 아니라는 데 있다.

'직접투자'에 대한 규제에는 외환관리 측면 외에 산업정책적 고려가 포함되어 있다. 포트폴리오 투자와 달리 직접투자는 다른 나라의 거주자가 자국 사업체에 대하여 경영권을 행사하는 것이므로, 자국산업의 보호, 자국의 안전보장과 관련한 측면에서 고려하여야 할 사항들이 있다. 이러한 사항들이 반영되어 규정이 좀 복잡해지게 되었다.

다음으로 국제수지 통계와 관련이 있다. IMF는 1944년 설립 이래 가맹국으로부터 국제수지통계를 수집해 오고 있는데 특히 직접투자에 대하여는 이것이 교역의 증대, 기술의 이전, 노동력의 이동을 통하여 세계경제의 통합을 촉진하고 종국적으로 세계 경제의 번영을 가져올 것이라는 믿음을 가지고 이를 장려하고자 통계 기준을 세계적으로 일치시키려는 노력을 하고 있다.

IMF는 1948년에 Balance of Payment and International Investment Position Manual("BPM")을 발표한 이래, 2차(1950), 3차(1961), 4차(1977), 5차(1993), 6차(2009) Manual까지 발표하였다. 여기에서 직접투자의 개념에 대한 권고안을 제시하고 있다.

IMF와 별개로 OECD에서도 직접투자 개념의 세계적 일치를 위하여 노력해 왔는데, IMF가 BPM5를 발표한 이후부터는 IMF와 협력하여 함께 일하고 있다. 이에 IMF BPM5와 일치시키기 위하여 Benchmark Definition of Foreign

Direct Investment("BDFDI", 1차 1983, 2차 1992)를 1996년에 개정하여 BDFDI 3rd을 발표하였다.

OECD 뿐만이 아니다. UN도 함께 일하고 있다. UN의 United Nations Statistical Commission(UNSC)에서는 국민소득(GNP) 등 국민계정 체계(System of National Accounts, SNA)의 통일 가이드라인을 제공하고 있는 바, 여기에도 당연히 대내외직접투자의 개념이 포함되어 있다.

말하자면 '직접투자'의 개념에 대하여는 global standard 가 있는 것이고, 이 기준을 무시할 수가 없으므로 우리나라나 일본의 개념정의가 좀 복잡해진 것이 아닌가 싶다.

외환통제를 폐기한 일본을 포함한 선진국들은 국제기구들의 권고안에 따라 직접투자의 개념을 정하면 그만일 것이다. 그러나 우리나라에서는 상황이 좀 만만치 않다. 우리나라에서는 직접투자의 개념이 통계 목적보다도 외환관리 차원에서 더 큰 의미가 있기 때문이다.

해외직접투자의 정의에 해당되는 거래나 행위가 있으면 외환당국에 사전 신고의무가 있고 사후관리 보고의무도 있으며 그 의무를 위반한 경우에는 제재가 따른다. 이렇게 제재가 따르는 의무를 부과하기 위하여는 '해외직접투자'의 개념이 복잡하고 어려워서는 안된다. 그렇다면 국민들이 어떻게 알고 따를 수 있겠는가? 외국인직접투자의 경우에는 신고가 되지 않았다고 하여 외국인투자자를 제재하는 경우는 거의 없지만, 이들도 청산 잔여재산의 대외송금에 제한을 받게 되는 불편함이 있는 것은 마찬가지이다.

국제사회 일원으로서 가급적 국제기구 권고안에 따르는 것이 바람직할 것이나 우리에게는 외환통제라는 특수한 사정이 있으므로 이에 무조건 따르는 것만이 방법이라고 할 수는 없다.

따라서 우선 우리나라의 직접투자 개념이 global standard의 그것과, 일본의 그것과 어떻게 다른지 부터 살펴보고, 향후 우리나라의 직접투자 개념을 설정해 나가는 데에 있어서 시사점이 있는지 알아보는 것은 의미 있는 일이라고 생각한다.

2. OECD Benchmark Definition에 따른 정의

2008년에 OECD에서는 Benchmark Definition of Foreign Direct Investment("BDFDI"), 제4판을 발표하였다. 여기에 따르면 직접투자의 개념은 다음과 같다.

가. 정 의

OECD Benchmark Definition, 4th Edition, 22p

Direct investment is defined as "a category of cross−border investment made by a resident entity in one economy (the direct investor) with the objective of establishing **a lasting interest** in an enterprise (the direct investment enterprise) that is resident in an economy other than that of the direct investor"

우리 법에서 "지속적인 경제관계"라고 언급한 것은 여기의 "a lasting in−terest"를 번역한 것으로 보인다. 그리고 이 lasting interest란 투자자와 투자기업과의 사이에 장기적인 관계(a long term relationship)가 있고, 경영에 대하여 상당한 정도의 영향력(a significant degree of influence)이 있는 것이라고 설명되고 있다.

나. 투자대상

투자대상

(1) Enterprise
 − Corporation
 − Non−profit institution
 − Unincorporated enterprise

(2) Quasi−corporation (＝branch)

BDFDI에서는 투자대상을 위와 같이 구분하고 있다. 이를 보면, 회사형태

이든 아니든, 영리를 목적으로 하든 아니든 모두 직접투자 대상이 되고 본사가 지점을 외국에 설치하는 것도 직접투자로 보고 있음을 알 수 있다. 매우 광범위하게 되어 있다.

다. 투자수단

투자수단

(1) Equity
(2) reinvested Earning
(3) Inter-company Debt

BDFDI에서는 주식·지분 취득 뿐만 아니라, Debt, 재투자수익금도 직접투자 금액에 포함되어야 한다고 한다. 여기의 Inter-company Debt에는 loans, deposits, trade credit, bonds, debentures, commercial paper, promissory notes, non participating preference shares 등을 포함한다.

라. Enterprise에 대한 lasting interest

BDFDI에서는 투자가가 상대 국가의 Enterprise에 대한 lasting interest가 있는지는 다음 기준으로 판단한다.

(1) 10% voting right rule

투자자가 직접 또는 간접으로(directly or indirectly), 해당 Enterprise의 최소한 10% 이상의 의결권 있는 주식 또는 지분을 취득하면 경영에 대하여 상당한 정도의 영향력이 있는 것으로 보고, 따라서 지속적인 경제관계가 형성된 것으로 본다.

아울러, 10% 정도의 의결권만으로 투자기업의 경영에 영향력을 행사할 수 있는지에 대하여는 이론이 있을 수 있고, 반면 10%에 미치지 못하더라도 투자기업에 영향력을 행사할 수 있는 가능성이 있지만 그럼에도 불구하고 해외투자 통계의 일관성과 비교가능성을 확보하기 위하여 10% rule을 엄격히 적용할 것이며 따라서 그 외 요인들에 의한 영향력 판단(예컨대 임원의 선임, 정책결정과정에의 참여, 투자기업과 중대한 거래, 임원의 겸임, 기술의 제공, 시장이자율보다 저렴한 장기대여거래 등)은 배제한다.

(2) Indirect acquisition of voting right

투자자가 투자기업의 의결권을 직접적으로 보유하는 경우뿐 아니라 간접적으로 보유하는 경우도 직접투자에 해당할 수 있다. 이를 설명한 것이 FDIR(framework for direct investment relationship)모델이다.

〈그림 4-3〉 FDIR 모델

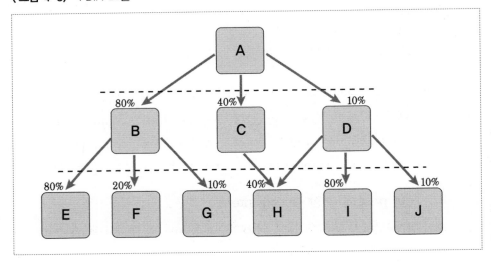

이 모델에서는 'Subsidiary'와 'Associate' 용어를 사용하고 있는데, 이에 대한 정의를 잘 알아야만 이 모델을 이해할 수 있다. Subsidiary는 투자자가 해당 기업의 50%를 초과하는 의결권을 가지고 있어 완전히 지배하는 회사를 말하고, Associate은 투자자가 10%이상 50%이하의 의결권을 가지고 있는 경우를 말한다.

해외 계열기업을 다음 기준에 따라 ① Subsidiary, ② Associate 및 ③ Not relevant 로 분류하고 ①과 ②는 해외직접투자 기업에 포함시키고 ③은 해외직접투자 기업에 포함시키지 않는다.

• 영향력의 판단은 단독 또는 Subsidiary 및 Associate과 연대하여 판단한다.
• Subsidiary에 의하여 영향력을 행사하는 한 그 영향력은 감소하지 않는

다. 따라서 Subsidiary의 Associate은 Associate이다.

• Associate에 의하여 행사되는 영향력은 1단계 감소하는 것으로 본다. 따라서 Associate 의 Subsidiary는 Associate으로 본다.

• Associate의 Associate 은 해외직접투자와 아무 관련이 없는 기업으로 취급한다.

따라서 앞의 그림에서 H 와 J 는 직접투자기업이 아니다.

- B는 A의Subsidiary
- C는 A의 Associate
- D는 A의 Associate
- E는 A의 Subsidiary(Subsidiary에 의한 영향력행사는 감소하지 않음)
- F는 A의 Associate(상동)
- G는 A의 Associate(상동)
- H는 직접투자기업이 아님(Associate의 Associate은 투자기업이 아님)
- I는 A의 Associate(Associate의 Subsidiary는 Associate으로 봄)
- J는 직접투자기업이 아님(Associate의 Associate은 투자기업이 아님)

〈그림 4-4〉 FDIR 모델

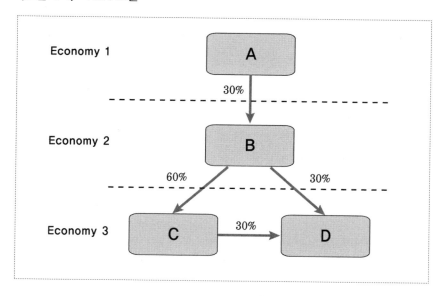

자회사, 손회사 사이에 출자 관계가 있는 경우에는 다음과 같이 영향력을 판단한다.

위 그림에서 B, C, D는 모두 직접투자기업이다.

— B는 A의 Associate

— C는 A의 Associate(Associate의 Subsidiary는 Associate으로 봄)

— D는 A의 Associate(D는 B와 C가 각 30%를 보유하고 있으므로 이를 합산함. 이렇게 하면 Associate의 Subsidiary로서 Associate이 됨)

마. Quasi-corporation(=branch)을 통한 투자

한 국가의 거주자가 다른 국가에 지점(branch)을 설치하여 그 지점이 "substantial presence"와 "separate account"를 가지고 다음의 사업을 수행하는 경우 이를 직접투자로 본다.

(1) 자원개발

한 국가의 거주자가 다른 국가의 광물자원, 석유자원, 생물자원, 수자원 등을 사용할 장기간의 권리를 갖는 경우에는 이를 직접투자로 본다.

(2) 외국부동산취득

외국에 부동산을 취득하는 것은 그 자체로 직접투자로 본다. 그 부동산을 사업목적으로 사용하는 경우뿐 아니라 개인적인 용도(주거 등)로 사용하는 경우도 마찬가지이다.

(3) 해외건설

한 국가의 거주자가 다른 국가에서 건설업에 종사하는 경우 (1) 상대국에 물리적인 실체가 존재하고, (2) 최소한 1년이상 지속되는 사업이고, (3) 해외 건설사업에 대하여 투자자와 별도의 대차대조표와 손익계산서를 작성하고, (4) 상대국에서 과세대상이나 규제대상이 되고, (5) 건설용역 대가를 현지에서 수수하는 등의 요건을 충족하면 직접투자로 본다. 위의 기준에 부합하지 않는 경우에는 투자자에 의한 용역의 수출로 보아 직접투자 통계에 포함시키지 않는다.

(4) 외항운송업

한 국가의 거주자가 다른 국가에서 항공기, 선박, 석유시추장치 등을 운영

하는 경우 ① 상대국에 물리적인 실체가 존재하고 ② 독립된 accounting을 하
는 등의 요건을 충족하면 직접투자로 본다. 그러나 단순히 운송티켓을 판매하
거나 사업을 홍보하는 차원의 지점을 설립한 것만으로는 직접투자로 보지 않
는다.

바. 기타 중요 이슈에 대한 OECD 판단

(1) 특수목적법인(Special Purpose Entities; SPE)을 통한 투자

직접투자를 함에 있어 여러 가지 이유로 투자구조에 SPE를 포함시키는 경
우가 많다. 이런 경우에 SPE에 의한 투자를 직접투자의 개념에 포함시켜야 할
것인가가 문제된다. SPE는 투자자금을 pass through하는 기능을 할 뿐 실제 투
자기업으로서 역할을 하지 않으므로 이를 직접투자 개념에 포섭할 경우 투자
금액이 중복 계상되어 통계를 왜곡시키게 된다.

그럼에도 불구하고 Benchmark Definition에서는 SPE에 대한 투자 및 SPE
에 의한 투자를 모두 직접투자에 포함시키도록 하고 있다. 다만, 각국으로 하
여금 SPE에 대한 직접투자 통계와 Non-SPE에 대한 직접투자를 구분하여 줄
것으로 권고하고 있고, 국가별 직접투자 통계를 작성함에 있어서는 SPE 소속
국가에 대한 투자금액은 최초의 Non-SPE 소속 국가에 계상 하도록 권고하고
있다.

(2) 집합투자기구(Collective Investment Institutions; CII)를 통한 투자

투자자가 외국의 집합투자기구에 10% 이상의 의결권을 취득하는 경우에
이를 직접투자로 보아야 하는지 간접투자로 보아야 하는지 문제이다. 또한 집
합투자기구가 외국에 투자하는 경우에 이를 직접투자로 보아야 하는지도 문제
이다.

Benchmark Definition은 이 두 가지 경우에 모두 직접투자로 보아 직접투
자 통계에 포함시켜야 한다는 입장이다. 공모, 사모를 묻지 않고 10% voting
right rule을 충족시키기만 하면 집합투자기구에 대한, 집합투자기구에 의한 투
자는 직접투자에 해당한다.

3. 일본의 직접투자 정의

가. 대외직접투자

일본에서는 대외직접투자를 다음과 같이 정의하고 있다.[3]

① 외국법인의 발행주식총수 또는 그 출자총액의 10%이상을 취득하는 경우
② ① 투자자의 보유비율과 투자자가 100% 소유하고 있는 내국법인 또는 외국법인이 보유하는 비율을 합하여 10%이상을 취득하는 경우
③ 다른 거주자와 공동으로 투자할 목적으로 외국법인에 10%이상 투자하는 경우
④ 그 취득 비율이 10% 미만이라고 하더라도 임원의 파견, 원자재공급 또는 제품의 매매, 제조기술의 제공 등의 관계를 수립하는 경우
⑤ ①~④의 방법으로 이미 투자한 외국법인에 1년을 초과하여 금전을 대부하는 경우
⑥ 외국에서 지점, 공장 기타의 사업소의 설치 또는 확장과 관련하여 자금을 지불하는 경우

일본의 경우 10% 기준에 따르는 것은 같으나, 의결권 유무를 묻지 않는다는 것이 OECD기준과 다르다. 의결권과 관계없이 발행주식총수 또는 출자총액의 10%가 기준이 된다고 하고 있다.

그리고 취득비율이 10% 미만이라도 임원의 파견, 계약의 체결 등으로 지속적인 경제관계를 수립하는 경우 대외직접투자에 해당한다는 것으로 되어 있다. 이것도 BDFDI와 다르다.

또한 거주자가 100% 보유하고 있는 기업(일본법인 또는 외국법인)이 취득한 외국법인의 주식·지분은 거주자의 보유 주식·지분에 합산하여 거주자의 보유 비율을 계산하고 있다. 이것도 BDFDI에서 제시한 모델과 다르다. 그렇지만 영향력 여부를 판단함에 있어서, 간접보유분도 고려한다는 점에서는 BDFDI와

---

3) 外国為替及び外国貿易法 第23条 (対外直接投資), 外国為替令 第十二条 (対外直接投資の届出), 外国為替に関する省令 第二十三条 (対外直接投資の範囲)

같은 입장을 취하고 있다.

이에 따라 일본 법에서는 거주자간 공동투자 방식에 의한 해외직접투자에 대하여도 언급하고 있다. 일본법상 해외투자기업을 그림으로 나타내면 아래와 같다.

〈 그림 4-5〉 일본법상 해외직접투자 개념도

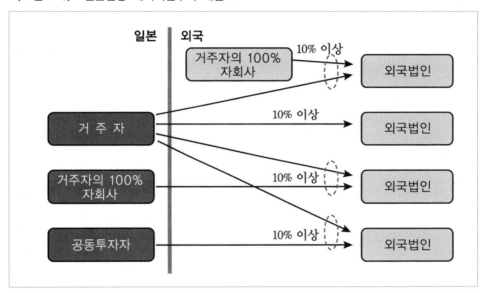

나. 대내직접투자

일본에서는 외국자본이 일본기업과 영속적인 관계를 가진다는 점에 착안하여 외국투자가의 개념을 거주성보다도 자본의 관점에서 정의하였다. 따라서 일본기업도 외국투자가가 될 수 있다.

일본법상 '외국투자가' 정의

① 비거주자인 개인
② 외국법령에 기초하여 설립된 법인 또는 다른 단체 또는 외국에 주된 사무소를 두고 있는 법인 기타의 단체(이하 "외국법인등")
③ ①~②의 자가 보유하는 의결권의 수 및 다른 회사(① 또는 ②의 출자비율이 50% 이상인 자)를 통하여 간접적으로 보유된 의결권의 수의 합계

액이 50% 이상인 국내 회사
④ 비거주자인 개인이 임원(취체역 기타 이에 준하는 것) 또는 대표권을 보유한 임원의 과반수를 점하는 국내의 법인 또는 다른 단체

일본에서는 대내직접투자를 다음과 같이 정의하고 있다.[4] 세부적으로는 매우 복잡하지만 대략 요점만 간추리면 다음과 같다.

① 비상장회사의 주식·지분 취득
② 상장회사의 주식 취득으로 발행주식총수의 10% 이상을 소유하는 경우
③ 상장회사의 주식을 취득하는 경우로서 투자자의 보유 비율과 그와 '특수관계에 있는 자'가 소유하는 비율을 합하여 10% 이상을 소유하는 경우
④ 국내 법인에 1억엔이상, 기간 1년 초과의 금전을 대부
⑤ 1억엔 이상 사모채의 취득으로 회사 부채의 50%이상을 차지하는 경우
⑥ 특별법에 의하여 설립된 법인이 발행한 출자증권의 취득
⑦ 상장회사 주식에의 일임운용
⑧ 투자회사의 사업목적의 변경에 동의
⑨ 국내에 지점, 공장 기타의 사업소의 설치 또는 확장과 관련하여 자금을 지불하는 경우

외국투자가가 일본 비상장회사의 주식·지분을 취득하면 곧바로 대내직접투자가 된다. 10% 미만 취득하는 경우에도 대내직접투자가 된다.

반면, 상장회사의 경우에는 10% 이상을 취득하는 경우에 대내직접투자가 된다. 그런데 이 경우 10%를 계산함에 있어서는 취득자와 '특수관계에 있는 자'가 보유하는 주식·지분까지 합산하여 계산한다. 이 특수관계자는 자회사, 손회사, 친회사, 조부회사, 숙모회사, 종형제회사, 자매회사, 조카회사 등이 포함되어 매우 복잡하다.

외국투자가에 의한 내국법인에 대한 1년을 초과하는 금전의 대부로서 ① 대부 잔고가 1억엔 상당을 초과하거나, ② 대부 잔고와 당해 투자가가 보유하는 사모채 잔고 합계액이 당해 내국법인 부채액의 50%를 초과하는 경우에는

4) 外国為替及び外国貿易法 第26条 (対内外直接投資等の定義), 對內直接投資等に関する政令 第二条 (対内外直接投資等の定義に関する事項)

대내직접투자로 본다.

외국투자가에 의한 내국법인이 발행한 사모채의 취득으로 ① 사모채의 잔고가 1억엔 상당을 초과하거나, ② 사모채의 잔고와 당해 투자가로부터 금전대부 잔고의 합계액이 당해 내국법인 부채액의 50%를 초과하는 경우에는 대내직접투자로 본다.

이와 같이, 일본의 경우에는 주식·지분에 의한 출자관계가 없는 경우에도, 일정수준 이상의 부채를 일본기업이 외국투자가에게 부담하고 있으면 대내직접투자가 된다.

4. 우리나라의 직접투자 정의

가. 해외직접투자

우리나라는 해외직접투자를 다음과 같이 정의하고 있다.[5]

① 외국법인의 경영에 참가하기 위하여 발행주식총수 또는 그 출자총액의 10%이상을 취득하는 경우
② 외국법인 주식·지분 취득비율이 10% 미만이라고 하더라도 임원의 파견, 원자재 또는 제품의 매매계약의 체결, 기술의 제공·도입 또는 공동연구개발계약의 체결, 해외건설 및 산업설비공사 수주계약 체결 등의 관계를 수립하는 경우
③ ①, ②에 따라 이미 투자한 외국법인의 주식 또는 출자지분을 추가로 취득하는 경우
④ ①~③에 따라 이미 투자한 외국법인에 상환기간 1년이상의 금전을 대여하는 경우
⑤ 외국에 지점 또는 사무소의 설치비 및 영업기금을 지급하는 경우
⑥ 외국에서 법인 형태가 아닌 기업을 설치·운영하기 위하여 지급하는 경우
⑦ 해외자원개발사업법에 의한 해외자원개발사업 또는 사회간접자본개발사업을 위하여 지급하는 경우

---

5) 외국환거래법 제3조 제1항 제18호, 동법 시행령 제8조에서 규정

우리나라도 10%가 기준 비율이 된다. 그러나 의결권 여부와 관계없이 발행주식총수 또는 출자총액을 기준으로 하면서 "경영에 참가하기 위하여"라는 목적 요건을 규정하고 있다.

그리고 취득비율이 10% 미만이라 하더라도 임원을 파견하는 등으로 투자기업에 영향력을 행사할 수 있는 경우 해외직접투자자로 본다.

이미 투자한 외국법인에 상환기간 1년 이상의 금전을 대여하는 행위 및 주식 또는 출자지분을 추가로 취득하는 행위도 해외직접투자에 해당한다.

또한 법 및 시행령에서 언급하고 있지는 않으나, 하위 규범인 외국환거래규정 제9-5조 제2항에서 현지법인의 자회사 및 손자회사까지 해외직접투자 보고를 하도록 하고 있다.

또한 법 및 시행령에서 언급하고 있지는 않으나, 외국환거래업무취급지침에서 공동투자 방식의 해외직접투자에 대하여도 규정하고 있다.

그렇다면 우리나라의 해외직접투자 개념도는 다음과 같은 것이 될 것이다.

〈그림 4-6〉 우리나라 해외직접투자 개념도

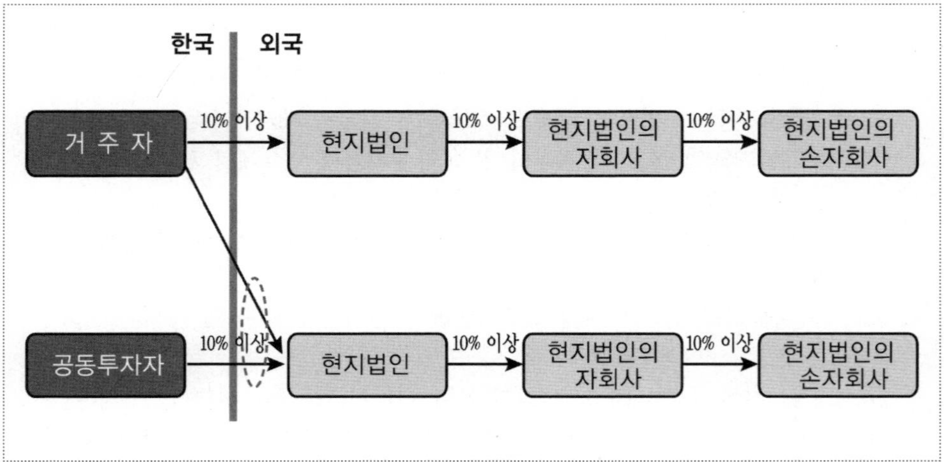

나. 외국인직접투자

우리나라는 외국인직접투자를 다음과 같이 정의하고 있다.[6]

---

6) 외국인투자촉진법 제2조 1항 4호, 동법 시행령 제2조

외국인이 대한민국 법인 또는 대한민국국민이 경영하는 기업의 경영활동에 참여하는 등 지속적인 경제관계를 수립할 목적으로 하는 다음의 행위

① 투자금액 1억원 이상을 투자하고, 내국법인/기업의 의결권 있는 주식총수 또는 출자총액의 10% 이상을 소유하는 경우
② ①의 외국인투자기업에 대한 해외모기업 및 그와 일정한 자본출자관계가 있는 기업이 상환기간을 5년이상으로 하여 대부하는 장기차관
③ 외국인이 과학기술분야의 대통령령으로 정하는 비영리법인에 출연하는 경우
④ 비영리법인에 대한 출연으로 외국인투자위원회가 인정하는 것

외국인직접투자에 있어서는 해외직접투자와 다르게 '의결권 있는' 주식/출자를 기준으로 하고 있다. 외국인의 투자금액 최저 한도도 1억원으로 설정되어 있다.

이렇게 외국인투자기업이 된 곳에 대하여 해외모기업과 그와 계열관계에 있는 자들이 5년 이상 차관을 제공하는 경우 이것도 외국인직접투자로 본다.

5. 우리나라 해외직접투자 정의와 관련한 문제

가. 발행주식 총수 vs. 의결권 있는 주식 총수

우리 법은 외국법인의 발행주식총수 또는 출자총액의 10% 이상 취득이 기준이고 의결권이 있는지 여부를 묻지 않는다. 따라서 의결권 없는 주식이나 지분을 취득 하더라고 발행주식 총수 또는 출자총액의 10% 이상이기만 하면 해외직접투자에 해당한다는 해석이 가능하다.

그러나 OECD는 10% voting right rule을 채택하여 의결권을 10% 이상을 확보하는 것이 해외투자기업에 상당한 정도의 영향력을 행사하는 것이고 이 영향력으로 외국기업과 지속적인 이해관계를 맺는 것으로 보고 있다.

한편 우리나라 기획재정부의 유권해석 중에는 시행령 제8조의 "경영에 참가하기 위하여" 문구에 착안하여 경영에 참가하기 위한 목적의 징표는 의결권

있는 주식·지분을 취득하는 것으로 나타난다고 보아 결국 의결권이 필요한 것으로 해석하고 있는 것이 있다.

그렇다면 굳이 복잡하게 표현할 이유가 없지 않겠는가. "의결권 있는 주식·지분"으로 법의 문언을 바꾼다면 불필요한 논란을 없앨 수 있을 것이다. 우리나라도 외국인직접투자의 경우에는 의결권 있는 주식·지분을 기준으로 하고 있다. 두 정의가 다를 이유가 없다.

우리가 일본의 대외직접투자 정의에 따르다 보니 현재와 같은 모습으로 되어 있는 것으로 보이나, 논리적인 면에서 보나, global standard를 따른다는 측면에서 보나 voting right가 있는 주식·지분을 기준으로 하는 것이 적절하지 않을까 싶다.

나. 주식·지분 간접취득(Indirect acquisition)분에 대한 고려

OECD에서는 투자가가 자신이 직접 소유하는 경우뿐 아니라, 자신의 계열사를 통하여 주식·지분을 소유하는 경우에도 그 영향력을 합산하여 투자기업 여부를 정하고 있으며 이를 위하여 FDIR 이라는 모델을 제시하고 있다.

일본의 경우에는 일본거주자가 100% 소유하고 있는 법인이 보유하는 외국법인의 주식·지분은 마치 거주자가 보유하고 있는 것과 같이 취급하여 해외투자기업의 범위에 포함시키고 있다.

그러나 우리 법에서는 간접취득분은 고려하지 않는다. 오로지 투자가가 직접 보유하는 주식·지분 비율만으로 판단한다. 필자는 현재 우리의 기준이 복잡하지 않다는 점에서, 아직 외환통제를 하는 우리 실정에는 더 부합하는 것으로 보고 있다.

다. 영향력 판단을 위한 주식·지분 외의 고려요소

우리 법에서는 투자자가 취득하는 외국법인 주식·지분 취득비율이 10% 미만이라고 하더라도 ① 임원의 파견, ② 원자재 또는 제품의 매매계약의 체결, ③ 기술의 제공·도입 또는 ④ 공동연구개발계약의 체결, ⑤ 해외건설 및 산업설비공사 수주계약 체결 등의 관계를 수립하는 경우에는 당해 외국법인 경영에 영향력을 행사하는 것으로 보아 해외투자로 보고 있다. 일본도 마찬가지이다.

그런데 OECD에서는, 직접투자 통계의 일관성과 비교가능성을 확보하기 위하여 10% rule을 엄격히 적용할 것이며, 주식·지분 외의 요인들에 의한 영향력 판단은 권고하지 않는다는 입장을 분명히 하고 있다.[7]

그렇다면 굳이 우리가 국제기준과 다르게 하면서 까지 주식·지분 외에 임원의 파견 등 기타 요소를 고려하여 해외직접투자의 정의를 복잡하게 가져갈 이유가 있을까? 실제 실무에서는 임원의 파견 등의 요소를 고려하여 해외직접투자로 분류하는 경우는 거의 없는 것으로 알고 있다. 그렇다면 기타 요소를 고려하여 해외직접투자로 보는 룰은 폐기해도 좋을 것이다.

라. 해외투자기업의 범위

외국환거래법 및 동법 시행령에서는 거주자가 외국법인의 주식·지분을 직접 취득하는 경우를 상정하고 있다. 그러나 외국환거래규정 제9-5조 제2항에서 "현지법인의 자회사 또는 손자회사의 설립"까지 해외직접투자 사후보고 대상에 포함시킴으로써 거주자가 해외현지법인을 통하여 간접적으로 취득하게 된 현지법인의 자회사, 손자회사까지 해외투자기업의 개념에 포함되었다.

그런데 많은 기업들이 국내에서 외국으로의 지급이 수반되는 현지법인 설립·취득에 대하여는 해외직접투자 신고의무가 있다는 것을 잘 알고 신고의무를 이행하고 있지만, 오직 외국에서만 자금의 이동이 일어나는 현지법인의 자회사 설립·취득 및 그 자회사의 손자회사 설립·취득에 대하여는 해외직접투자 보고 의무가 있는지 조차 알지 못하는 경우가 많다. 이에 따라 위반 사례가 빈발하여 문제가 되고 있다.

특히, 현지법인을 취득할 당시에 이미 현지법인의 자회사 또는 손자회사로 속해 있던 외국법인에 대하여는 해외투자 보고 의무가 있는 것인지조차도 불분명하다.

이름있는 다국적기업의 경우 전세계 계열사의 수가 수 백, 수 천에 달한다고 한다. 거주자는 최상위 지주회사의 주식·지분을 취득함으로써 하위 계열사

---

7) OECD, Benchmark Definition of Foreign Direct Investment, 4th Edition (2008) 23p

들을 간접적으로 보유할 수 있는데 이와 같이 하고자 하는 경우 최상위 지주회사에 대한 해외직접투자 신고를 함과 동시에 수 백, 수 천의 하위 계열사에 대하여 보고를 하여야 한단 말인가? 이는 매우 번잡한 일이 될 것이다.

또한, 우리나라의 경우 보유비율이 10% 이상이기만 하면 현지법인의 손자회사 단계까지는 무조건 해외투자기업에 포함시키고, 그 이하 단계에서는 아무리 보유비율이 높다고 하더라도 해외투자기업의 범위에서 제외시키고 있는 바 이와 같이 하는데 어떤 배경이 있는지 전혀 알려져 있지 않다.

OECD나 일본의 경우에는 외국기업에 "상당한 정도의 영향력"을 행사하는 범위를 정하려는 기준을 가지고 있지만 우리의 경우는 그런 것도 아니다. "상당한 정도의 영향력"과 무관하게 현지법인의 손자회사 단계까지 일률적으로 해외투자기업에 포함시키고 있다.

외환관리 관점에서 본다면 대외지급과 영수가 일어나는 길목인 거주자의 현지법인 설립·취득만 해외직접투자로 보아 관리하여도 충분하다. 자금의 이동을 통제할 현실적인 수단이 없는 상태에서 순전히 외국에서 자금의 이동이 일어나는 현지법인의 자회사, 손자회사단계까지 거주자에게 보고의무를 지우는 것은 외환관리 측면에서 의미가 없다.

한편 통계목적으로 현지법인 이하 단계의 계열사 현황을 파악하려는 수요는 자본시장법에 근거한 각종 공시자료를 통하여 어느 정도 충족되고 있다. 일정규모 이상의 기업은 사업보고서를 공시하여야 하고 그 사업보고서에는 자세한 계열사 현황이 포함되어 있다. 따라서 통계목적을 위하여 굳이 해외투자기업의 범위를 확장할 필요는 없을 것으로 생각된다.

마. 일부매각, 증자, 합병 등의 사유로 투자주식·지분이 10% 미만으로 줄었을 때

최초에는 외국법인의 주식·지분을 10% 이상 취득함으로써 해외직접투자의 요건을 충족하였으나 이후 지분의 일부 매각, 제3자 유상증자 및 해외투자기업의 분할·합병 등 조직구조 개편으로 거주자의 보유지분이 10% 이하로 감소한 경우에 이를 계속 해외직접투자로 보아 제9장에서 규율 해야 하는지 아니면 더 이상 해외직접투자가 아닌 것으로 보아 제7장(거주자의 비거주자로부터 증권취득)에 따라 규율해야 하는 것인지에 대하여 외환법규에서 언급이 없다.

법에서 정한 해외직접투자의 개념을 일관되게 적용하고 관련 통계의 국제적인 비교를 유의미하게 하기 위하여는 투자지분이 10% 미만으로 떨어졌을 때는 해외직접투자에서 제외하는 것이 옳다.

6. 결 론

선진제국이 외환통제를 폐기한 지금 선진제국과 국제기구에서는 오직 통계 목적으로만 해외직접투자를 정의하고 있고 그 목적으로만 의미가 있다. 국가간 비교 가능한 통계를 작성하기 위하여 국제적으로 표준화된 정의가 있다면 각국이 이에 따르는 것은 옳다.

그러나 우리나라의 사정은 그렇게 간단하지 않다. 우리나라는 아직 외환규제를 하고 있으므로 외환관리 목적으로 의미가 있는 해외직접투자의 정의가 필요하다. 만약 외환관리 목적의 정의와 통계 목적의 정의가 양립할 수 없는 것이라면 우리나라 입장에서는 외환관리 목적에 따라 정의하여야 할 형편이다.

그럼에도 불구하고, 해외직접투자를 정의함에 있어서 통계목적의 OECD Definition을 반영하고 이를 외환관리에 같이 적용하다 보니 어느 것도 만족시키지 못하는 어정쩡한 상태가 된 것으로 보인다.

우리나라는 아직 외환규제를 하고 있는 만큼 해외직접투자를 정의함에 있어서도 외환관리 목적에 집중하여야 할 것으로 보인다. 통계 목적의 OECD Definition은 참조는 하되 그대로 따를 필요는 없으며, 필요하다면 외환관리 목적의 정의와 통계 목적의 정의를 별개로 운용하는 방안도 생각해 봐야 할 것이다.

제 6 절 현지금융

1. 서 론

우리나라에서는 '현지금융'이라는 것을 자본거래의 한 형태로 인식하여 외국환거래규정 제8장에서 규율하면서 규정 제7장에 우선하여 적용하도록 해 놓았다.

그러나 현지금융의 구성 내역을 뜯어보면 금전대차, 지급보증, 증권발행으로 되어 있음을 알 수 있는데, 그렇다면 이러한 것들은 제7장에서 이미 규정하고 있는 것들이 아닌가? 제7장의 규제와 중첩(overlap)되는 것이다.

일본의 외환 법규에 '현지금융'이라는 용어는 없다. 또한 IMF의 국제수지 분류 항목에도 '현지금융'이라는 용어는 없다. 그렇다면 이 용어는 우리나라에서 만들어 사용하고 있는 것임에 틀림없다.

필자는 이 용어가 만들어져 사용된 경위가 궁금하여 여러 가지 자료도 찾아보고, 또 과거에 현지금융에 대하여 글을 쓰신 분들께도 여쭤보았지만 이 용어의 유래에 대한 설명은 들을 수가 없었다.

필자가 조사한 바에 따르면, 현지금융 용어는 우리나라의 1974년 중동건설 붐으로부터 잉태된 것으로 보인다. 외화가 절대적으로 부족했던 우리나라에 1974년에 절호의 기회가 찾아왔다. 오일달러가 풍부한 중동의 국가들이 사회간접시설 구축을 위하여 우리나라에 건설용역을 발주한 것이다. 외화획득은 물론이고 기술축적까지 가능한 천재일우의 기회를 맞이한 우리나라 기업들은 다투어 중동에 진출하였고 국가적으로도 이들을 적극 지원하여야 했다.

이에 재무부에서 해외건설과 관련한 외화의 지급·영수 및 현지에서 소요되는 자금의 차입 등에 관한 룰을 만들기 시작하였고, 이러한 룰들이 집약되어 '현지금융'이라는 명칭이 붙어서 관리되었고, 이것이 오늘날 우리 외환규정에도 남아 있는 것으로 보인다.

처음에는 해외건설로 시작되었으나 이후 원양어로사업, 외항운송사업, 해외투자, 해외부동산개발사업에까지 관리 범위가 확대되었고, 처음에는 지원 일변도이었던 정부의 조치들이 시간이 지나면서 점점 현지에서 조달한 자금이 국내로 유입되어 사용되는 것을 막기 위한 규제로 변화되어 온 것으로 보인다. 당시에는 내외금리차가 큰 상황이어서 외화차입이 원화차입에 비하여 기업들에게 훨씬 유리하였으므로 위와 같은 수요는 상존하였다.

이와 같이, '현지금융'이라는 것은 전통적인 분류에 따른 자본거래의 한 유형이라기보다는 우리나라의 특수한 사정하에서 만들어진 개념으로 그 필요성은 인정된다고 하더라도, 그 해석과 집행에 있어서는 제7장과의 관계에서 여러 가지 충돌을 일으키고 있다.

더구나, 이제 우리나라는 해외건설이 거의 유일한 외화획득 사업이었던 그 시절의 대한민국이 아니다. 조선, 가전, 반도체, 자동차, IT, 문화컨텐츠 등 다양한 사업을 갖춘 세계경제 10위권의 대국으로 성장하였다.

이러한 상황에서 '현지금융'이라는 것을 일반 자본거래에서 분리하여 별도로 관리할 필요성이 있을까? 아래에서는 그 필요성과 문제점에 대하여 검토해 보기로 한다.

2. 현지금융의 개념과 신고의무

우리 외환법규에서 현지금융을 어떻게 정의하고 있는지 보도록 하자.

외국환거래규정

제1-2조 (용어의 정의)
  42. "현지금융"이라 함은 제8-1조제1항 각호의 1에 해당하는 자가 외국에서 사용하기 위하여 외국에서 자금을 차입(증권발행에 의한 경우를 포함한다)하거나 지급보증을 받는 것을 말한다.

제8-1조 (적용범위 등) ① 금융기관, 그 금융기관의 현지법인 및 비금융기관이 설립한 현지법인금융기관을 제외하고 다음 각호의 1에 해당하는 자가 현지금융을 받고자 하는 경우에는 이 장에서 정하는 바에 의한다.
  1. 거주자(개인의 경우에는 제외하며, 이하 이 항에서 같다)
  2. 거주자의 해외지점(제9-19조의 규정에서 정한 비독립채산제 해외지점을 제

> 외한다)
>
> 3. 거주자의 현지법인(거주자의 현지법인이 100분의 50 이상 출자한 자회사를 포함한다)
>
> ②제1항제2호 및 제3호의 자(이하 "현지법인등"이라 한다)가 제2-10조의 규정에 의하여 역외금융대출을 받는 경우에도 이 장의 규정을 적용한다.
>
> ③현지금융으로 조달한 자금은 현지법인등과 국내 거주자간의 인정된 경상거래에 따른 결제자금의 국내 유입의 경우를 제외하고는 국내에 예치하거나 국내로 유입할 수 없다.

이 개념정의를 보면 현지금융의 구성요건은 다음과 같음을 알 수 있다.

누가	누구로부터	무엇을	왜
금융기관이 아닌 법인으로서 - 거주자 - 거주자 해외지점 - 거주자 현지법인	- 비거주자 - 국내외국환은행 (역외계정)	- 자금차입 - 증권발행 - 지급보증 받음	- 외국에서 사용하기 위하여

현지금융의 대상이 되는 자는 ① 금융기관이 아니고, ② 개인이 아닌, ③ 법인인 거주자/그 거주자의 현지법인/그 거주자의 해외지점이다. 따라서 흔히 생각하듯 내국법인의 현지법인/해외지점이 자금을 조달하는 경우만 해당되는 것이 아니다. 본사 명의로 자금을 조달하는 경우도 포함된다.

현지금융 공여는 '외국에서' 받아야 하므로, ① 외국금융기관 등 비거주자로부터 신용을 받는 것, ② 국내금융기관의 해외현지법인 또는 해외지점으로부터 신용을 받는 것 및 ③ 국내 은행으로부터 역외계정대출을 받는 것까지 포함된다.

그리고 현지금융 수단으로는 차입, 증권발행 그리고 지급보증을 받는 것이 포함된다.

또한, 이렇게 함에 있어서 "외국에서 사용하기 위하여"라는 목적 요건이 충족되어야 한다. 이런 목적이 아니라면 현지금융이 아니고 따라서 제8장 대신 제7장의 규율을 받게 된다.

현지금융에 해당되면 아래와 같이 신고의무가 있다(외국환거래규정 제8－2조).

〈표 4-9〉 현지금융 신고의무

구 분		신고의무자	신고기관
거주자	다른 거주자의 보증 및 담보 제공이 없는 경우	당해 거주자	지정거래외국환은행의 장
	당해 거주자가 담보제공 하는 경우		
	외국환은행이 보증 하는 경우		
	다른 거주자가 보증 등을 하는 경우	다른 거주자	현지금융을 받는 거주자의 지정거래외국환은행의 장
	외화증권 발행에 의한 미화 3천만불을 초과하는 현지금융	당해 거주자	기획재정부장관
현지법인 / 해외지점	외국환은행의 보증이 있는 경우	현지법인등을 설치한 거주자	현지법인등을 설치한 거주자의 지정거래외국환은행의 장
	당해 현지법인등을 설치한 거주자가 보증등을 하는 경우	현지법인등을 설치한 거주자	
	다른 거주자가 보증등을 하는 경우	다른 거주자	
	거주자의 보증을 받지 아니하는 경우	－	신고의무 없음

3. 문제점

가. "외국에서 사용하기 위하여"

현지금융의 요건으로 "외국에서 사용하기 위하여"라는 목적 요건이 있는데 이것이 구체적으로 무엇을 의미하는 것일까? 해외건설현장에서 일하는 근로자들에게 임금을 지급하기 위한 자금조달은 언뜻 보아도 "외국에서 사용하기" 위한 것으로 보인다. 그렇지만 해외건설현장에 투입될 건설자재를 대한민국으로부터 수입하기 위한 자금조달은 이것이 "외국에서 사용하기" 위한 것인가, 아니면 "국내에서 사용하기" 위한 것인가?

"외국에서 사용"되는 것이 자금인가, 아니면 자금의 대가로 교환된 물건이나 용역을 말하는 것인가? 이런 것들이 불분명한 채 "외국에서 사용하기 위하여"라는 말이 법규에서 쓰이고 있다.

한국은행 규정인 외국환업무취급세칙에 따르면, '외화대출 용도제한'이라는 규제가 있다. 국내 외국환은행으로부터 받은 외화대출은 이를 원화로 환전하여 사용하여서는 안된다는 것이 주요 취지인데, 여기에서도 "해외에서 사용함을 목적으로 하지 않는 자금" 같은 애매한 용어를 사용하고 있다.

'외화대출 용도제한'에 있어서는 외국으로부터 수입대금 결제는 "해외에서 사용"하는 것으로 본다. 그렇다면 그 자금이 귀속되는 곳을 지칭하는 것으로 보인다. 이 논리대로라면 국내로부터의 수입대금 결제는 "국내에서 사용"되는 것이 되어야 한다. 그러나 현지금융 맥락에서는 대한민국으로부터의 수입대금 결제는 "외국에서 사용"하는 것이라고 한다.

우리나라 외환 법규가 이런 식으로 되어 있다. 뜻이 모호한 개념들이 함부로 사용되고 있으며, 법규간 체계나 일관성도 없다. 외환업무에 오래 종사한 사람마저 혼동할 지경이니, 일반인들이 어떻게 외환법규를 알고 준수할 수 있겠는가?

과거에는 현지금융의 용도가 규정에 제한적으로 열거되어 있었으므로 비록 "외국에서 사용하기 위하여"의 문구가 애매하여도 현지금융의 범위를 확정하는 데 어려움이 없었을 것이다. 그러나 1999. 4월 현지금융 용도제한 폐지에 따라 이제는 "외국에서 사용하기 위하여"의 문구만으로 현지금융 해당여부를 판단하여야 하게 되었다.

나. 외채통계와 관련된 문제

대외부채(약칭으로 "외채")란 '거주자가 비거주자에 대하여 부담하는 확정채무'를 말한다. 이에 따라 본사로부터 보증을 받아 해외법인이나 해외지점이 외국 금융기관으로부터 금전을 차입하는 것은 우리나라 외채통계에 잡히지 않는다. 차주인 해외법인/해외지점은 외국환거래법상 비거주자이고, 거주자인 본사가 부담하는 보증채무는 확정채무가 아니라 우발채무이기 때문이다.

그러나 해외법인/해외지점이라는 것은 대부분 자체 신용이 미미한 것으로 대주 금융기관들은 국내 본사의 보증을 믿고 대출을 해 주는 것이므로 결국 본사가 확정적으로 대외채무를 부담하는 것과 마찬가지이다.

그럼에도 불구하고, 현지금융 특히 '본사 보증에 의한 해외법인/해외지점 차입금'이 우리나라 외채에 포함되지 않음에 따라, 외채 통계가 대외 지불 부담을 정확히 반영하지 못한다는 지적이 있었다. 이에 따라 외채 통계를 보완하기 위하여 현지금융 통계가 중요하였다.

그러나 국내 기업들이 현지금융 신고를 누락하였다면 현지금융 통계도 믿을 수 없는 것이 된다. 외국환은행의 창구를 통하여 지급·영수가 일어나는 거래가 아니고 본사가 보증계약에 서명하는 것만으로 부담하는 대외채무는 국내 기업들이 자진 신고하지 않는 한 정부에서 파악할 방법이 없다.

1999년에 대우그룹 해체 이후 금융감독원에서 대우그룹의 현지금융 규모, 특히 본사 보증에 의한 해외법인/해외지점 차입금 규모를 실사한 적이 있다. 모두가 깜짝 놀랄만한 금액이, 그것도 정확한 것이 아니라 추산되었는데 그 금액은 그때까지 정부에서 파악하고 있던 현지금융 규모 보다 훨씬 큰 것이었다.

필자도 이와 관련한 개인적인 경험이 있다. 1997년말 어느 시점 이었을 것으로 생각된다. 이 당시에도 이미 대우그룹이 신고한 현지금융 규모가 잘못되었을 것이라는 언론보도가 있었다. 이에 당시 한국은행에서 대우그룹 비서실의 담당자에게 전화하여 사정을 말씀드리고 정확한 숫자를 제공해 줄 것을 요청한 바 있다.

여러 차례의 실랑이 끝에 한 밤을 꼬박 새우고 새벽 4시쯤 대우 측으로부터 받은 본사 보증에 의한 해외법인/해외지점 차입금 규모는, 필자의 기억이 정확하지 않을 수 있지만, 50억불 정도이었던 것 같다. 이 금액도 당시 한국은행에서 파악하고 있었던 숫자를 훨씬 상회하는 것이었다.

다. 제7장과의 관계에서 실무상 문제

외국환거래규정 제8장의 현지금융을 구성하는 3개의 행위, 즉 금전대차, 지급보증, 증권발행에 대하여는 제7장에서도 규율하고 있지만, 규정에서 제8장이 제7장에 우선하도록 해 놓았으므로 충돌의 문제는 생기지 않는다고 할 수 있다.

그러나 실무상 혼선이 있다. 내국법인이 '외국에서 사용하기 위하여' 외국금융기관으로부터 차입하는 경우는 규정 제7−14조에 의거 '거주자의 비거주자로부터 차입신고'를 하여야 하는가, 아니면 규정 제8−2조에 의거 '현지금융' 신고를 하여야 하는가? 규정대로라면 현지금융 신고를 하는 것이 옳지만 실무는 대부분 '거주자의 비거주자로부터 차입신고'를 하고 있는 것으로 보인다.

해외법인/해외지점이 비거주자에게 보증을 함에 있어서 그 보증채무의 이행을 본사가 다시 보증하는 경우에는 규정 제7−17조에서는 본사의 보증신고 의무를 면제한다고 되어 있다. 그러나 상기 거래는 그 개념 정의상 '현지금융'에 해당한다. 그렇다면 제7장이 아니라 제8장에 의하여 규율 되어야 하는 것 아닌가? 이렇게 되면 지정은행에 현지금융 신고를 하여야 할 의무가 있다.

법 문언에 충실히 따른다면 제8장에 따라 신고의무가 있다고 하면 될 일이지만, 실무나 외환당국의 입장은 꼭 그렇지도 않은 모양이다. 이러한 본사의 보증은 당초 신고의무를 면제하려는 취지로 제7장에 규정한 것이었는데, 이것이 제7장과 제8장과의 관계에서 문제가 될 줄은 알지 못하였을 것이다. 제7장과 제8장의 규제가 겹치다 보니 이런 식으로 실무에서 해석상 문제가 생기게 된다.

4. 결 론

현지금융은 전통적인 자본거래의 한 형태로서가 아니라, 우리나라의 1970년대 중동 건설용역과 관련한 특수한 상황에서 개념 지워져 외환 관리의 대상으로 인식된 것이다. 외화가 부족하던 시절에 국가가 주요 외화획득사업에 대하여 이를 지원하거나 관리할 목적으로 특정 형태의 거래를 모아서 관리하는 것은 꼭 필요한 일이었을 것이다.

그러나 그로부터 50여년이 지난 현재에는 이러한 외환관리 수요는 없다. 우리는 해외건설 뿐 아니라, 조선, 가전, 반도체, 자동차, IT, 문화컨텐츠 등 다양한 사업을 갖춘 세계 경제 10위권의 대국으로 성장하였기 때문이다.

또한 내외금리차가 컸던 시절에는 기업들의 금리재정거래 수요가 항상 있었고, 이를 차단하고자 하는 외환관리 측면에서의 필요성도 있었을 것이다. 그러나 오늘날 내외금리차는 대폭 줄어들었으므로 기업들의 재정거래 수요도 크지 않다. 그러한 거래가 있다고 하더라도 이는 시장경제시스템하에서 자연스러운 현상으로 보아도 좋을 정도일 것이다.

이러한 상황하에서 현지금융을 별도의 자본거래로 인식하고, 이를 일반 자본거래에 우선하여 적용하도록 한 것은 옥상옥과 같은 것이어서 불필요하게 외환법규를 복잡하게 만들고 있다. 실무적으로 어떤 거래가 제8장의 적용을 받아야 할지, 제7장의 적용을 받아야 할지 판단이 곤란한 경우가 많다.

우선 "외국에서 사용하기 위하여"라는 목적 요건의 문언이 매우 불분명하다. 이어령 비어령식으로 적용될 여지가 있는 문구이다. 다음으로 입법자의 의도는 분명히 제7장에서의 규율을 의도하고 있는 것으로 보이는 거래들이, 현지금융 개념의 광범위성으로 인하여 의도하지 않게 제8장의 규율을 받아야 하는 상황도 생기는 것으로 보인다.

해외직접투자의 경우에는 직접투자와 간접투자를 구분할 외환관리 목적상의 필요성이 있고, 국제수지 통계측면에서의 필요성도 있다. 이에 따라 해외직접투자를 제9장에 두고 이를 제7장에 우선시키는 이유를 이해할 수 있다.

그러나 현지금융의 경우에는 그렇지 않다. 현지금융에 포섭되는 거래들은 기본적으로 제7장에서 규제되고 있는 것들이며, 그 구분 관리의 필요성이 없어진 지금에는 폐지하는 것이 옳다.

제 7 절   역외금융회사

1. 서   론

'역외펀드' 또는 '역외금융회사'는 1999.4.1. 이후 우리나라 외환 법규에 처음 도입된 용어이다. 1997년 외환위기의 소용돌이 속에서 일반인들은 처음으로 '역외펀드'라는 용어를 신문지상을 통하여 접하였을 것이다.

외환위기 당시 우리나라 기업과 금융기관들이 J.P. Morgan 등 외국금융기관과 체결한 파생상품거래의 손실이 크게 주목받은 적이 있다. 이때 필자도 처음으로 '다이아몬드 펀드'니, '모닝글로리 펀드'니 하는 말을 듣게 되었다.

도대체 '펀드'라는 것이 무슨 뜻인가? 그냥 돈이라는 뜻이지 않는가? 그런데도 마치 돈에 법 인격이 있어서 권리/의무의 주체가 되는 것처럼, "펀드가 투자를 했다", "펀드에 투자했다" 하는 식으로 흔히들 이야기를 한다.

사실 '펀드'는 '투자를 위하여 모은 돈' 정도의 의미밖에 없다. 그 목적과 기능에 착안하여 시장에서 이름 붙여서 사용되는 용어로서, 법적으로 정의된 용어도 아니고, '펀드'라고 하는 실체의 법적 성격을 나타내는 용어도 아니다.

영미에서 '펀드'라고 부르는 것들의 법적인 실체는 파트너쉽(partnership)이나 신탁(trust)인 경우가 대부분이다. LLC(Limited Liability Company)나 corporation인 경우는 거의 없다.

파트너쉽이나 신탁은 영미에서 발전된 개념으로 우리나라 같은 대륙법계 국가에서는 그와 상응할 만한 것을 찾기 어렵다. 그러나 글로벌화된 세계에서 우리나라 거주자들과 외국법에 의하여 설립된 파트너쉽이나 신탁과의 거래는 빈번하게 되었고, 이에 따라 이 거래들을 우리 법제에 적용시켜야만 하는 문제가 생기게 되었다. 이러한 필요성이 현실로 나타난 것이 1997년 외환위기를 전후한 시점으로 보인다.

2. 규제의 배경

1997년 외환위기 와중에서 우리나라 기업과 금융기관들이 외환 당국에 신고하지 아니하고, 세칭 '역외펀드'라고 불리는 것에 투자한 사례가 상당수 언론에 보도되었다. 그리고 이어진 외환당국의 실태조사에서도 이러한 사실이 확인되었다.

그런데 당시의 외환법규에 따를 경우, 역외펀드에의 투자에 대하여 어떠한 신고를 하여야 하는지 불분명한 점이 있었다.

외국환관리법

외국환관리법 시행령 (1996년 당시)
제6조 (해외직접투자) 법 제3조제1항제15호에서 "대통령령이 정하는 것"이라 함은 다음 각호의 1에 해당하는 것을 말한다.
 1. 외국법령에 의하여 설립된 법인 (이하 "외국법인"이라 한다)의 경영에 참가하기 위하여 당해 법인의 주식 또는 출자지분을 취득하는 것.
 2. 외국법인의 경영에 실질적인 영향력을 행사하기 위하여 당해 법인에 상환기간 1년이상인 금전을 대여하는 것.
 3. 외국에서 영업소를 설치하거나 확장하기 위하여 필요한 자금을 지급하는 것.
 4. 기타 외국에서의 사업활동을 위하여 그에 필요한 자금을 공급하는 등 제1호 내지 제3호와 유사한 경제관계를 수립하기 위한 것으로서 재정경제원 장관이 인정하는 것.

외국환관리법 (1996년 당시)
제3조 (정의) ①이 법에서 사용하는 용어의 정의는 다음과 같다.
 7. "증권"이라 함은 다음 각목의 것을 말한다.
  가. 국채·지방채·사채 기타 모든 종류의 채권
  나. 주식 및 출자지분
  다. 가목 및 나목에 관한 권리를 부여하는 증서
  라. 수익증권 및 리권
  마. 기타 가목 내지 라목에 규정된 것과 유사한 증권 또는 증서로서 대통령령이 정하는 것

당시 '해외직접투자'는 예외적인 사항이 있기는 하였지만 주로 '법인'의 주

식·지분 취득을 의미하는 것으로 이해되었고, '증권'의 개념에 대하여도 사법상의 권리를 화체한 양도 가능한 증서가 필요한 것으로 이해되었다.

그런데 '역외펀드'라는 것은 그 법적인 성격은 파트너쉽(partnership)이나 신탁(trust)인 바, 우리 법상의 '법인'으로 볼 수 없는 것이었다. 그렇다고 이를 우리 법상의 '증권'으로 볼 수도 없었다. 권리를 화체한 양도가능한 증서라는 것이 없었기 때문이다.

이러한 영미와 대륙법계 국가의 법제상의 차이로 인하여 당시 유행하던 '역외펀드'에의 투자가 우리 외환법상 규제 사각지대에 놓인 것이다.

물론, 당시에도 외환규정 제7장에는 마지막 보루인 '기타 자본거래'가 있으므로 앞의 두 가지에 해당되지 않는 경우에는 '기타 자본거래'로 신고하여야 했을 것이다. 그러나 당시 외환관리는 매우 엄격 하였으므로 '기타 자본거래'신고를 시도하였다고 하더라도 쉽게 받아들여지지 않았을 것이고, 이런 분위기 하에서 미신고 거래가 만연하게 되었을 것이다.

외환당국은 법 적용상의 불확실성이 미신고 사태를 초래한 것이 아닌가 하는 생각에서 '역외펀드'에 대한 규제방안을 분명히 하는 방안을 고려하였다.

이에 따라 정부는 1999. 4월 외환거래규정에 '역외펀드'라는 용어를 최초로 도입하고 그 개념을 정의함과 아울러 거주자의 역외펀드 취득에 대하여는 한국은행에 '거주자의 비거주자로부터 증권 취득' 신고를 하도록 명시하였다. 즉, 간접투자로 보고, 증권으로 보는 것으로 입법적으로 정리한 것이다.

외국환거래규정(1999.4.1.)

제1-2조 (용어의 정의)
13. "역외펀드"라 함은 거주자가 유가증권에 투자하여 수익을 얻거나 기타 특정한 목적으로 외국에 설립하거나 출자한 법인 또는 계약형태의 특수목적자금을 말한다.

제7-31조 (거주자의 증권취득)
② 거주자가 다음 각호의 1에 해당하는 경우에는 한국은행총재에게 신고하여야 한다.
1. 거주자(외국환업무취급기관을 포함한다)가 역외펀드를 설립(역외펀드가 발행한 증권을 취득하는 경우를 포함한다)하고자 하는 경우

그런데 정부는 이로부터 얼마 지나지 않은 2001. 11월에 종전의 '역외펀드'의 명칭을 '역외금융회사'로 개칭하고, '증권'의 취득으로 보아 외환규정 제7장에서 규율하던 것을 '해외직접투자'로 보아 '제9장'에서 규율하는 것으로 바꾸었다.

이렇게 바꾼 이유는 무엇일까? 필자는 그 이유가 매우 궁금하여 다각도로 조사를 해 보았으나, 개정 이유에 대하여 설명해 놓은 자료는 찾지 못하였다.

한편 정부는 '역외금융회사'의 개념을 새로이 정의하면서 '회사' 뿐만 아니라 '계약형태'까지 포함시켰으며, 투자수단으로도 '주식', '지분'의 취득 뿐만 아니라 '부채성 증권'의 취득, '대출', '보증', '담보'의 제공까지 포함시킴으로써 그 의미를 크게 확장시켰다.

이렇게 '역외금융회사'를 정의하여도 좋은 것인지, 기존의 외환법규 체계와 불일치하는 점은 없는지 등에 대하여 살펴보기로 하자.

3. 문제점

가. '역외금융회사' 명칭의 문제

2001. 11월에 '역외펀드'를 '역외금융회사'로 개칭하였는데, 이 '역외금융회사' 용어는 그 실체를 표현하는데 오해를 줄 소지가 있는 용어이다.

'금융회사'라고 하면 일반적으로는 금융업에 종사하는 회사를 떠올리게 되는데, 펀드는 금융업을 하는 회사가 아니지 않는가? 투자 기구일 뿐이다. 즉, 투자할 자금은 담은 vehicle에 불과할 뿐이지, 스스로 금융업을 하거나 하는 회사가 아니다.

또한 영미에서는 corporation과 company 개념이 구분되어 사용되고 있다. Corporation은 주식회사를 지칭하는 것이고, Company는 광범위한 개념으로 corporation, partnership, trust, association 등 '특정 사업에 종사하는 사람들의 모임'이면 무조건 company라고 부를 정도로 넓은 개념이다. 이러한 corporation과 company가 우리 법에서는 모두 '회사'로 번역되므로 이 '회사'라는 명칭이 가져오는 오해 소지도 있다.

미국에서 펀드를 규제하는 법 중에 the Investment Company Act(1940)가 있다. 이 법은 우리 말로는 '투자회사법'으로 번역될 수 있다. 그렇다면 Fund에 해당하는 우리말은 '투자회사'가 될 것이다.

또한, 영미에서 유행하는 Private Equity Fund를 우리나라 자본시장법에서는 사모투자전문회사로 번역하고 있다. 공모인지 사모인지는 여기에서는 중요한 문제가 아니므로, Fund는 '투자전문회사'로 번역된 예가 있는 셈이다.

그렇다면 역외펀드는 '역외금융회사'로 번역되기 보다는 '역외투자회사', 또는 '역외투자전문회사'가 더 적당하며, '회사'라는 명칭이 법인형태를 연상시키는 것을 피하기 위하여는 '역외투자기구'라고 해도 괜찮을 것 같으며, 아니면 market 용어 그대로 '역외펀드'라고 계속 부르는 것이 더 나았을 지도 모를 일이다.

나. 역외금융회사의 정의

외국환거래규정

제1-2조(용어의 정의) 이 규정에서 사용하는 용어의 정의는 다음과 같다.
15. "역외금융회사"라 함은 직접 또는 자회사 등을 통하여 증권, 채권 및 파생상품에 투자하여 수익을 얻는 것을 주된 목적으로 외국법에 따라 설립된 회사(설립중인 회사 및 계약형태를 포함한다)로서 설립준거법령지역에 실질적인 경영활동을 위한 영업소를 설치하지 않은 회사를 말한다.

제9-15조의2(역외금융회사 등에 대한 해외직접투자)
②거주자가 역외금융회사 등에 대하여 다음 각호의 1에 해당하는 해외직접투자를 하고자 하는 경우에는 별지 제9-2호 서식의 역외금융회사 투자 신고서를 한국은행총재에게 제출하여야 한다.
1. 영 제8조제1항에 준하는 투자의 경우
2. 제1호에 의한 투자금액을 포함하여 역외금융회사에 대하여 투자(부채성증권 매입, 제7장의 규정에서 정한 절차를 거친 대출·보증 및 담보제공을 말한다)한 총투자금액이 당해 역외금융회사 총자산의 100분의 10 이상인 경우
3. 역외금융회사에 대한 투자(제1호 또는 제2호에 준하는 경우를 말한다)를 목적으로 외국금융기관에 대하여 제2호에 해당하는 투자를 하는 경우
4. 역외금융회사 또는 외국금융기관에 소속된 자금운용단위에 대한 제1호 내지 제3호에 해당하는 투자인 경우

역외금융회사는 "증권, 채권 및 파생상품에 투자하는 회사 또는 계약 형태"를 말하는 것으로 되어 있다. 따라서 반드시 법인 이어야 하는 것은 아니다. 투자계약서 한 장만 있으면 역외금융회사에 대한 해외직접투자를 하는 것이 될 수 있다.

반면, SPC(Special Purpose Company)나 Holding Company는 역외금융회사에 해당되지 않는다고 한다. 2001.11월 개정입법시 재정경제부는 이러한 취지를 신구조문대비표에서 분명히 밝히고 있다. "ABS발행, 선박/항공기 도입, project financing 관련 SPC 및 제조업, 금융·보험업을 위한 지주회사는 역외금융회사에서 제외"라고 되어 있다. 이들 회사는 증권, 채권, 파생상품 등에 투자하여 수익을 낼 목적의 회사가 아니라, 거래구조상에 특수한 필요에 의하여 설립된 것들이기 때문일 것이다.

투자수단에 대하여는 지분증권과 부채증권을 가리지 않는다. ① 영 제8조 제1항의 투자(주식/지분의 10%이상 취득과 대부투자)뿐만 아니라, ② ①을 포함하여 부채성증권의 매입, 대출, 보증, 담보제공 금액이 총자산의 10%이상인 경우도 역외금융회사 투자에 해당되는 것으로 해 놓았다.

그런데 규정에 "제1호에 의한 투자금액을 포함하여"라고 되어 있는바, 그렇다면 역외금융회사에 대한 주식/지분이 조금이라도 있어야 한다는 의미일까 아니면 주식/지분이 전혀 없어도 부채성증권만으로 총자산의 10%를 넘기만 하면 역외금융회사에 해당되는 것일까? 이 문제는 현재 논란이 되고 있다.

이 문제에 대한 답이 무엇이 되든, 주식/지분 비율이 10% 미만인 경우에도 부채성증권을 총자산의 10%이상 가지고 있는 경우에는 역외금융회사에 대한 해외직접투자가 된다는 것은 법 문언상 분명하다. 그렇지만 이런 식으로 역외금융회사를 정의하는 것은 기본적으로 "지속적인 경제관계(a lasting interest)"를 전제로 하는 '직접투자'의 개념과 배치되는 것은 아닐까?

OECD Benchmark Definition에서는 10% voting right 를 지속적인 경제관계(a lasting interest)의 표지로 보고 이 요건을 충족해야만 직접투자가 되며, 이 요건을 충족한 후 취득하는 부채성증권은 모두 직접투자금액에 포함되지만, 부채성증권의 취득만으로는 직접투자로 보지 않기 때문이다.

새로 출현한 형태의 자본거래인 역외펀드를 우리 규제체계내에 편입시키기 위하여 시장에서의 실무 관행을 규정에 반영시키는데 충실하다 보니 2001년 개정 입법시 이런 문제에 대한 깊이 있는 검토는 아마도 없었지 않았나 싶다.

다. 현지법인 자회사/손회사/증손회사 단계까지 보고

현행 규정에 따르면 거주자가 설립·취득한 역외금융회사의 설립뿐만 아니라, 그 역외금융회사가 설립·취득한 자회사, 손자회사까지 외환당국에 보고하도록 되어 있다.

제5절 직접투자 편에서도 언급하였지만, 순전히 외국에서 자금의 이동이 일어나는 현지법인의 자회사, 손자회사단계까지 거주자에게 보고의무를 지우는 것은 외환관리 측면에서 의미가 없다. 자금의 이동을 통제할 현실적인 수단이 없기 때문이다.

외환관리 관점에서 본다면 대외지급과 영수가 일어나는 길목인 거주자의 역외금융회사 설립·취득단계에서 관리하는 것으로 충분하다.

역외펀드의 투자 구조는 특히 복잡하여, 투자자 조차도 제대로 알지 못하는 경우가 많다. 자회사, 손자회사의 수가 수 백 개에 달하는 경우도 있고, 수시로 생겼다가 없어졌다가 하여 어지러울 정도이다. 이를 모두, 그것도 사전에 보고하도록 하는 것은 무리이다. 역외펀드의 투자구조를 반드시 파악하여야 한다면, 사업실적보고서 등을 통하여 파악하는 방법도 생각해 볼 수 있다.

라. 간접투자 vs. 직접투자

역외펀드는 증권, 채권 및 파생상품에 투자하여 수익을 얻는 것을 주된 목적으로 하는 것이다. 그렇다면 역외펀드에 대한 투자가 직접투자인가 간접투자인가? 투자자는 역외펀드와 지속적인 경제관계를 맺기는 하겠지만, 결국 최종목표는 제조업, 금융·보험업의 운영이 아니라, 이들 회사에 투자하여 수익을 얻기 위한 것이 아닌가? 이런 점에서 본다면 간접투자에 가깝다고 할 수 있다.

이 문제는 논란이 될 수 있는 사안이고, 여기에 대하여는 OECD에서 입장을 정리하였다.[8]

---

8) OECD, OECD Benchmark Definition of Foreign Direct Investment, Fourth Edition

OECD는 집합투자기구(Collective Investment Institutions; CII)를 통한 투자와 관련하여, 어떤 나라의 투자자가 외국 집합투자기구의 10% 이상의 의결권을 취득하는 경우에는 이를 '직접투자'로 본다는 입장이다. 그리고 집합투자기구가 외국 집합투자기구에 10% 이상의 의결권을 취득하는 경우에도 역시 '직접투자'로 본다. 공모, 사모를 묻지 않고 10% voting right rule을 충족시키기만 하면 집합투자기구에 대한, 집합투자기구에 의한 투자는 직접투자에 해당한다.

이러한 국제기구의 입장에 비추어보면 우리나라가 역외펀드를 직접투자로 분류한 것은 마땅한 이유가 있다.

4. 결 론

역외금융회사는 1990년대 말부터 출현하여 국제적으로 유행하고 있는 역외펀드에 대하여 이를 우리나라 외환법 규제체계내에 편입시켜 관리할 목적으로 도입된 것이다. 거래의 현실을 반영하여 새롭게 자본거래의 한 유형으로 규정된 것이다.

그러나 이와 같이 새롭게 도입된 자본거래는 종전 규제 체계와 충돌을 일으키기 마련이므로 세심한 입법이 필요한 부분이라고 생각한다.

(2008), 103p

제 8 절 역외계정

1. 서 론

역외계정(offshore account)이란 미국의 International Banking Facility("IBF")
나 일본의 Japan Offshore Market("JOM")을 본 따서 만들어 1988.1.1.부터 시행
하고 있는 것이다.

미국의 IBF나 일본의 JOM의 도입 배경에는 유로달러(Eurodollar)와 유로엔
(Euroyen) 시장의 확대라는 공통의 배경이 있다.

유로달러(Eurodollar)라 함은 미국 이외에서 일어나는 미 달러 예대시장을 말
하고, 유로엔(Euroyen)이라 함은 일본 이외에서 일어나는 엔화 예대시장을 말한
다. 즉, 자국 이외의 지역에 형성된 자국통화 예대시장을 말한다고 할 수 있다.

제2차 세계대전 종전 후 세계의 패권국가로 등극한 미국은 유럽부흥계획
(마샬 플랜)에 따라 상당한 양의 달러를 유럽에 공급하였고, 이후 지속적인 무역
적자로 세계에 유동성을 공급하였다. 이렇게 공급된 미 달러화는 미국으로 환
수되는 대신에 런던 등 유럽 소재 은행들에 예치되었다가 다시 대출되는 등의
거래가 반복되면서 소위 유로달러시장이 형성되었다.

그런데 이렇게 유로달러시장의 규모가 커지자 위협을 느낀 것은 미국내
은행들이었다. 미국내 은행들은 은행업을 영위하기 위하여 연방준비제도이사
회(the Board of Governors of Federal Reserve System)의 각종 규제를 준수하여야
했고, 지급준비금을 예치하여야 했고, FDIC에 가입하여 예금보험료를 납부하
여야 했다.

그러나 유로달러시장에 소재한 은행들은 미국 관할권 밖에 있으므로 상기
의 어떠한 의무나 부담도 없었으며, 이에 따라 훨씬 경쟁력 있는 가격(예대금리)
제시가 가능하였다. 이에 따라 미국소재 은행들이 미 달러화 금융시장에서 미
국이외 소재 은행들에 밀리는 현상이 발생하였다.

자국통화가 거래되는 시장에서 자국시장이 역외시장과의 경쟁에서 뒤처지

는 것은 미국 정책입안자들에게 참을 수 없는 일이었을 것이다. 배고픈 것은 참아도, 배아픈 것은 참을 수 없는 것이 사람들의 심리가 아니겠는가.

그래서 고안된 것이 International Banking Facility("IBF")이다. 미국의 은행들에게 역외 은행들과 같은 조건에서 경쟁할 수 있는 환경을 만들어 주기 위한 것이다.

미국의 은행들은 주된 계정 외에 별도의 계정을 보유할 수 있고, 이 계정에 booking 되는 비 미국거주자를 상대로 하는 예금/대출에 대하여는 ① 지급준비금 예치 의무를 면제하고, ② 예금보험 부보 의무를 면제하고, 이에 더하여 ③ 비거주자에게 지급할 예금이자에 대한 소득세, 즉 원천징수의무를 면제하는 조치가 취하여졌다.

이 IBF 개념은 당초 1978. 7월에 New York Clearing House association이 FRB에 제안한 것이다. 연준이사회에서 이 제안을 1981.6.18. 받아들임에 따라 1981.12.3일부터 IBF가 설립되기 시작한 것이다.

미국이 IBF 제도를 도입하자, 일본에서도 동경 역외센타 설립에 대한 논의가 시작되었다. 엔화의 경우에도 유로달러시장 규모에는 미치지 못하지만 유로엔시장이 급성장하고 있었으므로 대책이 필요한 시점이었다.

이에 동경역외센터 설립에 대한 찬반 논의가 진행되었고, 결국 미국 IBF와 유사한 형태의 역외시장을 동경에 설립한다는 안이 최종적으로 채택되어 1986. 12월에 Japan Offshore Market("JOM")이 발족되었다.

우리나라는 JOM이 발족된 지 1년만에 JOM을 모방한 '역외계정' 제도를 만들어 시행하였다. 재무부에서 '외국환은행의 역외금융거래 운용지침(외정 2254-581)'를 제정하여 1988.1.1. 부터 시행시켰던 것이다.

그렇다면 한가지 의문이 생긴다. 우리나라 원화의 경우에도 유로원 (Eurowon)시장 같은 것이 있었단 말인가? 우리나라에서 역외계정을 도입한 이유는 무엇일까?

2. 일본에서의 찬반 논의

1982년에 동경역외센터 설립 검토시 일본에서는 다음과 같은 논의가 있었다.9)

가. 찬성 의견

(1) 동경 금융시장은 아시아·태평양 지역의 중심시장으로 뉴욕, 런던과 더불어 세계 3대시장으로 성장할 것으로 기대되나, 일본 금융시장을 완전히 open 할 경우 일본 금융정책 및 금융제도 등에 미칠 충격을 고려하여, 현재 단계에서는 IBF와 같은 국내금융시장과 구분된 비거주자를 위한 시장을 설립하는 것이 더 적절할 수 있음.

(2) 국내금융/세제상의 제약(예를 들어, 비거주자예금에 대한 준비율, 원천징수)으로 인하여 국제업무는 주로 해외에 점포를 설립하여 할 수밖에 없는데, 금융기관으로서는 점포, 인건비 등의 경제적 부담은 물론이고, 시차, 언어, 거래관행의 상위 등 때문에 직간접 코스트가 크다. 따라서 동경 역외센타의 설립은 일본 은행들의 국제업무 확충에 도움이 될 것임.

(3) 주요 일본 은행들의 외화자산의 과반은 유로시장, 특히 런던시장에서 조달하고 있는바, 리스크 분산의 관점에서도 이 이상의 자금조달은 동경시장에서 하는 것이 바람직함. 이렇게 하는 경우 해외지불 세액의 감소 및 재일 외국은행의 소득증가로 인한 세수 면에의 기여도 기대됨.

(4) 해외에서의 엔(유로엔)의 취급은 근년에 급속히 증가하였는바, 이것은 외환당국이 파악하기 어려운 해외에서의 엔 거래 시장이 확대되고 있다는 것을 의미한다. 이에 따라 동경을 비거주자-비거주자간 엔 거래의 중심지로 하여 엔의 국제화를 감시할 필요가 있음.

나. 반대 의견

(1) 미국의 경우에는 9,000억 달러 규모의 유로달러시장(유로엔의 규모는 280억 달러상당 정도임)의 일부를 국내로 유치하는 것에 의하여 뉴욕금융시장의 활성

---

9) 일본 대장성, 3. 爲替管理の自由化と円の国際化, 511~512p

화, 고용확대, shell branch (바하마, 케이만 등에 있는 실체가 없는 미국은행 지점)설립을 대체한다는 구체적인 목적이 있지만, 일본의 경우에 반드시 그런 것은 아님.

(2) 일본경제의 성장에 수반하여 엔의 국제화가 진전되는 것은 당연한 것인바, 역외센타의 설립등에 의하여 인위적으로 엔의 국제화를 촉진할 필요성은 없음. 오히려 엔의 국제화가 급속히 진전되면 당국의 통제 밖의 비거주자 엔보유가 증가하여 엔/달러간의 투기적 이동이 높아지고, 이에 따라 환율변동폭을 크게 할 가능성도 있음.

(3) 역외센타라는 것은 이미 해외에서 하고 있는 유로엔거래를 동경에서도 국내금융시장과 구분하여 하겠다는 것인데, 이렇게 될 경우 국내금융시장의 눈 앞에 자유로운 시장이 생기는 것으로(two tiers market) 국내 금융제도 특히 금리 체계에 어떻게든 영향을 줄 것임.

(4) 동경 역외센타가 설립되면, 동경과 같은 시차권에 있는 홍콩, 싱가포르 시장과 경합하게 되는 바, 이들 시장으로부터의 반발이 예상됨.

3. 우리나라의 역외계정 제도

외국환거래규정

제2-10조(역외계정의 설치·운영) ①외국환은행이 비거주자(다른 역외계정을 포함한다)로부터 외화자금을 조달하여 비거주자(다른 역외계정을 포함한다)를 상대로 운용하는 역외계정을 설치한 경우에는 이를 일반계정과 구분계리하여야 한다.

②역외계정과 일반계정간의 자금이체는 기획재정부장관의 허가를 받아야 한다. 다만, 직전 회계연도중 역외외화자산평잔(월말 잔액을 기준으로 한 평잔을 말한다)의 100분의 10 범위내에서의 자금이체는 그러하지 아니하다.

③외국환은행이 역외계정에의 예치목적으로 미화 5천만불을 초과하는 외화증권을 상환기간 1년 초과의 조건으로 발행하고자 하는 경우에는 기획재정부장관에게 신고하여야 한다.

④외국환은행의 장은 당해 법인의 당월중 역외계정의 자산 및 부채상황을 익월 10일까지 한국은행총재 및 금융감독원장에게 보고하여야 하며, 한국은행총재는 그 내용을 종합하여 매분기별로 기획재정부장관에게 제출하여야 한다.

우리나라의 역외계정은 재무부의 '외국환은행의 역외금융거래 운용지침'에 의거 1988.1.1.부터 시행되었고, 91년 9월 외국환관리규정 개정시 규정에 편입되었다.

국내 외국환은행은 '일반계정'과 별개의 '역외계정'을 설치하여 여기에 비거주자로부터 조달하여, 비거주자에게 운용하는 자금거래를 booking할 수 있다.

역외계정과 일반계정과의 자금이체는 금지되므로 역외거래에 의해 조달한 자금을 표시하는 대변과목의 합계액과 운용을 나타내는 차변과목의 합계액은 원칙적으로 일치하여야 한다. 다만 역외계정에 관한 조달과 운용이 완전히 매칭되지 않는 상황도 생기므로 예외적으로 일정 한도 내에서 계정간 자금이체가 인정된다.

이러한 역외계정 거래에 대하여는 국내에서 거주자 또는 비거주자에게 적용하고 있는 금리규제 및 지급준비금 적용대상에서 제외하고 있으며, 외국환은행이 비거주자에게 자금조달의 대가로서 지급하는 이자에 대하여는 소득세 및 법인세가 면제되고 있다.

4. 결 론

우리나라의 역외계정은 미국의 IBF나 일본의 JOM을 모방한 것이나, 우리나라 원화의 국제적인 지위가 미 달러화나 일본 엔화와 같지 않으므로, 이 제도가 왜 도입된 것인지, 어떠한 필요가 있는 것인지가 매우 모호하다.

유로달러나 유로엔 시장이 형성됨에 따라, 미국의 경우에는 미국내 은행들의 역외시장과의 관계에서 경쟁력 저하 우려가 있었고, 일본의 경우에는 유로엔 시장에서의 거래가 엔화 환율이나 금리에 악영향을 줄 것을 우려한 것으로 보인다. 이에 따라 역외시장과 똑같은 시장을 자국 내에 만들자는 것이 이 제도의 취지이다.

그렇다면 우리는 무엇을 걱정한 것인가? 유로원 시장이라는 것은 없다. 만약 있다면 얼마나 자랑스러운 일이겠는가 만은 우리의 국력 신장이 아직 거기에 이르지는 않았다. 미국이나 일본과 같은 식이라면 우리나라 역외계정에서 원화가 거래되어야 옳다. 그러나 외화가 거래된다. 그렇다면 이것이 무엇이란 말인가?

굳이 머리를 쥐어짜 이유를 찾아보고자 한다면 우리나라 은행들로 하여금 규제가 없는 역외시장과 같은 조건에서 미 달러화나 엔화거래를 할 수 있도록 여건을 만들어 준 것이라고 할 수 있겠다.

이렇게 제도 도입의 취지가 모호하다 보니 이 제도에 대한 인식이나 존재 감이 희미하다. 은행에 종사하는 사람들도 이것이 무엇인지 제대로 아는 사람이 별로 없을 것이다. 필자의 경우에도 이 역외계정에 주로 어떤 거래들이 booking되고 있는지 궁금하다.

제 9 절 외국인거주자에 대한 취급

1. 서 론

우리 외환법은 어떤 거래나 행위의 주체가 대한민국 국민인지 외국인인지보다, 대한민국 거주자인지 비거주자인지에 따라 법 적용을 달리하고 있다. 거주자에 대하여는 거의 모든 거래나 행위에 대하여 규제가 가해지지만, 비거주자에 대하여는 그렇지 않다. 즉, 거주성이 국적보다 중요한 개념이라고 할 수 있다.

그런데 그렇다고 하여 국적이 완전히 무시되는 것은 아니다. 우선, 국적은 거주성을 판단하는데 주요한 고려 요소가 된다. 다음으로 거주성을 판정한 이후에도 '국민인비거주자'와 '외국인거주자'는 특별한 취급을 받는다. 이들의 외환법상 신분은 하이브리드 적인 것이라고 할 수 있다.

국민인비거주자에 대하여는 ① 예금거래, ② 금전대차, ③ 채무보증, ④ 증권의 취득, ⑤ 부동산취득, ⑥ 기타자본거래와 관련하여 신고의무를 면제시켜주는 특례조항들이 있다.

외국인거주자에 대하여는 ① 지급·영수단계에서의 규제, ② 은행에서의 계정 구분, ③ 외국환의 매입·매각, ④ 외국인의 국내증권투자와 관련하여서는 비거주자와 거의 같이 취급된다.

그렇다면 외국인거주자의 '자본거래'에 대하여는 어떻게 규율하고 있을까? 이 부분이 실무적으로 논란이 되고 있다.

외국인이 국내에 입국하여 6개월이 경과하면 대한민국 거주자가 되는바, 이들은 이미 외국에 생활의 근거지가 형성되어 있고, 대한민국에는 학업, 취업, 사업 등의 사유로 체재하는 경우가 많을 것이다. 이렇게 거주자가 된 자를 내국인거주자와 똑 같이 취급할 수는 없는 일일 것이다.

외국인거주자가 국내에서 취득한 보수를 외국은행에 개설된 자신 명의 계좌로 송금하는 경우를 생각해 보자. 이때 외국인거주자는 '거주자 해외예금' 신고를 하여야 할까? 한국에서 번 돈을 외국에 있는 자신 계좌에 송금하는 것은 당연한 일일 것이다. 그럼에도 현재 법규상으로는 거주자 해외예금 신고를 해야 하는 것으로 되어 있다.

외국인거주자가 국내에서 외국으로 돈을 송금하여 해외직접투자를 하거나 외국부동산을 취득하는 경우는 어떨까? 외환법규상으로는 신고를 하여야 하는 것으로 읽히지만, 은행 실무와 외환당국의 해석은 혼란스럽다.

신고대상이 아니라는 유력한 견해가 있는바, 이 견해는 외국인거주자의 경우 다시 출국하여 3월이 경과하면 곧바로 다시 비거주자되고, 비거주자가되면 해외직접투자나 외국부동산취득에 대한 사후관리가 불가능해진다는 점을 우려하고 있는 것으로 보인다.

이렇게 실무에서 논란이 분분한 이유는 외국인거주자의 자본거래와 관련한 우리 외환법의 규제가 사리에 비추어 부적절하거나 어색하기 때문일 것이다.

2. 2005년 재정경제부 유권해석

앞의 두 가지 사례는 국내에서 외국으로 자금이 송금된 경우이지만, 만약 국내에서 외국으로 자금이 송금되지 않는 외국인거주자의 자본거래의 경우는 어떠할까? 이와 관련하여 흥미 있는 유권해석이 있다.

> **재정경제부 유권해석** (2005.5.31. 외환제도혁신팀-55)
>
> "외국인거주자가 적법하게 보유하는 해외소재 외화자금으로 해외에서 자본거래(해외법인등이 발행하는 외화증권등을 해외에서 취득)를 하는 것은 외국환거래법령 적용대상이 아님을 알려드립니다."

국내에 입국하여 6월이 경과한 외국인이, 이미 해외에 보유하고 있는 자금으로 외국에서 증권을 취득 한다든지 부동산을 취득 한다든지 하는 거래에 대하여 우리나라 외환당국에 신고를 하여야 한다고 한다면 어떤 외국인도 납득할 수 없을 것이다.

그리고 외환관리 목적으로도 우리 외환당국이 이러한 신고를 받을 이유가 없다. 국내에서 외국으로 외화가 지급되는 것도 아니지 않는가?

그럼에도 불구하고, 현행 외환 법규의 문언만으로는 신고의무가 없다고 할 수 없기 때문에, 이 문제를 해결하기 위하여 상기 유권해석이 나오게 된 것으로 이해된다. 이 유권해석은 매우 통찰력 있고 용기 있는 해석으로 필자가 보아온 우리나라 외환당국 유권해석 중 최고의 것이라고 생각한다.

사실 위와 같은 해석은 우리 외환법규에서 바로 도출되지는 않는다. 우리 외환법의 적용대상을 정하고 있는 법 제2조를 보도록 하자.

외국환거래법

제2조(적용 대상) ① 이 법은 다음 각 호의 어느 하나에 해당하는 경우에 적용한다.
  1. 대한민국에서의 외국환과 대한민국에서 하는 외국환거래 및 그 밖에 이와 관련되는 행위
  2. 대한민국과 외국 간의 거래 또는 지급 · 수령, 그 밖에 이와 관련되는 행위(외국에서 하는 행위로서 대한민국에서 그 효과가 발생하는 것을 포함한다)
  3. 외국에 주소 또는 거소를 둔 개인과 외국에 주된 사무소를 둔 법인이 하는 거래로서 대한민국 통화(通貨)로 표시되거나 지급받을 수 있는 거래와 그 밖에 이와 관련되는 행위
  4. **대한민국에 주소 또는 거소를 둔 개인** 또는 그 대리인, 사용인, 그 밖의 종업원이 **외국에서 그 개인의 재산 또는 업무에 관하여 한 행위**
  5. 대한민국에 주된 사무소를 둔 법인의 대표자, 대리인, 사용인, 그 밖의 종업원이 외국에서 그 법인의 재산 또는 업무에 관하여 한 행위

법 제2조 1항 4호의 문언에 따르면 외국인이라고 하더라도 일단 대한민국 거주자가 된 이상 그 자가 외국에서 하는 행위는 우리 외환법의 적용대상이라고 해석할 수밖에 없다.

그럼에도 불구하고 외환당국에서 과감히 "적용대상이 아니다"라고 하여 현실의 문제를 해결한 것은 매우 훌륭한 것이었으며 이 유권해석은 당장 외환법 제2조에 반영되어야 한다고 생각한다.

그런데 이와 관련하여 필자가 1933년 당시 조선에 시행되던 외환법규를 번역하면서 눈에 번쩍 띈 게 있었다.

외국환관리법에 근거한 명령의 건 (1933년 4월 총령제40호)

제6조 ① 조선총독의 허가를 받지 않으면 외화증권(본방 또는 외국의 공채, 사채(社債), 주식 또는 공채 및 사채(社債)의 이표로서 외국통화로 표시된 것을 말한다. 이하 같다)을 유상으로 취득할 수 없다.

② 1932년 7월 15일에 본방에 있는 외화증권 또는 자본도피방지법 또는 외국환관리법에 기초한 명령의 규정에 의하여 허가를 받아 수입한 외화증권을 본방에서 취득하는 경우 및 **외국인이 외국에서 보유하는 자금을 이용하여 외화증권을 취득하는 경우**에는 전항의 규정을 적용하지 아니한다.

지금부터 무려 90년 전인 1933년 법규에서도 똑같은 취지의 내용이 있지 않은가? "외국인"이 "외국에서 보유하는 자금"을 사용하여 증권 취득을 하는 것은 외환관리 대상에서 제외한다는 것이다.

이러한 것을 보면 "외국에서 보유하는 자금"을 사용한 경우 외환관리에서 제외한다라는 아이디어는 아주 오래전부터 있었던 것이다.

3. 결 론

외국인거주자의 자본거래(해외예금, 증권취득, 부동산취득, 해외투자 등) 신고의무와 관련한 실무상의 논란을 종식시키기 위하여 법규 정비가 필요하다. 법규의 문언에도 불구하고 실무에서 논란이 되고 있는 이유는 문언대로 해석할 경우 외환관리 목적에 비추어 보거나, 사리에 비추어 부적절한 것으로 생각되기 때문일 것이다.

'외국인'이 '외국에서 보유하는 자금'으로 자본거래를 함에 있어서는 우리나라 외환법의 적용대상 외로 해석한 재정경제부 유권해석은 법에 그 내용이 반영되어도 좋다.

외국인이 국내에서 취득한 보수 등을 외국에 송금함에 있어서는 그 수취인 계좌가 본인명의인지 아닌지는 중요하지 않다. 응당 외국에 지급되어야 할 돈이기 때문이다. 따라서 외국인거주자에 대하여는 해외예금 신고를 받을 필요가 없다.

외국인거주자의 해외직접투자, 외국부동산 취득에 대하여는 현재 실무가 어지러운 만큼 어떠한 형태로는 정리가 필요하다.

제 10 절　대한민국과 외국간의 지급·추심 및 수령

1. 서 론

국내에서 해외로 자금을 지급하거나, 해외로부터 국내로 지급된 자금을 수령하는 것을 우리 외환법에서는 "대한민국과 외국간의 지급·추심 및 수령" 이라고 부른다.

"추심과 수령"이라고 한 것은 거주자가 비거주자로부터 영수함에 있어서 추심방식에 의한 것인가, 송금방식에 의한 것인가를 굳이 구분하여 표기한 것 이므로 큰 의미가 있는 것은 아니다. "지급·추심 및 수령" 대신 "지급과 수령" 이라고 하여도 무방하다.

그리고 이것을 '외국환업무'의 하나로 지정하고(외국환거래법 제2조 1항 16호), 이 업무를 업으로 하려는 자는 외환당국에 등록을 하도록 해 놓았다(법 제8조).

외국과의 사이에 있어서 "지급과 수령"은 전통적으로 은행이 담당하고 있 다. 이는 금융업의 진화과정에서 생긴 자연독점으로 은행 이외의 어떠한 기관 도 국제결제업무를 담당할 인프라나 네트워크를 갖추고 있지 못하므로 은행의 업무가 된 것이다.

이와 같이 은행이 국제결제업무를 독점하고 있었으므로, 외환관리 목적에 서는 은행에 외화자금 흐름의 감시 기능을 맡기는 것이 가장 효율적인 방법이 었다. 비유를 하자면 은행창구에 차단기나 검문소를 설치하는 것이다. 그리고 는 은행창구를 통하지 않아서 감시망에서 벗어날 우려가 있는 거래나 행위에 대하여는 단속도 함께 시행하였다.

이를 위하여 은행에 '은행'이라는 명칭 외에 '외국환은행'이라는 명칭을 부 여하고 외국환업무에 대하여 어느 정도 독점적인 업무영역을 보장해 주는 대신, ① 거래나 행위의 적법성 확인 의무, ② 외환 신고수리 등 행정사무의 위임 처 리 및 ③ 각종 통계 작성을 위한 대외거래 정보의 보고의무를 부과하였다.

이를 일컬어 '외국환은행주의'라고 불렀고, 이는 우리나라 외환관리의 근간이 되었다.

그런데 2000년대에 들어와 은행 위주의 국제 송금 분야에 새로운 변화가 생겼다. 비은행 송금사업자 (Non−bank Remittance Service Provider)라고 불리는 이들의 등장이 그것이다.

페이팔(Paypal)이나 웨스턴유니온(Western Union) 등의 이름이 회자되는가 싶더니, 2010년대 초반부터 알리페이(Alipay)가 국내에 알려지면서 우리 정부와 언론과 학계가 본격적으로 걱정을 하기 시작한 것으로 필자는 기억하고 있다.

전통적인 은행 위주의 지급결제로는 세계와의 경쟁에서 뒤쳐질 수밖에 없으며, 따라서 우리도 늦기 전에 비은행사업자를 지급결제분야에 진출시킴으로써 혁신을 가져와야 한다는 자성의 소리가 높았다. 은행은 현상에 안주하는 경향이 있으므로 메기 역할을 하는 사업자가 필요하다는 것이었다. 이에 따라 이후 우리나라에도 "무슨 무슨 pay"라는 것이 수도 없이 생겨났다. 이 중에서 국내에서 원화결제만을 하는 사업자는 외환법과는 관련이 없지만, 국제결제 분야에 진입한 비은행사업자는 외환법상 이슈를 당연히 일으키게 되었다.

온라인 쇼핑몰의 성장과 더불어 종전에는 없던 새로운 비즈니스 영역이 생겨나게 되었는데, 온라인 쇼핑몰에서의 대금결제를 도와주는 역할을 하는 Payment Gateway라는 업종이 그것이다.

정부는 이 PG사가 대외지급·영수와 관련한 역할을 수행한다는 데에 착안하여, 이 회사의 업무를 "대한민국과 외국간의 지급, 추심 및 수령" 업무를 하는 것으로 보아 2015. 7월부터 '외국환업무취급기관'으로 지정하여 외국환거래규정 제2장의 규율을 받는 금융기관으로 규정하였다.

이 전자지급결제대행업자(PG사)는 2017. 7월 외국환거래규정 제3장으로 잠시 자리를 옮겼다가, 2020. 10월부터는 "기타전문외국환업무취급업자"라는 어려운 이름을 달고 다시 규정 제2장에 자리를 잡았다.

한편, 2010년대 초반에 나타난 Alipay가 국제결제분야에 있어서의 혁신 사례로 소개됨에 따라 종래의 은행망을 통한 지급결제를 대신할 비은행사업자에 의한 국제결제가 새로운 혁신의 상징으로 각광받게 되었다.

이에 정부는 비은행 송금사업자를 육성한다는 정책 목표 하에 2016. 12월에는 "독자형 소액해외송금업 도입 및 운영방안"에 대한 공청회를 개최하였다. 그리고 관련 준비를 거쳐 2017. 7월에는 외국환거래법, 시행령, 규정을 전부 정비하여 소액해외송금업을 출범시켰다.

이에 따라 '소액해외송금업자'라는 것이 생기게 되었고, 이들은 2020. 10월 부터는 "전문외국환업무취급업자"라는 이름으로 규정 제2장에 자리를 잡게 되었다. 외국환거래규정 제2장이나 제3장은 외국환업무를 업으로 하는 자의 권한 과 책임을 규정한 chapter 이므로 PG사나 소액해외송금업자 모두 제2장에 위치한 것이다.

한편, 이 소액해외송금업자에 대하여는 외국환거래법이 소위 '업법'이 되어 그 설립, 운영, 소멸에 이르는 전 과정을 규율하는 법이 되었다. 이에 따라 외환법규집은 점점 두꺼워지고 점점 복잡해지게 되었다.

그런데 이와 같이 비은행 송금사업자들이 국제결제분야에 들어오면서 우리나라 외환관리 체계에 심각한 문제가 생기기 시작하였다.

전자지급결제대행업자(PG사)와 소액해외송금업자가 고객과의 접점을 차지하였으므로, 즉 은행이 고객과의 접점을 잃어버렸으므로, 은행에 의한 거래나 행위의 적법성 확인, 외환 신고수리 등 행정사무의 처리, 각종 통계 작성을 위한 대외거래 정보의 보고가 불가능하게 되었다.

이 업무들은 오로지 새로운 사업자들이 감당하여야 할 몫이 되었다. 문제는 새로운 사업자들이 이 업무를 감당해 낼 역량과 의지가 있느냐 하는 점이다. 비은행송금사업자가 국제지급결제 분야에 진입함으로써 종래 견고했던 우리나라 외환관리 체계가 손상된다면 이는 바람직한 일이 아닐 것이다.

이런 관점에서 아래에서는 비은행 송금사업자들이 국제결제분야에 들어오면서 어떠한 변화가 생겼는지 살펴보려고 한다. 그리고 어떤 변화가 생겼는지 알기 위해서는 우선 종래의 은행망을 통한 국제결제시스템이 어떻게 생긴 것인지부터 알아야 할 것이 아니겠는가?

이에 따라 종래 "대한민국과 외국간의 지급 · 추심 및 수령"이 어떻게 이루어져왔는지부터 설명하려고 한다.

2. 은행망을 통한 국제자금결제시스템

"대한민국과 외국간의 지급과 수령"은 어떤 식으로 일어날까? 대부분 은행을 통한 외화자금 이체방식으로 일어난다고 할 수 있다.

① 은 행

반드시 '은행'이어야 할까? 반드시 은행이어야 하는 것은 아니다. 그러나 금융업의 진화과정에서 많은 개인과 기업들이 은행에 계좌를 개설하게 되었고, 이렇게 계좌를 보유하게 된 은행이 자연스럽게 지급결제서비스를 제공하게 된 것이다. 이에 따라 International Banking Network가 구축되게 되었고 부동의 지배적인 국제지급결제 사업자가 된 것이다. 만약 증권회사나 보험회사가 이 network를 가지고 있다면 그들이 국제지급결제업무을 담당하였을 것이다.

② 외 화

왜 '외화'로 결제가 일어나야 할까? '원화'로 결제하면 안되는 것일까? 많은 사람들이 "외국과는 원화로는 결제가 안된다"라는 말을 하고, 필자도 그런 표현을 쓸 때가 있다. 그런데 이 "안된다"는 표현이 법률상 금지되어 있다는 것인지, 법률로 금지된 것은 아니지만 실무상으로 곤란하다는 것인지를 좀 분명히 할 필요가 있다.

우리나라 외환법상 결제통화를 어떤 통화로 하여야 한다거나, 어떤 통화로 하면 안된다거나 하는 규제는 없다. 법적인 제한은 없는 것이다.

사실 우리나라 입장에서는 국제거래를 원화로 결제하는 것이 무조건 좋다. 이렇게 하면 환리스크에 노출될 염려가 없고, 대외 결제에 쓰일 외화를 확보하기 위하여 외환관리를 할 필요도 없는 것이다.

그러나 실제로 원화로 결제하는 경우는 거의 없고, 주로 미 달러화, 유로화, 엔화 등으로 결제가 이루어진다. 그 이유는 우리 국민과 거래하는 상대방이 가치가 안정되고 유동성이 풍부하고 범용성이 있는 통화를 원하기 때문이다. 여기서 유동성이 풍부하다는 것은 언제든지 해당 통화를 차입하거나, 매매하거나, 헤지할 수 있는 시장이 있어야 한다는 의미이다.

원화가 국제거래에서 결제통화로 쓰일 수 없는 이유도 원화를 차입하거나 매매하거나 헤지할 수 있는 시장이 없어서라고 말할 수 있다. 그러나 더 근본적인 이유는 원화 결제를 원하는 수요가 없기 때문이다. 수요만 있다면 원화 차입시장, 매매시장, 헤지시장 등의 인프라는 금방 만들어지기 때문이다.

③ 이체방식

왜 은행계좌간 이체 방식에 의하여야 하는 걸까? 은행에 가서 외화 현찰을 찾은 다음에 가방에 담아서 비거주자 거래상대방에게 주면 되는 것 아닌가?

물론 그렇지만 실무에서 현찰의 인수도는 거의 일어나지 않는다. 그 이유는 현찰이 많지 않기 때문이다. 우리나라 은행이 보유하고 있는 외화는 해외여행객들에게 여행경비를 환전해 줄 수 있는 수준에 불과하다. 외화 현찰을 운송하고 보관하는데 비용이 많이 들기 때문에 은행이 거액을 보유할 유인이 없다.

이에 따라 거의 모든 대외결제는 은행을 통한 계좌이체방식으로 이루어진다. 구체적으로는 은행 장부에 있는 고객계좌에서 숫자를 가감하는 것으로 지급 · 영수가 일어난다.

이와 같이 대외지급 · 영수가 국제은행망을 통하여 외화이체방식으로 일어나는 것이라면, 그 국제은행망이란 것은 어떻게 생긴 것일까?

가. International Banking Network

각국은 모두 자국 내에 중앙은행을 정점으로 하는 결제망을 가지고 있다. 이 국가 결제망을 서로 연결시키기만 하면 국제적인 결제망이 구축될 수 있다.

이 국가 결제망의 연결은 처음에는 민간 은행차원에서 이루어졌다. A국 은행와 B국 은행이 예치환거래약정(Correspondent Banking Agreement)을 체결함으로써 A국과 B국의 결제망은 연결된다. 이를 통상 "코레스 약정"이라고 부른다. 그리고 B국 은행이 C국 은행과, C국 은행이 D국 은행과 코레스 약정을 체결한다면 점점 국제 결제망은 확대된다. 이렇게 해서 전세계의 은행들간에 코레스 결제망이 구축되었다.

그런데 이후에 더 다양한 형태의 망이 구축되어 갔다. 민간은행을 대신하여 국가 차원에서 직접결제망을 연결시킨 사례도 있다. 미국과 멕시코는 중앙은행이 주관하여 자국의 지급결제시스템을 직접 연결하여 운영하고 있다. 또한 뒤에서 다시 설명하겠지만 CLS결제망이라는 것도 있고, Visa Card나 Master

Card 같은 신용카드 회사가 구축한 은행망도 있다.

이와 같이 은행을 통한 국제결제망에는 코레스결제망 외에도 다양하게 있다. 이를 모두 통틀어 International Banking Network라고 부른다.

BIS(Bank of International Settlement)는 2007년에 연구보고서 "General Principles for international remittance services"를 통하여 국제지급결제망의 유형을 다음과 같이 4가지로 분류하고 있다.

국제 지급결제망의 유형

- Open network (=코레스결제망)
- Negotiated network
- Unilateral network
- Franchised network

---

(1) 코레스 결제망

첫번째로, 가장 보편적이고 전통적인 코레스 결제망을 통할 경우 대한민국과 외국간의 지급·영수가 어떻게 일어나는지 보자.

〈그림 4-7〉 코레스 결제망

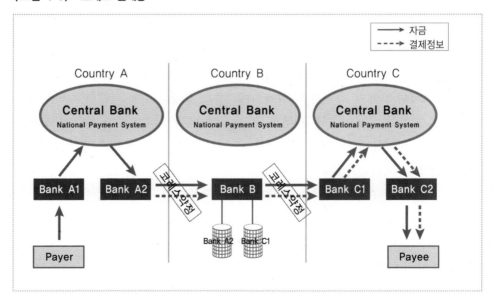

A국, B국, C국은 각각 자국의 중앙은행을 정점으로 하는 국내지급결제시스템을 갖추고 있다. BOK wire, Fed wire, BOJ wire라고 부르는 것들이 그것이다. 그러나 국가간 결제에서는 중앙은행의 역할을 하는 기관이 없다. 이에 따라 각국의 결제망을 연결시키는 것이 필요한데 그것이 환거래약정(correspondent banking agreement)이다. 이 계약을 통하여 각국의 지급결제시스템이 연결된다.

위 그림에서 A2은행은 B은행과 환거래약정을 체결하고 B은행에 A2은행 명의 계좌를 개설해 놓았다. 이는 B국 통화로 결제가 일어날 것이라는 것을 암시한다. 만약 A국 통화로 결제가 일어나는 경우라면 B은행이 A2은행에 B은행 명의의 계좌를 개설하였을 것이다.

이 그림에서 예치환거래계좌를 A2은행 관점에서 부를 때는 Nostro Account("ours"라는 의미, 당방계정)라고 부르고, B은행 관점에서 부를 때는 Vostro Account("yours"라는 의미, 선방계정)라고 부른다.

A2은행은 이 예치환거래계좌에 일정수준의 잔고를 유지하면서 B국과의 지급 · 영수를 함에 있어서 이 계좌를 통해 타발송금의 입금, 당발송금의 지급을 하도록 지시한다.

만약 이 계좌에 잔고가 부족하게 되면 어떻게 되는가? 이런 때를 대비하여 A2은행과 B은행사이에는 당좌차월(overdraft)약정이 체결되어 있다. 잔고가 부족하면 자동적으로 B은행의 A2은행에 대한 대출이 실행된다. 이에 따라 결제자금이 일시적으로 부족해질 수 있는 문제는 해결된다.

한국의 수입업자가 필리핀 수출업자에게 수입대금을 USD로 결제한다고 생각해보자. 이 그림에서 수입업자(payer)는 거래은행인 A1은행이 외국은행과의 환거래약정을 체결하고 있지 않아서, 부득이 A2은행에 가서 필리핀으로의 송금을 의뢰하였다.

A2은행은 A1은행으로부터 국내거래로 자금을 받은 후에, B은행에 필리핀의 수출업자(payee)에게 USD 얼마를 지급할 것을 지시하면서 해당 자금은 예치환거래계좌에서 인출할 것을 지시한다. 이때의 송금지시는 통상 SWIFT messaging system을 이용한다.

전화나 이메일로 송금지시를 할 수도 있지만 통상 그렇게 하지 않는다. 보안상의 이유로 표준화된 통신시스템을 이용한다. SWIFT(Society for Worldwide Interbank Financial Telecommunication)는 민간사업자로서 통신시스템을 제공하고 가입은행들로부터 사용료를 받는다.

송금지시를 받은 B은행은 환거래약정이 체결된 필리핀의 C1은행에 SWIFT message를 송신하여 필리핀 수출업자(payee)에게 USD 얼마를 지급할 것을 지시하고 해당 자금은 B은행에 개설된 C1명의 계좌에 입금되었음을 통보한다.

C1은행은 자행에 수입업자 명의의 계좌가 개설되어 있다면 payee 계좌에 바로 이체해 줄 것이고, 그렇지 않다면 payee 요청에 따라 필리핀 내 다른 C2은행으로 이체가 일어날 수도 있다.

한국에서 필리핀으로 USD가 지급되는 경우라면 이 그림과 같이 B은행이 A2은행, C1은행의 환거래계좌를 모두 보유하고 있는 형태가 될 것이고, 여기서 B은행은 실제로는 J.P Morgan Chase, Bank of America, Citi, Wells Fargo 등 미국 대형은행이 될 것이다.

코레스 결제망을 이용한 국제자금결제에는 몇 가지 중요한 특징이 있다.

첫째로 open network 라는 것이다. 이 결제망에 참여하는 은행이 미리 정하여져 있는 것이 아니라 open 되어 있다는 것이다. 회원제 골프장이 아닌 public 골프장을 생각해 보면 좋을 듯하다. 아무나 와서 골프를 칠 수 있듯이 아무나 이 망에 들어와서 지급결제를 할 수 있다.

따라서 이 그림에서 A2은행은 C1은행이나 C2은행과 아무런 관계도 없고, 심지어 존재 자체를 몰라도 상관없다. B은행이 C1은행과 관계가 있고, C1은행이 C2은행과 관계가 있다면 이 결제시스템은 작동한다.

이에 따라, 지구상의 누구에게든 그가 거래하는 수취은행 이름만 알고 있으면 돈을 보낼 수 있는 것이 이 코레스결제망이다. 송금은행이 알아야 하는 것은 오직 BIC(Bank Identifier Code)이다. 이 번호만 알면 SWIFT 화면(MT103)에 결제정보를 입력하여 날리면 되는 것이다.

두번째로, 자금(fund)과 지급지시(message)가 항상 같이 움직여 다녀야 한다는 것이다. 이 그림에서 실선은 자금의 흐름을, 점선은 결제정보의 흐름을 나타내는데 항상 같이 움직이는 것을 볼 수 있다.

이에 따라 송금은행과 수취은행 사이에 위치한 중계은행(intermediary bank, 이 그림에서는 B은행, C1은행을 지칭)이 많아지면 많아질수록 시간과 비용이 많이 소요된다.

중계은행 직원 중 한 명이 여름휴가를 갔다면 자금이 언제 수취은행에 도달할 지 알 수 없다. 중계은행에서는 송금사무를 서두를 이유가 없다. 돈은 이미 자기네 은행에 들어와 있기 때문이다.

(2) Negotiated network

Open network는 누구에게도 돈을 보낼 수 있는 광범위한 coverage를 가지고 있지만 비용과 시간이 많이 드는 단점이 있다. 이런 단점을 극복하기 위하여 고안된 것들이 있다.

공통의 이해관계가 있는 몇몇 은행들이 미리 협의하여 그들 사이에 어떻게 결제를 할 것인지를 사전에 정한다면 어떨까? 결제망의 운영조건들은 참가은행들이 정하기 나름이므로 특정 형식에 국한되지 않고 훨씬 효율적인 시스템을 만들 수 있을 것이다.

(가) CLS 결제망

CLS(Continued Linked System) 결제망이라는 것이 있다. 이 망은 1996년 BIS의 권고에 따라 미국이 주도하여 CLS라는 민간회사에 의하여 구축되었다.

이 CLS 결제망 구축의 배경이 된 사건이 있다. 1974년 독일 Herstatt 은행 사건이다.

1974.6.26. 독일의 Herstatt 은행이 상대방 은행과 외화를 대가로 마르크화를 매입하는 계약을 체결하고 마르크화는 당일자 수령했는데, 외화를 Corres banking network를 통하여 결제 하려다 보니 하루가 더 소요되었다. 그런데 그 사이에 독일당국이 Herstatt 은행을 파산절차에 집어넣었다. 이에 따라 auto-matic stay 조항이 발동되어 상대방 은행들이 결제를 받을 수 없게 된 것이다.

이 사건은 전세계적으로 외환결제에 대한 system risk 우려를 가져왔다. 이에 따라 BIS가 주도하여 동시이행결제(payment vs. payment) 시스템을 도입한 것이 CLS 시스템이다. 이 결제망은 현재 전세계 외화거래량의 약 1/3을 책임지고 있다고 한다.

　　(나) 우리/기업은행과 이란중앙은행간 원화결제망

　　우리은행 · 기업은행과 이란 중앙은행간에 구축된 원화/리알화 결제시스템도 여기에 해당할 것이다.

〈그림 4-8〉 한국—이란간 원화결제 시스템[10]

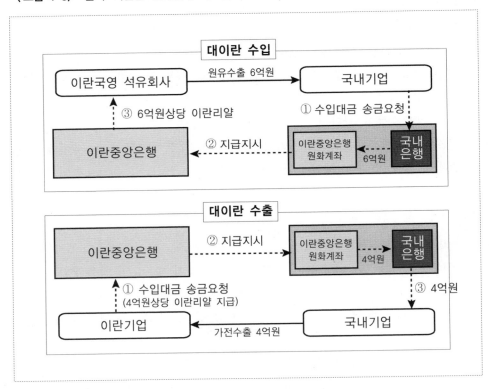

미국의 대이란 제재조치 실행에 따라 미국계은행을 통한 미 달러화 결제가 어려워지게 되었고, 이를 타개하기 위하여 우리나라의 우리은행/기업은행이 이란중앙은행과 구축한 원화/리알화 결제시스템이다. 미국의 양해하에 구축되었다.

---

10) 2010.9.18., 기획재정부 보도자료, 국내은행과 이란중앙은행간 원화결제 실시 합의, 2p

(3) Unilateral network

Negotiated network에서 한 발 더 나아가서 송금은행과 수취은행이 본점과 지점관계라면 어떻겠는가? 이들 사이에 SWIFT 같은 표준화된 통신수단을 쓸 필요가 있을까? 더 나아가 자금결제 자체를 해 줄 필요가 있을까? 오른쪽 주머니 돈을 왼쪽 주머니로 옮길 필요가 있을까 하는 것이다. 그럴 필요조차 없을 것이다.

따라서 open network에서 필요한 모든 형식과 절차들이 내부화(internalize)되어 아주 간단한 방식으로 송금이 일어날 수 있다.

〈그림 4-9〉 Unilateral Network

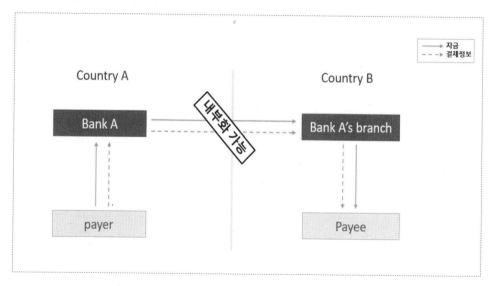

(4) Franchised network

지금까지는 은행들 사이에 네트워크를 이루는 구조를 설명하였다. 그런데 만약 은행이 아닌 어떤 사업자가 전체적인 결제구조를 짜고 은행을 이 구조에 편입시키면 어떻게 될까?

〈그림 4-10〉 Franchised Network

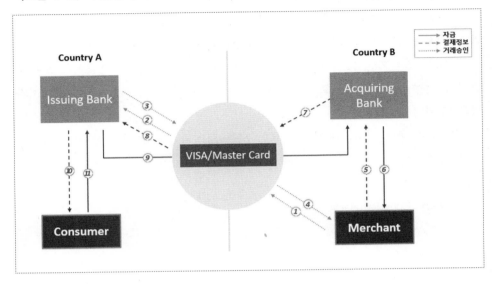

이 구조는 Visa, Master 같은 신용카드사업자들이 중심에 서서 결제시스템을 구축하고 은행들을 참가시킨 경우이다.

이 신용카드시스템에서는 consumer가 merchant로부터 물건이나 서비스를 구매하고 대가를 지불하기 위하여 신용카드를 제시하면 merchant는 단말기를 통하여 신용카드에 문제가 없는지 확인하는 절차(①②③④)를 거친다.

승인이 떨어져 카드로 결제를 하게 되면, merchant는 다음날쯤 acquiring bank에 청구하여 바로 자금을 받아간다(⑤⑥). Acquiring bank는 카드망을 통하여 issuing bank에게 대금결제를 청구하고 issuing bank는 역시 카드망을 통하여 acquiring bank에게 대금을 지급한다(⑦⑧⑨).

마지막으로 issuing bank는 약 한달 후에 consumer에게 신용카드대금청구서를 보내고 고객계좌에서 인출하여 자금을 수령한다(⑩⑪).

이 신용카드 시스템이 코레스 결제와 다른 점은 (1) 결제정보가 자금이체와 같이 이동하지 않는다는 점, (2) merchant에게 먼저 돈을 지급하고 나중에 consumer로부터 돈을 받는 후불결제 구조라는 점이다. 이 기간 중에는 Issuing Bank가 신용을 공급하며 그 이자비용은 가맹점 수수료를 받아 충당한다.

이와 같이 Franchised network에서는 창의적인 결제구조 고안도 가능하다.

나. 자금이체의 5대 구성요소

결제망의 유형이 무엇이든, 자금이체에는 필수적인 5대 구성요소가 있다. BIS는 상기 2007년 연구보고서에서 자금이체의 구성요소를 다음과 같이 설명하고 있다.

자금이체의 5대 구성요소
A. Capturing
B. Disbursing
C. Messaging
D. Settlement
E. Liquidity arrangement

(1) Capturing

Capturing이라함은 송금 고객(sender)과 접점에 위치하여 고객으로부터 수취인정보와 송금할 돈을 수령하는 절차를 말한다.

(2) Disbursing

Disbursing이라함은 수취인 고객(receiver)과 접촉하여 송금되어 온 자금을 지급하는 절차를 말한다.

(3) Messaging

messaging이라는 것은 결제망에 참여한 은행들에게 지급 지시를 하는 것을 말한다.

이메일을 보내거나 전화로도 지급지시를 할 수 있지만 보안상의 문제로 실제로 그렇게 하지는 않는다. 제일 광범위하게 통용되는 것은 SWIFT(Society for Worldwide Interbank Financial Telecommunication)이다. SWIFT는 통신시스템을 구축하고 가입은행들로부터 사용료를 받아 운영하는 민간사업자이다.

(4) Settlement

이는 일반인들이 잘 모르는 것으로 지급결제에서 가장 중요한 부분이라고 할 수 있다. Settlement는 결제망에 참여한 은행들 사이의 문제로서 'clearing' 과 '협의의 settlement'로 나눌 수 있다.

clearing이라는 것은 은행들 사이에 서로 주고/받을 돈의 금액을 최소화하기 위한 과정이다. 이 과정에서 batching과 netting이 이루어진다.

결제망에 참여하는 은행들은 고객의 요청에 따라 지급과 영수가 일어날 때마다 건별로 상대방은행과 자금결제를 하지 않는다. 그렇게 할 이유가 무엇이 있겠는가? 고객과의 접점에서 Capturing/Disbursing이 일어나는 것과 별개로 은행들 사이에서는 일정 주기로(batching), 주고/받을 금액을 차감하여(netting) 최종적으로 결제될 금액을 정하는 절차가 있다.

일반인들은 A국의 갑이 B국의 을에게 100이라는 돈을 보내는 상황이라면 A국의 송금은행이 B국의 수취은행에 100을 지급하는 것을 상상할 것이다. 그러나 실제 자금이동은 그렇게 일어나지 않는다. 송금은행과 수취은행간에는 이 1건의 거래만 있는 것이 아니다. 쌍방향으로 수많은 송금·추심거래가 있다. 이 많은 거래에 따른 자금결제를 개별적으로 할 필요가 뭐가 있겠는가? 일정 기간 단위로 묶어서 상계처리하면(Batching & netting) 결제금액은 훨씬 줄어든다. 결제 주기를 길게 가져가면 갈수록 최종 결제금액을 최소화할 수 있다.

극단적인 예로 A국 은행이 B국 은행에 주어야 할 돈과 받아야 할 돈이 우연히 일치한다면 이 은행들은 아무 조치도 취할 필요가 없다. 채권/채무가 저절로 상계되어 결제된 것이다. 이런 경우에도 은행들은 고객으로부터 송금수수료를 받지만, 은행의 업무가 원래 이러한 것이므로 고객들이 억울해 할 이유는 없다.

Clearing 과정을 통하여 최종적으로 결제 되어야 할 금액이 결정되면 그 금액을 상대은행명의 계좌에 입금 시켜줘야 하는데 이것을 '협의의 settlement' 라고 한다.

(5) Liquidity Arrangement

앞의 예에서와 같이 은행들간에 주고받을 돈이 정확히 일치한다면 더할 나위 없이 좋을 것이지만, 그것을 기대하기는 어려운 문제이고 그 difference에 해당하는 금액은 상대방은행에 줘야 한다. 그래서 송금은행은 수취은행에 송금은행 명의의 계좌를 열고 일정수준의 잔고를 유지하려고 노력한다. 만약 잔고가 부족하다 싶으면 결제통화를 차입하거나 매입하여 그 계좌에 채워 놓아야 한다.

그런데 만약 어떤 결제 시점에 해당 계좌에 잔고가 부족하면 어떻게 되나? 지급결제는 취소되고 이에 따라 연쇄적으로 다른 지급결제건 마저 취소되어 금융시스템 전체가 붕괴되는 사태가 올 수도 있다.

이에 대비하기 위하여 Liquidity Arrangement가 필요하다. 통상은 송금은행과 수취은행사이에 당좌차월(overdraft) 약정이 맺어져 있다. 이에 의하여 해당계좌 잔고가 부족한 경우에는 자동적으로 대출이 실행되고, 이에 따라 지급결제 취소사태는 방지된다.

우리나라와 중국 사이에 체결된 원화/위안화 수출입결제시스템이라는 것이 있다. 여기에서는 한국은행과 중국인민은행이 각각 원화와 위안화의 liquidity provider로서 참여하고 있다. 이런 것도 Liquidity Arrangement의 하나이다.

3. 비은행송금사업자의 진입과 변화

2000년대 들어와서 비은행 송금사업자들이 종래 은행 위주의 국제자금결제 시장에 많이 진입하였다. 특히 (1) 구글, 네이버, 카카오 같은 social net−works 사업자, (2) 인터넷쇼핑몰 같은 e−commerce platforms 사업자, (3) KT 같은 통신사업자 등이 지급결제분야에 진입하고 있다. 이들은 기존에 가지고 있는 고객을 대상으로 IT기반의 서비스를 제공함으로써 빠른 속도로 시장에 진입하고 있다.

BIS에서도 이러한 비은행송금사업자들의 진출에 주목하면서 이들이 지급결제 분야에 어떠한 변화를 가져올 것인지 지켜보고 있다. 이에 BIS에서는 2014년 9월에 Non−banks in retail payments라는 연구보고서를 발간하여 Non−banks들이 전통적으로 은행의 영역이던 지급결제 분야에 어떻게 참여하고 있으며 그 성과와 한계가 무엇인지를 분석한 적이 있다.

가. 진입 유형

이 report에 따르면 현재 Non—banks들이 지급결제 분야에 참여하고 있는 유형은 다음 4가지로 분류할 수 있다고 한다.

Non-banks들의 지급결제 진입 유형

A. Front-end providers
B. Back-end providers
C. Operators of retail payment infrastructure
D. End-to-end providers

---

(1) Front-end provider

〈그림 4-11〉 Front-end provider[11]

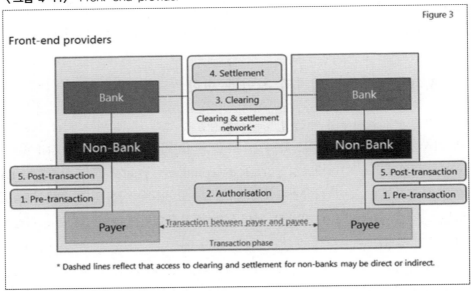

Non—banks들이 지급결제구조의 앞 단에서, 즉 고객과의 접점에서 서비스를 제공하는 형태이다. 거의 대부분의 Non—bank의 사업 형태가 여기에 해당한다. 이 그림에서 보면 Non—bank가 은행과 고객 사이에 들어와 있는 것

---

11) BIS, Non—bank in retail payments, 2014.9., 11p

을 알 수 있다.

PG(payment gateway)사업자가 그 대표적인 예가 될 것이다. 이름 자체에서
도 지급결제 구조의 문 앞을 지키고 있는 모습이 연상된다. 인터넷 쇼핑몰에서
의 동시, 대량의 결제 정보를 종전 방식대로 은행이 처리하기에는 한계가 있으
므로 새로운 사업자가 은행을 대신하여 고객과의 접점에 선 것이다. 이들이 은
행과 고객 사이에 끼어 capturing하고 disbursing하는 서비스를 제공한다. 그리
고 일정 범위내에서는 Non-banks 사이에 clearing과 settlement도 일어난다.

그러나 이 시스템은 종래의 은행망에 의지하지 않고는 작동될 수 없다. 왜
냐하면 최종적인 clearing 과 settlement 기능은 은행망을 통하여 수행되기 때
문이다. 그럼에도 불구하고 고객들이 볼 때에는 고객과 직접 contact하는
Non-bank가 지급결제 전체를 책임지고 있는 것처럼 보이고, 은행은 보이지
않는다.

(2) Back-end provider

〈**그림 4-12**〉 Back-end provider[12]

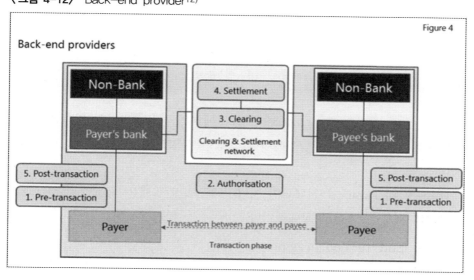

지급결제구조의 뒷단에서 서비스를 제공하는 Non-bank들도 있다. 이 들
은 주로 IT service 사업자, data service 사업자로서 은행들이 종전에 자체적으

---

12)   BIS, Non-bank in retail payments, 2014.9., 11p

로 수행하던 업무를 경비절감 목적으로 outsourcing하기 시작하면서 은행의 back office 기능을 맡아서 수행한다.

고객들이 볼 때는 지급결제는 은행이 수행하는 것으로 보이고, 이들의 역할은 알 수 없을 것이다.

(3) Operator of payment infrastructure

〈그림 4-13〉 Operator of payment infrastructure[13]

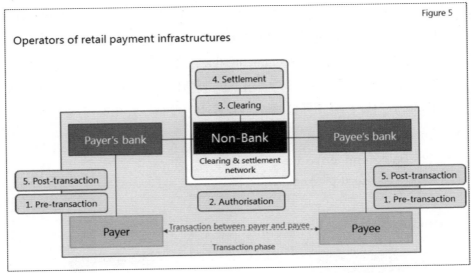

이는 앞서 보았던 Franchised Network에서의 신용카드사의 역할을 Non-bank가 은행 위주의 국제결제 분야에 진입한 사업모델의 하나로 보고 분류한 것이다.

비록 Visa, Master가 전체적인 지급결제구조의 설계는 하지만 이 시스템에서 은행의 역할은 여전히 절대적이다.

(4) End-to-end provider

이 유형은 Non-bank가 지급결제구조의 앞단에서부터 뒷단에 이르기까지 골고루 참여하는 유형으로 BIS가 분류한 4가지 유형중 Non-bank가 지급결제과정에 가장 깊숙이 참여하는 형태이다.

---

13) BIS, Non-bank in retail payments, 2014.9., 12p

〈그림 4-14〉 End-to-end provider[14)

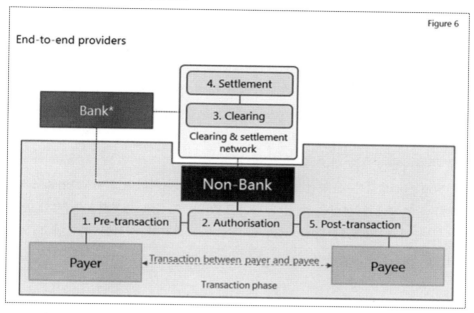

고객 접점은 물론 clearing, settlement까지 전 과정에 걸쳐서 지급결제 서비스를 제공하는 것으로 보통 Non-bank 사업자가 회원들의 계좌를 보유하면서 선불전자지급결제수단 등 e-money로 결제하는 구조를 띤다. Paypal 같은 사업자가 여기에 해당한다.

그러나 이 모델에 있어서도 국가 화폐와 e-money를 교환하는 절차가 있어야 하므로 은행이 지급결제시스템에서 완전히 배제될 수는 없다.

나. 평 가

위의 Non-banks들의 진입 유형을 보면 한 가지 뚜렷한 공통점이 있다. 종래의 은행망이 여전히 그대로 위치하고 있다는 점이다. Non-bank들은 기존의 banking network의 앞단 또는 뒷단의 어느 단계에 참여하여 일정 서비스를 제공하는 형태로 참여하고 있다.

즉, 은행을 완전히 배제한, 소위 "독자형" 송금네트워크가 구축된 것은 아

---

14) BIS, Non-bank in retail payments, 2014.9., 13p

닌 것이다. 향후 Non－bank들에 의한 "독자형" 송금네크워크가 출현할 가능성을 완전히 배제할 수는 없지만 적어도 아직까지는 그러한 모델은 세상에 존재하지 않으며 앞으로 출현할 가능성도 낮다고 생각된다. 국제지급결제망은 하루 아침에 만들어지는 것이 아니기 때문이다.

이런 점에서 보면 무슨 무슨 pay라고 하여 전통적으로 은행의 영역이라고 생각되던 지급결제 분야에 Non－bank들이 진입하였지만, 이들이 은행을 대체하지는 못하고 있는 것으로 생각된다. 여전히 은행의 지급결제망이 이들의 배후에 존재하면서 기능하고 있는 것이다.

Non－bank들은 은행결제시스템의 어딘가에 위치하여 은행과 협조하거나 경쟁하는 관계에서 사업을 개척해 나가고 있다. 그리고 대부분의 경우에 있어서는 은행결제시스템의 앞단(front－end)에서 고객과의 접점을 차지하고 있는 것이다.

4. 결 론

국제 지급결제분야에 진입한 비은행송금사업자들은 한결같이 핀테크 (Fin－Tech) 혁신을 표방하고 있다. 그리고 정부도 이에 동조하여 적극 지원하고 있다. 2010년 이래 언론에서 '핀테크'라는 말이 거론되지 않은 날이 없을 정도였다. 이에 따라 필자도 본의 아니게 관심을 가지게 되었고, 지급결제 분야에 있어서 핀테크 혁신과 관련된 몇 개의 강연을 들은 적도 있다.

그런데 아무리 설명을 듣거나 기사를 읽어 보아도 핀테크에서 말하는 그 Technology가 무엇인지 여전히 모르겠다는 것이 솔직한 심정이다. 강연이나 기사에서 핀테크 혁신으로 거론하는 pairing, pooling, prefunding, netting 등의 방법은 이미 은행결제시스템 내에 구현되어 있는 것들이다. 그것들을 용어만 바꾸어 설명하는 것이다.

필자는 소위 핀테크 전문가들이 은행망을 통한 국제결제시스템에 대하여 잘 모르고 있는 것이 아닌가 하는 의심도 하고 있다. 만약 사실이 그렇다면 현실에 안주한다는 비판을 받아온 은행과 은행업에 종사해 온 분들은 억울하게 누명을 쓰고 있는 것이다.

우리나라 외환당국에서는 PG사와, 소액해외송금업자의 출현을 맞이하여 이들이 "대한민국과 외국간의 지급 · 추심 및 수령' 업무에 종사하는 것으로 보아 외국환업무취급기관으로 취급하고 이들을 외국환거래규정 제2장에 위치시켰다. 이에 따라 이들에 대한 외국환업무 등록에서부터 건전성규제, 업무 방법에 이르기까지 시시콜콜하게 결정해야 할 사항이 대폭 늘어나게 되었다.

그러나 한편 생각해보면 이들이 지급결제 5대 구성요소의 전 분야를 담당하는 것이 아니고, 국제은행결제망의 특정부분에 참여하여 제한된 서비스를 제공하는 데 그치는 것이라면 굳이 이들을 외국환업무취급기관으로 지정할 필요가 있을까 하는 의문이 있다.

이들의 업무를 "대한민국과 외국간의 지급 · 추심 및 수령"으로 본다면 신용카드사의 업무도 그렇게 보아야 한다. 신용카드사가 이들보다 오히려 더 국제지급결제에 깊숙이 관여하고 있기 때문이다. 그렇지만 우리 외환법규에서는 신용카드사는 "대한민국과 외국 간의 지급 · 추심 및 수령" 업무를 할 수 없는 것으로 되어 있다. 앞뒤가 맞지 않는 입법인 것이다.

이들을 외국환업무취급기관으로 지정하는 문제보다도 더 관심을 두어야 할 부분이 있다. 이들이 고객과의 접점을 차지해 버렸다는 것이다. 이에 따라 은행을 통한 거래나 행위의 적법성 확인, 외환 신고수리 등 행정사무의 처리, 각종 통계 작성을 위한 대외거래 정보가 불가능하게 되었다.

비은행송금사업자들이 은행을 대신하여 상기 업무를 제대로 수행하여 준다면 다행이겠지만, 그럴 가능성은 적어 보인다. 이들은 규모도 영세하고 무엇보다 스스로가 외환관리기관 이라는 인식이 없을 것이기 때문이다. 만약 이들이 대외거래 정보보고를 소홀히 한다면 세계에 자랑할 만한 우리나라 외환전산망은 곧 무용지물이 될 것이다.

신용카드를 이용하여 대외결제를 하는 경우에도 고객들은 은행창구를 통하지 않는다. 그리하여 이 경우에는 별도의 감시 프로그램이 마련되어 있다. 신용카드사들은 개인별, 법인별 신용카드 대외사용실적을 매 분기별로 여신전문금융협회에 제출하여야 하고, 협회에서는 이를 분석하여 위법사항이 없는지 확인하고 외환당국에 보고하도록 되어있다. 비록 대외지급이 일어나기 전 은행

창구를 통한 심사는 불가능하지만 사후라도 적법성 확인을 하는 체제는 갖추어져 있다.

비은행송금사업자들에 대하여도 이와 유사한 관리체제를 만들 필요가 있을 것으로 생각된다.

제 11 절   원화 국제화

1. 서   론

원화 국제화라 함은 국제거래를 함에 있어서 우리나라 통화인 원화가 사용 된다든지, 사용하기 위하여 보유 된다든지 하는 정도가 높아지는 것을 의미하는 것이라고 생각한다.

그렇게만 된다면 얼마나 좋은 일이겠는가? 원화가 국제거래에 사용되면 우리는 더 이상 외환관리라는 것을 할 필요도 없다. 대외결제를 위한 외화준비도 필요 없고, 우리나라 기업과 개인들이 환리스크에 노출될 일도 없다.

그러나 원화 국제화란 우리가 욕심낸다고 얻을 수 있는 것이 아니다. 우리의 국력 신장에 따라오는 것이다. 더구나 아무리 국력이 신장하여도 국제결제 통화의 과점체제하에서 한계가 있을 것이다. 세계에서 결제통화로 쓰이는 것은 압도적으로 미 달러화의 비중이 제일 크고, 다음으로 유로화, 엔화의 순이다. 최근 중국의 위안화가 급속히 따라붙고 있지만 국제결제통화 리스트 상단에는 이름을 올리지 못한다.

우리 정부는 원화 국제화를 주요 정책과제로 삼고 이를 위하여 노력하고 있다고 한다. 원화가 국제결제통화로 쓰이려면 원화를 매매, 차입, 헤지할 수 있는 시장이 발달해야 하는데, 이러한 인프라를 만들기 위하여 정부가 이런저런 노력을 하고 있다고 한다.

그러나 이러한 인프라는 원화결제 수요가 있기만 한다면 저절로 만들어지는 것이다. 예를 들어보자. 1996년경 홍콩과 싱가폴에 만들어진 원화 NDF(Non Deliverable Forward) 시장은 우리 정부의 승인을 받거나 우리정부가 관여하여 만든 시장이 아니다. 홍콩과 싱가폴에 있는 외환딜러들이 우리나라의 1992년 주식시장 개방에 따라 외국인 주식투자자금의 환리스크를 헤지할 시장이 필요하니까 자신들이 스스로 만든 시장이다. 필요는 창조의 어머니인 것이다.

반면에, 정부에 의하여 인프라가 만들어 진다고 하여도 수요가 없으면 금방 소멸한다. 우리나라는 1996년에 서울에 원/엔 외환매매시장을 개설하였으나 거래가 없어 곧 문을 닫은 적도 있다.

이와 같이 원화 국제화를 위하여 필요한 것은 수요이지 정책이 아니다. 가끔 정부의 발표를 보면 원화 국제화라는 것이 정부가 정책과제로 삼아 노력하면 이룰 수 있는 것으로 생각하는 것 같다는 느낌을 받는다. 정부의 노력을 폄하하려는 것은 아니지만, 원화국제화란 정부가 노력하여 구할 수 있는 것은 아닐 것이다.

정부로서 할 수 있는 일은 우리나라 경제 발전에 따라 원화의 국제적인 위상이 자연스럽게 높아져 나가도록 환경을 정비하고, 혹시라도 원화 국제화의 진전에 장애물이 있으면 그것을 치워주는 정도의 역할일 것이다.

이와 관련하여, 필자가 보기에 우리 외환법에 원화 국제화를 저해하는 장애물이 있다. 그래서 이 절에서는 여기에 대하여 언급해 보려고 한다.

첫째로, 우리 외환규정에 따르면 거주자와 비거주자간 경상거래에 따른 대금의 결제를 원화로 하고자 하는 경우, 비거주자가 국내 외국환은행에 비거주자자유원계정(free-won account)을 개설하고 이 계정을 통하여서만 원화를 수령하거나 지급하여야 하는 것으로 되어 있다.

대외거래가 원화로 결제된다면 쌍수를 들어 환영하고 조금도 불편이 없도록 환경을 정비하여야 함이 마땅하거늘 어찌 이러한 까다로운 절차를 만들었을까?

둘째로, 비거주자간 원화 거래를 제한하는 규정들이 우리 법규 곳곳에 있다. 그 규제 이유는 무엇일까? 우리나라 외환시장이나 금융시장에 어떤 영향을 미치기나 하는 것일까?

규제 이유가 있다고 하더라도 실제 규제를 집행하는 것이 가능하기나 한 것일까? 외국에서 비거주자들 사이에서 벌어지는 일이라면 우리나라의 행정력이 미치지 못하는 경우가 대부분일 것이다.

아래에서 순서대로 살펴보기로 하자.

2. 경상거래 원화결제

우리 외환법에서 대외거래에 따른 결제통화를 제한하고 있지는 않다. 그러나 원화로 결제를 함에 있어서는 다음과 같은 절차가 마련되어 있다. 즉 비거주자자유원계정(free-won account)에 결제대금이 이체 되거나 동 계정으로부터 자금이 인출되어야 하고, 이 입출금단계에서 은행에서 심사가 이루어진다.

> **외국환거래규정**
>
> **제7-8조(계정에의 예치)** ⑤비거주자자유원계정 및 비거주자원화신탁계정에 예치할 수 있는 지급수단은 다음 각호의 1에 해당하는 내국지급수단으로 한다.
> 2. 비거주자가 내국통화표시 경상거래대금 또는 내국통화표시 재보험거래대금으로 취득한 내국지급수단
>
> **제7-9조(계정의 처분)** ⑤비거주자자유원계정 및 비거주자원화신탁계정은 다음 각호의 1에 해당하는 용도로 처분할 수 있다.
> 2. 내국통화표시 경상거래대금 또는 내국통화표시 재보험거래대금 지급

이 '비거주자자유원계정'이라는 것은 1993. 10월에 외국환관리규정 개정으로 신설되었다. 정부는 이 계정을 만든 이유를 "대외거래의 원화 결제를 가능하게 하려는 것"으로 설명하면서 이로써 원화 국제화의 일보를 내딛은 것으로 홍보하였다.

그럴만한 것이 당시 외환규정에서는 대외거래 결제통화를 지정해 놓고 있었는데, 원화는 그 지정통화에서 제외되어 있었던 것이다. 지급통화 및 영수통화 모두에서 원화는 제외되어 있었다.

> **외국환거래규정**(1994.5.20. 고시)
>
> **제1-15조(통화의 지정)** 법 제5조의 규정에 의한 지정통화는 다음 각호로 한다.
> 1. 지정영수통화는 외국통화로서 국제통화기금 협정문 제8조의 의무를 이행할 것을 수락한 국가의 통화, 홍콩통화, 유럽통화단위(ECU) 및 중화인민공화국통화
> 2. 지정지급통화는 모든 외국통화로 한다.

필자는 당시 지정통화에서 대한민국 법화인 원화가 왜 제외되어 있는지 도저히 이해가 안되어 여러 외환전문가들에게 그 배경을 물어보았다. 그러나 명확한 답은 들을 수 없었고 단지 "원화가 국제 결제통화가 아니어서" 또는 "원화가 국제화가 안되어서" 그런 것이 아닌가 한다는 추측성 답변만 들을 수 있었다.

그런데 이런 생각은 원인과 결과를 혼동한 것이 아닐까? 원화가 국제결제에 쓰이도록 길을 열어놓아야 언젠가 국제화를 이룰 수 있는 날이 올 수 있지 않겠는가. 처음부터 원화결제를 막아 놓고 원화국제화가 안되어 있다고 불평하면 어떻게 하는가?

원화를 국제결제통화에서 제외하였다는 것은 대한민국 정부 스스로 원화를 그 안정성이나 유동성면에서 믿을 수 없는 통화로 생각한다는 것을 대외적으로 표시한 것이다. 이렇게 자국통화를 불신하고 천시하면서 어떻게 원화국제화를 이루겠다는 것인가? 정부가 앞장서 홍보하고 장려하여도 부족한 마당에 오히려 원화 사용을 금지시켰다는 것은 도저히 이해할 수 없는 것이다.

다시 말하지만, 우리나라로서는 원화결제를 막을 이유가 하나도 없다. 원화결제가 이루어진다면 우리나라 기업과 개인들은 환위험에서 벗어나게 되고 결제에 필요한 외환을 확보하기 위하여 고통스러운 외환관리를 감내할 필요도 없다.

이렇게 어이없이 지정통화제도가 운영되다가 1996년에 이르러 외국환관리법 개정에 의하여 '지정통화제'가 폐지되었다. 이에 따라 비로소 원화결제에 제한이 없게 되었다.

시간 순서대로 보면 이렇다: ① 지정통화에서 원화를 제외함에 따라 대외거래 원화결제 전면 불가(1993.10월 이전), ② 비거주자자유원계정을 통하는 경우 대외거래 원화결제 일부 허용(1993.10월), ③ 지정통화제 폐지(1996.6월)

만약, 1993년의 '비거주자자유원계정' 신설 조치가 없었다면 대외거래 원화결제는 1996.6월에 이르러 아무런 제한없이 완전히 자유화 되었을 것이다. 그런데 원화결제 금지 체제하에서 혈로를 뚫기 위하여 만든 '비거주자자유원계정'이 1996.6월 이후에는 족쇄가 되어 원화결제에 허들을 놓은 결과가 된 것이 아닌가 필자는 생각한다. 필자의 추론이 맞다면 이제라도 이 족쇄를 풀어야 한다.

한편 이 "자유원"이라는 용어가 낯설지 않다. 일본 외환법의 '자유엔(自由円)'에서 따온 것이기 때문이다. 그렇다면 일본은 어떤 이유에서 비거주자자유엔 계정이라는 것을 만들었을까?

일본은 IMF협정 제8조에서 요구하는 free convertibility를 보장한다는 취지를 강조하려는 목적으로 '자유엔(自由円)'이라는 명칭을 붙여 1960. 7월 '비거주자자유엔계정(非居住者自由円勘定)'을 신설하였다. 그리고 이 계정에 예치된 자금의 환전 및 대외송금을 보장하였다.

당시에 비거주자엔계정(非居住者円勘定)이라는 것도 별도로 있었기는 하지만, 대부분의 비거주자들이 자유엔계정으로 거래를 하였으므로 보통엔계정의 존재감은 미미하였다. 그러다가 1980년에 이르러 외환법 개정을 기회로 두 가지 계정의 존재가 not−free Yen이 있다는 인상을 대외적으로 주게 된다는 지적이 있어 그 구분을 없애고 모두 비거주자엔계정(非居住者円勘定)으로 호칭한 것이다.

이와 같이 일본에서의 '자유엔(自由円)' 명칭은 대외거래의 엔화결제 허용과는 무관한 것이었고 일본에서 대외거래의 엔화결제는 제한되지 않았다. 일본의 지정통화제도는 1971. 6월에 이르러 폐지되었는데, 폐지되기 직전에도 지급통화에는 아무런 제한이 없었고, 영수통화에 대하여서만 일본 엔화를 포함하여 15개 통화로 한정되어 있었다.

즉, 다시 말해서 일본에서 1980년에 폐기된 '자유엔' 용어가 우리나라에 1993년에 와서 전혀 다른 맥락에서 쓰이고 있는 것이다.

앞서 이야기 하였듯이 대외거래의 원화결제에 허들을 설치할 하등의 이유가 없다. 비거주자들이 거주자와의 경상거래에서 취득한 원화는 다시 국내거래에서 사용되든지, 아니면 환전을 통하여 대외 송금될 것인바, 만약 대외송금을 한다면 이 단계에서 은행창구를 통한 심사 메카니즘이 작동하기 때문이다.

원화 국제화에 장애가 되는 외국환거래규정 7−8조 및 7−9조의 해당 호는 삭제하는 것이 좋지 않을까 생각한다.

3. 비거주자간 원화거래

우리 외환법규에서는 비거주자간 원화거래에 대하여도 규제를 하고 있다. 여기에서 '원화거래'라 함은 원화의 인수도(delivery)가 일어나는 경우뿐만 아니라, 그렇지 않더라도 원화로 표시되거나 지급 금액이 결정되는 경우까지 포함한다.

외국환거래규정

제7-30조(비거주자의 원화증권 발행) ①비거주자가 외국에서 원화증권(원화연계외화증권을 포함하며 이하 이 조에서 같다)을 발행하고자 하는 경우에는 별지 제7-5호 서식의 증권발행신고서에 발행자금의 용도를 기재한 발행계획서를 첨부하여 기획재정부장관에게 제출하여야 한다.

제7-47조(적용범위) 비거주자가 다른 비거주자와 다음 각호의 1에 해당하는 거래 또는 행위를 함에 관하여는 이 관에서 정하는 바에 의한다.
  1. 비거주자간 내국통화로 표시되거나 지급받을 수 있는 채권의 발생등에 관한 거래
  2. 비거주자가 다른 비거주자로부터 원화증권 또는 이에 관한 권리를 취득하는 경우

제7-48조(신고 등) ①비거주자가 다른 비거주자와 다음 각호의 1에 해당하는 거래 또는 행위를 하고자 하는 경우에는 신고를 요하지 아니한다. <각호 생략>
②비거주자가 다른 비거주자와 제1항의 규정에 해당하는 경우를 제외하고 제7-47조에 해당하는 거래 또는 행위를 하고자 하는 경우에는 한국은행총재에게 신고를 하여야 한다.

비거주자가 외국에서 원화증권을 발행하는 일은 적어도 현재 시점에서는 발생할 일이 없다. 유로원시장이라는 것은 없기 때문이다. 우리 국력이 커져서 언젠가 그런 날이 온다면 더 이상의 영광은 없을 듯하다. 그러나 현재 단계에서 이런 걱정을 한다는 것은 국제사회의 비웃음을 살 뿐 전혀 현실성이 없는 이야기이다.

그러나 원화연계외화증권을 발행하는 일은 종종 발생한다. 어떤 사유로

인하여, 외화증권을 발행하는 비거주자가 그 지급액을 정하는데 있어서 원화를 변수로 삼는 경우가 있다. 이런 경우에 우리 외환법에서는 비거주자로 하여금 기획재정부에 신고하도록 하고 있다.

그런데 이 신고를 요구하는 이유가 무엇일까? 원화연계외화증권은 결국 외화로 인수도가 일어나는 것이지 원화의 인수도가 일어나는 것이 아니다. 따라서 국내 외환시장이나 금융시장에 미치는 영향이 있을 수 없다. 규제의 이유를 이해하기 어렵다.

'증권의 발행' 이외의 경우에도 비거주자간 원화거래는 외국환거래규정 7-48조 제1항에 열거된 신고면제사유에 해당하지 않는 한, 기본적으로 동조 제2항에 의거 한국은행에 신고하여야 한다. 그러나 필자가 생각하기에 대부분의 경우에 있어서는 이 신고의무는 간과되거나 무시되고 있을 것이라고 본다.

비거주자들이 대한민국에 이런 규제가 있는 지 알 수도 없을 것이고, 설사 어떻게 알았다고 하더라도 왜 신고를 하여야 하는지 납득할 수도 없을 것이고, 신고를 하려해도 이를 위하여 국내에 입국하여 사무를 처리하는 것이 쉽지 않을 것이고, 신고를 하지 않았다고 하더라도 외국에서 거래를 하는데 불편이 없을 것이기 때문이다.

실제로 이런 일도 있었다. 아래 역외 원화 NDF거래에 대한 신고 면제 조항은 2001.11.6. 신설되었다. 그런데 이 거래는 1996년경부터 홍콩, 싱가폴 등지에서 시작되었다. 그 사이에 이 거래와 관련한 한국은행 신고가 단 한 건이라도 있었던가? 없었던 것으로 알고 있다.

그렇다면 이 신고를 하지 않았다고 하여 홍콩, 싱가폴의 외환딜러들이 어떤 제재를 받거나 거래에 불편을 겪은 일이 있는가? 없다. 우리 정부의 법 집행력이 미치지 않아 그렇게 할 수도 없다. 우리 정부가 할 수 있는 일은 서둘러 이 거래를 신고면제거래에 추가함으로써 규범과 현실의 간극을 메꾸는 일뿐이다.

외국환거래규정

제7-48조(신고 등) ① 비거주자가 다른 비거주자와 다음 각호의 1에 해당하는 거래 또는 행위를 하고자 하는 경우에는 신고를 요하지 아니한다.
　10. 비거주자간 해외에서 행하는 내국통화표시 파생상품거래로서 결제 차

액을 외화로 지급하는 경우<재정경제부고시 제2001-19호, 2001.11.6 신설>

이와 같이 규제의 취지와 집행가능성이 의심스러운 비거주자간 원화거래 규제는 정비가 필요하다.

사실 비거주자간 자국통화거래에 대한 규제는 이미 국제통화의 지위를 취득하여 Eurodollar, Euroyen, Euroeuro 같은 시장이 형성되어 있는 나라들에게 의미가 있다. Euro시장에서의 거래가 자국내의 외환시장이나 금융시장에 악영향을 줄 수 있기 때문이다.

그런 점에서 아래에서는 일본에서의 엔화 국제화 논의를 살펴보도록 하자.

4. 일본에서의 엔화 국제화 논의

1980년대에 들어와 일본 GNP가 세계 GNP에서 차지하는 비중이 10%를 넘어 미국 다음이 되었고[15], 일본 엔화가 경상거래에 따른 국제결제에서 쓰이는 비중도 10% 이상을 차지하여 미 달러화, 독일 마르크화에 이어 세계 3대 통화가 되었다.[16]

일본의 국력이 커지자 유로엔(Euroyen) 시장도 형성되었다. 유로엔시장이라 함은 일본 이외의 지역인 런던이나 홍콩, 싱가폴 등지에서 엔화의 차입 및 엔화채권의 발행이 가능한 시장이 형성된 것을 말한다.

이와 같이 엔의 국제화가 진전되자, 일본에서는 그 장단점에 대한 논의가 진행되었다.

장점으로는 ① 엔 국제화가 진전되면 일본기업은 환리스크를 회피할 수 있으므로 기업 채산에 있어서 보다 정확한 판단이 가능하며, 이에 따라 자금 효율성을 높이게 된다는 점, ② 엔화 거래에 관한한 일본 금융기관이 경험, 정보 면에서 타국 금융기관보다 우위에 있으므로 일본 금융기관이 세계적인 경쟁력을 갖추는데 확실한 이점을 갖게 된다는 점, ③ 일본 금융/자본시장 전체

---

15) 円の國際化について (1984.7.24.), 3爲替管理の自由化と円の國際化, 548p
16) 대외경제정책연구원, 원화국제화 관련 해외사례 조사연구, 2010.12월, 34p

로 보더라도, 해외로부터의 시장진입이 증대하여 시장이 두터워지고, 이에 따라 일본이 국제적 금융중심지로 발전할 수 있다는 점이 거론되었고, 단점으로는 엔의 국제화가 진전되면 역외에서의 엔화거래가 일본의 환시세 및 국내금융제도 등에 영향을 미치게 되어 일본의 환율이나 금리가 불안정해질 수 있다는 점이 지적되었다.

이와 같이 엔화국제화에 대한 일본의 태도는 기대 반, 우려 반이었던 것으로 보인다. 이에 따라, 일본에서는 역외에서의 엔화 거래에 대하여는 일정한 제한을 가하기로 하고, 1980년 외환법 개정시 비거주자가 유로엔 채권의 모집·발행을 함에 있어서는 대장대신의 허가를 받도록 최초로 규정하였다. 그리고 제한의 근거로 일본의 통화주권을 들었다.

1980년대 초반에 이미 국제통화의 지위에 오른 엔화를 보유한 일본이 유로시장에서의 엔화거래에 대하여 걱정하는 것은 당연한 일일 것이다.

5. 결 론

국제거래에 사용될 통화를 지정함에 있어서 원화를 제외한 1996.6월 이전의 입법 태도, 경상거래 원화결제를 까다롭게 한 취지 및 비거주자간 원화거래에 대한 규제 이유 모두 납득하기 어려운 것들이다.

거래를 모니터할 필요가 있다는 등의 이유를 댈 수는 있겠지만 이러한 것들이 대외거래 원화사용을 가로막는 이유가 될 수는 없다. 우리의 국력 신장에 따라 자연스럽게 발생하는 원화결제 수요를 우리 외환당국이 지원은 하지 못할망정 방해를 해서야 되겠는가? 원화 국제화가 우리나라의 정책 목표라면 이러한 장애물부터 치우고 볼 일이다.

원화 국제화와 관련하여 조금 더 욕심을 내자면 원화의 수출입에 대한 규제이다. 현재 미화 1만불을 초과하는 원화를 공항이나 항구를 통하여 휴대수출입하는 경우 세관의 장에게 신고하도록 되어 있다.

과거 원화의 수출입이 한국은행 허가사항 이었던 시절이 있었다. 이때 방침상 허가를 해 주지 않았는데, 지금 와서 생각해 보면 왜 그렇게 어리석은 짓을 하였는지 후회가 된다. 대한민국 법화가 국경을 넘어 유통된다고 하여 외환관리 목적상 아무 문제가 없다. 오히려 적극 장려하여 원화의 유통이 국경을 넘어 활발해 지도록 하여야 했는데, 그렇게 하지는 못할망정 훼방을 놓았다니 어처구니 없는 짓을 한 셈이다. 현재 세관의 장에게 신고하면 되는 것으로 완화 되어있어 다행이지만 신고 실무도 까다롭지 않게 할 필요가 있다.

우리가 비거주자간 원화거래에 대하여 걱정하는 것은 시기상조가 아닌가 생각된다. 우리나라는 주로 일본으로부터 외환 규제의 아이디어를 얻다 보니, 우리의 현실이 일본과 같지 않음에도 불구하고 이를 착각하는 경향이 있는 듯 하다.

제 12 절   형식주의 vs. 실질주의

1. 서 론

외국환거래법 위반 혐의의 형사재판에서 내려진 법원의 판결을 보면, 종종 거래의 형식을 부인하고 그 실질에 착안하여 거래의 주체나 거래의 내용을 판단한 경우가 있다.

거래의 본질을 꿰뚫어 보고 옳고 그름을 판단하는 것은 정의의 관념에 부합하는 것으로 보이고 박수를 쳐주고 싶은 마음이 든다.

사실 거래의 형식을 걷어내고 그 실질을 보아 법률 요건과 법률 효과를 판단한다는 논리는 일반인들에게도 생소하지 않다. 세법 분야에서는 이렇게 하여야 한다는 것을 법에 명시하고 있기도 하다. 소위 '실질과세의 원칙'이다.

그렇다면 외환법 분야에 있어서도 이 '실질의 원칙'을 따라야 하는 것이 정의의 관념에 부합하는 것이 아닐까?

그런데 문제는 세법과 외환법의 집행 메커니즘이 다르다는 데 있다. 세법의 집행은 거래나 행위가 종료된 후에 일어난다. 예를 들어 종합소득세의 경우 다음 해에 가서 직전 과세년도의 소득을 신고하고 국세청의 심사를 받고 하는 등의 절차를 거친다.

이와 같이 이미 발생한 일에 대하여 과세관청과 납세자간에 과세요건 해당 여부에 이견이 있을 경우 서로 공방을 통하여 실질을 찾아가는 것은 어느 정도 가능할 것이다.

그러나 외환법상 신고의무를 이행하거나, 지급·영수에 필요한 증빙을 제출하거나 하는 것은 거래나 행위가 발생하기 전에 이루어져야 한다. 금전대차라면 금전대차 법률효과가 발생하기 전에 한국은행이나 외국환은행에 신고하여야 하고, 지급·영수라면 그것이 일어나기 전에 은행창구에 사유와 금액이 적혀있는 서류를 제출하여야 한다.

한국은행이나 은행 창구에서는 하루에도 수 건의 심사가 이루어지는데 거래의 실질을 따질 시간적 여유가 없다. 또한 시간이 충분하다고 하여도 이들 창구에서는 전적으로 고객이 제출하는 자료에 의존하여 심사하는 것이므로 거래의 실질을 따질 방법도 없다. 원고와 피고가 서로 유리한 자료를 제출하며 공방을 벌이는 법원에서의 재판 상황과는 다른 것이다.

이렇게 외환법의 집행단계에서는 거래의 형식이 지배한다. 그런데 나중에 어떤 이유로 외환법 위반여부가 문제가 되었고, 그때에 법원에서 거래의 실질에 따라 외환법 준수여부를 판단한다면 어떻게 되겠는가?

법원에 맞추기 위하여 거래의 형식과 다른 내용의 신고를 외환당국에 한다면 외환당국에서 받아들이지 않을 것이고, 외환당국에 맞추기 위하여 거래의 형식에 따라 신고를 하면 이번에는 법원에서 받아들이지 않을 것이다. 수범자들은 어느 장단에 맞추어야 하는가?

이와 같이 외환법 분야에서 거래의 실질에 따른 판결은 심각한 문제를 야기한다.

2. 거래의 실질을 중시한 판례

> **판례** 대법원 1998. 5. 12. 판결 96도2850
>
> 구 외국환관리법(1991. 12. 27. 법률 제4447호로 개정되기 전의 것) 제29조에 의하여 규제되는 부동산의 '취득'은 거주자가 그 부동산에 관한 사실상의 소유권 내지 처분권을 취득하는 정도로서 충분하고, 그 소유권이나 처분권을 자신의 명의로 또는 사법상 유효하게 취득할 것을 요하는 것은 아니라고 할 것인데, 원심판결이 들고 있는 증거에 의하면 피고인이 앞서 본 바와 같은 방법으로 프랑스에 거주하는 언니인 공소 외 1 부부에게 외화자금을 송금한 다음, 그들의 명의를 빌어 이 사건 아파트를 매수하고 그 이전등기를 마친 사실을 알 수 있는바, 위 사실에 의하면 공소외인들은 피고인의 자금으로 피고인을 위하여 이 사건 아파트를 구입하면서 단지 그 명의만을 빌려 준 것에 불과하다 할 것이므로, 피고인이 이 사건 아파트의 실질적인 소유자로서 이를 취득하였다 할 것이고, 또한 이 사건 아파트의 매매가 형식적으로는 공소외인들과 비거주자와의 사이에 이루어진 것이라고 하더라도 공소외인들의 행위는 피고인의 행위로 취급되는 것이므로, 피고인은 공소외인들이 이 사건 아파트를 매수한 행위에 대한 죄책을 면할 수 없다 할 것이다.

이 사안에서 프랑스 소재 부동산을 취득한 명의인은 프랑스에 거주하고 있는 언니 부부이다. 그러나 법원은 한국 거주자인 동생이 동 부동산의 실질적인 소유자라는 이유로 거주자가 신고하지 않고 외국부동산을 취득한 것으로 사실관계를 확정하였다.

거래의 형식만을 본다면 동 부동산은 비거주자인 언니 부부 명의로 취득한 것이므로 비거주자의 외국부동산 취득이 되어 우리 외환법상 신고대상이 아니고, 따라서 법 위반도 아니다.

이 부동산 취득자금을 국내에서 프랑스로 송금하는 단계에서 동생은 은행 창구에 지급의 사유와 금액을 입증하는 서류를 제출했어야 한다. 이때 만약 "프랑스 부동산 취득용"이라고 송금 사유를 말하였다면 은행에서는 '거주자의 외국부동산 취득' 신고를 먼저 하라고 안내하였을 것이고, 신고를 안하면 송금 취급을 거절하였을 것이다. 그러나 이 사안에서는 신고없이 송금된 것으로 보아 다른 합법적인 사유로 송금되었을 것으로 보인다.

이런 사안에서 동생이 외환법을 위반하였다고 할 수 있겠는가? 그렇게 한다면 거래의 법적 안정성은 크게 위태로워진다. 선의로 합법적이라고 믿고 한거래가 나중에 불법이 될 가능성이 언제든지 있기 때문이다. 이와 유사한 다른 판례도 있다.

> **판례** 대법원 2008.2.15. 판결 2006도7881
>
> 원심은, 그 판시와 같이 피고인이 영국령 버진아일랜드의 법령에 따라 설립한 유령회사(paper company)인 ○○인더스트리스 명의로 홍콩 소재 홍콩상하이은행에 예금계좌를 개설한 후 그 계좌에 자신이 국내에서 운영하는 공소 외 1 ○○물산 주식회사의 수출대금을 예금한 행위는 형식적으로는 외국환거래법 소정의 비거주자인 ○○인더스트리스와 다른 비거주자인 홍콩상하이은행 사이에 이루어진 것이라 하더라도 ○○인더스트리스의 위 예금계약은 외국환거래법 소정의 거주자임이 명백한 피고인 또는 공소 외 1 ○○물산 주식회사의 행위로 봄이 상당하고, 한편 그 판시와 같이 피고인이 1년 중 상당기간을 외국에 체재하였다는 사정만으로는 피고인을 외국환거래법 시행령 제10조 제2항 제5호 (가)목 또는 (다)목 소정의 비거주자에 해당하거나 외국환거래규정 제7-11조 제1항 제1호 소정의 외국에 체재하고 있는 거주자에 해당하는 것으로 볼 수 없다고 판단하였다. 관계 법령과 기록에 비추어 보면, 원심의 이러한 판단은 정

당한 것으로 수긍이 가고, 거기에 상고이유에서 주장하는 바와 같이 관련 법리를 오해 하는 등의 위법이 없다.

외환법을 문언에 따라 그대로 적용한다면 ○○인더스트리는 외국법인(버진 아일랜드 법인)이므로 비거주자이고, 이 비거주자가 역시 외국법인(홍콩 법인)인 홍콩상하이은행에 예금계좌를 보유한 행위는 비거주자 해외예금이 되어 우리 외환법 적용대상이 아니어야 한다.

그러나 법원에서는 ○○인더스트리의 행위 주체성을 부인하고 대신 피고 또는 ○○물산 주식회사가 예금 거래의 주체라고 보고, 이들은 대한민국 거주 자이므로 '거주자 해외예금' 신고의무를 위반한 것으로 판시하였다.

○○인더스트리라는 회사는 실체가 없는 유령회사이므로 판결문에서도 paper company라고 적어 놓았다. 이런 유령회사를 예금 거래의 주체라고 인 정하기에는 꺼림직한 면이 있으므로 그 실질적 귀속자에게 거래의 주체성을 부여한 것은 일리가 있어 보인다. 앞의 프랑스 부동산 사례보다는 더 법원판결 이 설득력이 있다.

그런데 paper company라면 모두 거래의 실체성을 부인하여야 하는 것일까?

오늘날 국내외 거래에는 특수목적회사(SPC)라는 paper company가 합법적 인 용도로 많이 쓰이고 있다. 차주들은 모회사의 도산위험으로부터 절연시켜 자금 조달비용을 줄이기 위해서, 대주들은 담보권 실행을 용이하게 하기 위해 서, 기업의 합병과 취득(M&A)을 용이하게 하게 위해서 등등의 이유에서 이다. 이렇게 상거래상 필요에 의하여 만들어진 SPC를 이용한 모든 거래에서 SPC의 거래 주체성을 부인하고 그 equity holder가 직접 행한 거래로 보아야 하는 것 일까?

미국에서는 일반인이 부동산을 취득할 때에도 LLC(Limited Liability Company) 를 설립하여 LLC명의로 부동산을 취득하는 것을 선호한다. 이렇게 할 경우 유 한 책임의 혜택을 보면서도 이중과세가 되지 않는다는 장점이 있기 때문이다. 이런 경우에 있어서도 LLC의 거래 주체성을 부인하고 그 equity holder가 직접 취득한 것으로 보아야 하는 것일까?

또한 혹시 법원에 의하여 paper company의 거래실체성이 부인될 것을 미리 걱정하여 그 equity holder가 외환당국에 신고를 시도한다면 과연 그 신고가 받아들여지기나 할까? 신고인과 거래명의인이 다른 경우라면 외환당국에서 그 신고를 받아줄 리가 없을 것이다. 법원의 입장에 따라 실질에 따른 신고를 하려고 해도 할 수가 없는 상황인 것이다.

3. 거래의 실질에 따른 판단의 문제점

가. 실질 판단이 가능한가

우리나라의 외환관리는 기본적으로 은행 창구에서 이루어진다. 즉, 국외송금과 국외로부터의 수령이 이루어지는 접점인 은행 창구에서 은행 직원이 고객이 제출한 '지급등의 사유와 금액을 입증하는 서류'를 심사하여 모니터하는 시스템이다.

필자가 한국은행에 문의하여 들은 바에 따르면 우리나라는 매일 3만건이 넘는 대외송금과 2만건이 넘는 대외로부터의 수령이 일어난다고 한다. 이렇게 많은 심사 건을 처리하면서 은행 직원이 접할 수 있는 것은 고객이 제출한 계약서, 송장(invoice), 수출입신고서, 선하증권, 매입주문서(purchase order), 이메일 뿐이다.

이런 시간적인 제약, 심사자료 측면에서의 제약 하에서 거래의 실질이 무엇인지 따질 수 있겠는가? 실질을 보아 거래의 주체나 거래의 내용을 정하여야 한다는 생각은 우리나라 외환관리 현실을 모르는 데에서 나온 것이라고 할 수 있다.

나. 실질 판단이 필요한가

앞의 제3장에서 필자는 우리나라 외환규제가 거래나 행위의 단계별 중첩 규제로 설계되어 있다고 설명하였다. 즉 대외거래가 벌어지는 양태에 착안하여, 그 원인거래, 환전, 지급·영수, 지급수단수출입, 지급방법 단계에서 각각 규제가 마련되어 있고 이것들이 중첩적으로 적용되는 구조라고 하였다.

이렇게 설계된 규제체제 하에서는 어떠한 대외거래도 규제망에서 피해갈 수 없다. 어느 단계에서는 피해갈 수 있다고 하더라도, 다른 단계에서는 걸리게 되어 있다는 것이다.

앞의 프랑스 부동산의 예를 보자. 언니부부 명의를 빌려 부동산을 취득하는 경우 자본거래 신고의무는 피해갈 수 있다. 그러나 부동산 매입자금을 국내에서 외국으로 송금하는 단계 및 동 부동산을 매각하여 매각자금을 국내로 들여오고자 하는 단계에서 문제가 될 것이다.

○○인더스트리 사건의 경우, ○○인더스트리 명의 해외예금은 자본거래 신고의무를 피해갈 수 있다. 그러나 피고인 또는 ○○물산 주식회사가 ○○인더스트리를 설립하거나 취득하여 출자금을 송금하는 단계에서 '거주자의 해외직접투자' 신고를 하여야 한다. 만약 이 신고를 하지 않았다면 미신고 해외예금 대신에 미신고 해외직접투자를 들어 처벌하는 것도 가능하였을 것이다.

이와 같이 외환법에 있어서는 거래의 실질을 고집하지 않아도, 거래의 다른 단계에서 외환법 위반의 소지를 포착할 수 있는 기회가 얼마든지 있다. 따라서 외환법 집행과 관련하여서는 거래의 실질을 고려하지 않아도 사실 큰 문제가 발생하지 않는다.

다. 실질 판단에 법적인 근거는 있는 것인가

조세법 분야에서는 구체적 정의를 확보하기 위한 방안으로 오래 전부터 소위 '실질과세 원칙'을 발전시켜 왔다.

국세기본법

제14조(실질과세) ① 과세의 대상이 되는 소득, 수익, 재산, 행위 또는 거래의 귀속이 명의(名義)일 뿐이고 사실상 귀속되는 자가 따로 있을 때에는 사실상 귀속되는 자를 납세의무자로 하여 세법을 적용한다.
② 세법 중 과세표준의 계산에 관한 규정은 소득, 수익, 재산, 행위 또는 거래의 명칭이나 형식과 관계없이 그 실질 내용에 따라 적용한다.
③ 제3자를 통한 간접적인 방법이나 둘 이상의 행위 또는 거래를 거치는 방법으로 이 법 또는 세법의 혜택을 부당하게 받기 위한 것으로 인정되는 경우에는 그 경제적 실질 내용에 따라 당사자가 직접 거래를 한 것으로 보거나 연속된 하나의 행위 또는 거래를 한 것으로 보아 이 법 또는 세법을 적용한다.

국세기본법 제14조에서는 실질과세 원칙을 천명하고 있다. 법적 형식이나 외관에 불구하고 실질에 따라 세법을 해석하고 과세요건사실을 인정하여야 한다는 것으로 조세부담을 회피하는 행위를 방지하고자 하는 것으로 이해되고 있다.

그러나 외환법에는 이런 법리가 없다. 외환 법규 어디에도 거래를 실질에 따라 본다거나, 실질을 중시한다거나 하는 등의 문구가 없다. 문구가 없을 뿐 아니라 '거래의 실질'이라는 주제가 논의된 적도 없다.

입법에 반영되지도 않았고, 사회적으로 공론화된 적도 없는데 조세분야에 비슷한 법리가 있다고 해서 외환법을 적용함에 있어서도 똑같이 취급할 수는 없는 일일 것이다.

4. 결 론

외환법을 해석하고 집행하는 과정에서 그 '실질' 또는 '경제적 효과'를 기준으로 삼아 법률요건을 판단하려는 태도는 오래전부터 있었고 필자도 많이 경험하였다. 예를 들어 미수금을 장기간 방치하는 경우에는 '금전을 대여한 것과 같다'는 식의 사실관계 재구성이 그런 것이다.

이러한 태도는 법원뿐만 아니라 외환당국에서도 종종 발견되었다. 그리고 이것이 완전히 잘못된 것이라고 할 수도 없다. 사실이 그러한 면이 있기 때문이다.

그러나 이런 식으로 소위 '실질'에 따라 법을 적용하기 시작한다면 법적 안정성은 크게 훼손될 것이다. 누가 '실질'을 판단할 것인가? 현실적으로는 누구도 '실질'을 판단해 주지 않는다. 외환법 위반이 문제가 되어 형사재판을 받아 판결이 나온 다음에야 '실질' 판단이 이루어진다. 이렇게 되면 외환법의 정상적인 집행은 불가능해진다.

외환법은 세법과는 다르게, 거래나 행위가 발생하기 전 단계에서 심사가 이루어진다. 이 단계에서 어떻게든 거래의 주체와 거래의 내용이 판정 되어야 하는데, 우리나라 외환관리의 메커니즘상 이 단계에서 '실질'에 따른 판단은 불가능하다.

다행스러운 것은 우리나라 외환법규를 집행함에 있어서 거래의 실질을 고려하지 않더라도 큰 문제가 생기지 않는다는 점이다. 외환규제의 규제망이 촘촘하여 어느 한 단계를 피해가더라도 그 앞단거래나 후속거래 어디에선가는 규제망에 다시 포섭되게 되어 있기 때문이다.

그리고 덧붙이자면, 외환규제 하나로 모든 불법행위를 막을 수는 없다. 거래를 교묘하게 구성하여 외환법을 피해간다고 하더라도, 형법, 조세법, 공정거래법, 자본시장법, 자금세탁방지법 등이 또 있지 않은가? 이 법들에 의한 처벌도 가능할 것이다.

결국 외환법을 집행함에 있어서 거래의 형식을 부인하고 실질에 착안하는 입장, 소위 '실질주의' 주장은 실무적으로 구현이 불가능하다는 점에서, 꼭 필요한 것도 아니라는 점에서, 그리고 그 법률상 근거가 없다는 점에서 설득력이 약하다.

외환법을 집행함에 있어서는 '실질'이라는 관점은 배제하고 오직 거래의 '형식'을 보고 판단할 수밖에 없으며, 이렇게 하여도 무방하지 않을까 생각한다.

제 **5** 장　결 론

제 5 장   결   론

1. 무엇에 대하여 썻는지

필자는 이 책에서 우리나라 외환관리의 종단면을 묘사하려고 하였다. 즉, 외환관리라는 것이 언제, 어떻게, 왜, 누구에 의하여 만들어졌고 우리나라에는 어떻게 도입되어 그 동안 어떻게 변화하여 오늘에 이르게 되었는지에 대한 역사를 쓰려고 하였다.

그렇게 하기 위하여 우선 제2장에서 16세기 대항해 시대에 금과 은이 세계교역에 쓰인 것에서부터 시작하여, 금본위제의 시대, 제1차세계대전의 발발과 금태환의 정지, 종전 후의 금본위제 복귀 노력과 독일에 대한 전쟁배상금 문제, 외환통제의 시대, 제2차세계대전의 발발, 그리고 종전 후에 국제사회의 반성 속에서 탄생한 브레튼 우즈 체제, 닉슨 쇼크와 완전한 관리통화체제로의 이행까지 설명하였다.

그리고 눈을 국내로 돌려 제3장 제3절에서는 구 한말 일본에 의한 조선 화폐제도에 대한 간섭에서부터 시작하여, 일본의 금본위제로의 이행, 일본의 식민지 통화정책, 일본 1933년 외국환관리법의 조선에서의 시행, 해방 후 복잡다기화했던 외환규범, 5.16 군사정부에 의한 1962년 외국환관리법의 제정, 1992년 외국환관리법 전면개정, 1999년 외국환거래법의 제정 그리고 최근의 동향까지 살펴보았다.

외환관리라는 이름의 하나의 실로 세계사와 한국사의 관련된 주요 사건들을 꿰어 보려고 한 것이다. 구슬이 서말이라도 꿰어야 보배라는 말이 있지 않은가. 이 책이 보배가 될지 아닐지는 독자 여러분들께서 판단하실 문제이지만 흩어지고 조각난 사실들을 모아 하나로 꿰어냈다는 점만으로도 필자는 조그만 보람을 느낀다.

또한 이 책에서는 현행 외환법규에 대한 상세한 설명은 하지 않았다. 즉, 어떠한 것이 신고의무가 있고, 어떠한 것은 신고의무가 없다는 식의 분석은 하지 않았다. 대신 우리나라 외환 법규를 읽는 비법에 대하여 설명해 놓았다.

즉, 제3장 제4절에서 우리 외환 규범의 틀과 3대 규율 원리에 대하여 설명하였다. 이것을 이해하고 외환법규를 읽어간다면 누구든 어떠한 것이 신고의무가 있고, 어떠한 것이 신고의무가 없다는 것 정도는 알아차릴 수 있을 것이다.

시간순서에 따른 설명은 제3장까지이고, 제4장에서는 우리 외환법규 해석과 집행시 항상 거론되는 주요 주제 12개에 대하여 분석을 시도하였다. 사마천의 史記에 비유하자면 제3장이 本紀라면 제4장은 列傳에 해당하는 셈이다. 이중 몇몇 주제에 대하여는 설명 중심의 서술이 되었지만 많은 부분에 있어서는 비판이 중심이 되었다. 우리 외환법에 실제로 문제가 많아 그럴 수밖에 없었다. 우리나라 외환법을 이해하기 어려운 이유는 입법과정에서 일본의 규제를 오해하였거나, 또는 우리와 현실이 같지 않음에도 무턱대고 받아들인 규제들이 있어서이다. 입법이 사리에 맞게 되어있다면 전문가가 아니더라도 뭐가 그렇게 어려울 것이 있겠는가.

지난 60여년간 외환법을 운용하면서 심도 있는 분석이나 검토는 거의 이루어지지 않았다. 그때그때 상황에 맞춰 이런 저런 내용들이 임기응변 식으로 외환 법규에 들어오면서 시간이 갈수록 법규의 체계가 어지러워졌다.

선진 제국이 외환통제에 대한 규범을 모두 폐기한 이상, 이제는 우리 스스로의 아이디어로 외환규제를 설계해 나가야 하게 되었다. 외환통제에 대한 국제적인 규범도, 참조할 만한 외국의 사례도 없다. 우리가 중국을 따라하겠는가, 인도를 따라하겠는가. 오히려 이들 나라들이 우리가 무엇을 하는지 지켜보고 있을 것이다.

이런 마당에 우리가 우리 자신의 규범마저 잘 이해하고 있지 못한다면 어떻게 미래를 열어나갈 수 있겠는가. 이런 생각에서 우리 외환 규제의 역사를 추적하여 과거에 어떤 일이 있었는지에 대하여 밝혀보려고 하였다. 옛 일을 연구하여 새로운 길을 열어 나가자는 것이다.

2. 제4장에서 어떤 주제들을 다루었는지

가. 단념해야 할 것

우리 정부에서는 우리 외환법을 Negative List System으로 전환함으로써 외환자유화를 추진하였다고 발표하거나, 적어도 그 방향을 갈 것임을 기회가 있을 때마다 천명하고 있다. 이에 따라 일반인들은 모두 그렇게 알고 있다.

그러나 앞서 보았듯이 현재 우리 외환법은 Negative List 체계가 아니다. 그리고 일본의 1980년 외환법도 Negative List 체계가 아니다. 일본에서는 1980년 외환법 전면개정시 "원칙자유의 법 체계"로 전환한다고 하였을 뿐이다. 그리고 1998년에 외환관리를 폐지하였으므로 일본에서 Negative List 방식으로 외환규제가 이루어진 적은 없다.

이 부분은 필자도 오해하여 일본이 1980년에 Negative로 이행하였고 우리 정부도 이에 따르고 있는데 다만 미진한 부분이 있다는 정도로 생각하고 글을 쓴 적도 있다. 부끄러울 뿐이다.

한편, 생각해 볼 점은 외환규제에 있어서 Negative List 방식의 규제가 작동할 수 있겠는가 하는 점이다. 과거에는 예금, 증권, 보험 등등 몇 가지 이름을 나열함으로써 금융상품 전체를 빠짐없이 포섭할 수 있었을지도 모른다. 그러나 현재는 금융상품이 훨씬 복잡 다기화 되었고, 더욱이 새로운 금융상품이 계속 생겨나고 있다. 더 큰 문제는 forward, option 등의 파생상품 용어를 사용하여 현재의 금융상품과 똑같은 효력을 가지는 것들을 복제해 낼 수 있다.

이런 상황에서는 Negative List를 만들어 봐야 이를 우회할 수 있는 금융상품이 금방 만들어지게 될 것이고, 이렇게 된다면 외환관리 목적은 달성할 수 없게 된다. 또한 IMF, OECD 같은 국제기구에서 Negative List 방식의 규제를 권고한 적도 없다.

그렇다면 Negative List 방식은 외환관리를 위하여 적절한 방법이 아닌 것이다. 우리가 공연히 이것을 목표로 삼을 일이 아닌 듯하다.

비슷한 것이 하나 더 있다. 우리 외환법상 신고수리와 신고의 구분이 그것이다. 신고수리는 '수리'라는 행정청의 행위가 있어야 완성되는 것으로, 신고는 신고서를 외환당국에 제출함으로서, 당국의 심사 없이 신고의무가 종료되는 이른바 단순신고를 의미하는 것으로 이해된다.

우리정부는 신고수리제를 단순신고제로 전환함으로써 외환자유화를 추진한다는 입장을 1996년 외환법 개정시 밝혔다. 그러나 앞서 보았듯이 이 단순신고제는 실무상 정착되지 못하고 있다.

한편 외환관리 관점에서 생각해 보면 단순신고가 어떤 의미가 있는 것일까? 우리나라는 외국환은행주의와 이에 기반한 외환전산망 시스템하에서 거의 모든 대외거래의 정보가 수집되어 외환당국에 제공되고 있다. 이미 모든 대외거래의 정보를 가지고 있는데 별도로 거래당사자로부터 신고를 받을 필요가 있을까?

이 단순신고는 외환관리를 폐기한 일본 같은 나라에서 국제수지통계 편제를 위하여 필요한 것이다. 우리나라에서는 통계목적으로 신고를 받을 필요는 없다. 아직 외환관리를 하고 있는 나라가 신고를 요구하는 목적은 당국이 거래에 개입하여 심사하겠다는 것이 아니겠는가?

OECD 자본자유화협정 해설서에 따르면, "가맹국이 screening procedure나 registration requirement를 두는 것 자체만으로는 restriction이 있다고 보지 않는다"고 하고 있다. 즉 OECD에서 단순신고제로의 전환을 요구하고 있는 것도 아니다.

그렇다면 단순신고제는 현재 우리나라 외환관리에 적합한 방식이 아니다. 정부가 국제사회의 외환자유화 압박에 쫓기는 것은 이해하지만 규범과 실무가 괴리되는 일까지 만들어 가면서 추진할 일은 아닌 것이다.

나. 버려야 할 것

우리나라 외환규제에는 시대착오적인 것들이 있다. 외환보유액 4,000억불, 교역규모 세계 10위국에 걸맞지 않는 규제들이다.

우선 일정기간을 초과하는 수출입결제방법 규제를 들 수 있다. 이 규제는 그 목적이 무엇인지부터 불분명하다. 필자는 외환관리라는 것은 외환집중, 외환배분 및 외국환은행주의 중 하나 이상과 관련이 있는 것으로 정의하고 있다.

어느 것과도 관련이 없다면 그것은 외환관리라고 할 수 없다. 대신 뭔가 다른 목적, 예를 들어 대외거래의 질서를 유지하기 위한 것, 자금세탁방지를 위한 것, 탈세방지를 위한 것 등 이라고 보는 것이 옳다.

그렇다면 이 규제의 목적은 무엇일까? 통상 알려져 있듯이 lead and lag를 규제하는 것일까? 만약 그렇다면 이 규제는 수명을 다하였으므로 용도 폐기되어야 한다. 우리나라가 고도성장기를 지나온 탓에 내외금리차가 좁혀져 더 이상 금리 재정거래의 유인이 크지 않기 때문이고, 설사 그러한 거래가 있다고 하더라도 시장메커니즘이 잘 작동하고 있다는 징표로 보아도 좋을 만큼 우리 외환시장이 성장하였기 때문이다.

다음으로 현지금융 규제가 있다. 이것은 우리나라가 1970년대 중동건설 특수를 맞아 정부차원에서 해외건설업을 지원하기 위하여 만든 프로그램으로 이해된다. 이후 적용대상이 원양어로, 외항운송, 해외투자, 해외부동산개발사업으로 확대되었고 그 성격도 지원위주에서 규제위주로 변화된 것으로 보인다.

이 현지금융이 규제대상으로 하고 있는 금전대차, 지급보증, 증권발행은 기본적으로 자본거래를 규정한 제7장의 규제들과 중복된다. 그래서 해석상 문제를 야기하고 있다. 그리고 무엇보다 중동 건설특수 시절의 이야기는 이제 과거의 일이 되었다. 우리나라는 조선, 반도체, IT 부문에서 세계 강국의 반열에 들어서고 있다. 더 이상 이 프로그램을 운용할 이유가 없는 것으로 생각된다.

한편 반대로 시대를 앞서가고 있는 규제들도 있다. 비거주자가 외국에서 원화증권을 발행하는 것에 대한 규제 같은 것들이다. 이런 규제가 있다고 하여 해가 될 것은 없지만 발생하지도 않았고, 당분간 발생할 가능성도 적은데 벌써부터 규제를 한다는 것이 조금 우습지 않은가? 우리 외환규범에는 과거와 현재와 미래의 규제가 섞여있는 것이다.

다. 바로 잡아야 할 것

무엇보다 시급한 것은 제3자지급 등 규제이다. 당초 환치기를 단속할 목적으로 도입된 대상지급 규제가 우리나라 1992년 개정 입법시 제3자지급 등 규제로 확대되어, 환치기 뿐만 아니라 은행을 통한 국경간 송금이 이루어지는 경우에도 모두 규제대상이 되었다.

이렇게 규제 범위가 확장되자 정상적인 상거래들도 모두 규제 대상이 되었고, 경위야 어쨌든 입법이 되었으니 이 규제를 준수하고자 하여도 '거래의 당사자'라는 불확정개념으로 인하여 법 적용 실무상 논란이 끊이질 않고 있다.

이 제3자지급 규제가 탈세방지나 불법거래 방지를 위하여 일정한 역할을 하는 긍정적인 측면도 있다. 그러나 이러한 기능은 외환관리와는 무관한 것이다. 만약 이러한 목적의 제3자지급 규제가 필요하다면 세법이나 자금세탁법 등에서 규정해야 할 일이다.

다음으로 외환관리의 주체에 대하여 규정한 외국환거래규정 제2장 및 제3장에 외국환은행 및 환전상 외에 비은행 금융기관, PG사, 소액송금업자 들이 대거 진입한 것에 대하여도 정비가 필요하다.

이들 비은행금융기관들은 외환관리의 주체라고 보기 어렵다. 외국환은행 주의 체제하에서는 대외지급과 영수의 길목을 지키고 있는 외국환은행과, 조금 더 확대하면 환전상까지 외국환관리의 주체가 되는 것이고 나머지 기관들은 모두 외국환관리의 객체로 보는 것이 옳다.

외국환관리법은 금융기관의 외국환업무의 범위를 정하는 업법이 아니다. 그러한 내용은 해당 업법에서 다뤄야 할 문제이다. 또한 외국환관리법은 소액송금업자등 새로운 형태의 금융기관을 위한 업법이 되어서도 곤란하다. 앞으로 생길 이런저런 회사들의 업법 역할을 외국환관리법이 떠맡게 된다면 법이 얼마나 더 복잡해지겠는가.

다음으로 비거주자간 원화거래 중에, 원화로 인수도가 일어나는 것이 아닌 원화로 표시되거나 지급금액이 결정될 뿐인 거래에 대하여 규제를 하는 것은 문제가 있다. 이런 형태의 거래는 우리나라 외환시장이나 금융시장에 어떠한 영향도 미치지 않는다. 규제할 이유가 없는 것이다. 설사 규제할 이유가 있다고 하더라도 현실적으로 규제할 방법도 없다.

이외에도, 거주성 판정기준에 "영업활동에 종사하고 있는 자"와 같이 그 의미를 확정하기에 어려운 문구가 포함되어 있는 문제, 해외직접투자 및 역외금융회사의 정의와 관련하여 필자가 제기한 여러 가지 문제, 대외거래의 원화

결제에 장애물을 둔 문제, 그리고 외국인거주자의 자본거래 신고의무와 관련한 문제 등에 대하여도 개선이 필요하다.

라. 지켜야 할 것

외국환은행주의는 우리나라의 외환 관리의 근간이다. 세계 어느 나라보다도 잘 정비된 은행산업, 우수한 은행업 종사자, 잘 구축된 컴퓨터망, 적당한 규모의 국토와 인구 덕분에 우리나라는 세계에서 드물게 전수조사방식에 의한 외환수급통계를 만들어내고 있다.

우리나라의 모든 대외지급과 모든 대외로부터의 영수는 은행창구에서 지급·영수코드를 부여 받아 한국은행 외환전산망에 입력되고 있다. 이 자료는 대외거래 통계작성에 사용되기도 하고, 대외거래 감시에 사용되기도 한다.

필자는 앞에서 외환관리라는 것을 외환규제를 집행하는 것뿐만 아니라, 외환통계를 작성하고, 이를 분석하여 문제가 생겼을 시 대책을 수립하는 것까지의 일련의 과정을 의미하는 것으로 정의하였다.

그렇다면 외환관리라는 것은 대외거래를 모니터 하는 것에서부터 시작하는 것이고, 이것을 가능하게 하는 외국환은행주의가 외환관리의 근간이 되는 것이다. 어떤 거래나 행위에 신고의무를 부과하고 안하고는 중요한 문제가 아니다. 이러한 것은 우리나라 외환 사정에 맞추어 풀 수도 조일 수도 있는 문제이다. 중요한 것은 언제 풀 것인지 언제 조일 것인지를 알아야 한다는 것이고, 그것을 알기 위하여는 대외거래 모니터링 시스템이 잘 작동되어야 한다는 것이다.

일본의 경우에는 1996년 하시모토 내각총리대신의 "동경의 금융/자본시장을 뉴욕, 런던의 그것과 같은 수준으로 만들라"는 지시에 따라 소위 '일본판 금융빅뱅'을 준비하여 1998년에 이르러 외환관리를 폐지하고 외국환공인은행제도마저 폐지하였다.

이에 따라 일본 기업이나 개인들은 일본내 은행을 통하지 않고 외국은행을 주거래은행으로 삼아 대외거래에 따른 결제를 하게 되었고, 이렇게 되자 종전과 같이 일본내 은행을 통한 대외거래자료 수집만으로는 일본 국제수지통계의 작성이 불가능하게 되었다.

이에 일본에서는 거래당사자인 기업과 개인들로부터 직접 대외거래 자료를 보고받는 시스템을 마련하였는데 외국환업무를 업으로 하지 않는 기업과 개인들이 대외거래 내용을 일일이 자발적으로 당국에 보고를 한다는 것은 쉽지 않은 일일 것이고 기대하기도 어려운 일일 것이다. 이에 따라 '지불 관련 보고'의 경우에 있어서는 3천만엔 이상, '거래 관련 보고'에 있어서는 대략 10억엔 이상의 거래만 보고 의무가 있다. 이러한 표본조사 방식으로 일본은 국제수지통계를 편제하고 있다.

우리나라도 언젠가 일본과 같이 외환관리 및 외국환은행주의를 폐지하는 날이 올 것이다. 그러나 지금 당장은 아니다. 일본은 동경시장을 뉴욕시장이나 런던시장과 경쟁시키기 위하여 조금이라도 장애가 될 만한 것을 제거한다는 차원에서 소위 빅뱅으로 일컬어지는 과감한 시도를 한 것이지만, 우리는 그런 상황이 아니지 않는가.

우리에게는 아직 견고한 대외거래 모니터링 시스템이 필요하다. 이것을 유지하기 위하여는 외국환은행을 통한 거래가 강제되어야 한다. 이 시스템만 잘 유지된다면 현재 신고의무를 부과하고 있는 많은 자본거래 항목을 자유화하고, 유사(有事)시 규제로 전환하여도 된다.

예를 들어 거주자와 비거주자간 금전대차의 경우에 있어 현재와 같은 상시(常時) 신고의무를 폐지하고, 대외거래 상황을 모니터링 하다가 문제가 있다고 판단될 시에 다시 신고의무를 도입하는 방식의 규제도 가능할 것이다. 그러나 이 유사규제는 어디까지는 대외거래의 모니터링이 가능하다는 것이 전제가 되어야 한다.

우리나라가 외환관리를 폐지하는 마지막 날까지 붙들고 있어야 하는 것은 이 외국환은행주의이다.

3. 우리나라 외환관리의 폐지

마지막으로, 우리나라는 언제쯤 외환관리를 폐지할 수 있을 것인가에 대하여 이야기하고 이 글을 마치려고 한다. 우리는 언제쯤 일본이 1998년에 했던 것과 같이 '외환관리'라는 규제를 없앨 수 있을 것인가? 외환보유고를 걱정하지 않아도 되는 시점이 어느 때쯤일까? 우리 외환시장이 외부의 웬만한 충격쯤은 흡수해 버릴 체력을 갖추는 시점은 어느 때쯤일까?

이 질문에 대한 답도 역시 일본을 보면 알 수 있다. 그 시점은 아마도 우리나라 GNP가 세계 GNP에서 차지하는 비중이 10%, 한국 원화가 경상거래에 따른 국제결제에서 쓰이는 비중이 10% 정도 되는 시점일 것이다. 그때까지는 우리 머릿속에서 외환관리라는 생각을 지울 수 없다.

필자는 이 책에서 줄곧 외환관리의 중요성을 강조해 왔다. 그러나 역설적이게도 언젠가 우리나라에 외환관리가 폐지되는 그날이 오기를 고대한다. 10%, 10%를 달성할 그날이 오기를 고대한다. 그날까지 우리 모두 힘차게 앞으로 나아가자.

부록

1. OECD 자본이동자유화규약 Annex B
   (대한민국 유보리스트)

2. OECD 경상무역외자유화규약 Annex B
   (대한민국 유보리스트)

3. 일본 1933년 외국환관리법의 조선에서의 시행 법률

4. 일본 1949년법과 우리나라 1962년법의 대비표

5. 일본 1980년법과 우리나라 1992년법의 대비표

1. OECD 자본이동자유화규약 Annex B(대한민국 유보리스트), 2020년

KOREA

List A,   Direct investment:
I/A
    –   In the country concerned by non-residents.

      Remark: The reservation applies only to:

      i)   *investment in primary sectors, as follows:*

        a)   *the growing of rice and barley;*

        b)   *cattle husbandry and the wholesale selling of meat except if foreign investors hold less than 50 per cent of the share capital;*

        c)   *fishing in internal waters, the territorial sea and the Exclusive Economic Zone (EEZ) if foreign investors hold 50 per cent or more of the share capital;*

        d)   *nuclear power generation; electric power transmission, electric power distribution and supply via state enterprises if foreign investors hold 50 per cent or more of the share capital or a foreign investor would become the single largest shareholder;*

      ii)   *establishment of financial institutions, as follows:*

        a)   *branches of mutual savings and finance companies, short-term investment and finance companies, credit information companies and merchant banks;*

        b)   *subsidiaries or joint ventures providing credit information services, when foreign investors, other than foreign financial institutions, own 50 per cent or more of the companies' shares; as well as acquisitions bringing foreign ownership by investors other than foreign financial institutions at or above 50 per cent of the share capital of such a company;*

      iii)   *investment in the transport sector, as follows:*

        a) *airline companies if foreign investors hold 50 per cent or more of the share capital;*

        b) *shipping companies engaged in cabotage, except those transporting passengers and/or cargoes between the ROK and the DPRK if foreign*

           investors hold less than 50 per cent of the share capital;

iv) investment in the communications sector, as follows:

    a) news agencies if foreign investors hold 25 per cent or more of the share capital;

    b) enterprises publishing newspapers if foreign investors hold 30 per cent or more of the share capital;

    c) enterprises publishing periodicals if foreign investors hold 50 per cent or more of the share capital;

    d) broadcasting companies, except if foreign investors hold 33 per cent or less of the share capital of a satellite broadcasting operator and if foreign investors hold 49 per cent or less in a program provider that is not engaged in multi-genre programming or news reporting, in a cable system operator, and in a signal transmission network business operator;

    e) facilities-based telecommunications companies, if foreign investors hold more than 49 per cent of the share capital;

v) investment in designated resident public-sector utilities in the process of privatisation, in cases where the investment in question would bring individual or aggregate holdings of foreign investors above the respective percentages of a firm's outstanding shares allowed by the relevant laws.

List B,
III/B1

Operations in real estate:

– Building or purchase abroad by residents.

Remark: The reservation applies only to the acquisition of real estate by an insurance company which would cause the sum of its assets denominated in foreign currency to exceed 30 per cent of its total assets.

List A,
IV/A1,
C1, D1

Operations in securities on capital markets:

– Issue through placing or public sale of domestic bonds or other debt securities (original maturity of one year or more) on a foreign capital market.

Remark: The reservation applies only to the extent that a levy is charged on Korean financial institutions' foreign currency non-deposit liabilities with a remaining maturity of one year or less.

– Purchase in the country concerned by non-residents.

Remark: The reservation applies only to the purchase of listed shares issued by designated resident public-sector utilities in the process of privatisation in cases where the investment in question would bring individual or aggregate holdings of foreign investors above the respective percentages of a firm's outstanding shares allowed by the relevant laws and to the purchase of securities not quoted on a recognised securities market which may be affected by laws on inward direct investment and establishment.

– Purchase abroad by residents.

Remark: The reservation applies to the purchase by an insurance company of securities issued on a foreign financial market or in foreign currency on the domestic market which would cause the sum of its assets denominated in foreign currency to exceed 30 per cent of its total assets.

List B, V/A1, D1, D4

Operations on money markets:

– Issue through placing or public sale of domestic securities or other instruments (original maturity of less than one year) on a foreign money market.

Remark: The reservation applies only to the extent that a levy is charged on Korean financial institutions' foreign currency non-deposit liabilities with a remaining maturity of one year or less.

– Purchase of money market securities abroad by residents.

Remark: The reservation only applies to the purchase of securities denominated in domestic currency and to purchase by an insurance company of securities issued on a foreign financial market or in foreign currency on the domestic market which would cause the sum of its assets denominated in foreign currency to exceed 30 per cent of its total assets.

– Borrowing through other money market instruments.

Remark: The reservation applies only to the extent that a levy is charged on Korean financial institutions' foreign currency non-deposit liabilities with a remaining maturity of one year or less.

List B, VI/A1

Other operations in negotiable instruments and non-securitised claims:

– Issue through placing or public sale of domestic instruments and claims on a foreign financial market.

Remark: The reservation applies only to the extent that a levy is charged on Korean financial institutions' foreign currency non-deposit liabilities with a remaining maturity of one year or less.

List A, VII/D1

Operations in collective investment securities:

– Purchase abroad by residents.

Remark: The reservation applies to purchase by an insurance company of securities issued on a foreign financial market or in foreign currency on the domestic market which would cause the sum of its assets denominated in foreign currency to exceed 30 per cent of its total assets.

List B, IX/A	Financial Credits and Loans: – Credits and loans granted by non-residents to residents.

Remark: The reservation applies only to the extent that a levy is charged on Korean financial institutions' foreign currency non-deposit liabilities with a remaining maturity of one year or less.

List A,
X/A2 Sureties, guarantees and financial back up facilities:
– Sureties and guarantees granted by residents in favour of non-residents.

Remark: The reservation applies only to the extent that a levy is charged on Korean financial institutions' foreign currency non-deposit liabilities with a remaining maturity of one year or less.

List B,
XI/B2 Operation of deposit accounts:
– By residents in foreign currency with non-resident institutions.

Remark: The reservation applies to the operation of deposit accounts by an insurance company whose sum assets denominated in foreign currency exceeds 30 per cent of its total assets.

List B,
XII/B Operations in foreign exchange:
– Abroad by residents

Remark: The reservation applies only to the extent that banks may not hold
foreign exchange derivative positions in excess of the
maximum percentage of equity.

2. OECD 경상무역외거래자유화규약 Annex B(대한민국 유보리스트), 2020년

KOREA

A/4 Contracting (construction and maintenance of buildings, roads, bridges, ports, etc., carried out by specialised firms, and, generally, at fixed prices after open tender).

Remark: The reservation applies only to the extent that a commercial presence in Korea is required prior to the final conclusion of a contract except in the field of site investigation work.

D/2 Insurance relating to goods in international trade.

Annex I to Annex A, Part I, D/2

Remark: The reservation applies only to the promotional activity of foreign insurers supplying cross border services.

D/3 Life assurance.

Annex I to Annex A, Part I, D/3, paragraphs 1 and 3

Remarks: The reservation on paragraph 1 applies only to group insurance.

The reservation on paragraph 1 with respect to the promotional activities by foreign insurers supplying cross-border services applies to all cross- border life insurance operations.

The reservation on paragraph 3 applies only to pensions products offered by insurance companies.

D/4 All other insurance.

Annex I to Annex A, Part I, D/4, paragraph 4

Remarks: The reservation applies only to insurance contracts entered into in Korea by residents for risks other than those relating to aviation, long- term accidents, travel and hull.

The reservation with respect to the promotional activities by foreign insurers supplying cross-border services applies to all other cross-border insurance operations.

D/7 Entities providing other insurance services.

Annex I to Annex A, Part IV, D/7

Remark: The reservation applies to the representative office's activities except for research on market information.

D/8 Private Pensions.

Annex I to Annex A, Part IV, D/8

Remark: The reservation also includes the promotional activities of foreign providers supplying cross-border private pension services.

E/7 Conditions for the establishment and operation of branches, agencies, etc. of non-resident investors in the banking and financial service sector.

Annex II to Annex A, paragraphs 1, 4 a) and 8 b)

Remarks: The reservation on paragraph 1 concerns only the fact that the establishment of branches by mutual savings and finance companies, short term investment and finance companies, merchant bank, broker/dealers and credit information companies is not permitted.

The reservation on paragraph 4 a) concerns only the fact that the establishment of a representative office by a non-resident bank is subject to prior approval.

The reservation on paragraph 8b) concerns only the fact that financial requirements for the establishment of the first branch by a non-resident institution must be met in foreign exchange brought from abroad.

H/1. Exportation, importation, distribution and use of printed films and other recordings – whatever the means of reproduction – for private or cinema exhibition, or for television broadcasts.

Remark: The reservation applies only to screen quotas for foreign printed films and other recordings for cinema exhibition and television broadcasts.

L/6 Professional services (including services of accountants, artists, consultants, doctors, engineers, experts, lawyers etc.)

Remark: The reservation applies only to the provision in Korea of services by foreign lawyers.

3. 일본 1933년 외국환관리법의 조선에서의 시행 법률

第八章　資本移動

●外國爲替管理法ヲ朝鮮、臺灣及樺太ニ施行スルノ件

朕外國爲替管理法ヲ朝鮮、臺灣及樺太ニ施行スルノ件ヲ裁可シ茲ニ之ヲ公布セシム

御名御璽

昭和八年四月
　勅令第六十六號

外國爲替管理法ハ之ヲ朝鮮、臺灣及樺太ニ施行ス

附則

本令ハ昭和八年五月一日ヨリ之ヲ施行ス

●外國爲替管理法

昭和八年三月
法律第二十八號

第一條　政府ハ命令ノ定ムル所ニ依リ左ニ掲グル取引又ハ行爲ヲ禁止又ハ制限スルコトヲ得

一　外國通貨又ハ外國爲替ノ取得又ハ處分、通貨、金地金、金ノ合金若ハ金ノ主タル材料トスル物ノ輸出又ハ金貨幣ノ毀潰

二　外國通貨ヲ以テ表示スル債券若ハ償權又ハ外國ニ於テ爲シタル投資ニシテ前二號ニ包含セサルモノニ對スル金錢ニシテ前二號ニ包含セサルモノニ對スル取得又ハ處分

三　外國ニ對スル送金又ハ外國ヨリノ取立其他ノ爲替取組

四　外國人ニ於テ爲シタル本邦内ニ於テ爲替相場ニ基キ本邦内ニ於テ爲替支拂

五　外國居住者ノ信用ヲ與フル行爲

六　外國通貨ヲ以テ表示スル證券、債權又ハ取得スル處分

七　償務ノ取得又ハ取扱

八　外國爲替又ハ外國通貨ノ輸入又ハ輸入

九　外國爲替又ハ外國通貨ノ輸出又ハ輸出

十　價額ノ全部又ハ一部ニ付外國爲替ヲ取組マザル本邦ヨリノ輸出又ハ本邦ヘノ輸入

第二條　政府ハ命令ノ定ムル所ニ依リ前條ノ禁止又ハ制限ニ關係アル事項ニ依リ報告若ハ帳簿其他ノ檢査ヲ行フコトヲ得

第三條　政府ハ命令ノ定ムル所ニ依リ外國爲替ニ關スル取引ヲ日本銀行其ノ他ノ指定スル者ヲ相手方トスル場合ニ限定スルコトヲ得

第四條　政府ハ命令ノ定ムル所ニ依リ金、外國通貨、外國爲替又ハ外國通貨ヲ以テ表示スル證券若ハ償權ヲ有スル者ニ對シ之ヲ政府若シクハ日本銀行其ノ他政府ノ指定スル者ニ賣却スベキコトヲ命ズルコトヲ得

第五條　政府ハ命令ノ定ムル所ニ依リ外貨評價委員會ノ組織及權限ヲ勘令以テ之ヲ定ム

外貨評價委員會ノ組織及權限ハ勅令ヲ以テ之ヲ定ム

第一條乃至第三條ノ規定ニ基キテ發スル命令ニ依リ金其他ノ處分又ハ賣却スベキ旨又ハ政府ノ許可ヲ受ケザル者ハ一年以下ノ懲役若ハ三千圓以下ノ罰金ニ處シ又ハ之ヲ併科ス但シ價額ノ三倍ガ一萬圓ヲ超ユルトキハ價額ノ三倍以下ノ罰金ニ處ス

前條ノ規定ニ依ル金其ノ他ノ申立其ノ他ノ方法ニ依リ檢査ヲ妨ゲタル者ハ六月以下ノ懲役又ハ五千圓以下ノ罰金ニ處ス

第二條ノ規定ニ違反シテ發スル命令ニ違反シ報告ヲ爲サズ、虛僞ノ報告ヲ爲シ又ハ帳簿書類ヲ備ヘズ、帳簿其他不實ノ記載ヲ爲シ又ハ檢査ヲ拒ミ、妨ゲ若ハ忌避シタル者ハ千圓以下ノ罰金ニ處ス

第六條　法人ノ代表者又ハ人若ハ法人ノ代理人、使用人其ノ他ノ從業者ガ其ノ法人又ハ人ノ業務ニ關シテ前條ノ違反行爲ヲ爲シタルトキハ行爲者ヲ罰スルノ外其ノ法人又ハ人ニ對シ亦前條ノ罰金刑ヲ科ス

第七條　本法ノ罰則ハ本法施行地ニ住所ヲ有スル法人ノ代表者ニ、代理

●外國爲替管理法ニ基ク命令ノ件

昭和八年四月
總督令第四十號

外國爲替管理法ニ基ク命令ノ件左ノ通定ム

第一條　朝鮮總督ノ許可ヲ受クルニ非ザレバ金貨幣、金地金、金ノ合金若ハ金ノ主タル材料トスル物ノ輸出又ハ其ノ豫備ヲ爲スコトヲ得ズ

第二條　商取引上必要其ノ他ノ實需ニ基ヅクコトヲ得ザル邦貨ノ外國爲替相場ノ變動ニ依ル利益ヲ得ルコトヲ目的トシテ外國通貨又ハ外國爲替（本号ヨリ以下外國爲替ト仕向クヌ外國爲替及郵便爲替相場但シ本邦ノ邦貨ノ制通用力ヲ有スル地域ヲ間ノ圓價爲替ヲ除ク以下同ジ）ヲ賣却若シクハ買却ヲ爲スコトヲ得ズ又ハ邦貨ノ強制通用力ヲ有スル地域ニ仕

附則

本法施行ノ期日ハ勅令ヲ以テ之ヲ定ム（昭和八年四月勅令第六十一號昭和八年五月一日ヨリ施行）

資本逃避防止法ニ之ヲ廢止ス

本法施行前ノ事務ニ關シテハ本法ヲ適用スベカリシ行爲

第八條　本法ニ關スル重要事項ニ付キ外國爲替管理委員會ヲ置ク

外國爲替管理委員會ノ組織及權限ハ勅令ヲ以テ之ヲ定ム

向ケタル圓爲替ノ買人(兩替ヲ業トスル者ガ其ノ業務上外國通貨ノ買入ルル場合ヲ除ク)

二　外國爲替銀行ノ賣却
外國爲替又ハ外國通貨ノ賣却

三　外國通貨、小切手又ハ手形ノ送付又ハ携帶シタル外國ノ他ノ外國通貨ニ對スル送金ニシテ外國通貨ニ對シ拂込又ハ送金ヲ爲ス場合

四　通貨、外國通貨、小切手又ハ手形ノ送付又ハ携帶シタル外國通貨ニ對シ拂込又ハ送金ヲ爲ス場合

五　外國ニ於テ爲替シタル他ノ外國爲替又ハ外國通貨ノ賣却

第四條　本邦ニ於テ左ニ揭グル場合ニハ前條ノ規定ニ拘ラズ朝鮮總督ノ許可ヲ受クルコトヲ要セズ

一　物ノ輸入又ハ輸出又ハ本邦ヘノ貨物ノ輸入又ハ保險料(六箇月內ニ支拂ヲ爲ス保險料)ノ支拂又ハ保險料ヲ支拂フ爲メニ要スルモノヲ取引又ハ本邦ヘノ貨物ノ輸入又ハ本邦ヘノ貨...

二　保險金若ハ保險料(六箇月內ニ支拂ヲ爲ス保險料ヲ支拂フ爲メニ要スル保險契約ノ履行トシテ六箇月內ニ支拂フ者ニシテ利益、信託、株式配當金其ノ他ノ收益ニ對スル外國爲替又ハ本令施行後締結スル契約又ハ本令施行後簡年ヲ通ジテ千圓相當額以下トス

三　本邦ニ於テ支拂ハルル公債、社債若ハ株式ノ利息、利益、信託、株式配當金其ノ他ノ收益ニ對スル外國ニ住所ヲ有スル權利者ニ送付スル爲メニ要スル外國爲替

四　契約上ノ義務ヲトシテ外國通貨又ハ社債ノ元利拂基金交付ノ爲メニ要スル外國爲替

五　本條ノ他ノ各號ニ該當スルモノヲ除クノ外內外人ノ法令又ハ本令施行前締結シタル契約ノ履行トシテ六箇月內ニ履行スル義務又ハ本令施行後締結スル契約ノ履行トシテ一簡年ヲ通ジテ千圓相當額以下トス

六　特許權其ノ他ノ工業所有權ノ取得又ハ本邦內ニ於ケル使用ニ伴ヒ又ハ其ノ爲メ外國爲替ヲ取得スルトキ

七　外國ニ旅行スル者ガ一箇年內ノ所要旅費ヲ携帶スル爲又ハ外國通貨又ハ外國通貨又ハ外國通貨ヲ携帶シ得ル限ル者ニ對シ相當額以下トス

八　外國ニ旅行シ又ハ滯在スル者ニ對シ...

第五條
一　顧客(銀行ヲ含ム)ノ依賴ニ應ジ邦貨ニ對シ外國通貨ノ買入ヲ爲スコト

二　邦貨ノ强制通用力ヲ有スル地域ニ向キタル外國爲替又ハ强制通用力ヲ有スル地域ニ於ケル貨物又ハ所要ニ對スル外國通貨ノ買入又ハ決濟ノ爲メニ要スルモノヲ除クノ外朝鮮爲替又ハ强制通用力ヲ有スル地域ニ對スル朝鮮圓爲替又ハ强制通用力ヲ有スル地域ヨリ朝鮮ニ對シ送金ヲ爲スコト

三　邦貨ノ强制通用力ヲ有スル地域ニ向キタル外國爲替又ハ强制通用力ヲ有スル地域ニ於ケル貨物又ハ所要ニ仕向ケタル外國圓爲替ノ買入ヲ爲スコト

第六條　朝鮮總督ノ許可ヲ受クルニ非ザレバ外貨證券(本邦又ハ外國ノ公債、社債、株式又ハ公債社債ノ利札ヲ含ム以下同ジ)ヲ取得又ハ取得スルモノヲ關付テ取得シ又ハ之ヲ表示スルコトヲ得ズ但シ左ニ揭グルモノニ付テ此ノ限ニ在ラズ

一　貨證券又ハ資本逃避防止法若ハ外國爲替...

昭和七年七月十五日ニ本邦內ニ在リタル外貨證券又ハ資本逃避防止法若ハ外國爲替管

理法ニ基ヅク命令ノ規定ニ依リ許可ヲ受ケテ輸入シ又ハ取得シタル外貨證券ヲ本邦內ニ於テ取得スベシ左ニ揭グルモノヲ以テ規定

二　朝鮮總督ノ指定スル移民ガ其ノ移住ノ爲入シタル外貨證券ヲ本邦內ニ於テ取得スル場合此ノ外貨證券ハ其ノ有スル資金以內ノ所要ニ充テルヲ以テ要ス

第七條　朝鮮總督ノ許可ヲ受クルニ非ザレバ邦貨ヲ以テ外貨證券ヲ以テ表示スル債權(外國爲替及外貨證券ヲ以テ除ク)ヲ取得スルコトヲ得ズ

一　株主、取締役又ハ社債權者ノ應募ニ依ル株式、社債ノ提供ニ伴フ株式ヲ取得シタル場合ニハ第一項ノ規定ヲ適用セズ

二　前號ニ揭グル株式又ハ公債社債ヲ交付シ之ニ交付スベキ株式又ハ社債又ハ公債若ハ社債ノ提供ニ伴フ株式又ハ公債若ハ社債ノ交付ニ伴ヒ公債若ハ社債又ハ公債若ハ社債ノ利札ヲ取得スルトキ

三　朝鮮總督ノ許可ヲ受クルニ非ザレバ社債ノ全部又ハ一部ヲ以テ外國通貨又ハ外國爲替ヲ以テ表示スルコトヲ得ズ但シ此ノ揭グル場合ノ此ノ限ニ在ラズ

四　朝鮮總督ノ許可ヲ受クルニ非ザレバ社債ノ全部又ハ一部ヲ以テ外國通貨又ハ外國爲替ヲ以テ表示スル社債又ハ公債ノ利札ヲ以テ...

第八條　朝鮮總督ノ許可ヲ受クルニ非ザレバ何人ト雖モ本邦內ニ於テ自己ノ計算ニ於テ外國通貨又ハ外國通貨ヲ以テ表示スル社債又ハ消費貸借又ハ契約ヲ爲スコトヲ得ズ

第九條　朝鮮總督ノ許可ヲ受クルニ非ザレバ外國通貨ヲ以テ表示スル社債若ハ債權者又ハ本邦內ニ於テ取得スベキ信託又ハ保險(再保險及海上保險ヲ除ク以下同ジ)又ハ契約ヲ爲スコトヲ得

第十條　朝鮮總督ノ許可ヲ受クルニ非ザレバ本邦內ニ於テ財產ヲ以テ他ニ讓渡又ハ此ノ外財產又ハ以下ノ旅行信用狀(銀行小切手ヲ含ム以下同ジ)ヲ取得スル場合又ハ官...

第十一條　朝鮮總督ノ許可ヲ受クルニ非ザレバ本邦又ハ外國貨ノ强制通用力ヲ有スル地域ノ貨物又ハ輸入ニ關係ナキ借用ノ狀ニ揭グル場合此ノ外旅行信用狀ヲ以テ爲又ハ旅行信用狀(銀行小切手ヲ含ム)ヲ發給當日前二週間內ニ取得スル場合又ハ官ノ外旅行信用狀ヲ以テ爲スコト

第十二條　朝鮮總督ノ許可ヲ受クルニ非ザレバ邦貨ノ强制通用力ヲ有スル地域ニ向キタル旅行信用狀ヲ取得スル場合又ハ此ノ外

五　小包郵便ニ依リ價額千圓以下ノ物ヲ輸出外國爲替ヲ取組又ハ商慣習ニ依リ外國爲替ヲ取組マザルトキ

六　價額ノ全部又ハ一部ノ物ヲ輸出シタル場合ノ此ノ外價額百圓以下ノ物ヲ輸出スルトキ此ノ價額ノ全部又ハ一部ノ外國爲替又ハ邦貨ノ强制通用力ヲ有スル地域ニ仕向ケタル場合此ノ價額ノ全部又ハ一部ノ貨物ヲ輸出スルトキ

第十三條　朝鮮總督ノ許可ヲ受クルニ非ザレバ此ノ揭グル場合ヲ除クノ外貨物ヲ輸出スル

一　旅行信用狀又ハ社債又ハ公債若ノ利札ヲ交付シ...

二　貨物輸出前其ノ代金ヲ受領スルトキ又ハ貨物輸出後一箇月內ニ其ノ代金ヲ本邦內ニ於テ受領スル契約ナルトキ

三　前號ニ揭グル場合ヲ除クノ外組ムコト能ハザルトキ又ハ商慣習ニ依リ外國爲替ヲ取組マザルトキ

四　小包郵便ニ依リ價額千圓以下ノ物ヲ輸出ニ際シ稅關圓ハ差出郵便局所ヲ經テ朝鮮

総督ニ報告スヘシ但シ官廳ノ輸出スル物、手荷物、引越荷物、船用品若ハ救恤ノ爲ノ寄贈品又ハ價額百圓以下ノ物ニ付テハ此ノ限ニ在ラス

第十四條　價額ノ全部又ハ一部ニ付外國爲替ヲ以テ之ニ對シ報告スヘシ

第十五條　本邦内ニ於テ所有スル外貨證券ノ賣却又ハ本邦外ニ於テ之ヲ賣却シ又ハ本邦外ニ支拂ヲ爲スヘキ但シ朝鮮総督ノ許可ヲ受ケタル場合ハ此ノ限ニ在ラス

第十六條　外國ニ於テ所有スル外貨證券ノ賣却又ハ本邦内ニ於テ之ヲ賣却シ又ハ本邦外ニ於テ支拂ヲ受クヘキ但シ其ノ外貨證券ノ價額ニ對シ朝鮮総督ノ許可ヲ受ケタル場合ハ此ノ限ニ在ラス

第十七條　外國爲替業務ヲ營マントスル者ハ其ノ業務ヲ營ム店舗ノ名稱及所在地ヲ具シ...

第十八條　外國爲替業務ヲ營ム店舗ノ名稱、所在地又ハ其ノ變更並ニ外國爲替業務ノ廢止シタルトキハ之ヲ朝鮮総督ニ届出ツヘシ

二　顧客（銀行ヲ含ム）ノ依頼ニ應ジ外國通貨（外國爲替外國爲替銀行ヲ含ム）ノ賣買

三　外國ヨリ朝鮮ニ仕向ケタル送金爲替ノ支拂（送金爲替ニ準ズル爲替ノ支拂ヲ含ム）

四　外貨證券ノ支拂ヲ受クル爲替三箇月内又ハ支拂期日以後ナルモノ之ヲ輸出スルコト

第十九條　外國爲替銀行ハ別ニ定ムル所ニ依リ毎月ノ外國爲替ノ賣買、外貨ノ强制通用力ノ取扱、信用状ノ發行等ニ關スル明細書ヲ翌月十五日迄ニ朝鮮総督ニ提出スヘシ

一　外國通貨ノ取得又ハ處分
二　外國爲替ノ取得又ハ處分
三　本邦ノ强制通用力ヲ有スル貨幣又ハ之ヲ包含スル地域ニ仕向ケタル外國ノ送金
四　前各號ニ類スル外國送金
五　外貨證券ノ取得又ハ處分
六　信用状ノ發行又ハ取得
七　外國通貨ヲ以テ表示スル預金ノ預入又ハ引出
八　外國通貨ヲ以テ表示スル貸付金ノ貸付又ハ回收
九　外國通貨ヲ以テ表示スル債權ノ讓渡
十　外國通貨ヲ以テ表示スル保險ノ契約ノ締結
十一　外國通貨ヲ以テ表示スル社債ノ發行又ハ償還
十二　外國通貨ヲ以テ表示スル預金又ハ外國拂戻
十三　外國通貨ヲ以テ表示セル拂入金ノ借入人又ハ返却
十四　外國通貨ニ於テ爲シタル委託ニ基キ朝鮮ニ於テ爲シタル支拂

第二十條　外國爲替銀行ハ別ニ定ムル所ニ依リ毎日ノ外國爲替賣買高及賣持又ハ買持ノ...

第二十一條　證券ノ賣買又ハ其ノ媒介ヲ主トスル者ハ別ニ定ムル所ニ依リ毎月ノ外貨證券ノ賣買又ハ其ノ媒介ニ關スル明細書ヲ翌月十五日迄ニ朝鮮総督ニ提出スヘシ

第二十二條　本邦内又ハ外國ニ於テ左ニ掲ゲル行爲ヲ爲シタル者ハ其ノ目的ヲ取得シタル...金額ノ各號ニ付千圓相當以上ノモノニ付テ其ノ明細書ヲ翌月十五日迄ニ朝鮮総督ニ提出スヘシ

第二十三條　前條ノ規定ニ依ル第一項第二號ヲ除ク...

第二十四條　第十四條、第十九條、第二十一條及第二十二條ノ規定ニ依ル朝鮮総督ニ提出スヘキ明細書ハ...

第二十五條　外國爲替、外貨證券若ハ外國通貨、外貨預ケ金、貸付金ノ債權ヲ有スル者、外國通貨ヲ以テ表示スル債務ヲ負ヘル者又ハ外貨預ケ金、外國通貨ヲ以テ表示スル債務ニ依リ契約ヲ爲ス者ハ朝鮮総督ノ...

第二十六條　本令ニ依リ一定ノ期間内ニ明細ヲ提出スルコトヲ要スルモノニ付テ其ノ事故止ムヲ得ザルトキハ其ノ事故止ミタルトキヨリ其ノ事故止ミタル日迄ニ之ヲ具シテ遲滯ナク提出スヘシ

第二十七條　朝鮮総督ハ必要ト認ムルトキハ本令ニ定ムル以外ノコトヲ命ズルコトヲ得

第二十八條　朝鮮総督ハ必要ト認ムルトキハ當該官吏ヲシテ何人ニ對シテモ外國爲替管理法第一條ニ禁止セル行爲ニ關係アル事項ニ付テ其ノ帳簿其ノ他ノ檢査ヲ爲サシムルコトヲ得

第二十九條　朝鮮総督ハ金地金、外國通貨、外國爲替若ハ外國通貨ヲ以テ表示スル證券若ハ債權ヲ有スル者ニ對シテ外國爲替管理法第一條ニ禁止スル行爲ヲ止メシムルニ必要ナル他正當ナル理由ニ基キ命ジテ外國通貨又ハ外國爲替其ノ他之ヲ止メシムルニ必要ナルモノヲ他ノ者ニ讓渡シ又ハ之ヲ他人ニ讓渡セシムルコト又ハ朝鮮総督ノ指定スル者ニ賣却ヲ命ズルコトヲ得

第三十條　本令ニ規定スル場合及朝鮮総督ノ許可ヲ要スル場合ノ手續ニ付テハ別ニ之ヲ定ム

附　則

第三十一條　本令ハ昭和八年五月一日ヨリ之ヲ施行ス

第三十二條　本令ノ規定ニ依リ毎月分ヲ付提出スベキ明細書又ハ報告書ハ昭和八年四月分ヨリ之ヲ提出スベシ

第三十三條　本令施行ノ際現ニ外國爲替業務ヲ營ム店舖ノ名稱又ハ所在地其ノ他ヲ届出タルベシ

第三十四條　本令施行ノ際現ニ外國爲替業務ニ付キ受ケタル命令ハ本令ニ依リ受ケタルモノト看做ス

第三十五條　左ノ朝鮮總督府令ハ之ヲ廢止ス

昭和六年朝鮮總督府令第五十二號
昭和六年朝鮮總督府令第百五十三號
昭和七年朝鮮總督府令第五十三號
昭和七年朝鮮總督府令第六十三號
昭和八年三月以前ノ每月分ニ付

第三十六條　本令施行前第一號又ハ第二號ニ揭グル朝鮮總督府令ノ間ニ適用スベシ

第三十七條　昭和七年朝鮮總督府令第六十三號ニ依リ提出スベキ明細書又ハ報告書ニ依リ本令ニ依ル明細書又ハ報告書ニ依ル者ハ本令ノ規定ニ依ル者ト看做ス

第三十八條　昭和六年朝鮮總督府令第百五十號ノ規定ニ發ノ知リ得ベキ者ニ不足シ常識ノ地ヲ發見スルニ足ラ

●外國爲替管理法ニ關スル施行手續

昭和八年四月
總督令第四十一號

第一條　外國爲替管理法ニ關スル施行手續左ノ通定ム

第二條　命令第三號乃至第八號ニ揭グル手續ハ左ニ依ル

第三條　命令第三條第一號ノ規定ニ依ル外國通貨ノ買入許可申請書ハ左ノ事項ヲ記載スベシ

第四條　命令第三條第一號又ハ同條第二號ノ規定ニ依ル外國通貨ノ賣渡人ノ住所、職業及氏名又ハ商號

第五條　命令第三條第二號乃至第九號ノ規定ニ依ル外國爲替ノ賣買又ハ賣却許可申請書ハ左ノ事項ヲ記載スベシ

第六條　命令第三條第四號ノ規定ニ依ル外國爲替ノ賣渡金又ハ對價ノ支拂方法

第七條　命令第三條第五號ノ規定ニ依ル外國爲替ノ賣買又ハ賣却許可申請書ハ左ノ事項ヲ記載スベシ

第八條　命令第三條第九號ノ規定ニ依ル外國爲替ノ賣渡金又ハ對價ノ支拂方法

第九條　命令第三條第五號ノ規定ニ依ル外國爲替ニ關スル許可申請書ハ左ノ事項ヲ記載スベシ

一　申請者ノ住所、職業及氏名又ハ商號
二　賣渡人ノ住所、職業及氏名又ハ商號
三　賣買ノ豫定時期
四　賣渡金ノ受取人ノ住所、職業及氏名又ハ商號
五　現物ニテ賣却ノ場合ニハ其ノ取扱者ノ住所、職業及氏名又ハ商號
六　支拂ノ相手方ノ住所、職業及氏名又ハ
七　其ノ他參考ト爲スベキ事項

一　申請者ノ住所、職業及氏名又ハ商號
二　賣渡人ノ住所、職業及氏名又ハ商號
三　賣買ノ豫定時期
四　買入ノ目的其ノ他之ヲ必要トスル事由
五　其ノ他參考ト爲スベキ事項
六　支拂ノ豫定時期

七　支拂人ト支拂委託者トノ關係及支拂ヲ
　　委託セラレタル引受ケタル事由
八　其ノ他參考ト爲ルベキ事項
第十條　命令第六條ノ規定ニ依ル外貨證券ヲ
　有償取得許可申請書ニハ左ノ事項ヲ記載ス
　ベシ
一　申請者ノ住所、職業及氏名又ハ商號
二　外貨證券ノ名稱及數量
三　對償タル通貨等ノ種類及豫定額
四　外貨證券ノ受渡地
五　取引ノ相手方又ハ媒介人ノ住所、職業
　　及氏名又ハ商號
六　取得ノ豫定時期
七　其ノ他參考ト爲ルベキ事項
第十一條　命令第七條ノ規定ニ依ル外國通貨
　ノ表示ヲ記載スル債權ノ讓受許可申請書ニ
　左ノ事項ヲ記載スベシ
一　申請者ノ住所、職業及氏名又ハ商號
二　債權ノ種類及金額
三　債務者ノ住所、職業及氏名又ハ商號
四　讓渡人ノ住所、職業及氏名又ハ商號
五　讓受ノ豫定時期
六　讓受ノ目的其ノ他之ヲ必要トスル事由
七　其ノ他參考ト爲ルベキ事項
第十二條　命令第八條又ハ第九條ノ規定ニ依
　ル預金、消費貸借ノ契約締結又ハ信
　託ノ引受許可申請書ニ左ノ事項ヲ記載スベ
　シ
一　申請者ノ住所、職業及氏名又ハ商號
二　他人ノ計算ニ於テナスモノニ在リテハ
　　其ノ他人ノ住所、職業及氏名又ハ商號
三　契約ノ相手方ノ住所、職業及氏名又ハ
　　商號
四　契約ノ種類ニ應ジ契約主要條件
五　契約ノ豫定時期
六　契約ノ目的其ノ他之ヲ必要トスル事項
七　其ノ他參考ト爲ルベキ事項
八　前項ノ許可申請書ハ當事者雙方ヨリ提出

第十三條　命令第十條ノ規定ニ依ル社債發行
　又ハ借入金ノ豫定契約締結許可申請書ニハ
　左ノ事項ヲ記載スベシ
一　申請者ノ住所、職業及氏名又ハ商號
二　社債發行豫定額又ハ借入豫定額及豫
　　定主要條件
三　擔保物ノ種類、數量及所在地
四　社債ノ豫定發行地又ハ借入地
五　契約ノ相手方ノ住所、職業及氏名又ハ
　　商號
六　社債發行又ハ借入ノ目的其ノ他之ヲ必
　　要トスル事由
七　其ノ他參考ト爲ルベキ事項
第十四條　命令第十一條ノ規定ニ依ル信用狀
　取得許可申請書ニ左ノ事項ヲ記載スベシ
一　申請者ノ住所、職業及氏名又ハ商號
二　信用狀ノ種類、金額及主要條件
三　信用狀ニ依ル爲替手形提出人ノ住所、職業
　　及氏名又ハ商號
四　信用狀發行者ノ住所、職業及氏名又ハ
　　商號
五　信用狀發行豫定時期
六　取得ノ豫定時期又ハ信用狀有效期間
七　取得ノ目的其ノ他之ヲ必要トスル事由
八　其ノ他參考ト爲ルベキ事項
第十五條　命令第十二條第一項ノ規定ニ依ル
　旅行信用狀又ハ旅行爲替取得許可申請書ニ
　左ノ事項ヲ
一　申請者ノ名稱、職業及所在地
二　旅行信用狀又ハ旅行爲替ノ豫定計
　　畫、同一旅行者ニ對シ他ニ取得スル信
　　用狀アルトキハ其ノ金額及別ニ携帶又ハ
　　送付セラルル旅費爲替アルトキハ其ノ金額
三　證券ノ名稱、數效及所在地
四　證券ノ取得シタル原因及時期
五　證券ノ發送人及名宛人ノ住所、職業及
　　氏名又ハ商號
六　輸送ノ方法、輸入ニ在リテハ郵便差出

二　取引爲替取引又ハ取引爲ニ付許可ヲ申請ス
　　ル場合ニハ本人又ハ使用主其ノ取引又ハ取
　　出スベシ此ノ場合ニ於テハ主タル取引又ハ取
　　出スベシ但其ノ取引又ハ取引爲ヲ行
　　フ爲取引者ノ住所、職業及氏名又ハ商號ヲ
九　其ノ他參考ト爲ルベキ事項
第十六條　命令第十三條第一項ノ規定ニ依ル
　證券ノ携帶輸入セントスル者ハ朝
　鮮ニ到着ノ際前條ノ規定ヲ準用シ申
　請書正副二通到着地管轄稅關ヲ經テ朝鮮
　總督ニ提出スベシ
第十七條　命令第十三條第一項ニ付外國爲替ヲ組マ
　ザル貨物ノ輸出ニ付許可申請書ニ左ノ事項ヲ
　記載スベシ
一　申請者ノ住所、職業及氏名又ハ商號
二　輸出貨物ノ品名、數量及價額
三　荷受人ノ住所、職業及氏名又ハ商號
四　貨物ノ所有者ノ住所、職業及氏名又ハ其
　　ノ他ノ所有ニ屬スル場合ニ於ハ其
五　輸出ノ豫定時期
六　貨物ノ代金ノ受領ノ方法及見込時期
七　輸送ノ方法、輸出地、輸出時期
八　外國爲替ヲ組マザル事由
第十八條　命令第十四條、第十五條、第十六
　條又ハ命令第十四條、第十五條ノ各但書ナル事項ヲ記
　載スルニ付許可申請書ニ適當ナル事項ヲ記
　載スベシ
第十九條　法人ノ代表者、代理人、使用人
　又ハ主タル事務所ニ於テ爲替ヲ取引爲ヲ
　爲ス付許可申請書ニ於テ法人ノ本店
　ノ場合ニ於テ取引又ハ取引爲ヲ記載スベシ
　者ノ住所、職業及氏名又ハ商號タ氏名
　氏名又ハ商號ヲ記載スル場合ニ於ハ其ノ
　人ノ代理人、使用人其ノ他ノ從業者が外國

地又ハ輸入地及船舶ノ名稱ニ依ルモノニ在リ
テ爲替取引又ハ取引爲ニ付許可ヲ申請セ
ラル場合ニハ本人又ハ使用主其ノ取引又ハ取
出スベシ此ノ場合ニ於テハ主タル取引者ノ
住所、職業及氏名又ハ取引爲ヲ記載スベシ

第二十條　命令第十二條第二項、第十三條第
　二項、同條第三項又ハ第十三條第一項第
　二號乃至第四號、第三十九條乃至第二十二
　條又ハ第三十三條第一項ノ規定ニ依ル各申
　請書又ハ明細書ニ別ニ一定ノ作成樣式ナキ
　爲ハ豫定爲替爲ノ者ニ於テ取引又ハ取引ヲ行
　爲ハ最寄朝鮮銀行ニ證券ヲ呈示附屬樣式
　スタンプ押捺ヲ受ケ豫示附屬樣式ニ
　得ザル旨定メタルトキハ此ノ限ニ在ラ輸入
　式スタンプ押捺ヲ受クルコトヲ得
第二十一條
　號(資本逃避防止法ニ關スル施行手續)第八
　條又ハ第九條ノ規定ニ依リ爲替ヲ組マ
　ザル貨物ノ輸出ノ屆出書ニ正副二通ヲ
　作成シ之ヲ朝鮮總督ニ提出スベシ
第二十二條　命令第十二條第一項ノ規定ニ依
　ル届出書ハ通宜ノ書式ニテ正副二通
　ヲ受ケ得ベキ外貨證券ニシテ未ダ其ノ他利害關係人
　ハ最寄朝鮮銀行ニ證券ヲ呈示附屬樣式
　スタンプ押捺ヲ受ケザルコトヲ得但ノ限
　許可ヲ要シ又ハ押捺ヲ受クルコトヲ得輸入
　スタンプ押捺ヲ受クルコト
第二十三條ニ該當セザル外貨證券ニ附屬標
　式スタンプヲ押捺ヲ受クルコトヲ得

　　　附則
本令ハ昭和八年五月一日ヨリ之ヲ施行ス
昭和七年朝鮮總督府令第六十四號（資本逃避
　防止法ノ朝鮮ニ施行手續）ノ規定ニ依リ提
　出シタルモノハ此ノ本令ノ規定ニ依リ提
　出シタルモノト看做ス

🏛 4. 일본 1949년법과 우리나라 1962년법의 대비표

일본 1949년법	한국 1962년법
外国為替及び外国貿易管理法 昭和二十四年十二月一日 内閣総理大臣 吉田 茂 法律第228号	외국환관리법 [시행 1962.1.21.] [법률 제933호, 1961.12.31.,제정] 기획재정부(외환제도과)
第一章 総 則 (目的) 第一條 この法律は、外国貿易の正常な発展を図り、国際収支の均衡、通貨の安定及び外貨資金の最も有効な利用を確保するために必要な外国為替、外国貿易及びその他の対外取引の管理を行い、もって国民経済の復興と発展とに寄與することを目的とする。	제1장 총 칙 제1조 (목적) 본법은 외국환과 그 거래 기타 대외거래를 관리하여 국제수지의 균형, 통화가치의 안정과 외화자금의 효율적인 운용을 기함을 목적으로 한다.
(再検討) 第二條 この法律及びこの法律に基く命令の規定は、これらの規定による制限を、その必要の減少に伴い逐次緩和又は廃止する目的をもって再検討するものとする。	제2조 (제한의 완화) 본법에 의한 제한은 본법의 목적을 달성함에 필요한 범위내에서 운용되어야하며 정부는 국제수지의 개선, 통화가치의 안정등을 도모함으로써 점차본법에 의한 제한이 완화되도록 한다.
(適用範囲) 第五條 この法律は、本邦内に主たる事務所を有する法人の代表者、代理人、使用人その他の従業者が、外国においてその法人の財産又は業務についてした行為にも適用する。本邦内に住所を有する人又はその代理人、使用人その他の従業者が、外国においてその人の財産又は業務についてした行為についても、同様とする。	제3조 (적용대상) ①본법은 대한민국내에 주사무소를 둔 법인, 대리인, 사용인과 기타의 종업인이 외국에서 그 법인의 재산 또는 업무에 관하여 행한 행위에도 적용한다. ②대한민국내에 주소를 둔 자연인 또는 그 대리인, 사용인 기타의 종업인이 외국에서 그자연인의 재산 또는 업무에 관하여 행한 행위에 대하여도 또한 같다.
(定義) 第六條 この法律又はこの法律に基く命令の適用を斉一にするため、左に掲げる用語は、左の定義に従うものとする。	제4조 (정의) 본법에서 사용되는 용어의 정의를 다음과 같이 한다. 1. 내국통화라 함은 대한민국의 법화인

一 「本邦」とは、本州、北海道、四国、九州及び命令で定めるその附属の島をいう。

二 「外国」とは、本邦以外の地域をいう。

三 「本邦通貨」とは、日本円を単位とする通貨をいう。

四 「外国通貨」とは、本邦通貨以外の通貨をいう。

五 「居住者」とは、本邦内に住所又は居所を有する自然人及び本邦内に主たる事務所を有する法人をいう。非居住者の本邦内の支店、出張所その他の事務所は、法律上代理権があると否とにかかわらず、その主たる事務所が外国にある場合においても居住者とみなす。

六 「非居住者」とは、居住者以外の自然人及び法人をいう。

七 「支拂手段」とは、銀行券、政府紙幣、小額紙幣、硬貨、小切手、為替手形、郵便為替、信用状その他の支拂指図をいう。

八 「対外支拂手段」とは、外国通貨その他通貨の単位のいかんにかかわらず、外国通貨をもつて表示され、又は外国において支拂手段として使用することのできる支拂手段をいう。

九 「内国支拂手段」とは、対外支拂手段以外の支拂手段をいう。

十 「貴金属」とは、金、銀、白金、ルテニウム、ロジウム、パラジウム、オスミウム、イリジウム及びイリドスミンの地金、これらのものの合金の地金、並びに金貨及び銀貨(流通していないものに限る。)、取引の対象又は記念品たる硬貨、金メダルその他これらの金属を主たる材料とする物をいう。

환화를 말한다.

2. 외국통화라 함은 내국통화이외의 통화를 말한다.

3. 지불수단이라 함은 정부지폐, 은행권, 주화, 수표, 환어음, 약속어음, 우편환, 신용장과 기타의 지불지시를 말한다.

4. 내국지불수단이라 함은 내국통화, 내국통화로써 표시된 지불수단 또는 대한민국내에서 지불수단으로서 사용할 수 있는 지불수단을 말한다.

5. 대외지불수단이라 함은 내국지불수단 이외의 지불수단을 말한다.

6. 귀금속이라 함은 금이나 백금의 지금, 유통되지 아니하는 금화기타금이나 백금을 주재료로 하는 제품 및 가공품을 말한다.

7. 증권이라 함은 모든 종류의 공채, 사채, 주식출자의 지분공채나 주식 또는 출자의 지분에 관한 권리를 부여하는 증서, 채권, 재정증권, 저당증권, 이윤증권 또는 이에 유사한 증권, 배당금증권, 리찰 또는 리찰상환권등을 말한다.

8. 외화증권이라 함은 외국통화로써 표시된 증권 또는 외국에서 지불을 받을 수 있는 증권을 말한다.

9. 채권이라 함은 모든 종류의 예금이나 저금과 보험증권, 대부, 입찰기타로 인하여 생기는 금전채권으로서 전 각호의 1에 해당되지 아니하는 것을 말한다.

10. 외화채권이라 함은 외국통화로써 표시된 채권 또는 외국에서 지불될 채권을 말한다.

11. 외국환이라 함은 대외지불수단, 외화증권 및 외화채권을 말한다.

12. 거주자라 함은 대한민국내에 주소 또는 거소를 둔 자연인과 대한민국내에 주사무소를 둔 법인을 말한다.

十一 「証券」とは、登録されていると
否とを問わず、公債、社債、株式、出資の
持分、公債又は株式に関する権利を與える
証書、債券、国庫証券、抵当証券、利潤証
券及び類似の証券、利札、配当金受領証並
びに利札引換券をいう。

十二 「外貨証券」とは、外国において
支拂を受けることができる証券又は外国通
貨をもって表示される証券をいう。

十三 「債権」とは、定期預金、当座預
金、特別当座預金、通知預金、保険証券及
び当座勘定残高並びに貸借、入札その他に
因り生ずる金銭債権で前各号に掲げられて
いないものをいう。

十四 「外貨債権」とは、外国において
又は外貨をもって支拂を受けることができ
る債権をいう。

十五 「貨物」とは、貴金属、支拂手段
及び証券その他債権を化体する証書以外の
動産をいう。

十六 「財産」とは、第七号、第十号、
第十一号、第十三号及び前号に規定するも
のを含む財産をいう。

2 居住者又は非居住者の区別が明白で
ない場合については、大蔵大臣の定めると
ころによる。

(外国為替相場) 第七條 本邦通貨の基準外
国為替相場は、すべての取引を通じ単一と
し、内閣の承認を得て、大蔵大臣が定め
る。

2 大蔵大臣は、各外国通貨について正し
い裁定外国為替相場を決定し、維持しなけ
ればならない。

3 外国為替管理委員会は、大蔵大臣の承
認を得て、外国為替管理委員会が外国為替
を売買する相場を定めなければならない。

4 外国為替管理委員会は、大蔵大臣の

---

13. 비거주자라 함은 거주자 이외의 자연
인과 법인을 말한다. 단, 비거주자의 대
한민국내의 지점, 출장소 기타의 사무
소는 법상대리권의 유무에 불구하고 거
주자로 간주한다.

14. 외국환업무라 함은 대외지불수단의
매매, 발행, 대한민국과 외국간의 지불
과 추심 및 이에 부대하는 업무를 업으
로 함을 말한다.

15. 환전상업무라 함은 외국통화의 매매
및 외국에서 발행한 여행자수표의 매입
을 말한다.

제5조 (환율) ①재무부장관은 각의의 의결
을 얻어 내국통화와 외국통화와의 기준환
률을 정한다.

②재무부장관은 외국환은행과 환전상이
영위하는 외국환거래에 있어서의 외국환
매매율 및 취급수수료를 정한다.

③재무부장관이 필요하다고 인정하는 경
우에는 각의의 의결을 얻어 제1항 및 제2
항의 규정에 불구하고 외국환은행이 영위
하는 외국환거래에 있어서의 매매율을 예
외로 정할 수 있다.

承認を得て、正当な外国為替取引における外国為替の売相場及び買相場並びに取扱手数料を定めることができる。 　5　外国為替の直物(電信又は一覧拂のものに限る。以下同じ。)取引における売相場及び買相場は、第一項の基準外国為替相場又は第二項の裁定外国為替相場から百分の一以上の開きがあってはならない。 　6　大蔵大臣又は外国為替管理委員会が第一項から第四項までの規定により基準外国為替相場、裁定外国為替相場並びに外国為替の売相場、買相場及び取扱手数料を定めたときは、何人も、これによらないで取引してはならない。	
(通貨の指定)　第八條　この法律により認められる取引は、大蔵大臣の指定する通貨により行わなければならない。	제6조 (통화의 지정) 본법에 의하여 인정되는 거래는 재무부장관이 지정하는 통화에 의하여야 한다.
(取引等の非常停止)　第九條　主務大臣は、国際経済の事情に急激な変化があつた場合において、緊急の必要があると認めるときは、政令で定めるところにより、政令で定める期間内において、この法律の適用を受ける取引を停止することができる。 　2　前項の規定による停止は、その停止の時までにこの法律により認められている支拂を不可能とするものではなく、その停止に因る支拂の遅延は、政令で定める期間内に限られるものとする。	제7조 (거래의 비상정지) 재무부장관은 국제 또는 국내경제사정에 급격한 변동이 발생한 경우로서 긴급한 조치가 필요하다고 인정되는 때에는 각의의 의결을 얻어 외국환거래의 정지를 명할 수 있다.
第二章　外国為替銀行及び両替商	**제2장　외국환은행 및 환전상**
(外国為替銀行)　第十條　外国為替業務を営もうとする銀行は、その営もうとする営業所(本邦法人である銀行の外国にある営業所を含む。以下同じ。)並びに業務の内容を定めて、大蔵大臣の認可を受けなければならない。	제8조 (외국환은행업무의 인가) ①외국환은행업무를 영위하고자 하는 자는 각령의 정하는 바에 의하여 재무부장관의 인가를 받아야 한다. 외국환업무의 내용과 범위는 재무부장관이 정한다. ②재무부장관은 전항의 인가를 할 때에는

2 大蔵大臣は、当該銀行が十分な国際的信用を得ることが困難であると認める場合又は外国為替取引を行うに足りる職員を有していないと認める場合には、前項の認可をしてはならない。 3 外国為替銀行(第一項の認可を受けた銀行をいう。以下同じ。)は、外国為替業務を営む営業所を新設し、外国為替業務を営む営業所の名称若しくは位置を変更し、又は外国為替業務の内容を変更しようとするときは、大蔵大臣の許可を受けなければならない。 4 外国為替銀行は、外国為替業務を営む営業所の全部又は一部における外国為替業務を廃止しようとするときは、あらかじめ大蔵大臣に届け出なければならない。	그 인가를 받고자 하는 자가 충분한 국제적신용을 얻을 수 있고 또한 외국환거래를 영위함에 충분한 자본시설 및 직원을 가지고 있다고 인정하는 경우에 한한다. ③제1항의 인가를 받은 자(以下 "外國換銀行"이라 한다)가 외국환업무를 영위하는 영업소를 신설 또는 폐지하거나 그 영업소의 명칭 또는 위치를 변경하거나 업무의 내용을 변경하고자 할 때에는 재무부장관의 인가를 받아야 한다.
(業務上の取極) 第十一條 外国為替銀行は、外国にある銀行その他の金融機関とこの法律の適用を受ける業務を行うための取極を結ぼうとするときは、外国為替管理委員会の承認を受けなければならない。	제9조 (계약체결의 인가) ①외국환은행이 외국에 있는 금융기관과 본법의 적용을 받는 업무에 관한 계약을 체결하고자 할 때에는 금융통화위원회의 인가를 받아야 한다. ②전항의 경우 금융통화위원회는 이를 지체없이 재무부장관에게 보고하여야 한다.
(両替商) 第十四條 両替業務を営もうとする者は、その営もうとする営業所及び業務の内容を定めて、大蔵大臣の認可を受けなければならない。 2 第十條第三項及び第四項、第十二條並びに前條の規定は、両替商(前項の認可を受けた者をいう。以下同じ。)に準用する。	제10조 (환전상업무) ①환전상업무를 행하고자 하는 자는 각령의 정하는 바에 의하여 재무부장관의 인가를 받아야 한다. ②전항의 인가를 받은 자(以下 "換錢商"이라 한다)가 그 영업소를 신설 또는 폐지하거나 그 영업소의 명칭 또는 위치를 변경하거나 업무의 내용을 변경하고자 할 때에는 재무부장관의 인가를 받아야 한다
(外国為替銀行の確認義務) 第十二條 外国為替銀行は、この法律の適用を受ける業務について顧客と取引をしようとするときは、当該取引について、その顧客がこの法	제11조 (업무의 확인의무) 외국환은행 및 환전상이 본법의 적용을 받는 거래를 함에 있어서는 당해거래에 관하여 그 고객이 본법에 의한 허가를 받은 여부를 확인하여야

律の規定により承認等を受けていること又は承認等を受けることを要しないことを確認した後でなければ、その取引をしてはならない。	한다.
（制裁）第十三條　大蔵大臣は、外国為替銀行が、この法律、この法律に基く命令若しくは処分に違反し、又は違反しようとしたときは、第十條第一項の認可を取り消し、又は一年以内の期間を限り、その違反に係る営業所におけるこの法律の適用を受ける業務を停止し、若しくは当該業務の内容を制限することができる。	제12조 (인가의 취소 및 업무의 정지, 제한) 재무부장관은 외국환은행 또는 환전상이 본법의 정한 규정 또는 명령에 위반하였을 때에는 영업의 인가를 취소하거나 또는 그 영업을 정지시킬 수 있다.
（報告義務）第十五條　外国為替銀行又は両替商は、政令で定めるところにより、この法律の適用を受ける業務について、政府機関に報告しなければならない。	
	제13조 (한국은행법 및 은행법의 준용) 외국환은행에 관하여는 본법 또는 본법에 의하여 발하는 명령을 제외하고는 한국은행법 및 은행법의 규정을 준용한다.
	제3장 외국환심의위원회
（閣僚審議会）第三條　内閣に閣僚審議会を設置し、外国為替予算を作成する責任を負う機関とする。 　2　閣僚審議会の組織及び運営は、政令で定める。 （外国為替管理委員会）第四條　別に法律で定めるところにより、外国為替管理委員会を設置する。	제14조 (외국환심의위원회) ①외국환관리에 관한 중요사항을 조사심의하게 하기 위하여 재무부에 외국환심의위원회를 둔다. ②외국환심의위원회는 정부외화사용계획의 집행 및 그 결과에 관하여 심사분석을 하여 이를 각의에 보고하여야 한다. ③외국환심의위원회는 재무부장관, 농림부장관, 상공부장관, 경제기획원부원장, 한국은행총재와 국제경제 및 법률에 관하여 학식경험이 풍부한 자로서 재무부장관이 제청하여 내각수반이 위촉하는 2인으로써 구성하며 위원장은 재무부장관이 된다. ④외국환심의위원회의 조직과 운영에 관하여 기타 필요한 사항은 각령으로써 정한다.

第三章 外国為替予算	제4장 외국환수급계획
（外国為替予算の作成）第十六條　外国為替予算は、外国為替の使用可能量の慎重な予測に基いて、不足の発生に因り債務不履行又は予備費の望ましくない減少に陥ることのないように作成されなければならない。 第十七條　外国為替予算は、左の各号に掲げる事項を考慮して作成されなければならない。 　一　通貨の交換又は振替の可能性 　二　外国貿易その他の取引において通常生ずることのあるべき不特定の需要に即応し得るように十分な通常予備費を設けること。 第十八條　外国為替予算を作成する場合には、計算若しくは評価の過誤又は予測できない緊急な需要に基く不足を補充するため、通貨別に一定の外国為替使用可能量を非常予備費として設けなければならない。 （外国為替予算の変更）第十九條　外国為替予算の変更は、閣僚審議会により例外的な場合に限って行われる。 （外国為替予算の効力）第二十條　閣僚審議会により外国為替予算に計上された資金の使用を認める権限を有する政府機関は、閣僚審議会の承認を得ないで、その権限内の外国為替予算の金額をこえてその使用を認めてはならない。	제15조 （외국환수급계획） ①재무부장관은 매년외국환수급계획을 수립함에 있어서는 외국환심의위원회의 심의를 거쳐 각의의 의결을 받아야 한다. ②외국환수급계획의 변경은 극히 예외적인 경우에 한하여야 한다. 그 변경에 있어서는 전항의 절차에 의한다. ③재무부장관은 외국환수급계획에 계상된 금액을 초과하거나 계획 이외의 용도에 외국환의 사용을 허가할 수 없다. 제16조 （외국환관리특별회계） ①본법의 운영을 원활히 하기 위하여 필요한 경우에는 외국환관리특별회계를 설치할 수 있다. ②전항의 외국환관리특별회계의 설치와 운영에 관하여 필요한 사항은 따로 법률로써 정한다.
第四章　外国為替等の集中	제5장 외국환의 집중
（対外支拂手段等の集中）第二十一條　居住者たると非居住者たるとを問わず本邦にあ	제17조 （거주자의 대외지불수단등의 집중）①재무부장관은 각령의 정하는 바에 의하

る者は、政令で定めるところにより、左に
掲げる財産を、特定の場所に若しくは特定
の方式により保管若しくは登録し、又は外
国為替特別会計、日本銀行、外国為替銀行
その他の者に公定価格(公定価格がないと
きは、時価)を参しゃくして大蔵大臣が定
める価格で本邦通貨を対価として売却する
義務を課せられることがある。
　　一　本邦内にある対外支拂手段
　　二　本邦内にある貴金属

第二十二條　居住者は、政令で定めるとこ
ろにより、左に掲げる財産を、特定の場所
に若しくは特定の方式により保管若しくは
登録し、又は外国為替特別会計、日本銀
行、外国為替銀行その他の者に公定価格
(公定価格がないときは、時価)を参しゃく
して大蔵大臣が定める価格で本邦通貨を対
価として売却する義務を課せられることが
ある。
　　一　対外支拂手段
　　二　貴金属
　　三　外貨債権
　　四　外貨証券

第二十三條　非居住者は、政令で定めると
ころにより、左に掲げる財産を特定の場所
に若しくは特定の方式により保管若しくは
登録する義務を課せられることがある。
　　一　内国支拂手段
　　二　本邦通貨をもって表示される債権
　　三　本邦通貨をもって表示される証券

(集中の特例)　第二十四條　前三條に基く政
令においては、外国為替銀行、両替商等に
対するこれらの規定の適用の方法及び程度
を定めなければならない。

여 거주자에 대하여 다음 각호의 1에 해당
하는 재산을 보관 또는 등록하거나 외국환
은행등에 내국통화를 대가로 매각하거나
또는 예치하게 할 수 있다.
　1. 대외지불수단
　2. 귀금속
　3. 외화증권
　4. 외화채권
②전항의 규정은 외국인인 거주자와 제4
조제13호 단서에 규정된 거주자에 대하여
는 본법 또는 본법에 의하여 발하는 명령
의 적용을 받는 거래로써 취득하는 것에
한하여 적용된다.

제18조 (비거주자의 국내대외지불수단등
의 집중) 재무부장관은 각령의 정하는 바
에 의하여 대한민국내에 있는 비거주자에
대하여 다음 각호의 1에 해당하는 재산을
보관 또는 등록하거나 외국환은행에 내국
통화를 대가로 매각하거나 또는 예치하게
할 수 있다.
　1. 대한민국내에 있는 대외지불수단
　2. 대한민국내에 있는 귀금속

제19조 (비거주자의 내국지불수단등의 집
중) 재무부장관은 각령의 정하는 바에 의
하여 비거주자에 대하여 다음 각호의 1에
해당하는 재산을 보관 또는 등록하게 할
수 있다.
　1. 내국지불수단
　2. 내국통화로써 표시된 채권
　3. 내국통화로써 표시된 증권

第二十五條　第二十二條の規定は、本邦人以外の居住者については、同條各号に掲げる財産のうちその者がこの法律又はこの法律に基く命令の規定の適用を受ける取引に因り取得したものに限り、適用があるものとする。	
（債権の回収義務）第二十六條　政令で定める場合を除いては、非居住者に対する債権を取得した者は、当該債権の期限の到来又は條件の成就後遅滞なく、これを取り立てなければならない。 　２　何人も、当該債権について、その全部若しくは一部を免除し、額面以下の弁済を受け、又は弁済の遅延を黙認することに因り、これを減損してはならない。	제20조 （채권의 회수의무） ①비거주자에 대한 채권을 취득하는 거주자는 본법 또는 본법에 의한 각령으로써 정하는 경우를 제외하고는 그 채권의 기한의 도래 또는 조건의 성취후 지체없이 이를 추심하여야 한다. ②전항의 채권에 대하여는 그 전부 또는 일부를 면제하거나 액면이하의 변제를 받거나 변제의 지연을 묵인함으로써 이를 감손하여서는 아니된다. 단, 재무부장관이 부득이하다고 인정하는 경우에는 예외로 한다.
第五章　制限及び禁止 第一節　支拂	제6장 제한과 금지
（支拂の制限及び禁止）第二十七條　この法律の他の規定又は政令で定める場合を除いては、何人も、本邦において左に掲げる行為をしてはならない。 　一　外国へ向けた支拂 　二　非居住者に対する支拂又は非居住者からの支拂の受領 　三　非居住者のためにする居住者に対する支拂又は当該支拂の受領 　四　非居住者との勘定の貸記又は借記 　２　前項第二号から第四号までの規定は、左に掲げる行為については適用しない。 　一　非居住者の本邦における滞在に伴う	제21조 （지불） ①거주자나 비거주자는 대한민국내에서 본법 또는 본법에 의한 각령으로써 정하는 경우를 제외하고는 다음 각호의 1에 해당하는 행위를 하여서는 아니된다. 　1. 외국에 대한 지불 　2. 비거주자에 대한 지불 또는 비거주자로부터의 지불의 영수 　3. 비거주자를 위하여 거주자에게 행하는 지불 또는 그 지불의 영수 　4. 비거주자와의 계정간의 이체 ②전항제2호 내지 제4호의 규정은 비거주자가 대한민국내에 체재함에 수반하는 생활비, 일상품 또는 용역의 구입비등의 비

生活費又は通常の物品若しくは役務の購入費等の費用を支弁するための本邦通貨による支拂 　二　非居住者の本邦において認められた内国事業を遂行するための本邦通貨による支拂	용을 지변하기 위한 내국통화에 의한 지불이나 비거주자가 대한민국내에서 허용되는 사업을 영위하기 위한 내국통화에 의한 지불에 대하여는 적용하지 아니한다.
第二十八條　この法律の他の規定又は政令で定める場合を除いては、何人も、外国にある者に対する支拂若しくは利益の提供又は外国にある財産の取得の代償として又はこれらに関連して、本邦において、居住者に対して又は居住者のために支拂をしてはならない。居住者が、外国においてこれらの行為をする場合も、同様とする。 第二十九條　この法律の他の規定又は政令で定める場合を除いては、何人も、外国にある財産の譲渡の代償として又はこれに関連して、本邦において、居住者から又は居住者のために支拂を受けてはならない。居住者が、外国においてこれらの行為をする場合も、同様とする。	제22조 (대상지불) 본법 또는 본법에 의한 각령으로써 정하는 경우를 제외하고는 거주자나 비거주자는 다음 각호의 1에 해당하는 행위를 하여서는 아니된다. 　1. 외국에 있는 자에 대한 지불이익의 제공, 재외재산의 취득의 대상으로서나 그와 관련하여 대한민국내에서 거주자에게 행하거나 또는 거주자를 위하여 행하는 지불이나 대여 　2. 외국에 있는 재산의 양도의 대상으로나 그와 관련하여 대한민국내에서 거주자로부터 또는 거주자를 위하여 행하는 지불의 영수 　3. 거주자가 외국에서 행하는 전2호의 행위
第二節　債権	
（債権に関する制限及び禁止）第三十條　政令で定める場合を除いては、何人も、左に掲げる債権の発生、変更、弁済、消滅、直接又は間接の移転その他の処分の当事者となってはならない。 　一　非居住者間の本邦通貨をもって表示される債権 　二　居住者間の外貨証券 　三　居住者と非居住者間の債権	제23조 (채권) 본법 또는 본법에 의한 각령으로써 정하는 경우를 제외하고는 거주자나 비거주자는 다음 각호의 1에 해당하는 채권의 발생, 변경, 변제, 소멸, 직접 또는 간접의 이전이나 기타 처분의 당사자가 되어서는 아니된다. 　1. 거주자간의 외화채권 　2. 거주자와 비거주자간의 채권 　3. 비거주자간의 내국통화로서 표시된 채권
第三節　証券	

(本邦内にある証券) 第三十一條　大蔵省令で定めるところにより認められ、又は許可を受けた場合を除いては、何人も、本邦内にある証券について売買、贈與、交換、貸借、寄託、質入若しくは移転をし、又は当該証券に係る権利を移転してはならない。 　2　前項の規定は、本邦証券の居住者間の取引については適用しない。	제24조 (국내에 있는 증권) ①재무부장관의 허가를 받은 경우를 제외하고는 거주자와 비거주자는 대한민국내에 있는 증권에 관하여 매매, 증여, 교환, 대차, 임치, 질권의 설정이나 이전 또는 당해증권에 관한 권리를 이전하여서는 아니된다. ②전항의 규정은 대한민국내에서 발행하는 증권을 거주자간에 거래하는 경우에는 이를 적용하지 아니한다.
(外国にある証券) 第三十二條　大蔵省令で定めるところにより認められ、又は許可を受けた場合を除いては、居住者は、外国にある証券について売買、贈與、交換、貸借、寄託、質入若しくは移転をし、又は当該証券に係る権利を移転してはならない。 　2　前項の規定は、本邦人以外の居住者については、その者がこの法律又はこの法律に基く命令の規定の適用を受ける取引に因り取得した証券に限り、適用があるものとする。	제25조 (외국에 있는 증권) ①거주자는 재무부장관의 허가를 받은 경우를 제외하고는 외국에 있는 증권에 관하여 매매, 증여, 교환, 대차, 임치, 질권의 설정이나 이전 또는 당해증권에 관한 권리를 이전하여서는 아니된다. ②제17조제2항의 규정은 전항의 경우에 이를 준용한다.
(証券の保管) 第三十三條　居住者のために本邦において本邦証券を保管する場合又は非居住者間の取極により非居住者のために外国において外貨証券を保管する場合を除いては、何人も、証券の保管に関する取極の当事者となってはならない。但し、大蔵省令で定めるところにより許可を受けた場合は、この限りでない。	
(証券の発行又は募集) 第三十四條　大蔵省令で定めるところにより認められ、又は許可を受けた場合を除いては、左に掲げる行為をしてはならない。 　一　居住者たると非居住者たるとを問わず、本邦通貨で支拂われる証券を外国で発行又は募集すること。 　二　居住者が外国で証券を発行又は募集	제26조 (증권의 발행, 모집 또는 응모) 거주자나 비거주자는 재무부장관의 허가를 받은 경우를 제외하고는 다음 각호의 1에 해당하는 행위를 하여서는 아니된다. 　1. 거주자가 외국에서 증권을 발행하거나 모집하는 행위 　2. 비거주자가 내국통화로써 지불되는 증권을 외국에서 발행하거나 모집하는 행위

すること。 　三　非居住者が本邦で外貨証券を発行又は募集すること。 （証券の応募）第三十五條　政令で定めるところにより認められ、又は許可を受けた場合を除いては、左に掲げる行為をしてはならない。 　一　居住者が外貨証券に応募すること。 　二　非居住者が本邦証券に応募すること。	3. 비거주자가 대한민국내에서 외화증권을 발행하거나 모집하는 행위 4. 거주자가 외화증권에 응모하는 행위 5. 비거주자가 내국통화표시증권에 응모하는 행위
第五節　その他 （支拂手段等の輸出入）第四十五條　政令で定める場合を除いては、何人も、支拂手段、貴金属、証券又は債権を化体する書類を輸出又は輸入してはならない。 第四十六條　前條に基く政令においては、本邦に入国し、又は本邦から出国する者に対する同條の規定の適用の方法及び程度を定めなければならない。	제27조 (지불수단등의 수출입) 본법 또는 본법에 의한 각령으로써 정하는 경우를 제외하고는 거주자나 비거주자는 지불수단, 귀금속, 증권 기타 채권을 화체하는 서류를 수출 또는 수입하여서는 아니된다.
（役務）第四十二條　政令で定める場合を除いては、何人も、この法律の適用を受ける支拂、決済その他の取引を伴う役務に関する契約をしてはならない。 第四十三條　政令で定める場合を除いては、居住者は、この法律の規定に従って相当の対価の支拂を受けないで、非居住者に役務を提供してはならない。 第四十四條　前二條の規定の適用を受ける者は、政令で定めるところにより、主務の政府機関の事前の承認を受け、又は当該政府機関に対して相当の対価の支拂を受けることを立証する義務を課せられることがある。	제28조 (용역) 본법 또는 본법에 의한 각령으로써 정하는 경우를 제외하고는 거주자나 비거주자는 본법의 적용을 받는 지불결제나 기타의 거래를 수반하는 용역에 관한 계약을 하여서는 아니되며 거주자는 상당한 대가의 지불을 받지 아니하고 비거주자에게 용역을 제공하여서는 아니된다.

第四節　不動産	제29조 (외국에 있는 부동산의 취득과 처분) 거주자는 본법 또는 본법에 의한 각령으로써 정하는 경우를 제외하고는 외국에 있는 부동산 또는 이에 관한 권리를 취득, 처분, 포기하거나 이를 타인에게 제공하여서는 아니된다.
(外国にある不動産) 第三十六條　大蔵省令で定める場合を除いては、居住者は、外国にある不動産又はこれに関する権利を取得してはならない。	
第三十七條　大蔵省令で定める場合を除いては、居住者は、外国にある自己の不動産を処分し、又はこれに関する権利を放棄し、若しくは他に提供してはならない。	제30조 (국내에 있는 부동산의 취득과 처분) ①거주자는 본법 또는 본법에 의한 각령으로써 정하는 경우를 제외하고는 비거주자를 위하여 대한민국내에 있는 부동산 또는 이에 관한 권리를 처분하여서는 아니된다.
(本邦内にある不動産) 第三十八條　政令で定める場合を除いては、居住者は、非居住者のために本邦内にある不動産又はこれに関する権利を処分してはならない。	②비거주자는 본법 또는 본법에 의한 각령으로써 정하는 경우를 제외하고는 대한민국내에 있는 부동산 또는 이에 관한 권리를 다른 비거주자로부터 취득하거나 이를 처분, 포기하거나 타인에게 제공하여서는 아니된다.
第三十九條　政令で定める場合を除いては、非居住者は、他の非居住者から本邦内にある不動産又はこれに関する権利を取得してはならない。	
第四十條　政令で定める場合を除いては、非居住者は、本邦内にある不動産を処分し、又はこれに関する権利を放棄し、若しくは他に提供してはならない。	
(特例) 第四十一條　第三十六條及び第三十七條の規定は、本邦人以外の居住者については、これらの規定に定める不動産のうちその者がこの法律又はこの法律に基く命令の規定の適用を受ける取引に因り取得したものに限り、適用があるものとする。	
第六章　外国貿易	
(輸出の原則) 第四十七條　貨物の輸出は、この法律の目的に合致する限り、最少限度	

の制限の下に、許容されるものとする。

（輸出の承認）第四十八條　特定の種類の貨物の輸出をしようとする者又は特定の取引若しくは支拂の方法により貨物を輸出しようとする者は、政令で定めるところにより、通商産業大臣の承認を受ける義務を課せられることがある。
　2　前項の政令による制限は、国際収支の均衡の維持並びに外国貿易及び国民経済の健全な発展に必要な範囲をこえてはならない。

（支拂方法の証明）第四十九條　通商産業大臣は、命令で定めるところにより、貨物を輸出しようとする者に対して、貨物の代金の支拂が政令で定める方法によって行われる旨の十分な証明を求めることができる。

（輸出取引の公正）第五十條　貨物を輸出する者は、当該貨物の最終仕向国における不公正な競争の禁止に関する法令を十分考慮した上で輸出しなければならない。

（船積の非常差止）第五十一條　通商産業大臣は、特に緊急の必要があると認めるときは、命令で定めるところにより、一月以内の期限を限り、品目又は仕向地を指定し、貨物の船積を差し止めることができる。

（輸入の承認）第五十二條　外国為替予算の範囲内で最も有利且つ有効な貨物の輸入を図るため、貨物を輸入しようとする者は、政令で定めるところにより、輸入の承認を受ける義務を課せられることがある。

（制裁）第五十三條　通商産業大臣は、貨物の輸出又は輸入に関し、この法律、この法律に基づく命令又はこれらに基づく処分に違反した者に対して、一年以内の期間を限り、輸出又は輸入を行うことを禁止することができる。

（税関長に対する指揮監督等）第五十四條　通商産業大臣は、政令で定めるところにより、その所掌に属する貨物の輸出又は輸入に関し、税関長を指揮監督する。
　２　通商産業大臣は、政令で定めるところにより、この法律に基く権限の一部を税関長に委任することができる。

（担保の提供）第五十五条　貨物を輸入しようとする者は、政令で定めるところにより、当該輸入の実行を保証するために、保証金、証券その他の担保を提供する義務を課せられることがある。
　２　貨物の輸入の承認を受けた者が当該貨物を輸入しなかったときは、政令で定めるところにより、前項の保証金、証券その他の担保物を国庫に帰属させることができる。

第七章　不服の申立及び訴訟

（不服の申立）第五十六条　この法律又はこの法律に基づく命令の規定による政府機関の処分に対して不服のある者は、その旨を記載した書面をもって、当該政府機関に不服の申立をすることができる。

（聴聞）第五十七條　政府機関は、前条の規定による不服の申立を受理したときは、当該申立をした者に対して、相当な期間を置いて予告をした上、公開による聴聞を行わ

なければならない。

　2　前項の予告においては、期日、場所及び事案の内容を示さなければならない。

　3　聴聞に際しては、不服の申立をした者及び利害関係人に対して、当該事案について、証拠を呈示し、意見を述べる機会を與えなければならない。

（決定）第五十八條　　当該政府機関は、当該事案について、文書をもって決定をし、その写を不服の申立をした者及び利害関係人に送付しなければならない。

（手続規定）第五十九條　　不服の申立、予告、聴聞及び決定の手続について必要な事項は、政令で定める。

（訴訟）第六十條　　この章の規定による政府機関の決定に不服のある者は、次條で定めるところにより裁判所に出訴することができる。

第六十一條　　この法律の規定による当該政府機関の決定に係る訴訟は、被告である政府機関の所在地の地方裁判所の管轄とする。

　2　その提起は、政府機関の決定があった後三十日以内に裁判所に対してしなければならない。

　3　訴を提起した者は、訴状の写を、当該政府機関及び当該聴聞に参與した利害関係人に送付するものとする。

第六十二條　　当該政府機関は、訴状の送達があった時から三十日（裁判所が期間の延長を認めたときは、その期間）以内に当該訴に係る聴聞及び決定の一切の記録の正本

又は証明のある複本を当該裁判所に送付しなければならない。その記録は、訴を提起した者、第五十八條の規定により決定の送付を受けた者及び政府機関の合意があったときは、簡略にすることができる。

第六十三條　審理は、記録に記載された事実の範囲に限定されなければならない。但し、裁判所は、記録に記載されない当該政府機関の手続の違法を立証する証拠を採用することができる。

第六十四條　裁判所は、当該政府機関の決定を容認し、若しくは更に聴聞を行わせるため事件を政府機関に差し戻し、又は当該政府機関の決定が左の各号に掲げる場合の一に該当するため原告の実質的権利が侵害されたと認める場合においてその決定を取り消し、若しくは変更することができる。
　　一　憲法の條項に違反しているとき。
　　二　政府機関の法令による権限をこえているとき。
　　三　手続に違法があるとき。
　　四　前各号の外法令の適用に誤があるとき。
　　五　適法且つ実質的な証拠がないとき。
　　六　裁判所による新たな審理の結果、決定の理由となった事実が著しく不当であるとき。

第八章　雑則	제7장　보고와 검사등
（報告義務）第六十七條　この法律に規定するものの外、主務の政府機関は、この法律の施行に必要な限度において、政令で定めるところにより、この法律の適用を受ける取引を行う者又は関係人から報告を徴することができる。	제31조 (보고) 재무부장관은 본법의 운영에 필요하다고 인정할 때에는 한국은행, 외국환은행 및 환전상과 본법의 적용을 받는 거래당사자 또는 관계인으로부터 보고를 받을 수 있다.

（立入検査）第六十八條　主務の政府機関は、この法律の施行に必要な限度において、当該職員をして、外国為替銀行又は両替商の営業所又は事務所にその営業時間中に立ち入り、帳簿書類その他の物件を検査させ、又は関係人に質問させることができる。 　2　前項の規定により当該職員が立ち入るときは、その身分を示す証票を携帯し、関係人に呈示しなければならない。 　3　第一項の規定による立入検査又は質問の権限は、犯罪捜査のために認められたものと解釈してはならない。	제32조 （검사） ①재무부장관은 본법의 시행에 필요하다고 인정할 때에는 그 소속공무원으로 하여금 외국환은행 및 환전상과 본법의 적용을 받는 거래당사자 또는 관계인의 업무에 관한 검사를 시킬 수 있다. ②전항의 검사는 재무부장관이 이를 한국은행은행감독부장에게 위촉할 수 있다. ③한국은행은행감독부장은 검사의 결과를 재무부장관에게 보고하여야 하며 금융통화위원회를 거쳐 필요한 조치를 재무부장관에게 건의할 수 있다. ④제1항과 제2항의 규정에 의하여 검사를 할 때에는 그 신분을 증명하는 검사증표를 관계인의 요구가 있을 때에는 이를 제시하여야 한다.
（公正取引委員会の権限）第六十五條　この法律のいかなる条項も、私的独占の禁止及び公正取引の確保に関する法律(昭和二十二年法律第五十四号)及び事業者団体法(昭和二十三年法律第百九十一号)の適用又はこれらの法律に基き公正取引委員会がいかなる立場において行使する権限をも排除し、変更し、又はこれらに影響を及ぼすものと解釈してはならない。 （政府機関の行為）第六十六條　この法律又はこの法律に基づく命令の規定中政府機関又は外国為替銀行の許可、承認その他の処分を要する旨を定めるものは、政府機関が当該許可、承認その他の処分を要する行為をする場合については、政令で定めるところにより、これを適用しない。	
（事務の一部委任）第六十九條　主務の政府機関は、政令で定めるところにより、この法律の施行に関する事務の一部を日本銀行又は外国為替銀行をして取り扱わせることができる。	제33조 （위임） ①재무부장관은 본법시행에 관한 사무의 일부를 각령의 정하는 바에 의하여 한국은행총재 또는 외국환은행의 장 등에게 위임할 수 있다. ②한국은행직원과 외국환은행의 장 및 그

2 前項の規定により事務の一部を日本銀行をして取り扱わせる場合においては、その事務の取扱に要する経費は、日本銀行の負担とすることができる。 3 第一項の場合において、その事務に従事する日本銀行及び外国為替銀行の職員は、刑法(明治四十年法律第四十五号)その他の罰則の適用については、法令により公務に従事する職員とみなす。	직원으로서 전항 및 전조제2항의 규정에 의한 사무를 담당하는 자에 대한 범죄에 관하여는 형법중 공무원의 직무에 관한 죄의 규정을 적용한다.
	제34조 (시행령) 본법의 시행에 관하여 필요한 사항은 각령으로써 정한다.
第九章 罰則 第七十條 左の各号の一に該当する者は、三年以下の懲役若しくは三十万円以下の罰金に処し、又はこれを併科する。但し、当該違反行為の目的物の価格の三倍が三十万円をこえるときは、罰金は、当該価格の三倍以下とする。 一 外国為替の直物取引における売相場又は買相場を定めない場合において、第七條第五項の規定に違反し、外国為替の直物取引をした者 二 第七條第六項の規定に違反した者 三 第八條の規定に違反した者 四 第十條第一項の規定による認可を受けないで外国為替業務を営んだ者 五 第十三條(第十四條第二項において準用する場合を含む。)の規定による停止又は制限に違反した者 六 第十四條第一項の規定による認可を受けないで両替業務を営んだ者(外国為替銀行を除く。) 七 第二十六條第一項又は第二項の規定に違反した者 八 第二十七條第一項の規定に違反した者 九 第二十八條の規定に違反した者	**제8장 벌 칙** 제35조 (벌칙) 제5조제2항, 제6조, 제7조, 제8조제1항, 제10조제1항, 제17조제1항, 제18조, 제19조, 제20조, 제21조 내지 제24조, 제25조제1항, 제26조, 제27조, 제29조 또는 제30조의 규정에 위반한 자는 10년이하의 징역 또는 5천만환 이하의 벌금에 처하거나 이를 병과할 수 있다. 단, 당해위반행위의 목적물가격의 3배가 5천만환을 초과하는 때에는 그 벌금은 그 목적물의 가격의 3배이하로 한다. 제36조 (동전) 제8조제3항, 제9조, 제10조제2항, 제11조 또는 제28조의 규정에 위반한 자, 제31조의 규정에 의한 보고를 하지 아니하거나 허위의 보고를 한 자 또는 제32조의 규정에 의한 검사를 거부하거나 이를 방해한 자는 3년이하의 징역 또는 3백만환 이하의 벌금에 처하거나 이를 병과할 수 있다.

　十　第二十九條の規定に違反した者
　十一　第三十條の規定に違反した者
　十二　第三十一條第一項の規定に違反した者
　十三　第三十二條第一項の規定に違反した者
　十四　第三十六條の規定に違反した者
　十五　第三十七條の規定に違反した者
　十六　第三十八條の規定に違反した者
　十七　第三十九條の規定に違反した者
　十八　第四十條の規定に違反した者
　十九　第四十五條の規定に違反した者
　二十　第五十一條の規定に違反した者
　二十一　第五十三條の規定による輸出又は輸入の禁止に違反した者
　二十二　第九條、第二十一條から第二十三條まで、第四十八條又は第五十二條の規定に基く命令の規定に違反した者

第七十一條　左の各号の一に該当する者は、一年以下の懲役若しくは十万円以下の罰金に処し、又はこれを併科する。
　一　第十條第三項又は第十四條第二項において準用する第十條第三項の規定による許可を受けないで、外国為替業務若しくは両替業務を営む営業所を新設し、外国為替業務若しくは両替業務を営む営業所の名称若しくは位置を変更し、又は外国為替業務若しくは両替業務の内容を変更した者
　二　第三十三條の規定に違反した者
　三　第三十四條の規定に違反した者
　四　第三十五條の規定に違反した者
　五　第四十二條の規定に違反した者
　六　第四十三條の規定に違反した者
　七　第四十四條の規定に基く政令の規定に違反して事前の承認を受けなかった者

第七十二條　左の各号の一に該当する者は、六月以下の懲役又は五万円以下の罰金に処する。 　一　第十條第四項又は第十四條第二項において準用する第十條第四項の規定による届出をせず、又は虚偽の届出をして、外国為替業務又は両替業務を廃止した者 　二　第十一條の規定による承認を受けないで、同條に規定する取極を結んだ者 　三　第十二條又は第十四條第二項において準用する第十二條の規定に違反した者 　四　第十五條の規定による報告をせず、又は虚偽の報告をした者 　五　第四十四條の規定に基く命令の規定に違反して立証をせず、又は虚偽の立証をした者 　六　第四十九條の規定に基く命令に違反して十分証明をせず、又は虚偽の証明をした者 　七　第六十七條の規定に基く命令の規定に違反して報告をせず、又は虚偽の報告をした者 　八　第六十八條の規定による検査を拒み、妨げ、又は忌避した者 　九　第六十八條の規定による質問に対して答弁をせず、又は虚偽の答弁をした者	
第七十三條　法人の代表者又は法人若しくは人の代理人、使用人その他の従業者が、その法人又は人の業務又は財産に関し、前三條の違反行為をしたときは、行為者を罰する外、その法人又は人に対して各本條の罰金刑を科する。	제37조 (양벌규정) 법인의 대표자, 법인이나 자연인의 대리인, 사용인과 기타의 종업인이 그 법인 또는 자연인의 업무 또는 재산에 관하여 본법의 규정을 위반하였을 때에는 행위자를 처벌하는 외에 그 법인 또는 자연인을 제35조 또는 제36조에 해당하는 벌금에 처한다.

附　則	부　칙 ＜법률 제933호, 1961. 12. 31.＞
1　この法律の施行期日は、各規定につき政令で定める。但し、その期日は、昭和二十五年三月三十一日後であつてはならない。 　2　左に掲げる法令は、廃止する。 　外国為替管理法（昭和十六年法律八十三号） 　金、銀又は白金の地金又は合金の輸入の制限又は禁止等に関する件（昭和二十年勅令第五百七十八号） 　外国為替管理法の罰則の特例に関する件（昭和二十年勅令第六百十五号） 　貿易等臨時措置令（昭和二十一年勅令第三百二十八号） 　財産及び貨物の輸出入の取締に関する政令（昭和二十四年政令第百九十九号） 　外国為替銀行の臨時措置等に関する政令（昭和二十四年政令第三百五十三号） 　3　この法律施行前にした行為に対する罰則の適用については、前項に掲げる法令は、この法律施行後でも、なおその効力を有する。 　4　第2項に掲げる法令の廃止に関し必要な事項については、政令で定める。	①군정법령 제93호 외국과의 교역통제는 이를 폐지한다. ②국제조약과 외자도입촉진법 중 본법에 저촉되는 규정은 본법의 규정에 불구하고 그 효력을 가진다. ③한국은행이 현재 영위하고 있는 업무로서 본법의 적용을 받는 외국환업무를 영위하는 한 본법에 의하여 인가된 외국환은행으로 간주한다.

5. 일본 1980년법과 우리나라 1992년법의 대비표

일본 1980년법	한국 1992년법
外国為替及び外国貿易管理法の一部を改正する法律 第3次改正 法律第六十五号 （昭五四・一二・一八）	외국환관리법 [법률 제4447호, 1991. 12. 27., 전부개정] [시행 1992. 9. 1.]
第一章 総則	**제1장 총 칙**
（目的）第一條　この法律は、外国為替、外国貿易その他の対外取引が自由に行われることを基本とし、対外取引に対し必要最小限の管理又は調整を行うことにより、対外取引の正常な発展を期し、もつて国際収支の均衡及び通貨の安定を図るとともに我が国経済の健全な発展に寄与することを目的とする。	제1조 (목적) 이 법은 외국환과 그 거래 기타 대외거래를 합리적으로 조정 또는 관리함으로써 대외거래의 원활화를 기하고 국제수지의 균형과 통화가치의 안정을 도모하여 국민경제의 건전한 발전에 이바지함을 목적으로 한다.
第二條から第四條まで　削除	
（適用範囲）第五條　この法律は、本邦内に主たる事務所を有する法人の代表者、代理人、使用人その他の従業者が、外国においてその法人の財産又は業務についてした行為にも適用する。本邦内に住所を有する人又はその代理人、使用人その他の従業者が、外国においてその人の財産又は業務についてした行為についても、同様とする。	제2조 (적용대상) ①이 법은 대한민국내의 외국환과 대한민국내에서 행하는 외국환거래 기타 이와 관련된 행위 및 대한민국과 외국간의 거래 또는 지급이나 영수 기타 이와 관련된 행위(外國에서 행하여지는 것으로서 大韓民國내에서 그 효과가 발생하는 것을 포함한다)와 외국에 주소 또는 거소를 둔 개인과 외국에 주된 사무소를 둔 법인이 행하는 대한민국통화로 표시되거나 지급을 받을 수 있는 거래 기타 이와 관련된 행위에 대하여 이를 적용한다. ②이 법은 대한민국내에 주소 또는 거소를 둔 개인 또는 그 대리인·사용인 기타의 종업원이 외국에서 그 개인의 재산 또는 업무에 관하여 행한 행위와 대한민국내에

	주된 사무소를 둔 법인의 대표자·대리인·사용인 기타의 종업원이 외국에서 그 법인의 재산 또는 업무에 관하여 행한 행위에 대하여도 이를 적용한다. ③제1항의 기타 이와 관련된 행위에 관하여는 대통령령으로 정한다.
（定義）第六條　この法律又はこの法律に基づく命令の適用を斉一にするため、次に掲げる用語は、次の定義に従うものとする。 　　一　「本邦」とは、本州、北海道、四国、九州及び命令で定めるその附属の島をいう。 　　二　「外国」とは、本邦以外の地域をいう。 　　三　「本邦通貨」とは、日本円を単位とする通貨をいう。 　　四　「外国通貨」とは、本邦通貨以外の通貨をいう。 　　五　「居住者」とは、本邦内に住所又は居所を有する自然人及び本邦内に主たる事務所を有する法人をいう。非居住者の本邦内の支店、出張所その他の事務所は、法律上代理権があると否とにかかわらず、その主たる事務所が外国にある場合においても居住者とみなす。 　　六　「非居住者」とは、居住者以外の自然人及び法人をいう。 　　七　「支拂手段」とは、銀行券、政府紙幣、小額紙幣、硬貨、小切手、為替手形、郵便為替、信用状その他の支拂指図であつて政令で定めるものをいう。 　　八　「対外支拂手段」とは、外国通貨その他通貨の単位のいかんにかかわらず、外国通貨をもつて表示され、又は外国において支拂手段として使用することのできる支拂手段をいう。 　　九　削除	제3조 （정의）①이 법에서 사용하는 용어의 정의는 다음과 같다. 　1. "내국통화"라 함은 대한민국의 법화인 원화를 말한다. 　2. "외국통화"라 함은 내국통화외의 통화를 말한다. 　3. "지급수단"이라 함은 정부지폐·은행권·주화·수표·우편환·신용장과 대통령령이 정하는 환어음·약속어음 기타의 지급지시를 말한다. 　4. "대외지급수단"이라 함은 외국통화, 외국통화로 표시된 지급수단 기타 표시통화에 관계없이 외국에서 사용할 수 있는 지급수단을 말한다. 　5. "내국지급수단"이라 함은 대외지급수단외의 지급수단을 말한다. 　6. "귀금속"이라 함은 금이나 금합금의 지금, 유통되지 아니하는 금화 기타 금을 주재료로 하는 제품 및 가공품을 말한다. 　7. "증권"이라 함은 다음 각목의 것을 말한다. 　가. 국채·지방채·사채 기타 모든 종류의 채권 　나. 주식 및 출자지분 　다. 가목 및 나목에 관한 권리를 부여하는 증서 　라. 수익증권 및 리권 　마. 기타 가목 내지 라목에 규정된 것과 유사한 증권 또는 증서로서 대통령령이 정하는 것

十 「貴金属」とは、金の地金、金の合金の地金、流通していない金貨その他金を主たる材料とする物をいう。

十一 「証券」とは、登録されていると否とを問わず、公債、社債、株式、出資の持分、公債又は株式に関する権利を與える証書、債券、国庫証券、抵当証券、利潤証券、利札、配当金受領証、利札引換券その他これらに類する証券又は証書として政令で定めるものをいう。

十二 「外貨証券」とは、外国において支拂を受けることができる証券又は外国通貨をもって表示される証券をいう。

十三 「債権」とは、定期預金、当座預金、特別当座預金、通知預金、保険証券及び当座勘定残高並びに貸借、入札その他に因り生ずる金銭債権で前各号に掲げられていないものをいう。

十四 　削除

十五 「貨物」とは、貴金属、支拂手段及び証券その他債権を化体する証書以外の動産をいう。

十六 「財産」とは、第七号、第十号、第十一号、第十三号及び前号に規定するものを含む財産をいう。

2 居住者又は非居住者の区別が明白でない場合については、大蔵大臣の定めるところによる。

8. "외화증권"이라 함은 외국통화로 표시된 증권 또는 외국에서 지급을 받을 수 있는 증권을 말한다.

9. "채권"이라 함은 모든 종류의 예금·보험증권·대차 및 입찰등으로 인하여 생기는 금전채권으로서 제1호 내지 제8호에 해당되지 아니하는 것을 말한다.

10. "외화채권"이라 함은 외국통화로 표시된 채권 또는 외국에서 지급을 받을 수 있는 채권을 말한다.

11. "외국환"이라 함은 대외지급수단·외화증권 및 외화채권을 말한다.

12. "거주자"라 함은 대한민국내에 주소 또는 거소를 둔 개인과 대한민국내에 주된 사무소를 둔 법인을 말한다.

13. "비거주자"라 함은 거주자외의 개인 및 법인을 말한다. 다만, 비거주자의 대한민국내의 지점·출장소 기타의 사무소는 법률상 대리권의 유무에 불구하고 거주자로 본다.

14. "외국환업무"라 함은 대외지급수단의 매매 또는 발행, 대한민국과 외국간의 지급과 추심 및 이에 부대되는 업무를 말한다.

15. "해외직접투자"라 함은 거주자가 외국법령에 의하여 설립된 법인이 발행한 증권을 취득하거나 당해 법인에 대한 금전의 대여등을 통하여 당해 법인과 경제관계를 수립하기 위하여 행하는 거래 또는 행위와 거주자가 외국에서 영업소를 설치 또는 확장하기 위한 자금의 지급으로서 대통령령이 정하는 것을 말한다.

16. "금융선물계약"이라 함은 금융선물시장에서 행하여지는 거래 또는 이와 유사한 거래와 관련된 계약으로서 대통령령이 정하는 것을 말한다.

	②제1항제12호 및 제13호의 규정에 의한 거주자와 비거주자의 구분이 명백하지 아니한 경우에는 대통령령이 정하는 바에 의한다.
（外国為替相場）第七條　本邦通貨の基準外国為替相場は、すべての取引を通じ単一とし、内閣の承認を得て、大蔵大臣が定める。 　2　外国通貨についての正しい裁定外国為替相場は、大蔵大臣が定める。 　3　大蔵大臣は、正当な外国為替取引における外国為替の売相場及び買相場並びに取扱手数料を定めることができる。 　4　大蔵大臣が前三項の規定により基準外国為替相場、裁定外国為替相場並びに外国為替の売相場、買相場及び取扱手数料を定めたときは、何人も、これによらないで取引してはならない。	제4조 （환율등） ①재무부장관은 원활하고 질서있는 외국환거래를 위하여 필요한 경우에는 외국환거래에 관한 기준환율, 외국환의 매도율과 매입률, 재정환률 기타 환산률과 외국환 취급수수료(이하 "基準換率등"이라 한다)를 정할 수 있다. ②거주자 및 비거주자는 제1항의 규정에 의하여 재무부장관이 기준환률등을 정한 경우에는 당해 기준환률등에 의하여 거래하여야 한다.
（通貨の指定）第八條　　この法律により認められる取引は、大蔵大臣の指定する通貨により行わなければならない。	제5조 （통화의 지정） 이 법에 의하여 인정되는 거래는 재무부장관이 지정하는 통화에 의하여야 한다.
（取引等の非常停止）第九條　主務大臣は、国際経済の事情に急激な変化があつた場合において、緊急の必要があると認めるときは、政令で定めるところにより、政令で定める期間内において、この法律の適用を受ける取引を停止することができる。 　2　前項の規定による停止は、その停止の時までにこの法律により認められている支拂を不可能とするものではなく、その停止に因る支拂の遅延は、政令で定める期間内に限られるものとする。	제6조 （거래의 비상정지등） ①재무부장관은 국제 또는 국내 경제사정에 급격한 변동이 발생하여 부득이하다고 인정되는 경우에는 대통령령이 정하는 바에 의하여 다음 각호의 1에 해당하는 조치를 할 수 있다. 　1. 이 법의 적용을 받는 거래의 일부 또는 전부에 대한 일시 정지 　2. 외국에 대한 지급의 용도지정 및 한도의 설정 ②제1항제2호의 규정에 의하여 외국에 대한 지급의 한도가 설정된 경우에 외국에 대한 지급을 하고자 하는 자는 재무부장관의 허가를 받아야 한다.

第二章 外国為替公認銀行及び両替商	제2장 외국환은행 및 환전상
（外国為替業務の認可等）第十條　外国為替業務を営もうとする銀行は、その営もうとする営業所(本邦法人である銀行の外国にある営業所を含む。以下同じ。)並びに業務の内容を定めて、大蔵大臣の認可を受けなければならない。 　2　大蔵大臣は、当該銀行が十分な国際的信用を得ることが困難であると認める場合又は外国為替取引を行うに足りる職員を有していないと認める場合には、前項の認可をしてはならない。 　3　第一項の認可を受けた銀行は、外国為替業務を営む営業所を新設し、外国為替業務を営む営業所の名称若しくは位置を変更し、又は外国為替業務の内容を変更しようとするときは、大蔵大臣の許可を受けなければならない。 　4　第一項の認可を受けた銀行は、外国為替業務を営む営業所の全部又は一部における外国為替業務を廃止しようとするときは、あらかじめ大蔵大臣に届け出なければならない。	제7조 (외국환업무의 인가) ①외국환업무를 영위하고자 하는 자는 대통령령이 정하는 바에 의하여 재무부장관의 인가를 받아야 한다. ②재무부장관은 제1항의 규정에 의한 인가를 함에 있어서는 대통령령이 정하는 자 중 충분한 국제적 신용을 얻을 수 있고 외국환거래를 영위함에 충분한 자본·시설 및 인력을 가지고 있다고 인정되는 자에 한하여 인가하여야 한다. ③제1항의 규정에 의한 인가를 받은 자가 국내에 외국환업무를 영위하는 영업소(이하 "外國換銀行"이라 한다)를 신설 또는 폐지하고자 할 때에는 대통령령이 정하는 바에 의하여 재무부장관의 인가를 받거나 재무부장관에게 신고하여야 한다. ④제1항 또는 제3항의 규정에 의한 인가를 받거나 신고를 한 자가 그 인가 또는 신고 사항중 대통령령이 정하는 사항을 변경하고자 할 때에는 대통령령이 정하는 바에 의하여 재무부장관의 인가를 받거나 재무부장관에게 신고하여야 한다. ⑤외국에 본점을 둔 금융기관이 제3항의 규정에 의하여 설치한 외국환은행은 대통령령이 정하는 바에 의하여 영업을 위한 자금을 도입하고 이를 유지하여야 한다. ⑥제1항의 규정에 의한 인가를 받은 자(外國에 本店을 둔 金融機關을 제외한다)가 외국에서 외국환업무를 영위하고자 하는 경우에는 대통령령이 정하는 바에 의하여 재무부장관의 인가를 받아야 한다.
（業務上の取極）第十一條　前条第一項の認可を受けた銀行又は外国為替銀行法（昭和二十九年法律第六十七号）に規定する外国為替銀行（以下「外国為替公認銀行」と	제8조 (계약체결의 인가) 외국환은행이 외국에 있는 금융기관과 이 법의 적용을 받는 업무에 관한 계약을 체결하고자 할 때에는 재무부장관의 인가를 받아야 한다.

総称する。）は、外国にある銀行その他の金融機関とこの法律の適用を受ける業務を行うための取極を結ぼうとするときは、大蔵大臣の承認を受けなければならない。	
（両替商）第十四條　両替業務を営もうとする者は、その営もうとする営業所及び業務の内容を定めて、大蔵大臣の認可を受けなければならない。 　　２　第十條第三項及び第四項、第十二條並びに前條の規定は、両替商(前項の認可を受けた者をいう。以下同じ。)に準用する。	제9조 (환전상의 인가) ①다음 각호의 1에 해당하는 업무를 하고자 하는 자는 대통령령이 정하는 바에 의하여 재무부장관의 인가를 받아야 한다. 　1. 외국통화의 매매 　2. 외국에서 발행한 여행자수표의 매입 ②제1항의 규정에 의한 인가를 받은 자(이하 "換錢商"이라 한다)가 그 영업소를 신설 또는 폐지하고자 할 때에는 대통령령이 정하는 바에 의하여 재무부장관의 인가를 받거나 재무부장관에게 신고하여야 한다. ③제1항 또는 제2항의 규정에 의한 인가를 받거나 신고를 한 자가 인가 또는 신고사항중 대통령령이 정하는 사항을 변경하고자 할 때에는 대통령령이 정하는 바에 의하여 재무부장관의 인가를 받거나 재무부장관에게 신고하여야 한다.
（外国為替公認銀行の確認義務）第十二條　外国為替公認銀行は、この法律の適用を受ける業務について顧客と取引をしようとするときは、当該取引について、その顧客がこの法律の規定により承認等を受けていること又は承認等を受けることを要しないことを確認した後でなければ、その取引をしてはならない。	제10조 (업무상의 확인의무) 외국환은행 및 환전상이 고객과 이 법의 적용을 받는 거래를 함에 있어서 당해 거래에 관하여 이 법에 의한 허가 또는 신고가 필요한 사항에 대하여는 그 허가를 받았거나 신고를 하였는지의 여부를 확인하여야 한다.
（外国為替公認銀行の外国為替持高等）第十一條の二　大蔵大臣は、本邦通貨の外国為替相場に急激な変動がもたらされることを防止するため又は外国為替公認銀行の国際的信用を維持するため必要があると認めるときは、外国為替公認銀行に対し、政令で定めるところにより、次の制限を課するこ	제11조 (업무의 감독과 제한) ①재무부장관은 외국환은행과 환전상의 업무를 감독하고 감독상 필요한 명령을 할 수 있다. ②재무부장관은 국내외환시장의 안정과 외국환은행의 국제적 신용을 유지하기 위하여 필요하다고 인정되는 경우에는 대통령령이 정하는 바에 의하여 외국환은행의

とができる。 　一　外国為替持高（政令で定めるところにより算定した外貨資産残高と外貨負債残高との差額に相当する金額をいう。）の限度を指示することその他外国為替業務に関し政令で定める要件を満たすべきこと。 　二　非居住者から受け入れる本邦通貨をもつて表示される勘定であつて政令で定めるものに金利を付することを禁止すること。	외국환 매입초과액과 매각초과액 한도의 설정, 외국환업무와 관련된 자금의 조달 및 운용 방법의 지정 기타 외국환은행의 업무에 대하여 필요한 제한을 할 수 있다.
（制裁）第十三條　大蔵大臣は、外国為替公認銀行が、この法律、この法律に基く命令若しくは処分に違反し、又は違反しようとしたときは、第十條第一項の認可を取り消し、又は一年以内の期間を限り、その違反に係る営業所におけるこの法律の適用を受ける業務を停止し、若しくは当該業務の内容を制限することができる。	제12조 (인가의 취소 및 업무의 정지·제한) ①재무부장관은 외국환은행 또는 환전상이 이 법 또는 이 법에 의한 명령에 위반한 때에는 제7조 내지 제9조의 규정에 의한 인가를 취소하거나 위반행위를 한 영업소의 업무를 정지 또는 제한할 수 있다. ②재무부장관은 제1항의 규정에 의한 처분을 하고자 하는 경우에는 미리 당해 처분의 상대방 또는 그 대리인에게 의견을 진술할 기회를 주어야 한다. 다만, 당해 처분의 상대방 또는 그 대리인이 정당한 사유없이 이에 응하지 아니하거나 주소불명 등으로 의견진술의 기회를 줄 수 없는 경우에는 그러하지 아니하다.
（報告義務）第十五條　外国為替公認銀行又は両替商は、政令で定めるところにより、この法律の適用を受ける業務について、主務大臣に報告しなければならない。	
	제13조 (다른 법률의 준용) 외국환은행에 관하여는 이 법 또는 이 법에 의한 명령을 제외하고는 한국은행법 및 은행법의 규정을 준용한다.
	제3장 외국환평형기금 제14조 (외국환평형기금) ①외국환거래를 원활하게 하기 위하여 예산회계법 제7조

	의 규정에 의한 기금으로서 외국환평형기금을 설치한다. ②외국환평형기금은 다음 각호의 재원으로 조성한다. 　1. 정부의 출연금 　2. 외국환평형기금채권의 발행에 의하여 조성된 자금 　3. 외국환평형기금의 결산상 잉여금 　4. 외국환은행 또는 외국금융기관으로부터의 예수금 또는 일시차입금 ③외국환평형기금은 다음 각호에 해당하는 용도로 운용한다. 　1. 외국환의 매매 　2. 한국은행·외국환은행 또는 외국금융기관에의 예치·예탁 또는 대여 　3. 기타 외국환거래의 원활화를 위하여 필요하다고 인정되어 대통령령이 정하는 용도 ④외국환평형기금은 재무부장관이 운용·관리한다. ⑤재무부장관은 외국환평형기금채권을 발행할 수 있다. ⑥외국환평형기금의 운용·관리 및 외국환평형기금채권의 발행등에 관하여 필요한 사항은 대통령령으로 정한다.
	제4장 지급수단의 등록등 제15조 (지급수단의 등록등) ①재무부장관은 외국환수급을 원활하게 하기 위하여 필요하다고 인정되어 대통령령이 정하는 경우에는 거주자로 하여금 대통령령이 정하는 바에 의하여 대외지급수단 또는 귀금속을 한국은행·외국환은행·환전상·외국환평형기금 기타 정부기관 또는 금융기관에 등록·보관·예치 또는 매각하게 할 수 있다. 다만, 외국인인 거주자와 제3조 제1항제13호 단서의 규정에 해당하는 거

	주자에 대하여는 이 법의 적용을 받는 거래로서 취득하는 것에 한한다. ②재무부장관은 외국환 및 그 거래 기타 대외거래의 조정 또는 관리를 위하여 필요하다고 인정되어 대통령령이 정하는 경우에는 비거주자로 하여금 대통령령이 정하는 바에 의하여 대한민국내에 있는 대외지급수단·내국지급수단 또는 귀금속을 한국은행·외국환은행 기타 정부기관 또는 금융기관에 등록하게 할 수 있다.
(債権の放棄等) 第十九條　主務大臣は、我が国の国際収支の均衡を維持するため特に必要があると認めるときは、非居住者に対する債権を保有している居住者に対し、政令で定めるところにより、当該債権の全部又は一部を放棄し又は免除することについて、許可を受ける義務を課することができる。	제16조 (채권의 회수의무) 재무부장관은 국제수지의 균형유지를 위하여 필요하다고 인정되어 대통령령이 정하는 경우에는 비거주자에 대한 채권을 보유하고 있는 거주자로 하여금 대통령령이 정하는 바에 의하여 그 채권을 추심하여 국내로 회수하게 할 수 있다.
第三章　支払等 (支払等) 第十六條　主務大臣は、我が国の国際収支の均衡を維持するため特に必要があると認めるとき又はこの法律若しくはこの法律に基づく命令の規定の確実な実施を図るため必要があると認めるときは、当該支払又は支払の受領（以下この條及び次條において「支払等」という。）が、第十八條第二項又は次章から第六章までの規定により許可若しくは承認を受け又は届出をする義務を課することができることとされている取引又は行為に係る支払等である場合を除き、本邦から外国へ向けた支払をしようとする居住者若しくは非居住者又は非居住者との間で支払等をしようとする居住者に対し、政令で定めるところにより、当該支払等について、許可を受ける義務を課することができる。	제5장 지급과 거래 제17조 (지급등의 허가) ①재무부장관은 다음 각호의 1에 해당한다고 인정되는 경우에는 국내로부터 외국에 지급하고자 하는 거주자 및 비거주자 또는 비거주자에게 지급하거나 비거주자로부터 영수하고자 하는 거주자로 하여금 당해 지급 또는 영수(이하 "지급등"이라 한다)를 함에 있어서 대통령령이 정하는 바에 의하여 허가를 받도록 할 수 있다. 1. 국제수지의 균형을 유지하기 위하여 필요한 경우 2. 이 법의 실효성을 확보하기 위하여 필요한 경우 3. 조약 및 일반적으로 승인된 국제법규의 성실한 이행 또는 국제경제질서의 유지를 위하여 불가피한 경우 ②다음 각호의 1에 해당하는 지급등을 하

2　前項に定める場合のほか、主務大臣は、我が国が締結した条約その他の国際約束の誠実な履行のため必要があると認めるときは、これと同一の見地から許可若しくは承認を受け又は届出をする義務を課することができることとされている取引又は行為以外の取引又は行為に係る支払等について、本邦から外国へ向けた支払をしようとする居住者若しくは非居住者又は非居住者との間で支払等をしようとする居住者に対し、政令で定めるところにより、当該支払等について、許可を受ける義務を課することができる。

3　この法律又はこの法律に基づく命令の規定により、取引又は行為を行うことにつき許可若しくは承認を受け又は届出をする義務が課されている場合には、当該許可若しくは承認を受けないで又は当該届出をしないで当該取引又は行為に係る支払等をしてはならない。

고자 하는 거주자 또는 비거주자에 대하여는 제1항의 규정을 적용하지 아니한다. 다만, 제1항제3호의 경우에는 그러하지 아니하다.

1. 제20조 또는 제21조의 규정에 의하여 허가를 받았거나 제22조의 규정에 의하여 신고하였거나 제23조의 규정에 의하여 허가 및 신고가 면제된 거래 또는 행위에 관한 지급등

2. 대외무역법이 정하는 바에 의하여 인정된 물품의 수출·수입에 관한 지급등

③이 법에 의하여 허가를 받거나 신고를 하여야 하는 거래 또는 행위를 하고자 하는 거주자 또는 비거주자는 그 허가를 받지 아니하거나 신고를 하지 아니하고는 당해 거래 또는 행위에 관한 지급등을 하여서는 아니된다.

(対外取引の支払方法) 第十七條　居住者は、勘定の貸記又は借記による方法その他の政令で定める特殊な方法により、居住者と非居住者との間の取引又は行為に係る債権債務の決済のため、支払等をしようとするときは、政令で定めるところにより、主務大臣の許可を受けなければならない。

제18조 (지급방법의 허가) 거주자가 거주자와 비거주자간 또는 비거주자 상호간의 거래 또는 행위에 따른 채권·채무의 결제를 위하여 다음 각호의 1에 해당하는 경우로서 대통령령이 정하는 방법으로 지급등을 하고자 하는 경우에는 대통령령이 정하는 바에 의하여 재무부장관의 허가를 받아야 한다. 다만, 제20조 내지 제22조의 규정에 의하여 허가를 받았거나 신고를 한 자가 그 허가 또는 신고된 지급방법으로 지급등을 하는 경우에는 그러하지 아니하다.

1. 계정의 대기 또는 차기에 의하여 결제하는 경우

2. 재무부장관이 정하는 기간을 초과하여 결제하는 경우

3. 거주자가 거주자와 비거주자간 또는 비거주자 상호간의 거래의 결제를 위하

	여 당해 거래의 당사자가 아닌 거주자 또는 비거주자와 지급등을 하는 경우 4. 외국환은행을 통하지 아니하고 지급등을 하는 경우 5. 기타 제1호 내지 제4호와 유사한 방법에 의하여 지급등을 하는 경우
（支払手段等の輸出入）第十八條　大蔵大臣は、この法律又はこの法律に基づく命令の規定の確実な実施を図るため必要があると認めるときは、支払手段又は証券を輸出し又は輸入しようとする居住者又は非居住者に対し、政令で定めるところにより、許可を受ける義務を課することができる。 2　大蔵大臣は、この法律若しくはこの法律に基づく命令の規定の確実な実施を図るため必要があると認めるとき又は国際収支の均衡若しくは通貨の安定を維持するため特に必要があると認めるときは、貴金属を輸出し又は輸入しようとする居住者又は非居住者に対し、政令で定めるところにより、許可を受ける義務を課することができる。	제19조 (지급수단등의 수출입의 허가) 재무부장관은 외국환관리의 적정을 기하기 위하여 필요하다고 인정되어 대통령령이 정하는 경우에는 지급수단·귀금속 또는 증권을 수출 또는 수입하고자 하는 거주자나 비거주자로 하여금 당해 지급수단·귀금속 또는 증권을 수출 또는 수입함에 있어서 대통령령이 정하는 바에 의하여 허가를 받도록 할 수 있다.
（役務取引等）第二十五條　居住者は、非居住者との間で次のいずれかに該当するものとして政令で定める取引（第二十九條第一項に規定する技術導入契約の締結等に該当するものを除く。）を行おうとするときは、政令で定めるところにより、当該取引について、主務大臣の許可を受けなければならない。 　一　役務取引（労務又は便益の提供を目的とする取引をいう。次号において同じ。）であつて、鉱産物の加工又は鉱業権の移転その他これらに類するもの 　二　役務取引又は外国相互間の貨物の移動を伴う貨物の売買に関する取引であつて、我が国が締結した条約その他の国際約	제20조 (용역거래의 허가) 재무부장관은 국제수지 또는 국내산업에 미치는 영향을 참작하여 필요하다고 인정되어 대통령령이 정하는 경우에는 비거주자와 이 법의 적용을 받는 지급등을 수반하는 용역거래를 하고자 하는 거주자로 하여금 대통령령이 정하는 바에 의하여 허가를 받도록 할 수 있다.

束の誠実な履行又は国際的な平和及び安全の維持を妨げることとなると認められるもの	
第四章　資本取引等	
（資本取引）第二十條　資本取引とは、次に掲げる取引又は行為（第二十六條第一項各号に掲げるものが行う同條第二項に規定する対内直接投資等に該当する行為を除く。）をいう。 　一　居住者と非居住者との間の預金契約（定期積金契約、掛金契約、預け金契約その他これらに類するものとして政令で定めるものを含む。第四号において同じ。）又は信託契約に基づく債権の発生、変更又は消滅に係る取引（以下この條、第二十二條及び第二十三條において「債権の発生等に係る取引」という。） 　二　居住者と非居住者との間の金銭の貸借契約又は債務の保証契約に基づく債権の発生等に係る取引 　三　居住者と非居住者との間の対外支払手段又は債権の売買契約に基づく債権の発生等に係る取引 　四　居住者と他の居住者との間の預金契約、信託契約、金銭の貸借契約、債務の保証契約又は対外支払手段若しくは債権その他の売買契約に基づく外国通貨をもって支払を受けることができる債権の発生等に係る取引 　五　居住者による非居住者からの外貨証券の取得又は非居住者による居住者からの証券の取得 　六　居住者による外国における証券の発行若しくは募集若しくは本邦における外貨証券の発行若しくは募集又は非居住者による本邦における証券の発行若しくは募集	제21조 (자본거래의 허가) 다음 각호의 1에 해당하는 거래 또는 행위(이하 "資本去來"라 한다)를 하고자 하는 거주자나 비거주자는 제22조 및 제23조에 규정된 경우를 제외하고는 대통령령이 정하는 바에 의하여 재무부장관의 허가를 받아야 한다. 　1. 거주자와 비거주자간의 예금계약, 신탁계약, 금전의 대차계약, 채무의 보증계약 또는 대외지급수단이나 채권의 매매계약(第6號에 해당하는 경우를 제외한다)에 따른 채권의 발생・변경 또는 소멸에 관한 거래(이하 "債權의 발생등에 관한 去來"라 한다) 　2. 거주자와 다른 거주자간의 예금계약, 신탁계약, 금전의 대차계약, 채무의 보증계약 또는 대외지급수단이나 채권 기타의 매매계약, 용역계약에 따른 외국통화로 지급을 받을 수 있는 채권의 발생등에 관한 거래(第6號에 해당하는 경우를 제외한다) 　3. 거주자에 의한 비거주자로부터의 증권 또는 이에 관한 권리의 취득이나 비거주자에 의한 거주자로부터의 증권 또는 이에 관한 권리의 취득(第6號에 해당하는 경우를 제외한다) 　4. 거주자에 의한 외국에서의 증권의 발행 또는 모집이나 국내에서의 외화증권의 발행이나 모집 또는 비거주자에 의한 국내에서의 증권의 발행이나 모집 　5. 비거주자에 의한 내국통화로 표시되거나 지급되는 증권의 외국에서의 발행 또는 모집

七　非居住者による本邦通貨をもつて表示され又は支払われる証券の外国における発行又は募集

八　居住者による外国にある不動産若しくはこれに関する権利の取得又は非居住者による本邦にある不動産若しくはこれに関する権利の取得

九　第一号及び第二号に掲げるもののほか、法人の本邦にある事務所と当該法人の外国にある事務所との間の資金の授受（当該事務所の運営に必要な経常的経費及び経常的な取引に係る資金の授受として政令で定めるものを除く。）

十　前各号のいずれかに準ずる取引又は行為として政令で定めるもの

（大蔵大臣の許可を要する資本取引）第二十一條　居住者又は非居住者が次の各号に掲げる資本取引の当事者となろうとするときは、政令で定める場合を除き、当該各号に定める区分に応じ、当該居住者又は非居住者は、政令で定めるところにより、当該資本取引について、大蔵大臣の許可を受けなければならない。

一　前條第一号、第三号又は第四号に掲げる資本取引であつて、本邦にある外国為替公認銀行が業として行う資本取引（同條第三号及び第四号に掲げる資本取引のうち対外支払手段又は債権の売買契約に係る資本取引にあつては、大蔵大臣の定める要件を満たしているものに限る。）以外のもの　居住者

二　前條第七号に掲げる資本取引　非居住者

2　大蔵大臣は、前項の許可を受けなければならない資本取引以外の資本取引（第二十四條第一項に規定する資本取引に該当す

6. 거주자와 다른 거주자간의 금융선물계약에 따른 채권의 발생등에 관한 거래(外國換과 관련된 경우에 한한다) 또는 거주자와 비거주자간의 금융선물계약에 따른 채권의 발생등에 관한 거래

7. 거주자에 의한 외국에 있는 부동산 또는 이에 관한 권리의 취득이나 비거주자에 의한 국내에 있는 부동산 또는 이에 관한 권리의 취득

8. 제1호의 경우를 제외하고 법인의 국내에 있는 본점·지점 기타의 사무소(이하 이 號에서 "事務所"라 한다)와 외국에 있는 사무소 사이의 자금의 수수(事務所의 유지활동에 필요한 經費나 경상적 去來와 관련한 資金의 授受로서 大統領令이 정하는 것을 제외한다)

9. 기타 제1호 내지 제8호와 유사한 형태로서 대통령령이 정하는 거래 또는 행위

제22조 (자본거래의 신고) ①거주자나 비거주자가 제21조 각호에 규정된 자본거래중 다음 각호의 1에 해당하는 거래 또는 행위를 하고자 하는 경우에는 재무부장관에게 신고하여야 한다.

1. 제21조제1호에 해당하는 거래 또는 행위중 외국환은행의 금전의 대차계약으로서 재무부장관이 인정하는 것

2. 제21조제1호·제3호 또는 제8호에 해당하는 거래 또는 행위중 해외직접투자에 해당하는 경우로서 재무부장관이 인정하는 것

3. 제21조제4호에 해당하는 거래 또는 행위중 거주자가 외국에서 외화증권을 발행 또는 모집하는 경우로서 재무부장관이 인정하는 것

4. 기타 대통령령이 정하는 바에 의하여 재무부장관이 지정하는 거래 또는 행위

るものを除く。）が何らの制限なしに行われた場合には、次に掲げるいずれかの事態を生じ、この法律の目的を達成することが困難になると認められるときに限り、当該資本取引を行う居住者又は非居住者に対し、政令で定めるところにより、当該資本取引を行うことについて、許可を受ける義務を課することができる。

一　我が国の国際収支の均衡を維持することが困難になること。

二　本邦通貨の外国為替相場に急激な変動をもたらすことになること。

三　本邦と外国との間の大量の資金の移動により我が国の金融市場又は資本市場に悪影響を及ぼすことになること。

3　前項の規定により大蔵大臣が第二十三條第一項に規定する資本取引（次條第一項の規定による届出が既にされたものを除く。）について許可を受ける義務を課する場合においては、当該資本取引が行われたならば、前項各号に掲げる事態のほか、第二十三條第二項各号に掲げる事態のいずれかの事態を生じ、この法律の目的を達成することが困難になると認められないかについても併せ考慮してするものとする。

（資本取引の届出等）第二十二條　居住者又は非居住者が次の各号に掲げる資本取引（第二十四條第一項に規定する資本取引に該当するものを除く。）の当事者となろうとするときは、政令で定める場合を除き、当該各号に定める区分に応じ、当該居住者又は非居住者は、政令で定めるところにより、あらかじめ、当該資本取引の内容、実行の時期その他の政令で定める事項を大蔵大臣に届け出なければならない。ただし、第二号及び第三号に掲げる資本取引の当事

②재무부장관은 제1항의 규정에 의한 신고가 다음 각호의 1에 해당하는 경우에는 신고를 수리하지 아니하거나 대통령령이 정하는 바에 의하여 당해 자본거래의 변경을 권고할 수 있다.

1. 자본의 도피를 목적으로 행하여 진다고 인정되는 경우

2. 국내 금융시장 또는 자본시장에 나쁜 영향을 미칠 것으로 예상되는 경우

3. 국내 산업활동 및 국가경제의 원활한 운영에 지장을 초래할 우려가 있다고 인정되는 경우

4. 조약 및 일반적으로 승인된 국제법규의 성실한 이행을 위하여 필요한 경우 또는 국제평화 및 공공질서의 유지를 저해할 우려가 있다고 인정되는 경우

③재무부장관은 대통령령이 정하는 처리기간내에 제2항의 규정에 의한 신고수리 또는 권고 여부를 결정하여 이를 신고인에게 통지하여야 한다.

④제2항의 규정에 의하여 재무부장관이 신고를 수리하지 아니하는 경우에는 그 신고를 한 거주자나 비거주자는 당해 자본거래를 하여서는 아니된다.

⑤제2항의 규정에 의하여 권고를 받은 자가 권고를 수락한 경우에는 그 수락한 바에 따라 당해 거래를 할 수 있으며, 수락하지 아니하는 경우에는 재무부장관은 대통령령이 정하는 기간내에 당해 자본거래의 변경 또는 중지를 명할 수 있다.

⑥제3항의 규정에 의한 처리기간내에 재무부장관의 신고수리 또는 권고 여부에 대한 통지가 없는 경우에는 그 기간이 경과한 날에 당해 신고가 수리된 것으로 본다.

제23조 (허가 및 신고의 예외) 거주자나 비거주자가 제21조 각호에 규정된 자본거

者となろうとする場合であつて、当該当事者の一方が大蔵大臣の指定を受けた証券会社（証券取引法（昭和二十三年法律第二十五号）第二條第九項に規定する証券会社及び外国証券業者に関する法律（昭和四十六年法律第五号）第二條第二号に規定する外国証券会社をいう。以下この項において「指定証券会社」という。）であるとき又は当該資本取引の媒介、取次ぎ若しくは代理をする者が指定証券会社であるときは、この限りでない。

　一　第二十條第二号に掲げる資本取引のうち、金銭の貸借契約（第四号に該当するものを除く。）に基づく債権の発生等に係る取引又は外国法令に基づいて設立された法人で政令で定めるもの（以下この号において「外国法人」という。）が証券を外国において発行若しくは募集することに伴い当該外国法人のために行われる債務の保証契約に基づく債権の発生等に係る取引　居住者

　二　第二十條第五号に掲げる資本取引のうち、居住者による非居住者からの外貨証券の取得（第四号に該当するものを除く。）　居住者

　三　第二十條第五号に掲げる資本取引のうち、非居住者による居住者からの証券の取得　非居住者

　四　第二十條第二号、第五号及び第九号に掲げる資本取引のうち、居住者による対外直接投資に係るもの　居住者

　五　第二十條第六号に掲げる資本取引のうち、居住者による外国における証券の発行若しくは募集又は本邦における外貨証券の発行若しくは募集　居住者

　六　第二十條第六号に掲げる資本取引のうち、非居住者による本邦における証券の

래중 다음 각호의 1에 해당하는 거래 또는 행위를 하고자 하는 경우에는 허가 및 신고를 요하지 아니한다.

1. 제21조제1호 내지 제3호·제6호·제8호 또는 제9호에 해당하는 거래 또는 행위중 외국환은행이 그 업무로서 행하는 것으로서 재무부장관이 인정하는 것
2. 환전상이 재무부장관이 인정하는 바에 의하여 그 업무로서 행하는 대외지급수단의 매매거래
3. 체신부장관이 재무부장관과 협의하여 지정한 체신관서가 재무부장관이 인정하는 바에 의하여 행하는 대외지급수단의 매매거래
4. 외자도입법에 의하여 인가를 받았거나 신고한 외국인투자 및 차관계약
5. 제21조제3호에 해당하는 거래 또는 행위중 비거주자에 의한 거주자로부터의 증권의 취득으로서 재무부장관이 인정하는 것
6. 제24조제1항의 규정에 의하여 외국환업무지정기관이 그 업무로서 지정받아 행하는 거래 또는 행위중 재무부장관이 인정하는 것
7. 기타 대통령령이 정하는 바에 의하여 재무부장관이 지정하는 거래 또는 행위

発行又は募集　非居住者

　七　第二十條第八号に掲げる資本取引の
うち、非居住者による本邦にある不動産又
はこれに関する権利の取得　非居住者

2　前項第四号の「対外直接投資」とは、
居住者による外国法令に基づいて設立され
た法人の発行に係る証券の取得若しくは当
該法人に対する金銭の貸付けであつて当該
法人との間に永続的な経済関係を樹立する
ために行われるものとして政令で定めるも
の又は外国における支店、工場その他の営
業所（以下「支店等」という。）の設置若
しくは拡張に係る資金の支払をいう。

3　第一項ただし書に規定する大蔵大臣の
指定に関し必要な事項は、政令で定める。

4　前條第二項の規定により大蔵大臣の許
可を受ける義務が課された場合には、第一
項の規定にかかわらず、同項各号に掲げる
資本取引のうち当該許可を受ける義務を課
されたものについては、同項及び次條の規
定は、適用しない。

（資本取引に係る内容の審査及び変更勧告
等）第二十三條　前條第一項第一号に掲げ
る資本取引（居住者による非居住者からの
金銭の借入契約に基づく債権の発生等に係
る取引を除く。）及び同項第四号から第七
号までに掲げる資本取引について、同項の
規定による届出をした居住者又は非居住者
は、大蔵大臣が当該届出を受理した日から
起算して二十日を経過する日までは、当該
届出に係る資本取引を行つてはならない。
ただし、大蔵大臣は、当該届出に係る資本
取引の内容その他からみて特に支障がない
と認めるときは、当該期間を短縮すること
ができる。

2　大蔵大臣は、前項の届出に係る資本取

引が行われた場合には、次に掲げるいずれ
かの事態を生じ、この法律の目的を達成す
ることが困難になると認められるときに限
り、当該資本取引の届出をした者に対し、
政令で定めるところにより、当該資本取引
の内容の変更又は中止を勧告することがで
きる。ただし、当該変更又は中止を勧告す
ることができる期間は、当該届出を受理し
た日から起算して二十日以内とする。

　一　国際金融市場に悪影響を及ぼし、又
は我が国の国際的信用を失うことになるこ
と。

　二　我が国の金融市場又は資本市場に悪
影響を及ぼすことになること。

　三　我が国の特定の産業部門の事業活動
その他我が国経済の円滑な運営に悪影響を
及ぼすことになること。

　四　我が国が締結した条約その他の国際
約束の誠実な履行を妨げ、又は国際的な平
和及び安全を損ない、若しくは公の秩序の
維持を妨げることになること。

3　前項の規定による勧告を受けた者は、
第一項の規定にかかわらず、当該勧告を受
けた日から起算して二十日を経過する日ま
では、同項の届出に係る資本取引を行つて
はならない。

4　第二項の規定による勧告を受けた者
は、当該勧告を受けた日から起算して十日
以内に、大蔵大臣に対し、当該勧告を応諾
するかしないかを通知しなければならな
い。

5　前項の規定により勧告を応諾する旨の
通知をした者は、当該勧告をされたところ
に従い、当該勧告に係る資本取引を行わな
ければならない。

6　第四項の規定により勧告を応諾する旨
の通知をした者は、第一項又は第三項の規

定にかかわらず、当該勧告を受けた日から起算して二十日を経過しなくても、当該勧告に係る資本取引を行うことができる。

7　第二項の規定による勧告を受けた者が、第四項の規定による通知をしなかつた場合又は当該勧告を応諾しない旨の通知をした場合には、大蔵大臣は、当該勧告を受けた者に対し、当該資本取引の内容の変更又は中止を命ずることができる。ただし、当該変更又は中止を命ずることができる期間は、第二項の規定による勧告を行つた日から起算して二十日以内とする。

8　前各項に定めるもののほか、資本取引の内容の変更又は中止の勧告の手続その他これらの勧告に関し必要な事項は、政令で定める。

（通商産業大臣の許可を要する資本取引等）
第二十四條　通商産業大臣は、第二十條第二号に掲げる資本取引（同條第十号の規定により同條第二号に準ずる取引として政令で定めるものを含む。）のうち、貨物を輸出し又は輸入する者が貨物の輸出又は輸入に直接伴つてする取引又は行為として政令で定めるもの及び鉱業権、工業所有権その他これらに類する権利の移転又はこれらの権利の使用権の設定に係る取引又は行為として政令で定めるもの（短期の国際商業取引の決済のための資本取引として政令で定めるものを除く。）が何らの制限なしに行われた場合には、第二十一條第二項各号に掲げるいずれかの事態を生じ、この法律の目的を達成することが困難になると認められるときに限り、当該資本取引を行う居住者に対し、政令で定めるところにより、当該資本取引を行うことについて、許可を受ける義務を課することができる。

2　居住者が前項に規定する資本取引の当事者となろうとするときは、政令で定める場合を除き、当該居住者は、政令で定めるところにより、あらかじめ、当該資本取引の内容、実行の時期その他の政令で定める事項を通商産業大臣に届け出なければならない。

3　第一項に規定する資本取引（居住者による非居住者からの金銭の借入契約に係るものとして政令で定めるものを除く。）について、前項の規定による届出をした居住者は、通商産業大臣が当該届出を受理した日から起算して二十日を経過する日までは、当該届出に係る資本取引を行つてはならない。ただし、通商産業大臣は、当該届出に係る資本取引の内容その他からみて特に支障がないと認めるときは、当該期間を短縮することができる。

4　前條第二項から第八項までの規定は、前項に規定する資本取引について準用する。この場合において必要な技術的読替えは、政令で定める。

5　第一項の規定により通商産業大臣が第三項に規定する資本取引（第二項の規定による届出が既にされたものを除く。）について許可を受ける義務を課する場合においては、当該資本取引が行われたならば、第二十一條第二項各号に掲げる事態のほか、前項において準用する前条第二項各号に掲げる事態のいずれかの事態を生じ、この法律の目的を達成することが困難になると認められないかについても併せ考慮してするものとする。

6　第一項の規定により通商産業大臣の許可を受ける義務が課された場合には、第二項の規定にかかわらず、第一項に規定する資本取引のうち当該許可を受ける義務を課

されたものについては、第二項から第四項までの規定は、適用しない。	
	제24조 (외국환업무지정기관) ①재무부장관은 제21조제1호 내지 제3호 또는 제6호에 규정된 거래 또는 행위의 전부 또는 일부를 업무로 하고자 하는 자에 대하여는 대통령령이 정하는 바에 의하여 그 업무의 범위를 정하여 외국환업무지정기관으로 지정할 수 있다. ②제1항의 규정에 의한 외국환업무지정기관에 대하여는 제7조제2항·제8조·제10조 내지 제12조의 규정을 준용한다.
	제25조 (긴급시의 허가) 재무부장관은 제22조 및 제23조의 규정에 의하여 자본거래가 이루어질 경우 다음 각호의 1에 해당하게 될 우려가 있다고 인정되는 때에는 제22조 및 제23조의 규정에 불구하고 당해 자본거래를 하고자 하는 거주자 또는 비거주자로 하여금 대통령령이 정하는 바에 의하여 허가를 받도록 할 수 있다. 　1. 국제수지의 균형을 유지하는 것이 극히 곤란할 경우 　2. 통화가치 또는 외환시장에 급격한 변동을 가져오게 될 경우 　3. 국내와 외국간의 대량의 자금이동에 의하여 국내 금융시장 또는 자본시장에 나쁜 영향을 미치게 될 경우
第五章　対内直接投資等 （対内直接投資等の届出等）第二十六條 外国投資家とは、次に掲げるもので、次項各号に掲げる対内直接投資等を行うものをいう。 　一　非居住者である個人 　二　外国法令に基づいて設立された法人その他の団体又は外国に主たる事務所を有	

する法人その他の団体

　三　会社で、第一号又は前号に掲げるものにより直接に所有されるその株式の数又は出資の金額と他の会社を通じて間接に所有されるものとして政令で定めるその株式の数又は出資の金額とを合計した株式の数又は出資の金額の当該会社の発行済株式の総数又は出資の金額の総額に占める割合が百分の五十以上に相当するもの

　四　前二号に掲げるもののほか、法人その他の団体で、第一号に掲げる者がその役員（取締役その他これに準ずるものをいう。以下この号において同じ。）又は役員で代表する権限を有するもののいずれかの過半数を占めるもの

2　対内直接投資等とは、次のいずれかに該当する行為をいう。

　一　会社の株式又は持分の取得（前項各号に掲げるものから譲受けによるもの及び証券取引法第二条第十一項に規定する証券取引所に上場されている株式又はこれに準ずるものとして政令で定める株式を発行している会社（次号及び第三号において「上場会社等」という。）の株式の取得を除く。）

　二　非居住者となる以前から引き続き所有する上場会社等以外の会社の株式又は持分の譲渡（非居住者である個人から前項各号に掲げるものに対して行われる譲渡に限る。）

　三　上場会社等の株式の取得（当該取得に係る当該上場会社等の株式の数の当該上場会社等の発行済株式の総数に占める割合又は当該取得をしたものが当該取得の後において所有することとなる当該上場会社等の株式の数と、法人その他の団体で当該取得をしたものと株式の所有関係その他これ

に準ずる特別の関係にあるものとして政令
で定めるものが所有する当該上場会社等の
株式の数とを合計した株式の数の当該上場
会社等の発行済株式の総数に占める割合が
百分の十を下らない率で政令で定める率以
上となる場合に限る。）

　四　会社の事業目的の実質的な変更に関
し行う同意（当該会社の発行済株式の総数
又は出資の金額の総額の三分の一以上の割
合を占める当該会社の株式の数又は出資の
金額を有するものの行う同意に限る。）

　五　本邦における支店等の設置又は本邦
にある支店等の種類若しくは事業目的の実
質的な変更（前項第一号又は第二号に掲げ
るものが行う政令で定める設置又は変更に
限る。）

　六　本邦に主たる事務所を有する法人に
対する政令で定める金額を超える金銭の貸
付け（銀行その他政令で定める金融機関が
その業務として行う貸付け及び前項第三号
又は第四号に掲げるものが行う本邦通貨に
よる貸付けを除く。）でその期間が一年を
超えるもの

　七　前各号のいずれかに準ずる行為とし
て政令で定めるもの

3　外国投資家は、前項各号に掲げる対内
直接投資等を行おうとするとき（相続、遺
贈、法人の合併その他の事情を勘案して政
令で定める場合を除く。）は、政令で定め
るところにより、あらかじめ、当該対内直
接投資等について、事業目的、金額、実行
の時期その他の政令で定める事項を大蔵大
臣及び事業所管大臣に届け出なければなら
ない。

4　第二項に規定する対内直接投資等（以
下「対内直接投資等」という。）について
前項の規定による届出をした外国投資家

は、大蔵大臣及び事業所管大臣が当該届出を受理した日から起算して三十日を経過する日までは、当該届出に係る対内直接投資等を行つてはならない。ただし、大蔵大臣及び事業所管大臣は、当該届出に係る対内直接投資等に係る事業目的その他からみて特に支障がないと認めるときは、当該期間を短縮することができる。

5　外国投資家以外の者（法人その他の団体を含む。以下この項及び次條第一項において同じ。）が外国投資家のために当該外国投資家の名義によらないで行う対内直接投資等に相当するものについては、当該外国投資家以外の者を外国投資家とみなして、前二項の規定を適用する。

（対内直接投資等に係る内容の審査及び変更勧告等）第二十七條　大蔵大臣及び事業所管大臣は、前條第三項の規定による届出（同條第五項の規定により外国投資家とみなされる外国投資家以外の者による届出を含む。次項及び第八項において同じ。）があつた場合において、当該届出に係る対内直接投資等が行われたならば第一号若しくは第二号の事態を生ずるおそれがないかどうか、又は当該届出に係る対内直接投資等が第三号若しくは第四号に該当しないかどうかを審査する必要があると認めるときは、当該対内直接投資等を行つてはならない期間を、当該届出を受理した日から起算して四月間に限り、延長することができる。

一　国の安全を損ない、公の秩序の維持を妨げ、又は公衆の安全の保護に支障を来すことになること。

二　当該対内直接投資等に係る事業と同種の我が国における事業（関連する事業を

含む。）の活動その他我が国経済の円滑な
運営に著しい悪影響を及ぼすことになるこ
と。

　三　当該対内直接投資等が、我が国との
間に対内直接投資等に関し条約その他の国
際約束がない国の外国投資家により行われ
るものであることにより、これに対する取
扱いを我が国の投資家が当該国において行
う直接投資等（前條第二項各号に掲げる対
内直接投資等に相当するものをいう。）に
対する取扱いと実質的に同等なものとする
ため、当該対内直接投資等に係る内容の変
更又は中止をさせる必要があると認められ
るもの

　四　資金の使途その他からみて、届出が
された対内直接投資等の全部又は一部が第
二十一條第二項の規定により許可を受ける
義務を課されている資本取引に当たるもの
として当該対内直接投資等に係る内容の変
更又は中止をさせる必要があると認められ
るもの

2　大蔵大臣及び事業所管大臣は、前條第
三項の規定による届出があつた場合におい
て、当該届出に係る対内直接投資等が行わ
れたならば前項第一号若しくは第二号の事
態を生ずるおそれがあると認めるとき又は
当該届出に係る対内直接投資等が同項第三
号若しくは第四号に該当すると認めるとき
は、第五十五條の二に規定する外国為替等
審議会の意見を聴いて、当該対内直接投資
等の届出をしたものに対し、政令で定める
ところにより、当該対内直接投資等に係る
内容の変更又は中止を勧告することができ
る。ただし、当該変更又は中止を勧告する
ことができる期間は、当該届出を受理した
日から起算して同項又は次項の規定により
延長された期間の満了する日までとする。

3　第一項に規定する審査に当たり第五十五條の二に規定する外国為替等審議会の意見を聴く場合において、同審議会が当該事案の性質にかんがみ、同項に規定する四月の期間内に意見を述べることが困難である旨を申し出た場合には、同項に規定する対内直接投資等を行つてはならない期間は、同項の規定にかかわらず、五月とする。

4　第二項の規定による勧告を受けたものは、当該勧告を受けた日から起算して十日以内に、大蔵大臣及び事業所管大臣に対し、当該勧告を応諾するかしないかを通知しなければならない。

5　前項の規定により勧告を応諾する旨の通知をしたものは、当該勧告をされたところに従い、当該勧告に係る対内直接投資等を行わなければならない。

6　第四項の規定により勧告を応諾する旨の通知をしたものは、第一項又は第三項の規定にかかわらず、当該対内直接投資等に係る届出を行つた日から起算して四月（第三項の規定により延長された場合にあつては、五月）を経過しなくても、当該勧告に係る対内直接投資等を行うことができる。

7　第二項の規定による勧告を受けたものが、第四項の規定による通知をしなかつた場合又は当該勧告を応諾しない旨の通知をした場合には、大蔵大臣及び事業所管大臣は、当該勧告を受けたものに対し、当該対内直接投資等に係る内容の変更又は中止を命ずることができる。ただし、当該変更又は中止を命ずることができる期間は、当該届出を受理した日から起算して第一項又は第三項の規定により延長された期間の満了する日までとする。

8　大蔵大臣及び事業所管大臣は、経済事情の変化その他の事由により、前條第三項

の規定による届出に係る対内直接投資等が行われても、第一項第一号若しくは第二号の事態を生ずるおそれがなく、又は当該届出に係る対内直接投資等が同項第三号若しくは第四号に該当しなくなつたと認めるときは、第四項の規定による対内直接投資等に係る内容の変更の勧告を応諾する旨の通知をしたもの又は前項の規定により対内直接投資等に係る内容の変更を命じられたものに対し、当該勧告又は命令の全部又は一部を取り消すことができる。

9　前各項に定めるもののほか、対内直接投資等に係る内容の変更又は中止の勧告の手続その他これらの勧告に関し必要な事項は、政令で定める。

（新株の引受権の譲渡）第二十八條　第二十六條第一項第一号又は第二号に掲げるもので会社の株式を所有するものは、その所有する株式につき与えられた新株の引受権を他に譲り渡すことができる。

2　新株引受権証書が発行される場合を除き、前項の新株の引受権の譲渡は、書面による会社の承諾がなければ、会社その他の第三者に対して対抗することができない。

（技術導入契約の締結等の届出等）第二十九條　非居住者（非居住者の本邦にある支店等を含む。以下この項及び第三項において同じ。）及び居住者は、非居住者の行う工業所有権その他の技術に関する権利の譲渡、これらに関する使用権の設定又は事業の経営に関する技術の指導に係る契約の締結又は更新その他当該契約の条項の変更（以下「技術導入契約の締結等」という。）をしようとするときは、政令で定めるところにより、あらかじめ、当該技術導

入契約の締結等に係る契約の条項その他の政令で定める事項を大蔵大臣及び事業所管大臣に届け出なければならない。

2 前項の規定は、非居住者の本邦にある支店等が独自に開発した技術につき技術導入契約の締結等をしようとする場合その他政令で定める場合については、適用しない。

3 第一項に規定する技術導入契約の締結等について、同項の規定による届出をした非居住者及び居住者は、大蔵大臣及び事業所管大臣が当該届出を受理した日から起算して三十日を経過する日までは、当該届出に係る技術導入契約の締結等をしてはならない。ただし、大蔵大臣及び事業所管大臣は、当該届出に係る技術導入契約の締結等に係る技術の種類その他からみて特に支障がないと認めるときは、当該期間を短縮することができる。

(技術導入契約の締結等の変更勧告等) 第三十條 大蔵大臣及び事業所管大臣は、前條第一項の規定による届出があつた場合において、当該届出に係る技術導入契約の締結等がされたならば次に掲げるいずれかの事態を生ずるおそれがないかどうかを審査する必要があると認めるときは、当該技術導入契約の締結等をしてはならない期間を、当該届出を受理した日から起算して四月間に限り、延長することができる。

一 国の安全を損ない、公の秩序の維持を妨げ、又は公衆の安全の保護に支障を来すことになること。

二 当該技術を導入する事業と同種の我が国における事業 (関連する事業を含む。) の活動その他我が国経済の円滑な運営に著しい悪影響を及ぼすことになるこ

と。

2　大蔵大臣及び事業所管大臣は、前條第一項の規定による届出があつた場合において、当該届出に係る技術導入契約の締結等がされたならば前項各号に掲げるいずれかの事態を生ずるおそれがあると認めるときは、第五十五條の二に規定する外国為替等審議会の意見を聴いて、当該技術導入契約の締結等の届出をした者に対し、政令で定めるところにより、当該技術導入契約の締結等に係る條項の全部若しくは一部の変更又は中止を勧告することができる。ただし、当該変更又は中止を勧告することができる期間は、当該届出を受理した日から起算して同項又は次項の規定により延長された期間の満了する日までとする。

3　第一項に規定する審査に当たり第五十五條の二に規定する外国為替等審議会の意見を聴く場合において、同審議会が、当該事案の性質にかんがみ、同項に規定する四月の期間内に意見を述べることが困難である旨を申し出た場合には、同項に規定する技術導入契約の締結等をしてはならない期間は、同項の規定にかかわらず、五月とする。

4　第二十七條第四項から第九項までの規定は、第二項の規定による勧告があつた場合について準用する。この場合において必要な技術的読替えは、政令で定める。

第三十一條から第四十六條まで　　削除

第六章　外国貿易

（輸出の原則）第四十七條　貨物の輸出は、この法律の目的に合致する限り、最少限度の制限の下に、許容されるものとする。

（輸出の承認）第四十八條　特定の種類の若しくは特定の地域を仕向地とする貨物の輸出をしようとする者又は特定の取引若しくは支拂の方法により貨物を輸出しようとする者は、政令で定めるところにより、通商産業大臣の承認を受ける義務を課せられることがある。

　2　前項の政令による制限は、国際収支の均衡の維持並びに外国貿易及び国民経済の健全な発展に必要な範囲をこえてはならない。

（支拂方法の証明）第四十九條　通商産業大臣は、命令で定めるところにより、貨物を輸出しようとする者に対して、貨物の代金の支拂が政令で定める方法によって行われる旨の十分な証明を求めることができる。

（輸出取引の公正）第五十條　　削除

（船積の非常差止）第五十一條　通商産業大臣は、特に緊急の必要があると認めるときは、命令で定めるところにより、一月以内の期限を限り、品目又は仕向地を指定し、貨物の船積を差し止めることができる。

（輸入の承認）第五十二條　外国貿易及び国民経済の健全な発展を図るため、貨物を輸入しようとする者は、政令で定めるところにより、輸入の承認を受ける義務を課せられることがある。

（制裁）第五十三條　通商産業大臣は、貨物の輸出又は輸入に関し、この法律、この法律に基づく命令又はこれらに基づく処分に違反した者に対して、一年以内の期間を限

り、輸出又は輸入を行うことを禁止することができる。 （税関長に対する指揮監督等）第五十四條　通商産業大臣は、政令で定めるところにより、その所掌に属する貨物の輸出又は輸入に関し、税関長を指揮監督する。 　２　通商産業大臣は、政令で定めるところにより、この法律に基く権限の一部を税関長に委任することができる。 （担保の提供）第五十五條　貨物を輸入しようとする者は、政令で定めるところにより、当該輸入の実行を保証するために、保証金、証券その他の担保を提供する義務を課せられることがある。 　２　貨物の輸入の承認を受けた者が当該貨物を輸入しなかったときは、政令で定めるところにより、前項の保証金、証券その他の担保物を国庫に帰属させることができる。	
第六章の二　外国為替等審議会 （設置）第五十五條の二　　大蔵大臣若しくは通商産業大臣又は大蔵大臣及び事業所管大臣の諮問に応じ、外国為替又は対内直接投資等若しくは技術導入契約に関する重要事項を調査審議するため、大蔵省の附属機関として、外国為替等審議会（次条において「審議会」という。）を置く。 （組織及び運営）第五十五條の三　　審議会は、委員十五人以内で組織する。 　２　委員は、学識経験のある者のうちから、大蔵大臣が任命し、その任期は二年とする。ただし、欠員が生じた場合の補欠の委員の任期は、前任者の残任期間とする。	**제6장 보칙** 제26조 (외국환심의위원회) ①이 법에 의한 외국환관리에 관한 다음 사항을 심의하기 위하여 재무부에 외국환심의위원회(이하 "審議會"라 한다)를 둔다. 　1. 외국환관리정책에 관한 중요한 사항 　2. 외국환관리제도에 관한 중요한 사항 　3. 기타 재무부장관이 심의를 요청하는 사항 ②심의회의 구성과 기능 기타 그 운영에 관하여 필요한 사항은 대통령령으로 정한다.

3　委員の互選により審議会の会長として定められた者は、会務を総理する。 4　審議会の委員は、再任されることができる。 5　審議会の委員は、非常勤とする。 6　前各項に定めるもののほか、審議会の組織及び運営に関し必要な事項は、政令で定める。	
第七章　不服申立て （不服申立ての手続における聴聞）第五十六條　政府機関は、この法律又はこの法律に基く命令の規定による処分についての異議申立て又は審査請求を受理したときは、異議申立人又は審査請求人に対して、相当な期間を置いて予告をした上、公開による聴聞を行わなければならない。 　2　前項の予告においては、期日、場所及び事案の内容を示さなければならない。 　3　聴聞に際しては、異議申立人又は審査請求人及び利害関係人に対して、当該事案について、証拠を呈示し、意見を述べる機会を與えなければならない。 　4　前三項に定めるもののほか、第一項の聴聞の手続について必要な事項は、政令で定める。 第五十七條　　削除 第五十八條から第六十四條まで　　削除	
第七章の二　外国為替審議会　削除 第六十四條の二　　削除 第六十四條の三　　削除	
<div align="center">第八章　雑則</div>	

（報告義務）第六十七條　この法律に規定するものの外、主務大臣は、この法律の施行に必要な限度において、政令で定めるところにより、この法律の適用を受ける取引を行う者又は関係人から報告を徴することができる。 （立入検査）第六十八條　主務大臣は、この法律の施行に必要な限度において、当該職員をして、外国為替銀行、両替商その他この法律の適用を受ける取引を行うことを営業とする者の営業所又は事務所にその営業時間中に立ち入り、帳簿書類その他の物件を検査させ、又は関係人に質問させることができる。 ２　前項の規定により当該職員が立ち入るときは、その身分を示す証票を携帯し、関係人に呈示しなければならない。 ３　第一項の規定による立入検査又は質問の権限は、犯罪捜査のために認められたものと解釈してはならない。	제27조（보고·검사）①재무부장관은 이 법의 시행을 위하여 필요하다고 인정되는 경우에는 한국은행·외국환은행·환전상·외국환업무지정기관 기타 이 법의 적용을 받는 거래당사자 또는 관계인으로 하여금 필요한 보고를 하게 할 수 있다. ②재무부장관은 이 법의 시행을 위하여 필요하다고 인정되는 경우에는 소속공무원으로 하여금 외국환은행·환전상·외국환업무지정기관 기타 이 법의 적용을 받는 거래당사자 또는 관계인의 업무에 관하여 검사하게 할 수 있다. ③재무부장관은 제1항의 규정에 의한 검사 결과 위법 또는 부당한 사실을 발견한 때에는 그 시정을 명하거나 기타 필요한 조치를 할 수 있다. ④재무부장관은 필요한 때에는 한국은행총재·한국은행은행감독원장 기타 대통령령이 정하는 자에게 위탁하여 그 소속직원으로 하여금 제2항의 규정에 의한 검사를 하게 할 수 있다. ⑤제2항 또는 제4항의 규정에 의하여 검사를 행하는 공무원 또는 직원은 그 권한을 표시하는 증표를 지니고 이를 관계인에게 내보여야 한다.
（公正取引委員会の権限）第六十五條　この法律のいかなる条項も、私的独占の禁止及び公正取引の確保に関する法律(昭和二十二年法律第五十四号)の適用又は同法に基き公正取引委員会がいかなる立場において行使する権限をも排除し、変更し、又はこれらに影響を及ぼすものと解釈してはならない。	
（政府機関の行為）第六十六條　この法律又はこの法律に基づく命令の規定中主務大臣、日本銀行又は外国為替銀行の許可、承	

認その他の処分を要する旨を定めるもの は、政府機関が当該許可、承認その他の処 分を要する行為をする場合については、政 令で定めるところにより、これを適用しな い。	
	제28조 (담보의 예치) ①재무부장관은 이 법의 적용을 받는 거래 또는 행위의 실행 을 보장하기 위하여 불가피하다고 인정되 는 경우에는 대통령령이 정하는 바에 의하 여 당해 거래 또는 행위를 하고자 하는 자 로 하여금 현금 또는 증권 기타의 담보물 을 한국은행·외국환은행 기타 재무부장관 이 지정하는 기관에 예치하게 할 수 있다. ②재무부장관은 제1항의 규정에 의하여 담보물을 제공한 자가 그 거래 또는 행위 를 실행하지 아니한 경우에는 대통령령이 정하는 바에 의하여 그 담보물을 국고에 귀속시키거나 기타 처분을 할 수 있다.
(事務の一部委任) 第六十九條　主務大臣 は、政令で定めるところにより、この法律 の施行に関する事務の一部を日本銀行又は 外国為替銀行をして取り扱わせることがで きる。 2　前項の規定により事務の一部を日本銀 行をして取り扱わせる場合においては、そ の事務の取扱に要する経費は、日本銀行の 負担とすることができる。 3　第一項の場合において、その事務に従 事する日本銀行及び外国為替銀行の職員 は、刑法(明治四十年法律第四十五号)その 他の罰則の適用については、法令により公 務に従事する職員とみなす。	제29조 (위임·위탁등) ①재무부장관은 이 법에 의한 권한의 일부를 대통령령이 정하는 바에 의하여 한국은행총재·외국 환은행의 장·정부기관의 장·금융기관의 장 기타 대통령령이 정하는 자에게 위임 또는 위탁할 수 있다. ②제1항 및 제27조제4항의 규정에 의한 사무를 담당하는 자와 그 소속임원 및 직 원은 형법 기타 법률에 의한 벌칙의 적용 에 있어서는 이를 공무원으로 본다.
(対外の貸借及び国際収支に関する統計) 第 六十九條の二　大蔵大臣は、政令で定める ところにより、対外の貸借及び国際収支に 関する統計を作成し、定期的に、内閣に報	

告しなければならない。 　２　大蔵大臣は、前項に規定する統計を作成するため必要があると認めるときは、政令で定めるところにより、関係行政機関その他の者に対し、資料の提出を求めることができる。	
（主務大臣等）第六十九條の三　この法律における主務大臣は、政令で定める。 　２　この法律における事業所管大臣は、別段の定めがある場合を除き、対内直接投資等又は技術導入契約の締結等に係る事業の所管大臣として、政令で定める。	
（経過措置）第六十九條の四　この法律の規定に基づき命令を制定し、又は改廃する場合においては、その命令で、その制定又は改廃に伴い合理的に必要と判断される範囲内において、所要の経過措置（罰則に関する経過措置を含む。）を定めることができる。	
第九章　罰則	**제7장　벌　칙**
第七十條　次の各号の一に該当する者は、三年以下の懲役若しくは百万円以下の罰金に処し、又はこれを併科する。ただし、当該違反行為の目的物の価格の三倍が百万円を超えるときは、罰金は、当該価格の三倍以下とする。 　一　第七條第四項の規定に違反して取引した者 　二　第八條の規定に違反して取引した者 　三　第九條第一項の規定に基づく命令の規定に違反して取引した者 　四　第十條第一項の規定による認可を受けないで外国為替業務を営んだ者 　五　第十三條（第十四條第二項において準用する場合を含む。）の規定による停止	제30조 (벌칙) ①다음 각호의 1에 해당하는 자는 10년이하의 징역 또는 5천만원이하의 벌금에 처한다. 다만, 위반행위의 목적물의 가액의 3배가 5천만원을 초과하는 경우에는 그 벌금은 목적물의 가액의 3배이하로 한다. 　1. 제4조제2항의 규정에 의한 기준환률등에 의하지 아니하고 거래한 자 　2. 제5조의 규정에 의한 지정통화에 의하지 아니하고 거래한 자 　3. 제6조제1항의 규정에 의한 거래의 정지 또는 지급의 용도지정등에 위반하여 거래 또는 지급을 하거나 동조제2항의 규정에 의한 허가를 받지 아니하고 외

又は制限に違反した者

　六　第十四條第一項の規定による認可を受けないで両替業務を営んだ者（外国為替公認銀行を除く。）

　七　第十六條第一項若しくは第二項の規定に基づく命令の規定による許可を受けないで、又は同條第三項の規定に違反して支払又は支払の受領をした者

　八　第十七條の規定による許可を受けないで、同條の規定に基づく命令の規定で定める特殊な方法により支払又は支払の受領をした者

　九　第十八條第一項又は第二項の規定に基づく命令の規定による許可を受けないで、支払手段、証券又は貴金属を輸出し又は輸入した者

　十　第十九條の規定に基づく命令の規定による許可を受けないで、非居住者に対する債権の全部又は一部を放棄し又は免除した者

　十一　第二十一條第一項の規定による許可を受けないで資本取引をした者

　十二　第二十一條第二項の規定に基づく命令の規定による許可を受けないで資本取引をした者

　十三　第二十三條第一項の規定の適用のある取引につき、第二十二條第一項の規定による届出をせず、又は虚偽の届出をして、資本取引をした者

　十四　第二十三條第一項又は第三項の規定に違反してこれらの規定に規定する期間中に資本取引をした者（第十九号に該当する者を除く。）

　十五　第二十三條第五項（第二十四條第四項において準用する場合を含む。）の規定に違反して資本取引をした者

　十六　第二十三條第七項（第二十四條第

国에 대한 지급을 한 자

4. 제7조제1항의 규정에 의한 허가를 받지 아니하고 외국환업무를 영위한 자
5. 제9조제1항의 규정에 의한 인가를 받지 아니하고 환전상업무를 영위한 자
6. 제17조제1항의 규정에 의한 허가를 받지 아니하거나 동조제3항의 규정에 위반하여 지급등을 한 자
7. 제18조의 규정에 의한 허가를 받지 아니하고 지급등을 한 자
8. 제20조의 규정에 의한 허가를 받지 아니하고 용역거래를 한 자
9. 제21조의 규정에 의한 허가를 받지 아니하고 자본거래를 한 자
10. 제25조의 규정에 의한 허가를 받지 아니하고 자본거래를 한 자

②제1항의 형은 이를 병과할 수 있다.

제31조 (벌칙) ①다음 각호의 1에 해당하는 자는 3년이하의 징역 또는 2천만원이하의 벌금에 처한다.

1. 제15조의 규정에 의한 명령에 위반한 자
2. 제16조의 규정에 위반하여 채권을 국내로 회수하지 아니한 자
3. 제19조의 규정에 의한 허가를 받지 아니하고 지급수단·귀금속 또는 증권을 수출 또는 수입한 자
4. 제22조제1항의 규정에 의한 신고를 하지 아니하거나 동조제4항의 규정에 위반하여 자본거래를 한 자
5. 제22조제5항의 규정에 의한 명령에 위반하여 자본거래를 한 자

②제1항제3호의 미수범은 이를 처벌한다.
③제1항의 형은 이를 병과할 수 있다.

제32조 (벌칙) ①다음 각호의 1에 해당하

四項において準用する場合を含む。）の規定による変更又は中止の命令に違反して資本取引をした者

　十七　第二十四條第一項の規定に基づく命令の規定による許可を受けないで資本取引をした者

　十八　第二十四條第三項の規定の適用のある取引につき、同條第二項の規定による届出をせず、又は虚偽の届出をして、資本取引をした者

　十九　第二十四條第三項の規定又は同條第四項において準用する第二十三條第三項の規定に違反してこれらの規定に規定する期間中に資本取引をした者

　二十　第二十五條の規定による許可を受けないで同條の規定に基づく命令の規定で定める取引をした者

　二十一　第二十六條第三項の規定による届出をせず、又は虚偽の届出をして、対内直接投資等をした者（同條第五項の規定により外国投資家とみなされる者を含む。）

　二十二　第二十六條第四項の規定に違反して、同項に規定する期間（第二十七條第一項又は第三項の規定により延長された場合にあつては、当該延長された期間）中に対内直接投資等をした者（第二十六條第五項の規定により外国投資家とみなされる者を含む。）

　二十三　第二十七條第五項の規定に違反して対内直接投資等をした者（第二十六條第五項の規定により外国投資家とみなされる者を含む。）

　二十四　第二十七條第七項の規定による変更又は中止の命令に違反して対内直接投資等をした者（第二十六條第五項の規定により外国投資家とみなされる者を含む。）

　二十五　第二十九條第一項の規定による

는 자는 1년이하의 징역 또는 1천만원이하의 벌금에 처한다.

1. 제7조제3항·제4항 또는 제6항의 규정에 의한 인가를 받지 아니하거나 신고를 하지 아니하고 외국환업무를 영위한 자

2. 제7조제5항의 규정에 위반한 자

3. 제8조(제24條제2項에서 準用되는 경우를 포함한다)의 규정에 의한 인가를 받지 아니하고 계약을 체결한 자

4. 제9조제2항 또는 제3항의 규정에 의한 인가를 받지 아니하거나 신고를 하지 아니하고 환전상업무를 영위한 자

5. 제10조(제24條제2項에서 準用되는 경우를 포함한다)의 규정에 위반하여 거래한 자

6. 제27조제2항의 규정에 의한 검사에 불응하거나 이를 거부·방해 또는 기피한 자

7. 제28조제1항의 규정에 위반하여 거래 또는 행위를 한 자

②제1항의 형은 이를 병과할 수 있다.

届出をせず、又は虚偽の届出をして、技術導入契約の締結等をした者

二十六　第二十九條第三項の規定に違反して、同項に規定する期間（第三十三條第一項又は第三項の規定により延長された場合にあつては、当該延長された期間）中に技術導入契約の締結等をした者

二十七　第三十條第四項において準用する第二十七條第五項の規定に違反して技術導入契約の締結等をした者

二十八　第三十條第四項において準用する第二十七條第七項の規定による変更又は中止の命令に違反して技術導入契約の締結等をした者

二十九　第四十八條第一項の規定に基づく命令の規定による承認を受けないで貨物の輸出をした者

三十　第五十一條の規定に基づく命令の規定に違反して貨物の船積をした者

三十一　第五十二條の規定に基づく命令の規定による承認を受けないで貨物の輸入をした者

三十二　第五十三條の規定による貨物の輸出又は輸入の禁止に違反して輸出又は輸入をした者

第七十一條　第十條第三項（第十四條第二項において準用する場合を含む。）の規定による許可を受けないで、外国為替業務若しくは両替業務を営む営業所を新設した者若しくはこれらの業務を営む営業所の名称若しくは位置を変更した者又はこれらの業務の内容を変更した者は、一年以下の懲役若しくは五十万円以下の罰金に処し、又はこれを併科する。

第七十二條　次の各号の一に該当する者

は、六月以下の懲役又は二十万円以下の罰金に処する。 　一　第十條第四項（第十四條第二項において準用する場合を含む。）の規定による届出をせず、又は虚偽の届出をして、外国為替業務又は両替業務を廃止した者 　二　第十一條の規定による承認を受けないで同條に規定する取極を結んだ者 　三　第十二條（第十四條第二項において準用する場合を含む。）の規定に違反して取引した者 　四　第十五條の規定による報告をせず、又は虚偽の報告をした者 　五　第二十二條第一項の規定による届出をせず、又は虚偽の届出をして、資本取引をした者（第七十條第十三号に該当する者を除く。） 　六　第二十四條第二項の規定による届出をせず、又は虚偽の届出をして、資本取引をした者（第七十條第十八号に該当する者を除く。） 　七　第四十九條の規定に基づく命令の規定に違反して、十分な証明をせず、又は虚偽の証明をした者 　八　第六十七條の規定に基づく命令の規定に違反して、報告をせず、又は虚偽の報告をした者 　九　第六十八條第一項の規定による検査を拒み、妨げ、又は忌避した者 　十　第六十八條第一項の規定による質問に対して答弁をせず、又は虚偽の答弁をした者	
	제33조 (몰수·추징) 제30조 내지 제32조의 각호의 1에 해당되는 자가 당해 행위로 인하여 취득한 외국환 기타 증권, 귀금속·부동산 및 내국지급수단은 이를 몰수하며 이를 몰수할 수 없을 때에는 그 가액을 추징한다.

第七十三條　法人（第二十六條第一項第二号及び第四号並びに同條第五項に規定する団体に該当するものを含む。以下この項において同じ。）の代表者又は法人若しくは人の代理人、使用人その他の従業者が、その法人又は人の業務又は財産に関し、第七十條、第七十一條又は前條の違反行為をしたときは、行為者を罰するほか、その法人又は人に対して各本條の罰金刑を科する。 2　第二十六條第一項第二号及び第四号並びに同條第五項に規定する団体に該当するものを処罰する場合においては、その代表者又は管理人がその訴訟行為につきその団体を代表するほか、法人を被告人とする場合の刑事訴訟に関する法律の規定を準用する。	제34조 (양벌규정) 법인의 대표자 또는 법인이나 개인의 대리인·사용인 기타의 종업원이 그 법인 또는 개인의 재산 또는 업무에 관하여 제30조 내지 제32조의 위반행위를 한 때에는 그 행위자를 벌하는 외에 법인 또는 개인에 대하여도 각 해당 조의 벌금형을 과한다.
	제35조 (과태료) ①제27조제1항의 규정에 의한 보고를 하지 아니하거나 허위보고를 한 자는 300만원이하의 과태료에 처한다. ②제1항의 규정에 의한 과태료는 대통령령이 정하는 바에 의하여 재무부장관이 부과·징수한다. ③제2항의 규정에 의한 과태료 처분에 불복이 있는 자는 그 처분의 고지를 받은 날부터 30일이내에 재무부장관에게 이의를 제기할 수 있다. ④제2항의 규정에 의한 과태료 처분을 받은 자가 제3항의 규정에 의하여 이의를 제기한 때에는 재무부장관은 지체없이 관할법원에 그 사실을 통보하여야 하며 그 통보를 받은 관할법원은 비송사건절차법에 의한 과태료의 재판을 한다. ⑤제3항의 규정에 의한 기간내에 이의를 제기하지 아니하고 과태료를 납부하지 아니한 때에는 국세체납처분의 예에 의하여 이를 징수한다.

附　則	부　칙 <법률 제4447호, 1991.12.27.>
（施行期日）第一条　　この法律は、公布の日から起算して一年を超えない範囲内において政令で定める日から施行する。 （外資に関する法律等の廃止）第二条　　次に掲げる法令は、廃止する。 　一　外資に関する法律（昭和二十五年法律第百六十三号） 　二　外国人の財産取得に関する政令（昭和二十四年政令第五十一号） （経過措置）第三条　　この法律による改正前の外国為替及び外国貿易管理法（以下「旧法」という。）第三十一条第一項、第三十二条第一項、第三十四条又は第三十五条の規定に基づき認められ又は許可を受けた取引又は行為については、なお従前の例による。 ２　この法律の施行の際現に旧法第三十一条第一項、第三十二条第一項、第三十四条又は第三十五条の規定によりされている申請に係る取引又は行為については、これらの規定（これらの規定に係る罰則を含む。）は、この法律の施行後においても、なお効力を有する。 第四条から第七条まで　　省略 （罰則に関する経過措置）第八条　　この法律の施行前にした行為及びこの附則の規定によりなお従前の例によることとされる取引又は行為に係るこの法律の施行後にした行為に対する罰則の適用については、なお従前の例による。 第九条から第二十二条まで　　省略	①(시행일) 이 법은 1992년 9월 1일부터 시행한다. ②(인가등에 관한 경과조치) 이 법의 개정규정에 의하여 인가·허가·신고·등록등을 요하는 사항으로서 종전의 규정에 의하여 인가·허가·승인·인증을 받았거나 신고·등록등을 한 경우에는 그에 해당하는 인가 또는 허가등을 받았거나 신고 또는 등록등을 한 것으로 본다. ③(한국은행의 외국환업무) 한국은행은 이 법에 의하여 인가된 외국환은행으로 본다.

참고문헌

1. 단행본

임홍근, 「외국환관리법」, 삼영사, 1973.

김영생, 「신외국환관리법」, 무역경영사, 1976.

───── 「외국환관리법」, 무역경영사, 1989.

───── 「외국환관리법」, 법경사, 1993.

김규창, 「외국환관리법」, 형설출판사, 1980.

재무부 외환국, 「일본의 신외국환관리제도」, 재무부 외환국 외화자금과, 1981.

주인기, 「외국환관리」, 한학사, 1982.

이재웅, 「외국환관리론」, 법문사, 1984.

황건일, 「외국환관리법 해설」, 범신사, 1993.

전순환, 「외국환거래법」, 한올출판사, 1999.

한국은행 국제국 업무참고자료, 「외환제도 변천추이」, 1999.

───── 국제국 업무참고자료, 「우리나라의 외환거래제도」, 2000.

───── 국제국 업무참고자료, 「우리나라의 외환거래제도」, 2002.

───── 「우리나라의 외환제도와 외환시장」, 한국은행, 2판, 2010.

───── 「한국의 외환제도와 외환시장」, 한국은행, 3판, 2016.

───── 「한국은행법 제정사」, 한국은행, 2020.

이종덕, 「외환제도론」, 법문사, 2007.

이금호, 「신용파생금융거래법론」, 도서출판 탐진, 2007.

조규원, 「외국환거래 법규와 실무」, 무역외환거래연구소, 전면개정판, 2013.

법무법인(유) 율촌, 「2014 외국환거래법 실무」, 세경사, 2014.

김용일, 「2015 외국환거래법 사례와 해설」, 다비앤존, 2판, 2015.

이병학/곽민규, 「외국환거래법 해설 및 수사실무」, 세인북스, 2018.

이유춘, 「외환관리실무」, 한국금융연수원, 14판, 2019

임희진 등, 외국환거래실무, 한국금융연수원, 8판, 2019.

김정렴 회고록, 「한국경제정책 30년사」, 중앙일보사, 1990.

정규재/김성택 기자, 「이 사람들 정말 큰일내겠군」, 한국경제신문사, 1998.

강경식, 「강경식의 환란일기」, 문예당, 1999.

동아일보 특별취재팀, 「잃어버린 5년 칼국수에서 IMF까지」, 동아일보사, 1999.

김흥기, 「경제기획원 33년 영욕의 한국경제」, 매일경제신문사, 1999.

배영목, 「한국금융사」, 도서출판 개신, 2003.

강만수, 「현장에서 본 한국경제 30년」, 삼성경제연구소, 2005.

김용덕, 「아시아 외환위기와 신국제금융체제」, 박영사, 2007.

정덕구, 「외환위기 징비록」 삼성경제연구소, 2008.

김용덕, 「반복되는 금융위기 - 두개의 위기, 하나의 교훈」, 삼성경제연구소, 2010.

이헌재, 「위기를 쏘다」, 중앙북스, 2012.

신장섭, 「김우중과의 대화」, 북스코프, 2014.

차현진, 「숫자없는 경제학」, 인물과사상사, 2011.

_____ 「금융 오디세이」, 인물과사상사, 2013.

_____ 「중앙은행 별곡」, 인물과사상사, 2016.

김인호 회고록, 「명과암 50년」, 기파랑, 2019.

黛勇吉, 「改正 外国爲替管理法解說」, 銀行問題研究會發行, 1937.

石券良夫, 「外国爲替管理法 講話」, 東京 文雅堂藏版, 1937.

石券良夫, 「新外国爲替管理法 講話」, 東京 文雅堂藏版, 1941.

商工經營研究會 編, 「改正外国爲替管理法/在外凍結財産調査規則の解說」, 大同書院, 1941.

稻益繁 編, 「外国爲替及び外国貿易管理法解說」, 外国爲替研究協會, 1949.

関要/渡邊敬 共編, 「新しい外国爲替管理法 - 100問」, 財經詳報社, 1981.

湖島知高 編, 「改正 外国爲替法 Q&A」, 財經詳報社, 1997.

三井住友銀行總務部金融犯罪対応室 編著, 「外爲法の常識」, 金融財政事情研究會, 2014.

三菱UFJリサケ&コンサルティング 国際情報営業部,「外爲法ハンドブック」, 2017.

島崎久彌,「円の侵略史－ 円爲替本位制度の形成過程」, 日本經濟評論社, 1989.

고바야시 히데오(小林英夫),「만철(滿鐵)」, (임성모 역, 산처럼, 2004.)

나카무라 마사노리(中村政則),「일본 전후사 1945~2005」, (유재연/이종옥 역, 논형, 2006.)

아메미야 쇼이치(雨宮昭一),「점령과 개혁」, (유지아 역, 어문학사, 2012.)

하라 아키라(原朗),「청일·러일전쟁 어떻게 볼 것인가」, (김연옥 역, 살림, 2015.)

豊田隆雄,「日韓併合の真実」, 彩図社, 2018

요시미순야(吉見俊哉),「헤이세이(平成) 일본의 잃어버린 30년」, (서의동 역, AK, 2020.)

Howard Sylvester Ellis,「Exchange Control in Germany」, Reprints from the collection of the
　　University of Michigan Library, 2018. (the original was printed in 1940.)

＿＿＿＿＿＿＿＿＿＿＿＿＿「Exchange Control in Central Europe」, Harvard University Press,
　　1941.

Frank C. Child,「The theory and practice of Exchange Control in Germany」, Martinus
　　Nijhoff, 1958.

Tu Hong,「Foreign Exchange Control in China」, Kluwer Law International, 2004.

Charles H. Feinstein/Peter Temin/Gianni Toniolo,「The European Economy between the
　　Wars」, 1997. (양동휴/박복영/김영완 역,「대공황 전후 유럽경제」, 동서문화사, 2000.)

Joseph E. Stiglitz,「Globalization and its Discontents」, (송철복 역,「세계화와 그 불만」, 세종
　　연구원, 2002.

2. 논문 등

이해동, "외국환관리법제정의 몇가지 방향", 「재정(財政)」 1960년 11월호, 1960.

한국은행, "일제시대 및 해방 이후 한국의 화폐', 2004.12.

대외경제정책연구원, "원화국제화 관련 해외사례 조사 연구", 기획재정부 용역보고서, 2010.

박용만, "해외건설공사의 자금조달과 운용－현지금융제도를 중심으로", 「해외건설」, 해외건설협회, 83.9.

양기효, "일본의 개정외국환관리법 해설," 「한국산업은행 조사월보」 329호, 1983.4.

_____ "외국환관리법의 개정방향," 「한국산업은행 조사월보」 339호, 1984.2.

김기수, "국제금융위기와 국제통화질서 －금본위제의 교훈을 중심으로," 「세종정책연구」, 제5권 제2호, 2009.

서문식, "우리나라 외환관리의 발전방향", 「금융법연구」 제10호, 2008.

_____ "외국환거래법상 거주성 판정기준과 관련한 제 문제", 「금융법연구」 제15호, 2011.

_____ "외국환거래법상 제3자지급 규제의 연혁", 「금융법연구」 제23호, 2014.

_____ "해외직접투자 정의와 관련한 제 문제", 「금융법연구」 제26호, 2015.

_____ "우리나라 외국환거래법의 효시", 「금융법연구」 제35호, 2018.

한국금융연구원, "소액 해외송금업 도입 및 운영방안", 2016.12.

대한민국국회 재무위원회, "외국환관리법개정법률안 심사보고서", 1991.11.

대한민국국회사무처, "제156회 국회 재무위원회회의록", 제9호, 1991.11.

日本 大藏省 資料集, 「3. 爲替管理の自由化と円の国際化」, 1978.8. ~1986.2. 其間中 生産資料

_____ 「年表」, 1974.1. ~1988.3. 其間中

日本銀行 國際局 國際收支課, "外爲法 Q&A", 2015.7.

Mariko Hatase, "Devaluation and exports in interwar Japan: The effects of sharp depreciation of the Yen in the early 1930s", 「Monetary and Economic Studies」, Bank of Japan, 2002.10.

Mark De Broeck & Harold Jamies, "Germany in the Interbellum: Camouflaging Sovereign Debt", 「Debt and Entanglements Between the Wars」, IMF, 2019.

Nicolas End, "Japan during the Interwar Period: From Monetary Restraint to Fiscal Abandon", 「Debt and Entanglements Between the Wars」, IMF, 2019.

Arthur K. Salomon, "The U.K. exchange control: a short history", 1966.

BIS/World Bank, "General principles for international remittance services", 2007.1.

BIS, "Non−banks in retail payments", 2014.9.

_____ "Correspondent banking", 2016.7.

_____ "Cross−border retail payments", 2018.2.

OECD, 「OECD Codes of Liberalisation USER'S GUIDE」, 2008.

_____ 「OECD CODE OF LIBERALIZATION OF CAPITAL MOVEMENTS」, 2013.

_____ 「OECD Code of Liberalisation of Current Invisible Operations」, 2010.

_____ 「OECD Benchmark Definition of Foreign Direct Investment」, 4th Edition, 2008.

_____ "International capital flows: Structural reforms and experience with the OECD Code of Liberalisation of Capital Movements", 2011.6.

_____ "Korea's Recent Measures: Implications for Korea's Position under the Code of Liberalization of Capital Movements", 2011.3.

IMF/OECD, 「Foreign Direct Investment Statistics− How Countries Measure FDI」, 2001.

IMF, 「Balance of Payments and International Investment Position Manual」, 6th Edition(BPM6), 2009.

United Nations, 「System of National Accounts (SNA)」, 2008.

[저자 약력]

서 문 식 (미국변호사)

1987년 고려대학교 법학과 졸업.
1989년 한국은행에 입행하여 국제부 등 다수 부서 근무.
1999년 금융감독원으로 소속이 바뀌어 외환업무실 등 다수 부서 근무.
2007년 미국 뉴욕주 변호사 자격 취득.
2009년 김·장법률사무소로 이직하여 현재까지 근무

논문은 '금산분리 용어에 대한 소고(2020)' 등 다수.
저서는 '금융법의 이론과 실무(공저 2016)', '비트코인 대소동(번역서 2018)' 등이 있음

우리나라 외환관리

초판발행	2021년 8월 25일
지은이	서문식
펴낸이	안종만·안상준
편 집	김상인
기획/마케팅	장규식
표지디자인	BEN STORY
제 작	고철민·조영환
펴낸곳	(주) 박영사
	서울특별시 금천구 가산디지털2로 53, 210호(가산동, 한라시그마밸리)
	등록 1959. 3. 11. 제300-1959-1호(倫)
전 화	02)733-6771
f a x	02)736-4818
e-mail	pys@pybook.co.kr
homepage	www.pybook.co.kr
ISBN	979-11-303-1355-9 93320

정 가   28,000원